série**hightech**

AUTEUR
Fabrice Neuman

Groupe Eyrolles
61 bd Saint-Germain
75240 Paris Cedex 05
www.editions-eyrolles.com

ISBN : 978-2-212-14476-5

Le smartphon[e] plus tactile que jamais

Lorsqu'Apple a présenté le premier iPhone en 2007, nombreux sont ceux qui ont fait remarquer, souvent en se moquant un peu, qu'il ne s'agissait pas du premier appareil muni d'un écran tactile. Ils avaient raison bien sûr. Mais près de 10 ans plus tard, la conclusion qui s'impose est que l'iPhone est le premier du genre que tout le monde a eu envie d'utiliser. Et les concurrents de lui emboîter le pas.

Avec l'iPhone 7, Apple confirme une fois de plus sa volonté de suivre la délicate voie qui sépare l'innovation de l'imitation. Le dernier-né d'Apple n'est pas le premier smartphone à proposer un appareil photo muni de deux objectifs (sur le modèle Plus uniquement), mais il offre une façon unique de s'en servir. De même, le vibreur fait partie de la panoplie de tous les smartphones depuis de nombreuses années. Mais, là encore, Apple a retravaillé le sujet pour offrir avec le moteur haptique intégré à l'iPhone 7, une sensation tactile entièrement renouvelée. Allié à la fonction 3D Touch de son écran sensible à la pression, ce vibreur ultra-précis trompe vos sens en donnant de la profondeur à l'écran plat.

Dans ce guide, vous découvrirez comment profiter à fond de tous ces raffinements, grâce aux nombreuses nouvelles fonctions et nouveaux gestes très tactiles d'iOS 10. Suivez nos pas à pas pour maîtriser tous les outils essentiels à votre quotidien notamment pour gérer votre carnet d'adresses, envoyer et recevoir vos courriels, consulter le Web, jouer aux jeux les plus performants, écouter toutes les musiques, payer en magasin directement avec votre iPhone ou votre Apple Watch grâce à Apple Pay, prendre des photos à couper le souffle, commander les objets connectés de la maison grâce à HomeKit... et même passer des appels téléphoniques.

Nous n'oublions pas non plus la toute nouvelle version de l'application Messages qui vous permet de converser avec vos proches en vous amusant. Elle regorge d'effets spéciaux et de fonctions inédites pour envoyer des photos, des dessins, des autocollants et plein d'autres choses encore. Tellement, que nous lui consacrons tout un chapitre.

Vous êtes prêt ? Alors suivez le guide et prenez les commandes de votre iPhone équipé d'iOS 10.

Imprimé en Pologne par Interak
Dépôt légal : novembre 2016

Cet ouvrage est imprimé sur du papier couché demi-mat 130 g, papier issu de forêts gérées durablement.

SOMMAIRE

À DÉCOUVRIR DANS CES PAGES

DÉCOUVRIR SON NOUVEL IPHONE

De l'iPhone SE jusqu'au 7 Plus, vous trouverez forcément un iPhone pour vous dans le catalogue d'Apple. Tous ces modèles sont puissants et disposent d'un appareil photo de grande qualité. Les iPhone 6S et 7 offrent un écran plus grand et sensible à la pression, mais l'iPhone SE est imbattable en termes d'encombrement et de maniabilité. Découvrez dans ce chapitre toutes les caractéristiques techniques de la gamme et choisissez le modèle qui vous convient, en fonction de vos envies, de vos besoins, et de votre budget.

LA NOUVELLE GAMME IPHONE : TROIS TAILLES ET CINQ MODÈLES

Bien que l'on puisse installer iOS 10 à partir de l'iPhone 5, le catalogue des iPhone vendus par Apple commence dorénavant à l'iPhone SE.

Si vous souhaitez acheter un iPhone neuf, vous avez maintenant le choix entre 5 modèles et 3 tailles. Pour les amateurs de smartphone de petite taille, on ne peut pas vraiment parler de choix puisque l'iPhone SE est le seul modèle offrant encore un écran de 4 pouces de diagonale (1 pouce étant égal à 2,54 cm). Extérieurement, il est en tout point similaire à l'iPhone 5S. Mais il est toutefois bien plus puissant que ce dernier puisqu'il intègre la quasi totalité des composants de l'iPhone 6S : même processeur, même quantité de mémoire système, même appareil photo (voir notre tableau comparatif **en p. 11**).

PLUS DE CHOIX DANS LES GRANDS MODÈLES Si vous avez des mains et des poches plus grandes (et aussi le portefeuille d'ailleurs), le reste de la gamme vous propose un choix intéressant. Les tout nouveaux iPhone 7 bénéficient naturellement des derniers raffinements, notamment l'iPhone 7 Plus et son système photo à deux caméras à l'arrière. Et ce sont les seuls à proposer des versions munies de 256 Go de stockage. Cela dit, les iPhone 6S sont loin de déméritér en termes de performance ou de qualité photo.

La même chose dans la boîte

Quel que soit le modèle d'iPhone choisi, le contenu de sa boîte sera identique. Vous y trouverez un câble USB muni du connecteur Lightning, un chargeur et une paire d'écouteurs Earpods. Pour les iPhone 7, il s'agira bien sûr de la version Lightning puisque les derniers iPhone n'ont plus de prise casque classique. Autre différence, les écouteurs des iPhone 7 sont livrés dans un emballage en carton plutôt qu'en plastique. Et n'oubliez pas que vous trouverez aussi l'outil d'ouverture du tiroir de la carte SIM caché dans le petit livret.

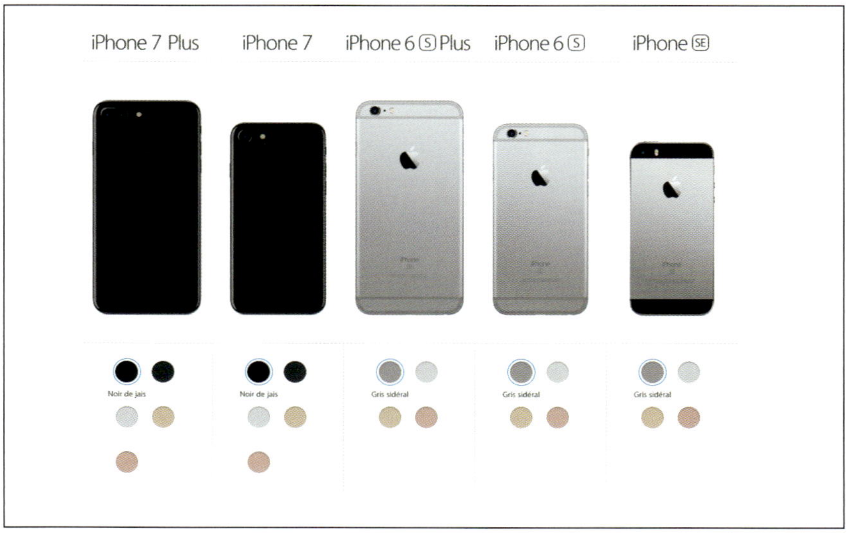

Tous les iPhone au catalogue d'Apple comparés.

Un deuxième micro se niche à l'arrière, entre l'objectif et le flash de l'appareil photo. L'iPhone l'utilise pour « écouter » le bruit ambiant et améliorer ainsi le son des appels. L'appareil photo du 7 Plus est composé de deux objectifs.

Tous les iPhone disposent d'une caméra frontale pour passer des appels vidéo avec FaceTime ou d'autres applications comme Google Duo, WhatsApp, Facebook Messenger ou Skype.

Un troisième micro se cache dans l'écouteur. L'iPhone s'en sert pour détecter les sons environnants et améliorer aussi le son pendant un appel téléphonique, ou pour mieux vous entendre lorsque vous parlez à Siri. Un haut-parleur se cache également au même endroit sur les iPhone 7, afin d'offrir une écoute en stéréo.

Vous placerez votre oreille sur cet écouteur pour passer vos coups de téléphone.

Près de l'écouteur et de la caméra frontale se cachent deux capteurs. Le capteur de proximité se charge d'éteindre l'écran lorsque vous portez l'appareil à l'oreille pour passer un appel. Il déclenche aussi Siri si vous n'êtes pas en cours d'appel. Le second capteur s'occupe d'adapter la luminosité de l'écran en fonction de la lumière ambiante.

Le bouton vibreur n'a que deux positions. En le poussant vers l'arrière, vous mettrez l'iPhone en mode vibreur. Mais le réveil sonnera quand même !

Sur les iPhone 6, 6S et 7, le bouton Marche/Arrêt est situé sur le côté droit (en haut sur l'iPhone SE). Lorsque l'appareil est allumé, une pression courte éteint l'écran, sans éteindre l'appareil. Une pression prolongée permet d'éteindre complètement. Ce bouton est aussi utile pour rejeter un appel.

Les deux boutons de volume « + » et « - » ont plusieurs fonctions, selon le contexte. Ils modifient le volume sonore de l'écouteur pendant un appel téléphonique, et celui du haut-parleur ou du casque pendant l'écoute de musique. Il vous permet aussi de changer le volume de la sonnerie. Ces boutons servent aussi de déclencheurs photos.

Le tiroir de la carte SIM s'ouvre à l'aide de l'outil fourni avec l'iPhone ou d'un simple trombone. Il est muni d'un détrompeur pour ne pas se tromper de sens. Attention, la carte est au format nano-SIM, le plus petit qui soit.

Le bouton principal vous permet de revenir à vos pages d'icônes depuis n'importe quelle appli. Un appui bref permet de réveiller l'iPhone en mode veille, tandis qu'un appui prolongé sert à lancer Siri, l'assistant vocal, qui émet deux bips pour vous indiquer qu'il est à l'écoute. Il est aussi muni du Touch ID. Sur les iPhone 7, ce bouton est totalement immobile : il ne s'enfonce pas lorsque vous appuyez dessus.

L'écran tactile de l'iPhone 7 présenté ici, offre une résolution de 1334 x 750 pixels. Celui des modèles Plus monte à 1920 x 1080, soit une résolution Full HD, c'est-à-dire autant de pixels que votre grand téléviseur. La densité des pixels est supérieure à celle des iPhone 6/7 ou SE.

La prise jack est placée en bas (sauf sur les iPhone 7 qui en sont dépourvus !), à côté du micro principal. Elle permet de brancher les écouteurs livrés avec l'iPhone, ou n'importe quel autre casque muni d'un connecteur 3,5 mm. Les iPhone 7 sont livrés avec des versions Lightning des écouteurs EarPods. Qu'ils soient en version jack audio ou Lightning, les écouteurs comportent un bouton pour arrêter et lancer la musique à l'écoute, et pour répondre à un appel. Ils permettent également de régler le volume sonore et sont équipés d'un microphone.

Le micro principal capte la voix pendant les appels téléphoniques mais aussi lorsque vous utilisez Siri ou l'application Dictaphone. En mode haut-parleur, vous n'aurez pas besoin de parler fort pour que votre correspondant vous entende. Pensez à ne pas mettre un doigt dessus pendant une conversation ! Il fonctionne en parallèle des autres micros pour supprimer les sons ambiants.

Le connecteur Lightning vous permet de brancher l'iPhone à votre ordinateur via le câble USB fourni ou à son chargeur évidemment. Et aussi les écouteurs livrés avec les iPhone 7. Ces derniers fonctionnent avec les modèles d'iPhone précédents, s'ils ont été mis à jours avec iOS 10.

Le haut-parleur diffuse la musique à l'écoute dans l'application Musique si le casque n'est pas branché. C'est aussi par là que retentit la sonnerie lorsque vous recevez un appel et que l'iPhone n'est pas en mode vibreur. Il vous permettra aussi d'entendre vos correspondants si vous choisissez le mode haut-parleur pendant un appel. Les iPhone 7 sont également munis d'un haut-parleur au niveau de l'écouteur et sont donc capables de diffuser de la musique en stéréo.

LES POINTS-CLÉS QUI DIFFÉRENCIENT TOUS LES IPHONE

La taille de leur écran est loin d'être le seul élément distinctif des iPhone entre eux. Voici les éléments qui vous permettront de choisir.

Extérieurement, les iPhone 7 ressemblent étrangement aux iPhone 6S toujours au catalogue qui, eux-mêmes, reprenaient déjà le look arrondi des iPhone 6. Leurs dimensions en hauteur, largeur et épaisseur sont mêmes identiques (**voir tableau p. 11**). En revanche leurs poids diffèrent, les iPhone 7 perdant heureusement un peu de l'embonpoint pris par les modèles 6S. Évidemment, cette différence sur la balance s'explique par l'évolution des composants et de l'organisation interne.

MAIS OÙ EST PASSÉE LA PRISE CASQUE ? Autant commencer par là puisque c'est évidemment la différence que l'on remarque immédiatement lorsque l'on compare un iPhone 7 à un iPhone 6 ou 6S. En lieu et place de la traditionnelle prise casque (jack audio 3,5 mm), on trouve une grille de haut-parleur. Sauf, qu'en réalité, il n'y a que la grille et pas le haut-parleur. L'espace laissé libre par la prise casque est occupé en partie seulement par le microphone pour vos appels téléphoniques. Et le reste… c'est de l'air : cette zone est utilisée comme un sas de compression / décompression par l'iPhone 7. Ce dernier étant résistant à l'eau (voir plus loin), ce petit volume d'air est nécessaire pour que le baromètre puisse donner des mesures précises de la pression atmosphérique. N'oubliez pas que ce baromètre est capable de détecter le nombre d'étages que vous montez ou descendez dans la journée : il est donc capable de détecter la différence de pression entre deux étages !

RÉSISTANT À L'EAU MAIS PAS « WATERPROOF » Plouf, dans la baignoire ou dans un autre type de cuve que l'on trouve parfois dans des salles de bain… Combien d'iPhone ont malheureusement fini leur vie dans de telles circonstances. Les

iPhone 6S avaient déjà fait des progrès dans le domaine et une partie de son intérieur était protégée par un joint de silicone. Les deux iPhone 7 vont plus loin et sont désormais résistants à l'eau, selon la norme IP67. On le voit notamment à l'apparition d'un joint au niveau du tiroir de la carte SIM. Cela signifie qu'ils sont conçus pour résister à une immersion de 30 minutes à 1 mètre de profondeur. Toutefois, les conditions d'utilisation détaillées par Apple sont claires : cela n'en fait pas un appareil photo de plongée. Mais votre iPhone 7 ou 7 Plus ressortira sans encombre d'un bain involontaire. Un petit coup de serviette et reprenez vos activités comme si de rien n'était. Du coup, pourquoi pas, vous pouvez même le nettoyer sous le robinet. Attention, Apple conseille d'attendre plusieurs heures avant de brancher l'iPhone à son chargeur

après avoir été mouillé. Respectez cette règle : ce serait trop bête de sauver son iPhone de l'eau pour le brûler à cause d'un court-circuit.

LES IPHONE 7 MAÎTRES DE LA PHOTO Tous les iPhone au catalogue disposent d'un capteur photo de 12 millions de pixels. Et vous parviendrez sans problème à produire des images de très grande qualité, quel que soit le modèle que vous avez choisi. Cela dit, le nombre de pixels est loin d'être le seul élément important pour assurer une bonne qualité d'image. Les iPhone 7 bénéficient d'objectifs améliorés capables d'ouvrir à *f*/1,8. Les professionnels et amateurs éclairés apprécieront. Pour l'expliquer simplement, cela signifie que les iPhone 7 sont capables de capter plus de lumière que les modèles précédents. Cela leur permet tout d'abord d'assurer une meilleure qualité d'image dans les endroits sombres. Et aussi de ne pas trop ralentir la vitesse d'obturation tout en gardant une sensibilité peu élevée, là aussi, dans des conditions de lumière difficiles. Ce qui peut éviter des effets de flou de bougé dû au tremblement de la main du photographe ou aux mouvements du sujet. On note aussi que l'iPhone 7 bénéficie de la fonction de stabilisation optique de l'image qui était jusque là réservée aux modèles Plus. Là encore, c'est une garantie d'obtenir des images plus nettes.

ZOOM OPTIQUE POUR L'IPHONE 7 PLUS L'iPhone 7 grand modèle est également équipé d'un système photo à deux objectifs lui permettant, pour la première fois sur un iPhone, de disposer d'un zoom optique, en plus des traditionnelles capacités de zoom numérique. C'est aussi ce deuxième objectif qui donne à l'iPhone 7 Plus l'exclusivité du mode Portrait, qui permet de produire de très belles images avec un effet de profondeur flouté en arrière-plan. Nous détaillons toutes ces fonctions en **p. 134**.

DES PERFORMANCES TOUJOURS EN HAUSSE C'est l'éternelle litanie des progrès technologiques : le nouveau modèle est bien sûr plus rapide que le précédent. À titre d'exemple, le calcul d'un filtre appliqué à une image identique par l'application Prisma, prend plus de 10 secondes sur un iPhone 6 Plus et moins de 2 secondes sur un iPhone 7 Plus. Et il va sans dire que l'iPhone 6S, tout comme l'iPhone SE qui partage donc le même processeur, se situe entre les deux. Quel que soit le modèle choisi, cela dit, vous n'aurez jamais vraiment d'impression de lenteur aux commandes d'un iPhone. La différence s'exprime plutôt en ces termes : plus on monte en gamme, plus on gagne en confort. On gagne aussi un peu en longévité (voir ci-contre).

ET LA BATTERIE ? Les progrès dans ce domaine ne vont pas toujours dans le même sens. Même si ce ne sont que des moyennes, les iPhone 6S avaient en gros perdu une heure d'autonomie par rapport aux iPhone 6. Le coupable était le moteur haptique, bien plus gros qu'un simple vibreur, et qui avait obligé à une réduction de la taille de la batterie. Les iPhone 7 ont regagné cette même heure grâce au nouveau processeur A10. Celui-ci est en effet composé de quatre cœurs de calcul, contre deux pour les générations précédentes. Mais ces quatre cœurs ne fonctionnent pas en même temps : ils ne fonctionnent que deux par deux. Pour les applications intensives, les deux plus puissants se mettent en route pour vous fournir toute la puissance de calcul évoquée plus haut. Sinon, pour les tâches quotidiennes comme lire son courriel, les deux cœurs un peu moins puissants sont utilisés, et ceux-là consomment bien moins d'énergie. À l'usage on ne s'aperçoit de rien et l'autonomie des iPhone 7, et notamment du 7 Plus, est étonnante.

DES ÉCRANS GRAND LARGE La plus grande batterie s'accompagne bien sûr d'un écran plus grand, Sur les 6S et 7, ils affichent une diagonale de 4,7 pouces (12 cm) et 5,5 pouces (14 cm) pour le modèle Plus. À comparer aux 4 pouces (10 cm) de l'iPhone SE. Les 6S et 7 proposent donc une surface plus grande, ce qui améliore le confort visuel, d'autant plus que leur résolution est supérieure également (1334 x 750 pixels et 1920 x 1080 pixels). Autrement dit, ces écrans peuvent afficher plus d'informations que celui de l'iPhone SE.

Quelle longévité pour son iPhone ?

Votre iPhone saura vous rendre service pendant plusieurs années (sauf si vous le cassez évidemment...). Cela dit, chaque nouvelle version d'iOS apportant son lot de nouvelles fonctions toujours plus gourmandes en puissance, choisir l'iPhone haut de gamme du moment assure en général que l'on pourra le mettre à jour plus longtemps. La version 10 d'iOS s'installe par exemple sur les iPhone 5, même si ce n'est pas vraiment conseillé, mais plus du tout sur les iPhone 4S. Il y a fort à parier que les iPhone 5 et 5C deviennent officiellement obsolètes avec iOS 11.

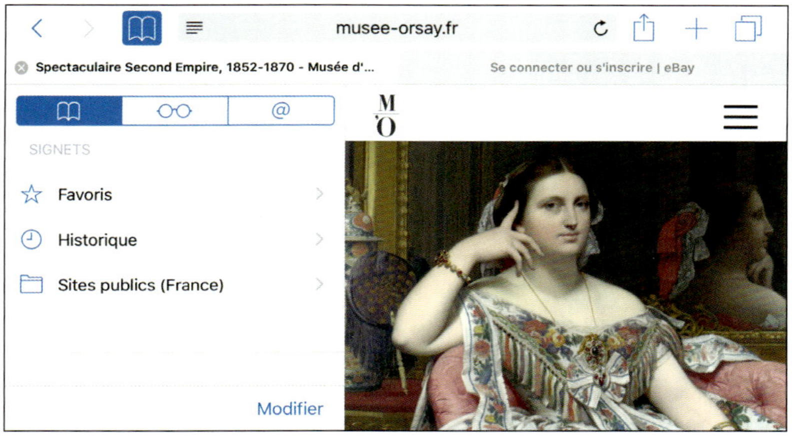

Comme sur l'iPad, les modèles Plus utilisent parfois le mode paysage pour vous présenter une colonne d'information supplémentaire, comme ici dans le navigateur Safari.

MANIPULATION À UNE MAIN? Jusqu'à l'iPhone 5S, Apple soutenait qu'une diagonale de 4 pouces était un maximum pour pouvoir continuer à utiliser l'appareil d'une seule main. Comment faire avec les plus grands écrans? Disons-le tout net, l'utilisation d'un iPhone 6S Plus ou 7 Plus à une main est impossible. Non seulement le pouce ne peut couvrir qu'une petite portion de l'écran mais, de plus, le dos en aluminium le rend vraiment glissant. Du coup, on a trop peur de le faire tomber. Et le mode Accès facile (**voir p. 47**), qui permet de faire glisser tout l'écran vers le bas pour vous permettre d'atteindre une icône au sommet ne suffit pas pour compenser. Ce même mode s'avère en revanche très utile avec l'iPhone 6S ou 7. L'écran de 4,7 pouces demande parfois de forcer un peu l'étirement du pouce, mais l'extrême finesse de l'appareil et ses bords arrondis le rendent agréable à manipuler même d'une main.

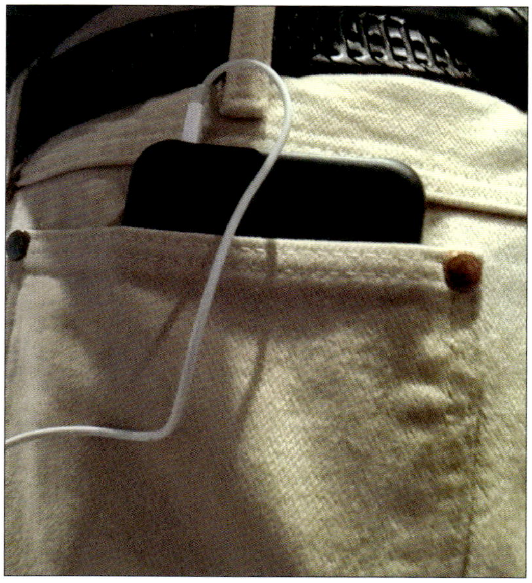

DES PORTABLES MOINS PORTABLES? Les modèles Plus étant plus grands, on peut aussi se demander s'ils n'en deviennent pas moins faciles à mettre dans une poche par exemple. Autant le dire tout de suite, la poche de jean leur est interdite. Devant ou derrière, l'appareil dépasse de la poche et gêne aussi bien la marche que lorsque l'on veut s'asseoir. Il ne vous viendrait pas à l'esprit de mettre votre tablette dans une poche, non? Bon, c'est vrai, un iPhone 6S Plus ou 7 Plus n'est pas aussi grand qu'une tablette. Cela dit, n'hésitez pas à lui trouver un étui portefeuille que vous pourrez utiliser comme support. Vous apprécierez de pouvoir le poser pour regarder une vidéo. L'iPhone 6 Plus ou 7 Plus est sans conteste ce que l'on appelle une «phablette», contraction de téléphone et tablette. Et c'est bien comme ça qu'il est conçu: pour certains, il remplacera même avantageusement les deux appareils. Pour ce qui est de l'iPhone 6S ou 7, sa finesse aide, mais on le sent évidemment plus qu'un iPhone SE dans une poche. Mais il y a de fortes chances que vous ne le remarquiez plus après quelques jours.

POIDS: LE POIDS PLUME DE L'IPHONE SE
Si pour vous l'encombrement et le poids réduits sont des éléments essentiels de votre choix, vous apprécierez la compacité et la légèreté de l'iPhone SE au quotidien. Comme on le voit ici, un iPhone en modèle Plus dépasse largement de la poche arrière d'un jean!

LES GOÛTS ET LES COULEURS Le dernier critère de choix, ou peut-être le premier pour vous, c'est le look global notamment déterminé par la couleur. Tous les modèles ont un dos en aluminium mat de différentes couleurs (voir p. suivante), sauf l'iPhone 7 dit Noir de jais qui propose une nouvelle finition en noir brillant. Curieusement, elle n'est pas sans rappeler le dos en plastique de l'iPhone 3GS de 2009, avec les mêmes avantages et inconvénients: l'iPhone glisse moins dans la main mais attire les marques de doigts.

PRIX: ATTENTION AUX FAUX-SEMBLANTS
L'iPhone SE est évidemment le moins cher de la gamme. Cela dit, il ne faut pas se laisser abuser par le prix de l'appareil. Que vous choisissiez un abonnement avec ou sans engagement, le vrai prix d'un smartphone est le coût total après un ou deux ans d'utilisation (**voir p. 12**).

TOUS LES IPHONE COMPARÉS

	SE	6S	6S Plus	7	7 Plus
CARACTÉRISTIQUES					
Poids	113 g	143 g	192 g	138 g	188 g
Hauteur	12,38 cm	13,81 cm	15,81 cm	13,81 cm	15,81 cm
Largeur	5,86 cm	6,71 cm	7,79 cm	6,71 cm	7,79 cm
Épaisseur	7,6 mm	7,1 mm	7,3 mm	7,1 mm	7,3 mm
Processeur	A9	A9	A9	A10	A10
Co-processeur de mouvement (1)	🟢	🟢	🟢	🟢	🟢
Mémoire système	2 Go	2 Go	2 Go	2 Go	3 Go
Mémoire de stockage	16/64 Go	32/128 Go	32/128 Go	32/128/256 Go	32/128/256 Go
Diagonale d'écran (2)	4 pouces	4,7 pouces	5,5 pouces	4,7 pouces	5,5 pouces
Résolution d'écran	1136 x 640	1334 x 750	1920 x 1080	1334 x 750	1920 x 1080
Densité d'écran (points par pouce)	326 ppp	326 ppp	401 ppp	326 ppp	401 ppp
Contraste	800 : 1	1400 : 1	1300 : 1	1400 : 1	1300 : 1
3D Touch	🔴	🟢	🟢	🟢	🟢
Moteur haptique (3)	🔴	🟢	🟢	🟢	🟢
Large gamme de couleurs (4)	🔴	🔴	🔴	🟢	🟢
Résistant à l'eau (5)	🔴	🔴	🔴	🟢	🟢
Bouton physique Touch ID	🟢	🟢	🟢	🔴	🔴
Bouton tactile Touch ID (6)	🔴	🔴	🔴	🟢	🟢
Prise casque audio (Jack)	🟢	🟢	🟢	🔴	🔴
Baromètre (7)	🔴	🟢	🟢	🟢	🟢
CONNECTIVITÉ					
DAS (8)	0,72 W/kg	0,87 W/kg	0,93 W/kg	1,38 W/kg	1,24 W/kg
4G	🟢	🟢	🟢	🟢	🟢
Wi-Fi	a/b/g/n	a/b/g/n/ac	a/b/g/n/ac	a/b/g/n/ac	a/b/g/n/ac
Bluetooth 4.2 (9)	🟢	🟢	🟢	🟢	🟢
Apple Pay	🟢	🟢	🟢	🟢	🟢
PHOTO & VIDÉO					
Taille photosite	1,22 µm	1,22 µm	1,22 µm	1,22 µm	1,22 µm
Résolution photo	12 Mpx	12 Mpx	12 Mpx	12 Mpx	12 Mpx
Ouverture	*f*/2,2	*f*/2,2	*f*/2,2	*f*/1,8	*f*/1,8
Téléphoto (Zoom optique 2x)	🔴	🔴	🔴	🔴	🟢 *f*/2,8
Caméra frontale (rés. / ouv.)	1,2 Mpx / *f*/2,4	5 Mpx / *f*/2,2	5 Mpx / *f*/2,2	7 Mpx / *f*/2,2	7 Mpx / *f*/2,2
Stabilisation optique de l'image	🔴	🔴	🟢	🟢	🟢

(1) M9 pour les iPhone SE, 6S et 6S Plus et M10 pour les iPhone 7. **(2)** 1 pouce = 2,54 cm. **(3)** C'est le module vibreur qui donne une impression de touché lorsque l'on appuie sur certains éléments d'interface. Il est encore plus précis sur les iPhone 7. **(4)** Les écrans des iPhone 7 reproduisent un plus grand nombre de couleurs répondant à la norme P3. Les autres iPhone répondent à la norme sRGB. **(5)** Les iPhone 7 sont conçus pour résister à une immersion dans l'eau à 1 m de profondeur pendant 30 minutes (norme IP67). Attention, cela ne signifie pas que vous pouvez faire de la photo / vidéo sous-marine. **(6)** Le bouton principal des iPhone 7 n'est plus un bouton mais une surface tactile. **(7)** La détection des changements de pression permet à l'iPhone de compter le nombre d'étages que vous montez ou descendez, en plus du nombre de pas parcourus dans la journée. **(8)** Débit d'Absorption Spécifique : il indique la quantité d'énergie véhiculée par les ondes radiofréquences reçues par l'utilisateur, exprimée en Watt par kilogramme. Le maximum autorisé en Europe est de 2W/kg. **(9)** Le Bluetooth 4.2 est évidemment compatible avec la plupart des oreillettes et est indispensable pour profiter des fonctions Continuité et Handoff réservées aux utilisateurs de Mac (voir p. 23).

BIEN CHOISIR : QUEL MODÈLE ACHETER ET À QUEL PRIX ?

Vous avez envie d'un iPhone ? Qui vous blâmerait… Voici comment choisir raisonnablement, notamment en fonction du modèle que vous avez peut-être déjà.

Un nouvel iPhone en mettant à jour

Avant de craquer pour un nouvel iPhone, commencez par installer iOS 10 sur celui que vous avez déjà. Bien que le nouveau système soit compatible avec tous les modèles depuis l'iPhone 5/5C, on conseille plutôt de faire la mise à jour à partir de l'iPhone 5S. Ce faisant, vous profiterez ainsi de tout ou partie des nouvelles fonctions, selon les modèles, et vous aurez l'impression d'utiliser un appareil remis à neuf. Et, tant qu'à faire, profitez-en pour repartir à zéro, plutôt que de restaurer depuis une sauvegarde (**voir p. 32**). Ainsi, vous vous débarrasserez des applis dont vous ne vous servez jamais. Quant aux autres, rappelez-vous que l'App Store vous laisse réinstaller vos applis autant de fois que vous le voulez. Assurez-vous seulement que vos contacts et calendriers sont bien synchronisés via votre compte iCloud, pour les retrouver automatiquement.

C'est la question traditionnelle de l'année dans le petit monde des smartphones : et si je passais au nouvel iPhone? Chaque fois qu'un nouveau modèle est présenté, de nouvelles fonctions rendent l'iPhone encore plus utile ou font tout simplement envie. Une partie du choix dépend évidemment de l'iPhone que l'on possède déjà, si c'est le cas. Voici quelques éléments pour bien choisir, sans (trop) vider son porte-monnaie.

ENVIE OU PAS ? Occupons-nous tout de suite de ce premier critère, car si les nouveaux iPhone 7 vous font envie, alors la raison n'en est plus un. Il vous restera tout de même quelques choix à faire. La taille de l'écran tout d'abord : celui du 7 Plus est magnifique mais attention, il ne rentre pas dans toutes les poches. Il est en revanche le seul à offrir un système photo à deux objectifs, ce qui en fait le meilleur appareil photo de la gamme. L'iPhone 7 ne démérite pas dans le domaine de la photo puisqu'il intègre la fonction de stabilisation optique de l'image jusque là réservée aux modèles Plus. Et sa taille plus réduite en fait un compagnon plus facile à transporter au quotidien. Les iPhone 7 ont également une autre corde importante à leur arc : leur résistance à l'eau. S'il vous est déjà arrivé de faire malencontreusement tomber votre smartphone dans l'eau en vous penchant par exemple, cette nouvelle capacité des iPhone 7 peut devenir primordiale.

J'AI DÉJÀ UN IPHONE 6S Qu'il s'agisse du modèle « normal » muni d'un écran de 4,7 pouces ou du Plus à 5,5 pouces, vous possédez déjà un iPhone haut de gamme, notamment muni d'un appareil photo à 12 Mpxl, du lecteur d'empreinte digital Touch ID de deuxième génération ultra rapide et d'un écran sensible à la pression et donc compatible avec la fonction 3D Touch. Vous ne remarquerez aucun problème de performance en installant iOS 10 sur un iPhone 6S. Et ce modèle a un dernier atout peut-être plus anecdotique, quoique : il dispose encore d'une prise casque traditionnelle. Autrement dit, si jamais la disparition de la prise Jack vous dérange, conservez donc votre iPhone 6S encore un peu. Cela vous permettra d'observer confortablement les évolutions suivantes.

J'AI DÉJÀ UN IPHONE 6 Bien que deux générations le sépare de l'iPhone 7, l'iPhone 6 reste un modèle parfaitement capable de faire tourner iOS 10. Vous verrez bien sûr la différence si vous commencez à les comparer, comme nous l'avons fait pour le calcul d'un filtre sur une photo dans l'application Prisma (**voir p. 9**). Côté photo, son capteur de 8 Mpxl reste très bon et le modèle Plus dispose de la stabilisation optique pour les photos (pas pour les vidéos). Le modèle 4,7 pouces en revanche en est dépourvu totalement, ce qui le handicape pour les photos en basse lumière. Il a l'avantage d'être sensiblement plus léger que le 6S et même que le 7, ce qui se ressent au quotidien. Comme pour les ordis, la durée de vie des smartphones a tendance à s'allonger et l'iPhone 6 peut encore vous accompagner sans faillir, surtout le 6 Plus dont l'autonomie est sans aucun doute encore très bonne, même après deux ans de bons et loyaux services. En revanche, ce n'est pas forcément un bon choix financièrement si vous avez un abonnement avec engagement (voir plus loin).

J'AI DÉJÀ UN IPHONE 5S Il fut le premier modèle a être équipé du lecteur d'empreinte digitale Touch ID et d'un processeur moderne dit 64 bits. Il atteint toutefois ses limites avec iOS 10. Il n'est pas non plus équipé de la puce NFC indispensable pour faire fonctionner Apple Pay. Pour résoudre ce « problème », vous pouvez offrir une Apple Watch à votre iPhone 5S, ce qui vous permettra entre autres de profiter du nouveau moyen de paiement proposé par Apple (**voir p. 120**). Cela dit, si vous utilisez l'iPhone 5S depuis 3 ans, sa batterie montre peut-être quelques signes de faiblesse. Vous apprécierez sans aucun doute le confort apporté par un modèle plus récent. Et si la petite taille du 5S est pour vous un critère important, le SE est fait pour vous.

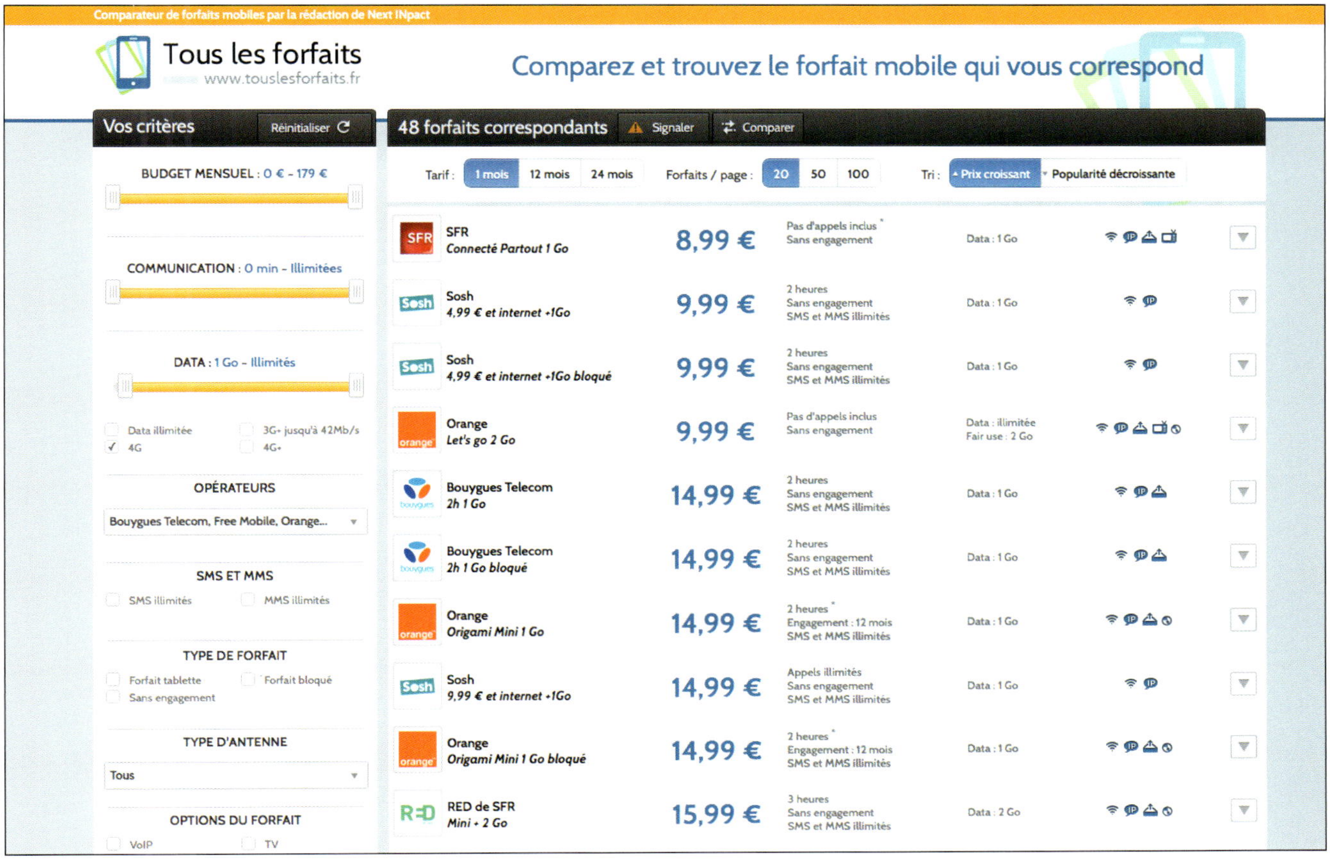

J'AI ENCORE UN IPHONE 5 / 5C Ces deux modèles partagent la même base technique et leurs capacités sont sans conteste dépassées. Bien qu'il soient officiellement compatibles avec iOS 10, mieux vaut ne pas faire la mise à jour.

J'AI ENCORE UN IPHONE 4S OU PLUS ANCIEN Ce modèle et tous les précédents sont officiellement considérés comme obsolètes par Apple. Si vous les utilisez encore c'est probablement parce que les smartphones ne vous intéressent pas vraiment, non ?

AVEC OU SANS ENGAGEMENT ? LA RÉPONSE PEUT VOUS SURPRENDRE Si vous avez un abonnement traditionnel, avec un engagement de 12 ou 24 mois, il y a de fortes chances que vous accumuliez des points tous les mois pour vous aider à changer de téléphone au bout d'un an ou deux. Du coup, au lieu de payer de 500 à 1000 euros pour un iPhone tout neuf (hé oui, c'est une somme tout de même !), l'opérateur vous fait une « fleur » et vous permet de passer au nouvel iPhone pour 200 ou 300 euros. De prime abord, cela semble intéressant. Pourtant cela ne l'est pas toujours. Car le vrai prix de votre iPhone n'est pas celui que vous déboursez au moment de l'achat, mais bien le coût global, c'est-à-dire le prix d'achat du téléphone auquel s'ajoute le cumul de vos paiements mensuels. Essayez donc de faire le calcul sur deux ans et comparez entre un abonnement avec engagement et un autre sans. Car rien ne vous empêche d'utiliser votre iPhone avec un abonnement illimité et sans engagement. Il vous en coûtera entre 10 et 20 euros par mois. Alors qu'un abonnement avec engagement à niveau de service équivalent est en général 10 à 20 euros plus cher. Cette différence que vous payez chaque mois s'accumule. La différence peut atteindre plusieurs centaines d'euros sur deux ans. Bref, si vous comptez utiliser votre iPhone plus de deux ans, réfléchissez : payer son nouvel iPhone « plein pot » est probablement plus économique ! Et n'oubliez pas que lorsque vous achetez un iPhone seul, il n'est bloqué auprès d'aucun opérateur, ce qui vous permet d'en changer quand bon vous semble pour toujours profiter du meilleur abonnement. La procédure ne prend que quelques jours et vous gardez votre numéro de téléphone.

Changer la batterie

On a parfois envie de changer son iPhone parce qu'il ne tient plus la charge. C'est normal, une batterie vieillit relativement rapidement et, au bout de deux ans par exemple, il n'est pas rare qu'un iPhone ait vraiment du mal à tenir la journée. Cela dit, plutôt que de dépenser des centaines d'euros pour un nouvel iPhone, quelques dizaines peuvent suffire pour donner un second souffle à votre appareil.

Free
13:23
53 %
mardi
1
Calendrier
Appareil photo
280
Plans
Horloge
Météo
Wallet
Notes
Rappels
Bourse
Vidéos
iBooks
iTunes Store
5
App Store
Maison
Santé
255
Mail
Photos
Réglages
Téléphone
Safari

À DÉCOUVRIR DANS CES PAGES

DÉCOUVRIR IOS 10 SUR SON IPHONE

Visuellement, l'interface d'iOS 10 varie peu si on la compare à la version précédente. Mais cela n'empêche pas le système et les applis d'avoir été revus en profondeur comme le montre le grand nombre de nouvelles fonctions que nous détaillons ici. Nous faisons également un tour du propriétaire en listant toutes les applications installées en standard sur votre iPhone et toutes celles qu'Apple propose gratuitement au téléchargement depuis l'App Store.

DÉCOUVRIR TOUTES LES NOUVEAUTÉS D'IOS 10

Comme toute mise à jour majeure, iOS 10 regorge de fonctions nouvelles et d'améliorations de taille. En voici la liste.

Minimiser le nombre d'appuis

On l'a vu ci-contre, iOS 10 demande maintenant deux appuis sur le bouton principal pour déverrouiller l'iPhone. Le premier allume l'écran sans déverrouiller pour permettre d'utiliser les Widgets (voir ci-contre également). Cela dit, si cette manipulation ne vous convient pas, rendez-vous dans les Réglages, puis Général et enfin Accessibilité. Tapez alors sur « Bouton principal » et activez l'option « Toucher pour ouvrir ». Dès lors, le deuxième appui sur le bouton ne sera plus nécessaire : un simple effleurement du doigt sur le Touch ID et vous vous retrouverez sur votre écran d'accueil. Ce mode de fonctionnement s'avère très efficace avec la fonction « Lever pour activer » dont peuvent profiter les iPhone SE, 6S et 7.

LE GLISSER POUR DÉVERROUILLER N'EXISTE PLUS Ce message qui rappelait comment déverrouiller son iPhone en glissant le doigt de gauche à droite existait depuis les débuts de l'iPhone en 2007. Il avait été mis en place pour éviter que l'on déclenche une action sans le vouloir alors que l'iPhone était tranquillement rangé dans un sac ou dans une poche. Avec iOS 10, ce geste fondateur a disparu, pour laisser place à un double-appui sur le bouton principal. En réalité, on comprend vite qu'Apple a fait ce choix en prévision du moment assez proche finalement où tous les iPhone seront équipés du nouveau bouton principal, uniquement disponible sur les iPhone 7 pour le moment. Ce bouton a la particularité… de ne plus être un bouton mais une surface tactile qui ne peut être déclenchée que par un doigt. L'écran d'un iPhone 7 ne peut donc pas s'allumer par hasard dans un sac ou une poche. Pour les autres modèles, la probabilité que le bouton soit enfoncé deux fois de suite par hasard reste tout de même très faible.

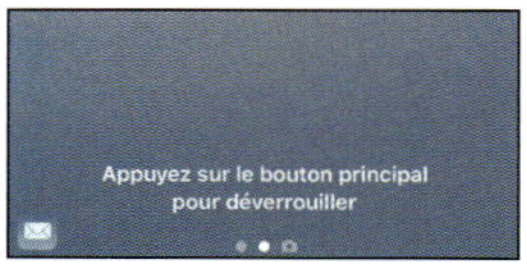

ET LES IPHONE QUI N'ONT PAS DE LECTEUR D'EMPREINTE DIGITALE ? Sur les iPhone 5 et 5C, seuls modèles sans Touch ID pouvant accueillir iOS 10, le premier appui sur le bouton principal allume l'écran et le second fait apparaître le clavier pour entrer le code. Vous verrez aussi ce clavier si jamais votre empreinte digitale n'est pas reconnue sur les autres modèles.

LEVER POUR ACTIVER On comprend mieux encore la disparition du « Glisser pour déverrouiller » lorsque l'on dispose d'un iPhone 6S ou 7 et que l'on a gardé activée la fonction « Lever pour activer » (via Réglages puis « Luminosité et affichage »). Dans ce cas, plus besoin d'appuyer sur aucun bouton pour allumer l'écran. Il suffit de porter l'iPhone à ses yeux, en le levant de la table ou en le sortant de sa poche, pour voir apparaître l'écran de verrouillage et ses multiples usages : notifications, widgets, appareil photo (voir plus loin). Et cela devient vraiment efficace et agréable si vous activez la fonction « Toucher pour ouvrir » (voir en marge).

NOUVEAU RACCOURCI VERS L'APPAREIL PHOTO L'accès à l'appareil photo depuis l'écran verrouillé n'est pas nouveau, mais le geste l'est. Avec iOS 10, il faut faire glisser la totalité de l'écran vers la gauche pour mettre en marche la caméra.

PROFITER DES WIDGETS Vous l'avez compris, on peut aussi faire glisser l'écran vers la droite. On fait alors apparaître une des grandes nouveautés d'iOS 10, les widgets. Il s'agit de modules dynamiques pouvant afficher de nombreux types de données : vos prochains rendez-vous, des suggestions d'applications, des titres d'actualité, les prévisions météo, les cours de la bourse et même le niveau de batterie des accessoires Bluetooth connectés à l'iPhone. Cet écran de widgets est entièrement personnalisable. Vous pouvez d'abord réorganiser les widgets installés par défaut dans l'ordre qui vous convient. Mais vous verrez aussi que de nombreuses applications proposent leur propre widget. Quand c'est le cas, l'écran des widgets vous l'indique tout en bas. Il vous suffit alors de taper sur le bouton Modifier pour ajouter un nouveau widget à ceux que vous affichez déjà, en le faisant glisser à la place qui vous plaît. Vous pourrez ainsi avoir à portée de glissement les derniers titres

de France Info, vos contacts favoris, des alertes de prix sur des voyage via Kayak, ou encore des infos sur des restaurants ou hôtels intéressants près de là où vous êtes via TripAdvisor. Il suffit d'effleurer l'icône de l'application, en haut à gauche du widget, pour la lancer. Notez que l'écran des widgets est également accessible depuis le premier des écrans d'accueil (**voir p. 22**).

NOTIFICATIONS DYNAMIQUES SUR L'ÉCRAN VERROUILLÉ GRÂCE À 3D TOUCH Si vous utilisez un iPhone 6S ou 7 qui est donc muni d'un écran sensible à la pression, vous pouvez exercer un appui forcé 3D Touch (**voir p. 48**) sur une notification affichée sur l'écran verrouillé pour accéder à certaines fonctions spécifiques. Par exemple, d'un appui 3D Touch sur une alerte de SMS, vous afficherez une vue de la conversation en cours, sous forme d'un panneau en surimpression de l'écran verrouillé. Pas besoin d'ouvrir l'appli Messages. L'iPhone vous demandera tout de même de contrôler votre empreinte digitale avant de vous laisser visualiser et répondre au message : le but n'est évidemment pas de laisser n'importe qui se saisir de votre iPhone pour répondre à votre place.

FAIRE DISPARAÎTRE UN PANNEAU ACTIF D'UN GLISSEMENT VERS LE BAS Pour fermer un panneau comme celui évoqué plus haut, il vous suffit de saisir la barre de titre de cette carte avant d'effectuer le glissement. Vous pouvez aussi effleurer la croix dans le coin supérieur droit.

UNE APPLICATION MESSAGES REVUE ET COMPLÉTÉE Si vous tapez sur la notification d'un SMS plutôt que d'y répondre en direct, vous lancerez l'appli Messages qui propose tant de nouveautés que nous lui avons consacré tout le **chapitre 7**.

DES EFFETS SPÉCIAUX POUR VOS MESSAGES
En deux tapes du bout du doigt vous pouvez donner du caractère à vos messages texte grâce aux effets qui s'appliquent aux bulles de texte ou à tout l'écran.

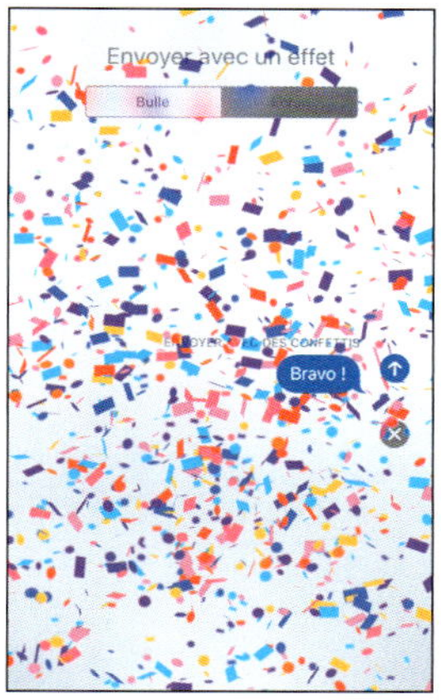

DES APPLIS DÉDIÉES AUX MESSAGES L'appli Messages dispose maintenant de son propre App Store, spécialement conçu pour compléter les fonctions de Messages, par exemple pour organiser des sondages, partager des fichiers ou même jouer au Morpion, sans sortir de Messages.

DES AUTOCOLLANTS POUR VOS MESSAGES
Une des grandes catégories des applis pour Messages, ce sont les autocollants. À la différence des émojis, ces stickers peuvent être placés n'importe où sur l'écran et ne sont pas tributaires d'un clavier respectant des normes internationales afin que tous les smartphones du monde partagent les mêmes. L'App Store pour Messages est rempli de collections d'autocollants gratuits ou payants, qui changent en fonction des saisons (Halloween, Noël, etc.).

DES ÉMOJIS TRIPLE TAILLE Cela dit, les émojis n'ont pas été oubliées dans Messages. Le clavier dédié à ces petites icônes est dorénavant activé par défaut. Et si vous envoyez un message constitué uniquement de une à trois émojis, celles-ci s'affichent en trois fois plus grand. Elle reprennent en revanche leur taille normale si vous en tapez quatre ou plus, ou si vous les mêlez à du texte.

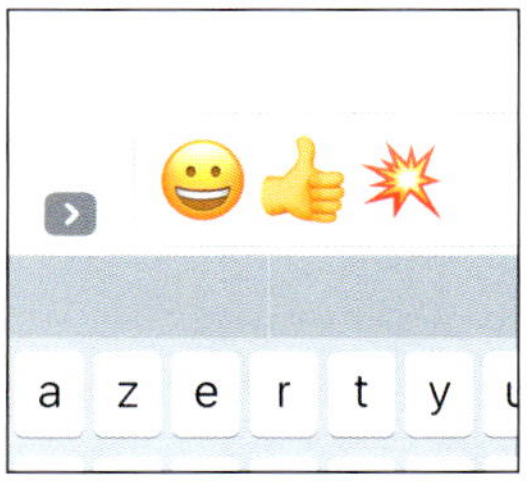

SUGGESTIONS AUTOMATIQUES D'ÉMOJIS
La barre de suggestions QuickType ne suggère pas que des mots : elle propose aussi des émojis en fonction de ce que vous tapez. Ainsi, si une émoji correspond au mot que vous venez de taper, il suffit d'effleurer l'émoji suggérée pour qu'elle remplace le mot, ou qu'elle vienne se placer à sa droite si vous avez déjà tapé un espace.

SUGGESTIONS DE RÉPONSE TEXTUELLES Les suggestions de la barre QuickType se sont aussi améliorées avec les mots et elle est normalement capable de proposer une réponse pertinente en fonction du message que vous avez reçu.

CLAVIER MULTILINGUE Autre amélioration du clavier, il détecte automatiquement la langue dans laquelle vous tapez. À condition toutefois d'activer tous les claviers dans les langues désirées via les Réglages.

LES PANNEAUX DU CENTRE DE CONTRÔLE Dans iOS 10, on fait toujours apparaître le Centre de contrôle d'un glissement du doigt depuis le bord inférieur de l'écran. Mais il est maintenant constitué de deux ou trois panneaux, selon que vous utilisez ou non la nouvelle application Maison de gestion des objets connectés (voir plus loin). Le premier panneau regroupe toujours des raccourcis vers des fonctions pratiques comme le mode Avion, la lampe torche, l'appareil photo etc. Mais les fonctions de contrôle de la musique sont maintenant déportées dans un deuxième panneau, que l'on fait apparaître d'un glissement de droite à gauche du Centre de contrôle. Un troisième panneau rassemble, le cas échéant, les raccourcis de contrôle de vos objets connectés. Notez que lorsque vous faites apparaître le Centre de contrôle, c'est le dernier panneau utilisé qui s'affiche d'abord et, donc, pas forcément le premier. C'est plutôt pratique quand on écoute de la musique.

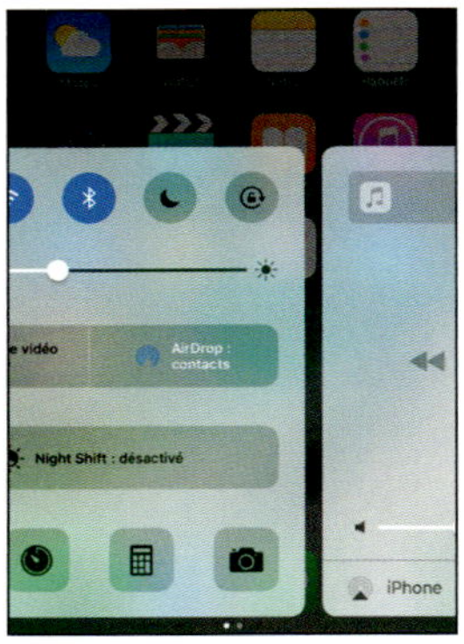

UNE NOUVELLE APPLICATION MAISON INSTALLÉE EN STANDARD Une nouvelle icône fait son apparition sur vos écrans d'accueil. Baptisée Maison, elle est dédiée au contrôle des objets connectés à la norme HomeKit que vous installez chez vous (**voir p. 148**).

PLANS ENRICHIS L'appli Plans a aussi beaucoup évolué. On le voit d'abord à son interface qui fait changer les habitudes. La zone de recherche est désormais en bas de l'écran, intégrée à un panneau coulissant que l'on utilise en permanence puisqu'il contient toutes les informations que l'on peut demander à Plans : les résultats de recherche et les itinéraires, mais aussi les fiches de restaurants et d'hôtels tirées de Yelp, TripAdvisor ou Pages Jaunes, etc. Apple fait en sorte que vous n'ayez plus besoin de sortir de Plans, y compris pour réserver une table.

DES EXTENSIONS POUR L'APPLI PLANS Et pour y parvenir, Apple a aussi ouvert la porte de Plans aux développeurs d'applications. C'est ce qui permet justement à des applis comme TripAdvisor ou Booking.com d'y afficher leurs informations, mais aussi à Uber de vous laisser commander une voiture avec chauffeur pour réaliser l'itinéraire que vous venez de calculer dans Plans.

QUAND SIRI PARLE ET COMMANDE À D'AUTRES APPLICATIONS Ce principe d'extension et d'ouverture des applis standard s'applique aussi à Siri dans iOS 10. Vous pouvez maintenant demander à Siri de vous commander une voiture Uber ou encore d'appeler un correspondant via WhatsApp ou Facebook Messenger.

LES VIDÉOS RESTENT DANS LES PAGES WEB DE SAFARI Jusqu'à présent, dès que l'on tapait sur le bouton lecture d'une vidéo intégrée à un page Web, elle passait forcément en plein écran, cachant donc le reste de la page. Safari pour iOS 10 est maintenant capable de jouer la vidéo au sein de la page, comme sur un ordi donc. Pour visionner la séquence en plein écran, effleurez l'image pour faire apparaître les outils de contrôle et tapez sur la double-flèche en bas à droite.

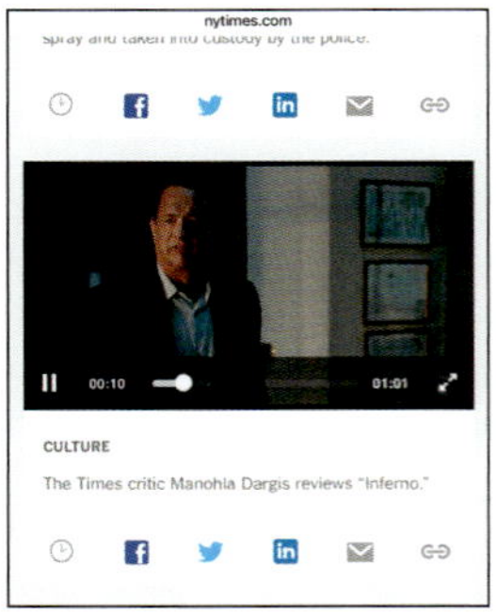

INTERFACE REMANIÉE POUR L'APPLI MUSIQUE Cette application avait été beaucoup critiquée pour sa complexité, notamment parce qu'elle ne permettait pas de faire clairement la différence entre la musique synchronisée depuis son ordi, téléchargée depuis Apple Music ou celle que l'on écoute en streaming depuis le service d'écoute par abonnement d'Apple. La version iOS 10 de Musique donne de nouveaux repères visuels en utilisant notamment des mots écrits en gros pour aider à bien repérer la catégorie où l'on se trouve : Pour vous, Explorer, etc. On trouve aussi très facilement la section « Musique téléchargée » qui permet de n'afficher que les chansons stockées dans la mémoire de l'iPhone et que l'on peut donc écouter sans être connecté à Internet. Cela dit, cette application est tellement riche qu'elle demande tout de même un peu de pratique pour être maîtrisée.

GESTION AUTOMATIQUE DU STOCKAGE DÉDIÉ À LA MUSIQUE TÉLÉCHARGÉE Comme pour les Photos lorsque l'on a activé la Photothèque iCloud (**voir p. 140**), vous pouvez demander à l'appli Musique d'optimiser le stockage dédié aux chansons que vous avez téléchargées pour pouvoir les écouter hors connexion. En activant cette fonction, via Réglages, puis Musique, vous donnez l'autorisation à l'iPhone de retirer de la mémoire les morceaux que vous écoutez le moins souvent si jamais sa mémoire de stockage s'approche de la saturation.

AFFICHER LES PAROLES DES CHANSONS Parmi les nouvelles fonctions de l'appli Musique, on apprécie de pouvoir maintenant afficher les paroles de la chanson que l'on est en train d'écouter. Lorsqu'elles sont disponibles, une section Paroles apparaît sous les icônes du panneau de contrôle de l'écoute (**voir p. 124**). Effleurez alors Afficher pour voir le texte apparaître.

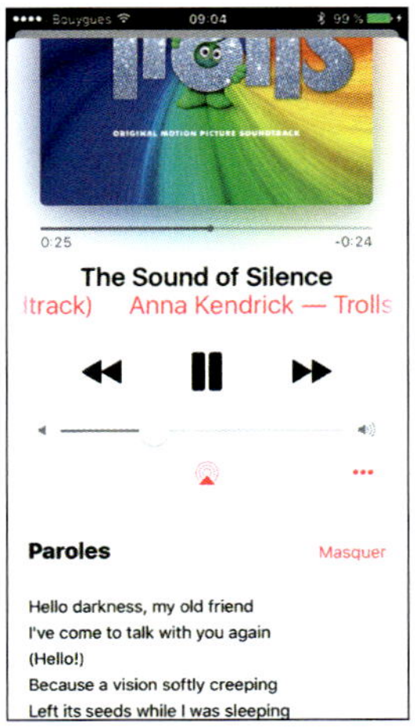

LA MUSIQUE NE S'ARRÊTE PLUS QUAND ON PREND UNE PHOTO C'est un détail mais c'est bien agréable au quotidien. Si vous êtes en train d'écouter de la musique et que vous lancez l'appareil photo, l'écoute ne se met plus en pause comme dans les versions précédentes d'iOS. Attention, la musique s'arrêtera si vous passez en mode vidéo.

LES APPLIS DE « TCHAT » AUDIO ET VIDÉO OBTIENNENT LE DEVANT DE LA SCÈNE Jusqu'à présent, seuls les appels téléphoniques et ceux reçus via FaceTime, l'appli de visio « maison » d'Apple, avaient le droit d'occuper tout l'écran pour vous prévenir de leur arrivée. Avec iOS 10, toutes les applis offrant des appels en Voix sur IP comme WhatsApp, Facebook Messenger, Skype, Duo, etc. peuvent y prétendre également. Mieux, les fiches de vos contacts dans votre carnet d'adresses peuvent inclure ces mêmes applications comme moyen de contact. Une tape et vous appelez quelqu'un via WhatsApp. Ou demandez-le tout simplement à Siri (voir plus haut).

AFFICHAGE INVERSÉ DES COURRIELS DANS MAIL L'application Mail présente toujours les courriels en vue conversation, c'est-à-dire en rassemblant les messages et leurs réponses dans un flux unique, vous permettant donc facilement de suivre les échanges dans l'ordre. Dans iOS 10, ces conversations affichent maintenant le message le plus récent en bas, un classement inverse à celui des versions précédentes d'iOS. Si cette nouvelle présentation ne vous convient pas, une option des Réglages permet de revenir au mode précédent (**voir p. 92**).

FILTRES AUTOMATIQUES MAIL Dans l'appli Mail, un nouveau bouton fait son apparition en bas à gauche. Il est assez petit pour qu'on risque de le rater mais il rend pourtant service : il active un filtre automatique qui permet d'une tape d'afficher ensemble tous les courriels non-lus et marqués d'un drapeau. Très pratique pour voir d'un coup d'œil ses mails en retard.

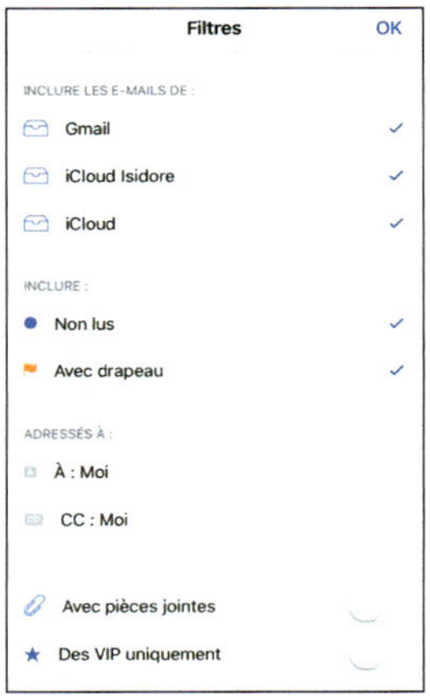

Disparition des alertes au milieu de l'écran

Les nouveautés ce sont parfois des fonctions qui disparaissent. C'est le cas des notifications sous forme d'Alertes. À la différence des Bannières qui s'affichent d'un glissement depuis le sommet de l'écran, les Alertes surgissaient directement au milieu et vous obligeait à choisir une des options proposées pour disparaître. Dans iOS 10, les Alertes existent toujours, et vous demandent toujours une action avant de disparaître. Mais elles s'affichent comme les Bannières depuis le haut de l'écran (**voir p. 96**).

DÉSABONNEMENT AUX LISTES DE DISTRIBUTION Autre nouvelle fonction dans Mail qui, cette fois-ci, n'apparaît qu'en cas de besoin. Lorsque l'on reçoit un message vraisemblablement envoyé par un système automatique, un bandeau tout en haut vous propose de s'occuper de vous en désabonner. Fermez ce bandeau d'une tape sur la croix affichée à droite pour continuer à recevoir la lettre d'information que vous avez choisi de recevoir. Ou sur le bandeau pour que l'iPhone se charge d'envoyer un message de désabonnement à l'importun.

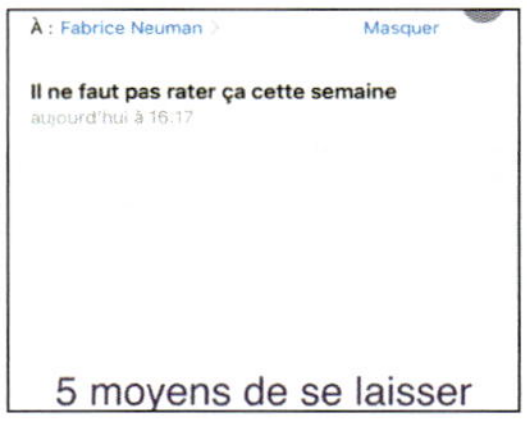

TRAVAIL DE GROUPE DANS L'APPLI NOTES
Vous pouvez maintenant partager une ou plusieurs notes avec d'autres utilisateurs iPhone, iPad ou Mac. Autrement dit des personnes utilisant aussi un compte iCloud. Dès lors, toutes les personnes que vous invitez via le bouton en forme de silhouette munie d'un « + » pourront lire et modifier la note. Et vous verrez même leur travail s'afficher quasiment en temps réel sur votre propre écran.

HORLOGE Cela faisait longtemps que l'appli Horloge n'avait pas évolué. En plus de ses fonctions d'horloge mondiale, d'alarme, de chronomètre et de minuteur, elle propose maintenant une section Sommeil qui vous accompagne pour vous aider à réguler vos nuits. Vous lui indiquez l'heure à laquelle vous souhaitez vous lever, le nombre d'heures de sommeil dont vous avez besoin et les jours de la semaine concernés. Une fois cette fonction activée, l'iPhone vous préviendra lorsqu'il est temps d'aller vous coucher, et vous réveillera à l'heure dite. À vous de suivre les conseils, l'iPhone ne pouvant pas contrôler ce que vous faites. Il s'agit probablement d'une première étape avant l'arrivée d'un véritable suivi du sommeil, via la montre par exemple.

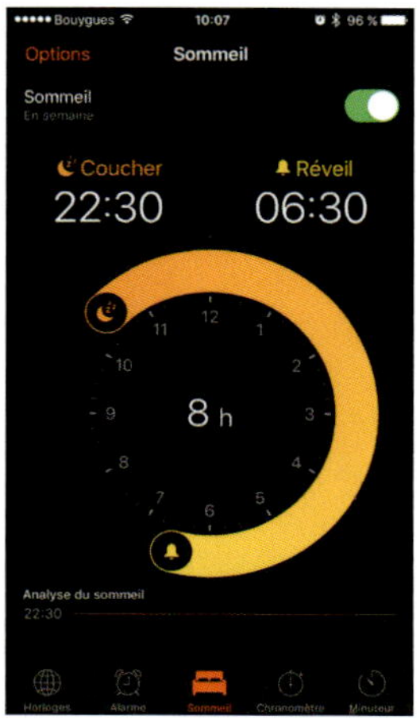

COPIER SUR L'IPHONE ET COLLER SUR L'IPAD, OU INVERSEMENT C'est la fonction de copier / coller universel d'iOS 10. Tout ce que vous copiez, image ou texte, sur l'iPhone par exemple, reste disponible pour être collé sur n'importe lequel de vos autres appareils connectés au même compte iCloud pendant deux minutes. Un autre exemple de toutes les fonctions pratiques réservées à ceux qui choisissent de n'utiliser que des produits Apple (voir encadré p. suivante).

« DÉSINSTALLER » LES APPLIS STANDARD
Vous avez sûrement des applis installées en standard avec iOS dont vous ne vous servez jamais et que vous placez dans un dossier « poubelle ». Avec iOS 10, vous pouvez maintenant les supprimer comme n'importe quelle autre application. Enfin presque, comme on vous l'explique en **p. 24**.

L'APPLI PHOTOS MET EN SCÈNE VOS SOUVENIRS En analysant vos images, l'appli Photos crée des albums de souvenirs automatiques et même des vidéos avec musique d'accompagnement pour les mettre en scène. Le résultat est bluffant. De nouveaux albums souvenirs sont créés régulièrement et on défie quiconque de ne pas avoir le sourire aux lèvres ou la larme à l'œil en les regardant. Attention, on y passe du temps.

DES LIVE PHOTOS STABILISÉES Les Live Photos, ce sont ces images complétées d'une courte séquence vidéo avant et après l'appui sur le déclencheur. Sur les iPhone 6S Plus, 7, et 7 Plus, ces vidéos bénéficient maintenant de la stabilisation de l'image.

DES PHOTOS NON TRAITÉES GRÂCE AU MODE RAW Autre nouvelle capacité photo d'iOS 10, le mode Raw qui permet d'obtenir les images directement saisies par le capteur photo de l'iPhone donc sans

Mettre en pause l'installation d'un appli

Si vous avez lancé l'installation de plusieurs applis en même temps, vous pouvez mettre en pause le téléchargement et l'installation de certaines d'entre elles pour que celle dont vous avez besoin tout de suite s'installe en premier. Tapez simplement sur l'icône d'une appli en train de s'installer pour mettre la procédure en pause. Avec un iPhone 6S ou 7, vous pouvez même effectuer un appui forcé 3D Touch pour afficher un menu spécifique (**voir p. 48**).

aucun traitement d'image. Il est nécessaire d'installer une appli pour en tirer parti car l'appli Appareil photo standard ne le propose pas (**voir p. 134**). Le mode Raw est disponible sur les iPhone SE, 6S et 7.

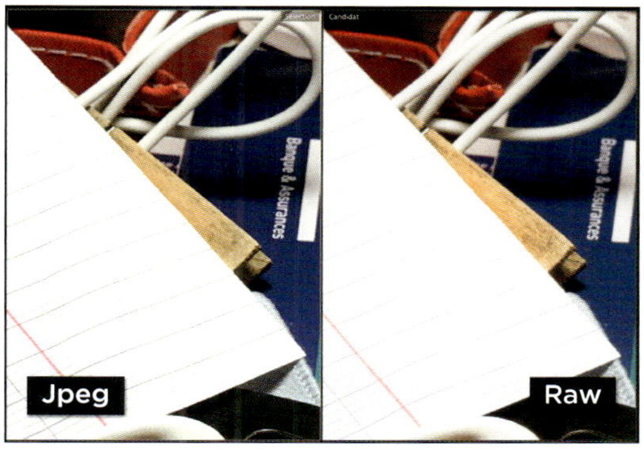

UN MODE PORTRAIT RÉSERVÉ À L'IPHONE 7 PLUS Lorsque l'on photographie un portrait à l'aide d'un appareil Reflex traditionnel, on obtient un effet de flou d'arrière-plan très esthétique, qu'il est quasiment impossible d'obtenir de manière optique via les objectifs très grand angle des smartphones. En s'appuyant sur le deuxième objectif de l'iPhone 7 Plus et des calculs intensifs de détection de profondeur, l'appli Appareil photo sur l'iPhone 7 Plus permet d'obtenir des résultats assez proches.

UTILISER L'IPHONE COMME UNE LOUPE DE LECTURE Plus prosaïquement, l'appareil photo de tous les iPhone peut être utilisé comme une loupe à grossissement variable pour vous aider, par exemple, à lire des textes aux caractères trop petits (**voir p. 40**).

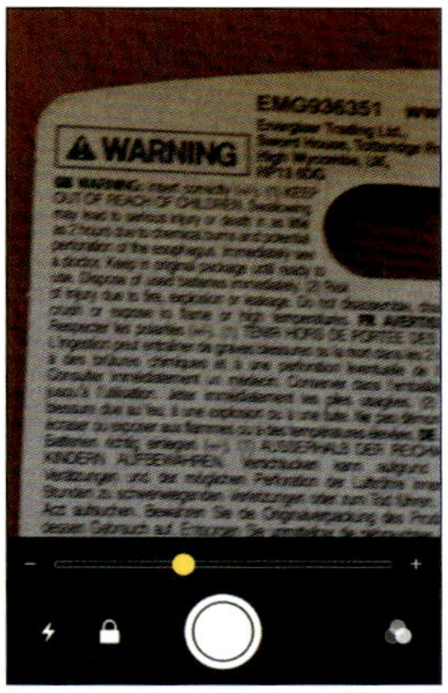

Raccourcis 3D Touch dans les suggestions de Siri

Grâce à la fonction 3D Touch sur les iPhone 6S et 7, un appui forcé sur l'icône d'une application fait apparaître un menu d'options (**voir p. 48**). Vous pouvez effectuer ce même appui 3D Touch sur les icônes des applis proposées dans le widget des suggestions de Siri.

Des fonctions réservées aux fidèles d'Apple

Certaines fonctions des iPhone sont réservées aux fidèles de la marque, c'est-à-dire ceux qui utilisent à la fois un iPhone, un iPad et aussi un Mac. Ces fonctions sont regroupées sous la dénomination Continuité. Il faut pour cela que tous les appareils disposent d'une version récente du système : iOS 9 ou 10 pour les iPhone, iPod Touch et iPad, et Mac OS X Yosemite, El Capitan ou Sierra pour les Mac. Il est aussi nécessaire que tous les appareils soient reliés au même réseau Wi-Fi, comme vous le faites déjà à la maison, et aussi que leur connexion Bluetooth soit activée. Lorsque ces conditions sont réunies, tout fonctionne ensemble. Si quelqu'un vous appelle au téléphone, vous pouvez indifféremment répondre depuis l'iPhone, l'iPad ou le Mac. De même pour les messages texte : même les SMS traditionnels s'affichent sur toutes les machines, et pas seulement les iMessages comme c'était le cas auparavant. Bref, lorsque vous êtes à la maison, vous pouvez laisser l'iPhone branché au secteur et tout faire depuis l'iPad ou le Mac. Mais cela ne s'arrête pas là. Grâce à Handoff, vous pouvez commencer une tâche sur un appareil et la terminer sur un autre. Imaginez par exemple que vous commenciez à rédiger un courriel dans Mail sur le Mac. Mais vous devez partir avant de pouvoir le terminer. Pas de problème. Quittez la maison avec votre iPhone. Celui-ci affiche une petite icône en bas à gauche de l'écran de verrouillage pour vous indiquer que vous pouvez reprendre la rédaction. Faites-la glisser vers le haut pour lancer Mail et reprendre exactement où vous en étiez. Un onglet s'ajoute également en bas de la vue multitâche. Grâce au copier / coller universel, vous pouvez aussi copier un texte ou une image sur l'iPhone pour le ou la coller sur le Mac, et inversement. Et si vous utilisez des écouteurs AirPod (**voir p. 158**), ils se connecteront automatiquement à tous vos appareils. Pratique !

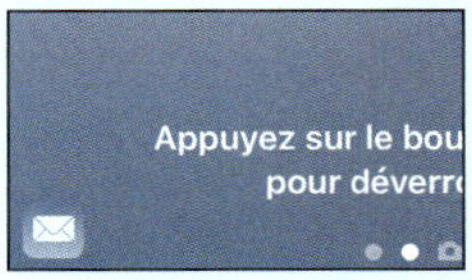

DÉCOUVRIR LA NOUVELLE ORGANISATION DES ÉCRANS

La version 10 d'iOS va changer un peu vos habitudes de navigation entre les différents écrans. Voici comment vous y retrouver.

Tout commence bien sûr par l'écran de verrouillage quand on allume l'iPhone (au centre p. suivante). Il affiche l'heure en gros chiffres, et la date du jour en dessous. Notez le nouveau message qui s'inscrit en bas de l'écran : « Appuyer sur le bouton principal pour déverrouiller ». Hé oui, il remplace le traditionnel « Glisser pour déverrouiller » que l'iPhone affichait pourtant depuis ses débuts en 2007. On explique pourquoi en **p. 16**. Certaines notifications sont également affichées sur l'écran verrouillé. Faites-les glisser vers la droite pour accéder à l'application qui en est à l'origine ou vers la gauche pour accéder à quelques options. Ou alors, avec un iPhone 6S ou 7, effectuez un appui 3D Touch (**voir p. 48**) pour agir sur la notification sans quitter l'écran de verrouillage, comme par exemple pour répondre à un message.

UN NOUVEL ÉCRAN DE WIDGETS Même si vous ne déverrouillez pas votre iPhone, vous pouvez tout de même accéder à un tout nouvel écran d'iOS 10, celui des widgets. Ces derniers sont de petits modules affichant des informations en provenance des applications qui disposent d'un tel module. Elles sont nombreuses et vous pourrez donc enrichir votre écran de widgets au fur et à mesure que vous installerez de nouvelles applications (**voir p. 146**). Si vous disposez d'un iPhone 6S ou 7, il vous suffit d'effectuer un appui forcé 3D Touch sur l'icône d'une application sur un de vos écrans d'accueil pour savoir si elle propose un tel widget. Si c'est le cas et qu'il vous intéresse, il vous suffit alors d'effleurer ledit widget pour qu'il vienne s'ajouter en dessous de tous les autres. Pour réorganiser cette liste, faites défiler l'écran des widgets jusqu'en bas pour pouvoir taper sur le bouton Modifier.

ÉCRANS D'ACCUEIL SANS CHANGEMENT
Une fois que vous avez déverrouillé votre iPhone, vous vous retrouvez sur un écran d'accueil, affichant les icônes de vos applis. Faites défiler ces écrans d'accueil latéralement pour accéder à la panoplie complète de vos applis. Notez qu'un appui sur le bouton principal vous ramènera toujours vers le premier des écrans d'accueil. Depuis celui-ci, un glissement vers la droite vous amènera vers l'écran des widgets. Et si vous faites glisser le doigt vers le bas après l'avoir posé sur l'écran, vous faites alors apparaître le panneau de recherche Spotlight (**voir p. 126**).

LE VOLET DES NOTIFICATIONS Si vous effectuez ce même glissement vers le bas mais, cette fois, depuis le bord supérieur, vous faites apparaître le volet des notifications qui rassemble toutes les alertes des applications (**voir p. 96**). Tapez sur l'une d'elles pour ouvrir l'application dont elle est issue. Notez aussi que vous pouvez accéder à l'écran des widgets, décidément omniprésent, d'un glissement vers la droite depuis le volet des notifications.

UN CENTRE DE CONTRÔLE MULTICARTES
Quel que soit l'écran affiché sur l'iPhone, on peut faire glisser le doigt depuis le bord inférieur pour afficher le Centre de contrôle. Avec iOS 10, le Centre de contrôle est maintenant composé de 2 ou 3 panneaux auxquels on accède par des glissements latéraux. Le premier rassemble les raccourcis habituels permettant par exemple, d'activer ou désactiver le Wi-Fi, le Bluetooth, le mode Avion ou encore la lampe torche. Toutes les commandes d'écoute de la musique sont déportées vers le deuxième panneau. Et un troisième panneau s'active si vous utilisez des objets connectés au standard HomeKit d'Apple pour équiper votre maison intelligente (**voir p. 148**).

Personnaliser l'interface

Les illustrations présentées ici montrent le fond d'écran choisi par défaut par iOS 10. Pour le changer et personnaliser aussi d'autres aspects de l'interface de votre iPhone, rendez-vous **p. 36**.

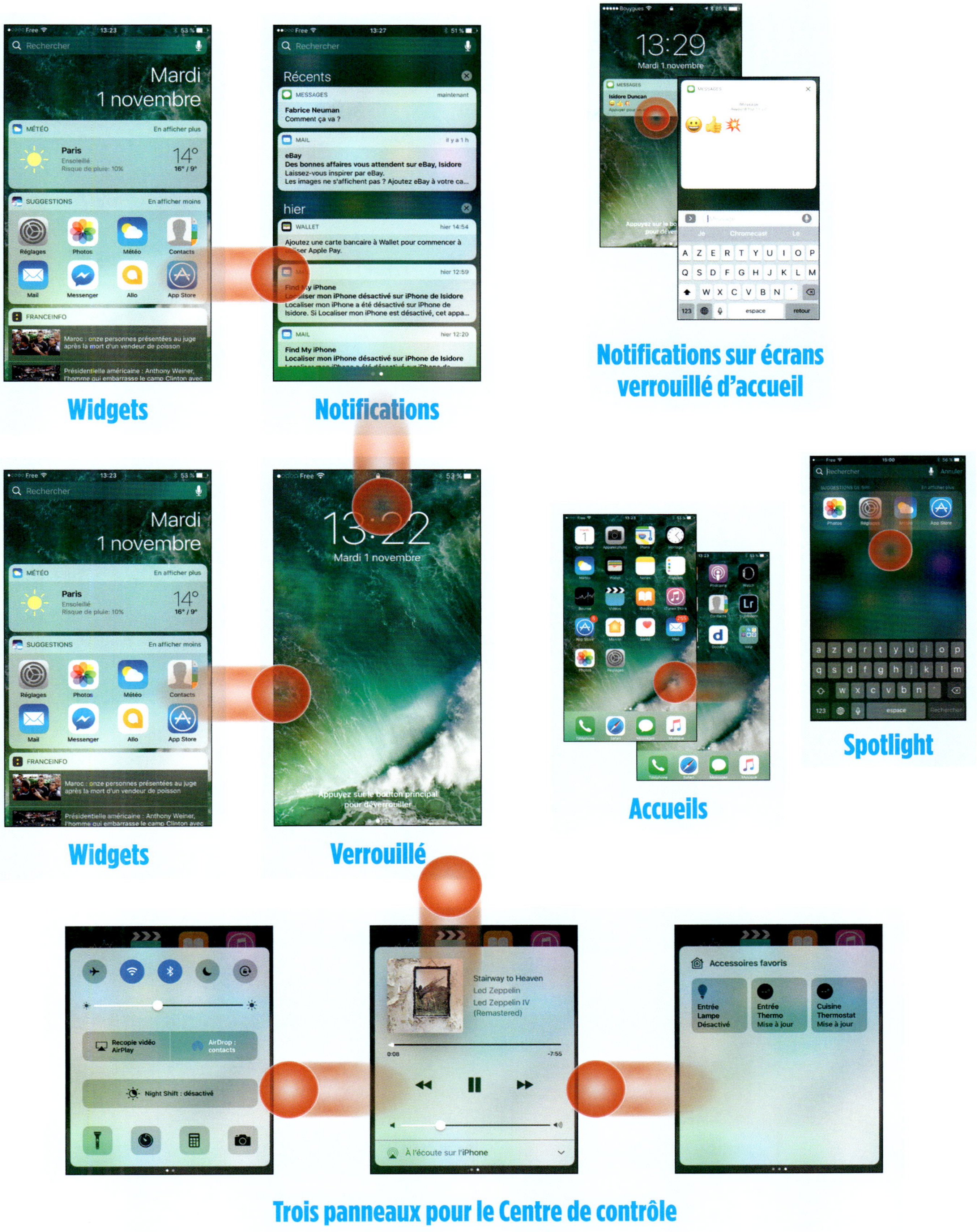
Widgets
Notifications
Notifications sur écrans verrouillé d'accueil
Widgets
Verrouillé
Accueils
Spotlight
Trois panneaux pour le Centre de contrôle

DE L'INUTILITÉ DE DÉSINSTALLER LES APPLIS STANDARD

C'est une des nouveautés d'iOS 10 : il est maintenant possible de désinstaller les applis installées par défaut avec le système. Sauf que cela ne rend aucun service.

Données préservées

Si vous « désinstallez » les applis Mail ou Contacts, leurs données ne sont pas supprimées de la mémoire de l'iPhone, comme les applis elles-mêmes (voir ci-contre). Autrement dit, si vous les réinstallez via l'App Store, vous retrouverez vos comptes de courriels configurés comme avant et votre carnet d'adresses.

Tout le monde n'ayant pas les mêmes besoins, certaines des applis pré-installées (voir p. suivante) ne vous serviront pas autant qu'à d'autres. Nouveauté d'iOS 10, vous pouvez maintenant les désinstaller, comme n'importe quelle application venant de l'App Store. Ainsi, si vous effectuez un appui prolongé sur une icône, le geste qui permet de réorganiser vos écrans d'accueil et aussi de supprimer vos applications (**voir p. 38**), vous pourrez remarquer que les icônes de presque toutes les applications pré-installées arborent également dans leur coin supérieur gauche la petite croix noire dans un rond gris permettant de les supprimer. Il y a tout de même quelques exceptions comme l'Appareil photo, l'appli Santé ou encore l'App Store. On le comprend aisément pour ce dernier : non seulement c'est via l'App Store que vous pouvez installer d'autres applications pour compléter les fonctions de votre iPhone (**voir p. 146**), mais c'est aussi lui qui vous permettra de récupérer les applis standard que vous aurez supprimées. Ces conditions posées, vous voilà heureux : enfin, vous allez pouvoir vous débarrasser de l'appli Bourse que vous ne lancez jamais que par erreur. Et en plus, cela permet de gagner un peu de place en mémoire non ?

MIEUX VAUT CONSERVER LES APPLIS STANDARD Et en fait, non. Car pour assurer la sécurité du système, notamment lors des mises à jour, Apple a besoin de s'assurer de l'intégrité de la version en cours d'utilisation.

Et ce n'est possible qu'à la condition qu'il n'ait pas été modifié. Autrement dit, lorsque vous « désinstallez » une appli standard, vous ne faites que disparaître son icône de l'écran d'accueil, sans l'effacer vraiment. De toutes façons, Apple indique que l'ensemble des applications standard n'occupe pas plus de 350 Mo, autrement dit pas grand-chose. De plus, la suppression de certaines de ces applis pose plus de problèmes qu'elle n'en résout. Si vous supprimez Mail, par exemple, vous devrez bien sûr installer une autre application de gestion de courriel pour vos échanges. Mais cette autre appli ne pourra pas prendre totalement la place de Mail comme appli par défaut. Ainsi, si vous tapez sur une adresse de courriel dans une page Web, un message vous proposera de restaurer Mail pour pouvoir commencer à rédiger un message. D'ailleurs, si vous vous rendez dans les Réglages de l'iPhone, vous vous apercevrez que la section Mail aura complètement disparu. Ce qui signifie que la suppression de l'appli Mail retire au système toutes ses fonctions de gestion du courriel.

LA BONNE VIEILLE MÉTHODE DU DOSSIER « POUBELLE » Bref, cette nouveauté d'iOS 10 n'a finalement que peu d'intérêt. Mieux vaut continuer à faire comme avant et placer les applis dont on ne se sert pas dans un dossier à part, que l'on placera lui-même dans un autre écran d'accueil. D'ailleurs, ce dossier existe déjà : il s'appelle Autres et Apple y place par défaut certaines des applis les moins importantes. Complétez-le.

FAIRE LE TOUR DES APPLIS APPLE, INSTALLÉES EN STANDARD OU PAS

Connaissez-vous toutes les applications installées par défaut sur votre iPhone ? Les voici présentées en ordre alphabétique. Sans oublier toutes les autres applis « maison » qu'Apple vous propose aussi d'installer gratuitement depuis l'App Store.

APPAREIL PHOTO Prenez des photos avec votre iPhone en lançant l'appli dédiée. Un raccourci est également disponible depuis l'écran verrouillé et dans le Centre de contrôle (**voir chapitre 9**).

ASTUCES Lancez cette appli pour découvrir des fonctions offertes par votre iPhone et notamment quelques nouveautés de la version 10 d'iOS. Ou alors, lisez ce guide, vous en apprendrez bien plus !

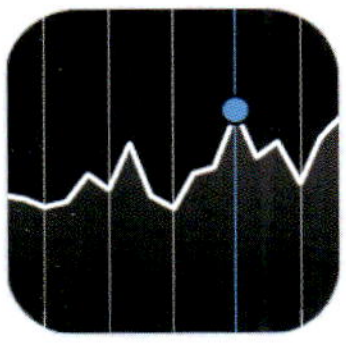

BOURSE Suivez en direct les cotations en bourse des sociétés dans lesquelles vous avez investi et revenez sur leur évolution dans le temps en faisant pivoter votre iPhone en mode paysage pour afficher des courbes. Placez deux doigts sur la courbe pour connaître l'évolution du cours sur une période de quelques semaines ou quelques mois en fonction de l'écartement des doigts.

BOUSSOLE Besoin de savoir où est le nord ? Consultez donc la boussole intégrée à l'iPhone ! Elle vous donnera également l'altitude et votre position très précise via les coordonnées de latitude et longitude déterminées par sa puce GPS. Et si vous faites glisser l'écran vers la gauche, vous pourrez vous servir de l'iPhone comme d'un niveau à bulle.

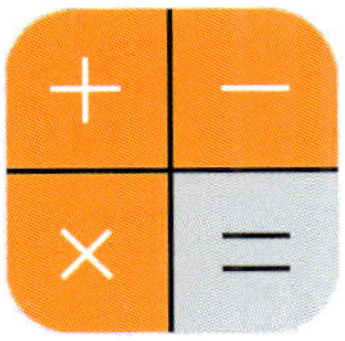

CALCULETTE On a souvent besoin de faire une rapide opération, même simple. La calculette de l'iPhone est là pour ça, et dispose même de son propre raccourci dans le Centre de contrôle.

CALENDRIER C'est le gestionnaire de votre emploi du temps pour noter rendez-vous, événements, anniversaires, vacances, les afficher par jour, semaine, ou mois et les partager. Vous pourrez notamment synchroniser vos rendez-vous entre tous vos appareils via les services iCloud (**voir p. 69**) par exemple. Notez que l'icône indique la date du jour.

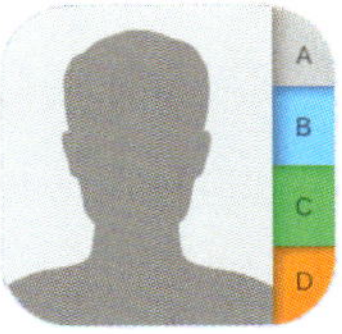

CONTACTS Vous y créez des fiches pour vos amis et connaissances avec, pour chacun, une photo, ses adresses postales et de courriels, ses différents numéros de téléphone et identifiants de « tchat », des notes... Prenez soin de créer une seule fiche par personne rassemblant toutes ses informations, pour éviter les confusions, et aussi profiter au mieux de Siri. Synchronisez ces infos entre vos appareils.

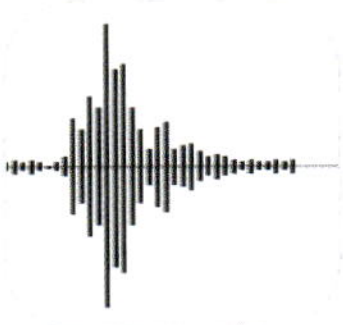

DICTAPHONE Une idée vous passe par la tête ? Vite enregistrez-la en parlant dans le dictaphone. Vous pourrez ensuite vous l'envoyer par courriel ou la transférer vers votre iCloud Drive via le menu de partage, pour la conserver et la réécouter à loisir. Vous pouvez aussi vous en servir d'enregistrement pour enrichir une vidéo montée dans iMovie (**voir p. 29**).

FACETIME C'est le système de visiophonie « made in Apple » pour communiquer en direct et en vidéo, ou seulement en audio, avec des utilisateurs de Mac, d'iPhone, d'iPod ou d'iPad (**voir p. 86**). Grâce à la fonction Continuité, FaceTime vous permet aussi de passer de « vrais » appels téléphoniques via votre iPad ou Mac (**voir p. 21**).

Le magasin d'applications

Tapez sur cette icône pour accéder depuis l'iPhone au magasin d'applications, l'App Store. Des centaines de milliers d'applications vous permettront de démultiplier les usages de votre smartphone (**voir p. 146**). Lorsque des mises à jour de vos applications sont disponibles, leur nombre s'affiche sous forme d'une petite pastille rouge, dans le coin supérieur droit.

Les applis Apple à installer soi-même

En plus de la multitude des applis pré-installées sur l'iPhone, Apple en propose plusieurs autres que vous pouvez récupérer gratuitement sur l'App Store.

Apple Store Consulter les rayonnages du site Web d'Apple depuis votre iPhone. Lorsque vous l'installez, l'appli se relie automatiquement à votre compte Apple et vous permet donc d'acheter n'importe quel produit en magasin en quelques clics.

Garageband Composez de la musique directement sur l'iPhone et profitez des instruments automatiques pour par exemple créer facilement des fonds sonores pour vos vidéos.

iMovie Rassemblez des séquences vidéos, coupez celles qui sont trop longues, ajoutez des titres et des effets de transition, etc. Bref, montez vos films directement sur l'iPhone.

HORLOGE Remarquez d'abord que l'icône de cette application est un peu spéciale puisqu'elle donne vraiment l'heure, la trotteuse marquant les secondes. Cela dit, cette appli fait bien plus que donner l'heure. Vous pourrez aussi ajouter des horloges de tous les pays du monde pour garder un œil sur tous les fuseaux horaires. Elle vous servira aussi à créer des alarmes pour vous faire réveiller le matin. D'ailleurs, nouveauté d'iOS 10, cette appli veut vraiment s'occuper de votre Sommeil via la section du même nom. Si vous la mettez en route, elle vous incite à vous coucher tous les jours à la même heure, pour assurer un repos optimal. Vous trouverez aussi un chronomètre et un minuteur.

IBOOKS Avec cette application, vous pourrez lire des livres électroniques au format ePub, dont ceux distribués par la librairie d'Apple, l'iBooks Store, à laquelle vous accéderez également depuis l'application. Elle existe aussi sur l'iPad et vous pouvez utiliser les deux appareils pour lire le même livre : votre position de lecture se synchronise entre les deux appareils. Vous pouvez aussi y lire les PDF, notamment ceux que vous créerez en sauvegardant une page Web, via le menu de partage.

ICLOUD DRIVE Si vous activez la fonction du même nom dans la section iCloud des Réglages, cette application apparaîtra automatiquement sur un de vos écrans d'accueil. Elle vous permet d'accéder aux fichiers que vous y stockez, par exemple depuis votre Mac (**voir p. 72**).

ITUNES STORE Accédez à tous les magasins d'Apple pour y acheter de la musique ou des séries télé, et aussi pour acheter ou louer des films.

LOCALISER MON IPHONE Grâce à leur puce GPS, tous les iPhone peuvent être facilement géolocalisés. Et c'est bien pratique lorsque l'on a perdu son smartphone. La fonction Localiser mon iPhone est activée par défaut dans les Réglages et cette appli vous permettra de le situer sur une carte, de le faire sonner pour le retrouver caché sous les coussins et aussi de l'effacer à distance si jamais on vous l'a malheureusement volé. Tous les appareils connectés au même compte iCloud apparaîtront sur la carte, ce qui vous permet par exemple de retrouver votre iPad grâce à votre iPhone, et inversement. Et si vous avez activé le Partage familial (**voir p. 76**), les appareils de tous les membres de la famille sont aussi sur la carte.

MAIL Même si les webmails sont légion, il est préférable de gérer sa correspondance électronique avec l'appli fournie. Mail est simple à configurer. Ajoutez vos comptes de messageries via les Réglages de l'iPhone (**voir p. 80**). Vous pourrez tous les consulter d'un coup et profiter de tous les gestes tactiles d'iOS particulièrement développés dans Mail (**voir p. 92**).

MES AMIS Si vous avez partagé votre position géographique avec quelques-uns de vos amis via l'appli Messages, vous pourrez en retrouver la liste, et leur position, s'ils l'ont partagée en retour, via l'appli Mes amis. Lancez de nouveaux partages de position si besoin et faites en sorte d'être notifié lorsque l'un de vos amis se trouve à proximité.

MESSAGES Pour le « tchat » instantané avec les autres utilisateurs d'iCloud et aussi pour envoyer et recevoir ses SMS traditionnels. La version intégrée à iOS 10 apporte tellement de nouveautés que nous lui avons consacré un chapitre entier (**voir chapitre 7**).

MÉTÉO Consultez les conditions et prévisions météo de toutes les villes du monde. L'interface très réussie affiche des animations qui correspondent au temps qu'il fait en direct. Cette appli peut aussi vous servir d'horloge mondiale puisqu'elle affiche l'heure locale pour toutes les villes choisies.

MUSIQUE Pour écouter la musique transférée sur l'iPhone depuis l'ordi via iTunes, achetée sur l'iTunes Store, ou en streaming via votre abonnement Apple Music (**voir p. 124**).

NOTES La même appli que celle du Mac et de l'iPad avec laquelle elle se synchronise naturellement, pour noter tout ce qui vous passe par la tête ou ne pas perdre une idée. Elle a été entièrement remaniée dans iOS 9 et offre notamment des outils de dessin à main levée.

PHOTOS Consultez toutes les images que vous avez prises avec l'iPhone, ou celles qui sont stockées dans votre Photothèque iCloud si vous avez activé le service de sauvegarde et de synchronisation d'images d'Apple (**voir chapitre 9**).

PLANS L'application de cartographie de l'iPhone s'est grandement enrichie avec iOS 10. Elle sait bien sûr vous proposer des itinéraires routiers, piétons ou en transports en commun. Et vous pouvez aussi commander une voiture avec chauffeur via Uber sans quitter l'application. Plus fort encore, vous pouvez aussi y consulter des informations sur des hôtels ou des restaurants (**voir p. 122**).

PODCASTS L'application «maison» de gestion des podcasts est installée en standard avec le système. Si vous l'utilisez aussi sur votre iPad, votre liste d'épisodes et vos positions d'écoute se synchroniseront entre vos deux appareils, ainsi qu'avec iTunes installé sur l'ordi.

RAPPELS Dressez des listes de pense-bêtes, éventuellement assortis d'alertes à un jour et une heure précis. Ou, pourquoi pas, demandez-lui de vous rappeler quelque chose quand vous arrivez à un endroit précis, via les rappels géolocalisés. Et vous pouvez facilement partager une liste avec d'autres utilisateurs d'iPhone ou d'iPad.

RÉGLAGES C'est l'appli incontournable pour modifier tous les paramètres de votre iPhone. Ce guide vous invitera souvent à vous rendre dans ses multiples sections, en vous les expliquant clairement! N'hésitez pas à placer l'icône dans le Dock pour y accéder facilement.

SAFARI Le navigateur Safari est une des pièces maîtresses de l'iPhone. Il est simple d'utilisation et rapide pour afficher les pages Web (**voir p. 110**).

TÉLÉPHONE Effleurez cette icône pour lancer vos appels, mais aussi afficher la liste des appels récents, accéder à votre carnet d'adresses et écouter vos messages téléphoniques.

VIDÉOS Visionnez les films achetés ou loués sur l'iTunes Store, ainsi que les épisodes de série télé. Stockez-les dans la mémoire de l'iPhone pour les voir hors connexion.

WALLET Grâce à ce porte-carte numérique, vous stockerez sur votre iPhone vos cartes de fidélités, vos billets d'avion, de train ou de cinéma et même une ou plusieurs cartes bancaires pour payer dans les magasins via Apple Pay (**voir p. 120**).

WATCH ET ACTIVITÉ Même si vous n'avez pas encore craqué pour la montre connectée d'Apple, son application est installée par défaut sur votre iPhone. Elle vous servira à configurer votre smartwatch le jour où vous serez prêt à la mettre à votre poignet. Une fois la procédure terminée, une autre application apparaîtra sur votre écran: Activité. Grâce à elle vous afficherez les données de vos activités sportives recueillies par la montre.

Keynote L'équivalent de Powerpoint à la sauce Apple. Créez des diapos de présentation sur l'iPhone, ou modifiez celles que vous avez créées sur votre iPad ou Mac.

Numbers L'équivalent d'Excel pour créer et modifier des tableaux, mêmes complexes. Avec un mode de saisie très malin, adapté à la petite taille de l'écran de l'iPhone.

Pages Pour rédiger et mettre en page tous vos textes.

iTunes Remote Commandez à distance la musique diffusée par iTunes sur votre ordi.

Apple TV Remote Une appli indispensable si vous possédez un boîtier Apple TV (**voir p. 159**). Elle offre les mêmes fonctions que la télécommande de l'Apple TV, tout en rendant plus facile et plus sûre la saisie de texte, grâce au clavier virtuel de l'iPhone.

Free
18:45
57 %
mercredi
5
Mail
Calendrier
Photos
Appareil photo
Plans
Horloge
Météo
Wallet
Mise à jour logicielle
iOS 10.0.2 est disponible pour votre iPhone et prêt à être installé.
Installer
Plus tard
Détails
Santé
Réglages
Téléphone
Safari

À DÉCOUVRIR DANS CES PAGES

BIEN DÉMARRER AVEC SON IPHONE

Lorsque l'on allume un iPhone pour la première fois, il convient de suivre une à une les étapes de démarrage pour bien commencer et choisir les services à activer ou pas. Nous vous les expliquons en détail. S'il s'agit de votre premier smartphone, suivez nos conseils pour débuter du bon pied. Et nous vous montrons aussi comment récupérer toutes les informations de votre ancien iPhone. Vous pourrez ensuite personnaliser votre bel objet comme bon vous semble, notamment en organisant les icônes de vos applications.

DÉMARRER SON NOUVEL IPHONE POUR LA PREMIÈRE FOIS AVEC IOS 10

Lorsque l'on démarre un iPhone pour la première fois, il faut suivre quelques étapes de mise en route avant de pouvoir commencer à l'utiliser, même si l'on a l'intention d'y transférer le contenu de son ancien iPhone (**voir p. 32**).

1 BONJOUR D'une longue pression sur le bouton Marche / Arrêt (**voir p. 52**), allumez votre iPhone pour la première fois. Ce dernier vous accueille poliment en vous disant bonjour dans toutes les langues. Si vous avez déjà inséré votre carte SIM, vous devrez d'abord la déverrouiller avec son code PIN. Appuyez ensuite sur le bouton principal pour déverrouiller l'écran cette fois. Rappelez-vous que le mouvement de déverrouillage d'un glissement de doigt de gauche à droite n'existe plus dans iOS 10. Il n'y a bien sûr aucun code à taper pour le moment. Choisissez la langue du système, puis le pays pour passer à l'étape d'après.

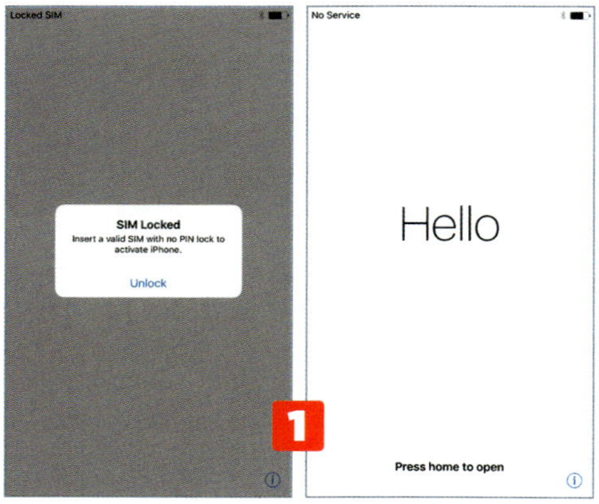

2 SE CONNECTER AU WI-FI L'iPhone présente la liste des réseaux Wi-Fi. Connectez-vous au vôtre, puis patientez le temps de l'activation de l'iPhone. Elle permet notamment à Apple de s'assurer qu'il ne s'agit pas d'un iPhone volé. Si c'était le cas, la procédure s'arrêterait là, via la fonction Localiser mon iPhone.

3 ACTIVER LES SERVICES DE LOCALISATION Les services de localisation s'appuient sur la puce GPS intégrée à l'iPhone pour vous proposer des fonctions basées sur votre position géographique. C'est ce qui permet par exemple à l'application Plans de vous guider dans vos itinéraires. Activez-les sans hésiter.

4 AJOUTER UNE EMPREINTE DIGITALE L'écran suivant vous propose d'utiliser une de vos empreintes digitales pour déverrouiller l'iPhone sans taper de code. Tous les iPhone depuis le 5S sont en effet dotés du détecteur d'empreintes Touch ID intégré au bouton principal. Choisissez Continuer pour apprendre à l'iPhone une première empreinte, celle de votre pouce par exemple. Posez celui-ci sur le bouton, sans appuyer, afin que l'apprentissage commence. Dès que vous sentez une vibration, levez le doigt pour le reposer ensuite, toujours sans enfoncer le bouton. Répétez la manipulation jusqu'à ce que le dessin d'empreinte affiché à l'écran passe totalement du noir au rouge. Vous devrez ensuite choisir un code, à six chiffres par défaut, qui vous sera demandé de temps en temps (**voir p. 154**).

5 RESTAURATION ? L'étape suivante vous demande si vous souhaitez récupérer le contenu d'un ancien iPhone. Choisissez ici « Comme nouvel iPhone ». Nous détaillons plus loin comment récupérer les données d'un ancien iPhone, aussi bien via une

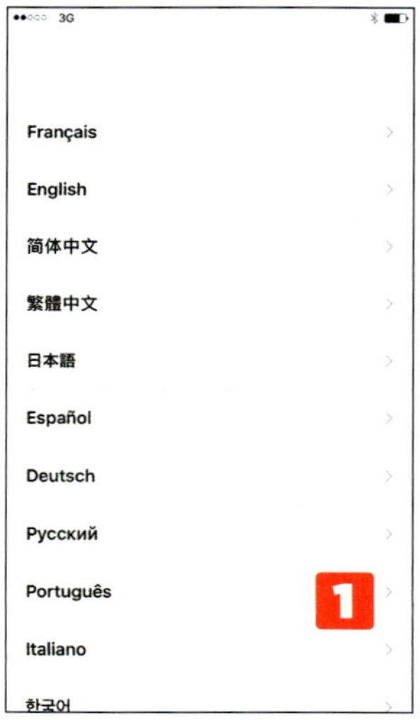

DIFFICULTÉ ★★★★★ 20 MN

sauvegarde iCloud (**voir p. 32**) qu'en branchant l'iPhone à votre ordi (**voir p. 33**). Afin de profiter de toutes les nouvelles fonctions de votre iPhone, sans perdre vos habitudes.

6 SE CONNECTER À SON COMPTE APPLE/ICLOUD Si vous disposez déjà d'un compte Apple, c'est le moment d'entrer votre identifiant et votre mot de passe. L'iPhone se chargera alors de lier l'iPhone à l'App Store. Si vous avez activé l'identification à deux facteurs, vous devrez aussi entrer un code envoyé à l'un de vos appareils de confiance (**voir p. 66**). Acceptez les conditions générales d'utilisation.

7 ACTIVER LES SERVICES ICLOUD L'iPhone demande si vous souhaitez utiliser les services en ligne iCloud. Pour tout savoir sur le sujet, rendez-vous au **chapitre 5**. N'oubliez pas que votre compte est utilisé à la fois pour les services en ligne de synchro avec iCloud et pour l'App Store.

8 REMETTRE À PLUS TARD LA CONFIGURATION D'APPLE PAY Depuis mi-2016, la fonction de paiement sans fil d'Apple est disponible en France. Renseignez-vous d'abord pour savoir si votre banque vous propose ce service. Vous pourrez de toutes façons l'activer quand bon vous semble (**voir p. 120**).

9 CONFIER SES MOTS DE PASSE AU TROUSSEAU ICLOUD ? Ah, la gestion des mots de passe : une horreur au quotidien, n'est-ce pas ? Apple vous propose de les stocker de manière sécurisée dans le Trousseau. N'activez pas ce dernier tout de suite et **rendez-vous p. 114** pour comprendre tous les services qu'il peut vous rendre en vous simplifiant la vie, notamment en synchronisant vos mots de passe entre tous vos appareils. Choisissez pour l'instant « Ne pas restaurer les mots de passe ».

10 ACTIVER L'ASSISTANT VOCAL L'écran suivant vous propose d'activer Siri. Acceptez bien sûr, pour pouvoir converser à haute voix au quotidien avec votre iPhone (**voir p. 128**).

11 ZOOM DE L'ÉCRAN ? Si vous utilisez un modèle Plus à grand écran, vous pouvez choisir entre deux modes d'affichage : Normal et Agrandi. Dans les deux cas vous pourrez revenir sur votre décision en vous rendant dans les Réglages, puis dans « Luminosité et affichage ».

12 C'EST FINI Et c'est maintenant que tout commence. Ce guide vous aidera à découvrir toutes les fonctions de votre bel objet.

Force de vibration

Si vous utilisez un iPhone 7 ou 7 Plus, le premier démarrage présente une étape supplémentaire vous permettant de choisir la force de vibration ressentie lorsque vous appuierez sur le bouton principal… qui n'est plus un bouton (**voir p. 52**). Vous pourrez changer l'intensité du retour vibratoire en vous rendant dans les Réglages, puis Général et enfin Bouton principal.

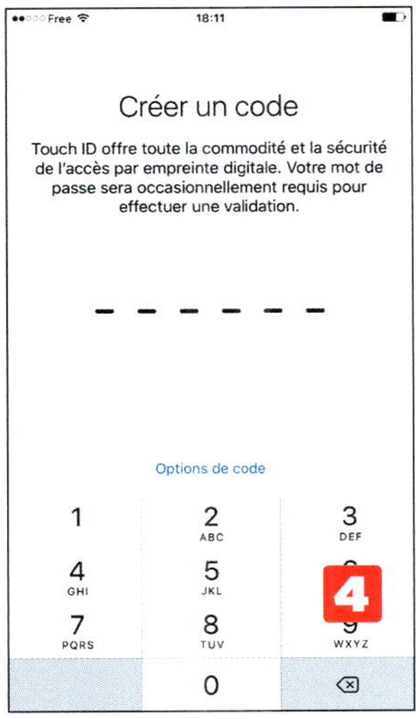

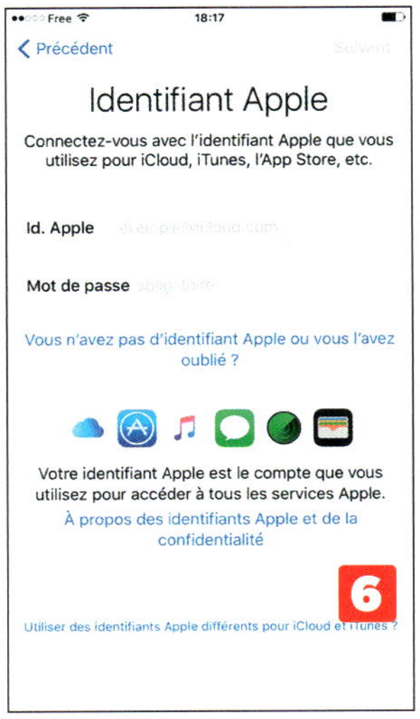

TOUT RÉCUPÉRER DE SON ANCIEN IPHONE VIA SA SAUVEGARDE ICLOUD

Plutôt que de repartir de zéro, récupérez toutes les données de votre ancien iPhone grâce à votre sauvegarde iCloud automatique.

Bien gérer un iPhone d'occasion

Que vous achetiez ou vendiez un iPhone, le premier réflexe à avoir consiste à le remettre à zéro. Pour cela, rendez-vous dans les Réglages de l'iPhone. Dans la section Général, faites défiler jusqu'en bas pour taper sur Réinitialiser.
Tapez ensuite sur « Effacer contenu et réglages ». Confirmez deux fois en tapant sur le bouton rouge et patientez, le temps que votre iPhone redémarre. Notez que la mise à zéro demande le mot de passe du compte iCloud afin de valider la désactivation du service « Localiser mon iPhone ». Cela fait partie du système antivol d'Apple. Assurez-vous donc que le vendeur l'a bien fait pour vous. Et faites-le vous-même si vous vendez votre iPhone, pour éviter que l'acheteur de votre iPhone ne se retrouve bloqué !

Si vous vous êtes offert un nouvel iPhone, vous pouvez sans problème réaliser une copie conforme de l'ancien sur le nouveau. Ainsi, vous n'aurez quasiment rien à paramétrer pour continuer à vous servir de votre téléphone comme vous l'avez toujours fait. Tout sera comme avant, mais vous pourrez profiter des nouveautés incluses dans le nouvel iPhone. Si vous aviez déjà configuré la sauvegarde iCloud sur votre ancien iPhone (**voir p. 68**), il vous suffit de choisir la restauration à partir d'iCloud lors du premier démarrage de votre nouvel iPhone pour tout récupérer. C'est la manière la plus simple de procéder, ne serait-ce que parce qu'elle se réalise donc directement depuis l'iPhone, sans avoir à le brancher à un ordi. N'hésitez pas et privilégiez la restauration à partir d'une sauvegarde iCloud. Lancez-la par exemple le soir avant d'aller vous coucher et votre iPhone sera prêt le lendemain matin.

LANCEZ LA PROCÉDURE Une des étapes du premier démarrage de votre iPhone vous demande si vous souhaitez récupérer les informations d'un ancien iPhone (**voir p. 30**). Choisissez « Restaurer à partir d'iCloud ». Vous devrez alors vous connecter à votre compte iCloud. Acceptez les conditions générales d'utilisation et choisissez la sauvegarde que vous souhaitez utiliser. Par défaut, c'est la dernière sauvegarde d'un iPhone en date qui vous est proposée. Tapez donc sur Suivant.

RÉCUPÉRATION DES INFORMATIONS
L'iPhone commence alors à télécharger les réglages et données d'applications sauvegardés. Il donne une estimation du temps restant (qui ne prend pas en compte la dernière étape de réinstallation des applis, voir plus loin). À la fin de cette étape, l'iPhone redémarre et reprend la procédure de premier démarrage à l'étape d'activation de la géolocalisation (**voir p. 30**).

FINITIONS Une fois les dernières étapes passées, vous vous retrouvez devant l'écran d'accueil. Un dernier message vous indique que les applis vont être réinstallées. C'est souvent la partie la plus longue.

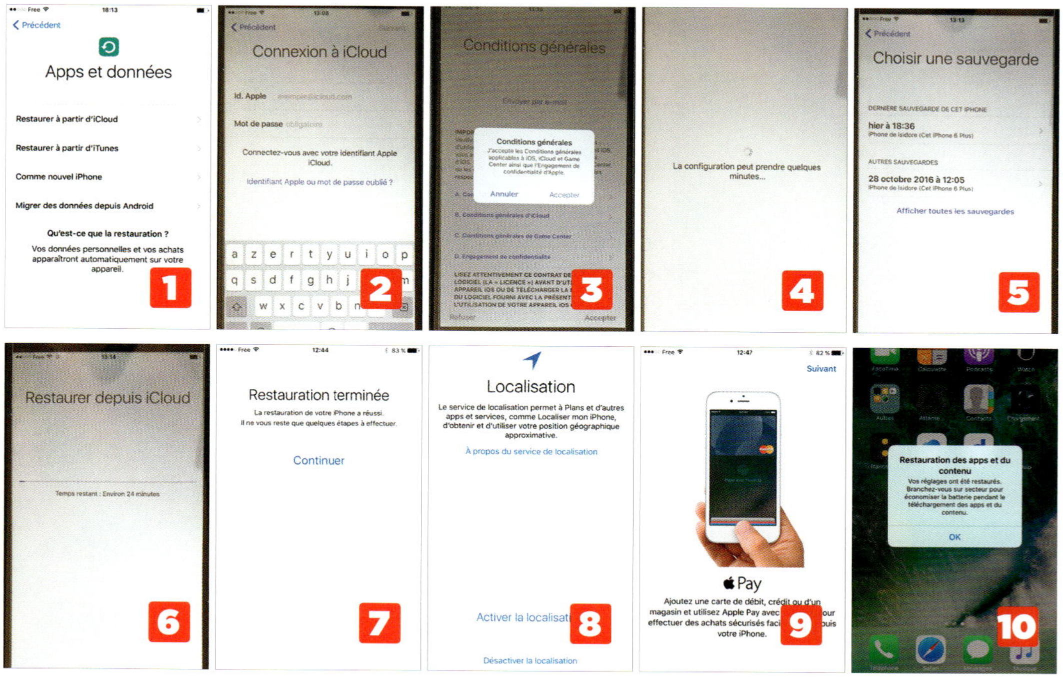

PASSER D'UN IPHONE À L'AUTRE EN LES BRANCHANT À UN ORDI

Utilisez un PC ou un Mac comme intermédiaire pour transférer toutes vos informations, données et applis d'un iPhone à l'autre.

Vous êtes impatient ? Effectuez la restauration de votre iPhone via votre ordi, même si vous n'aviez jamais synchronisé votre smartphone avec le logiciel iTunes auparavant.

SAUVEGARDER L'ANCIEN IPHONE

Branchez l'ancien iPhone sur votre ordi et laissez simplement iTunes faire la synchro. Si vous êtes sur un PC, il vous faudra installer iTunes au préalable, en vous rendant sur www.itunes.fr. Si c'est la première fois que vous branchez l'iPhone à l'ordi, un message sur l'écran de l'iPhone vous demande si vous faites confiance à l'ordinateur. Une fois cela fait, assurez-vous que vous disposez de la dernière version en date de votre sauvegarde. Pour cela, affichez la section Résumé au sein d'iTunes et consultez la section Sauvegardes. Même si vous utilisez déjà la sauvegarde iCloud, activez l'option « Cet ordinateur » et cochez la case « Chiffrer la sauvegarde locale ». Ce faisant, vous vous assurez de deux choses : qu'une personne récupérant votre fichier de sauvegarde sur le disque dur de votre ordi ne pourra pas s'en servir, et aussi de ne pas avoir à ressaisir les mots de passe de vos comptes et applis sur le nouvel iPhone, une fois que vous y avez transféré le contenu de l'ancien. Cliquez sur le bouton Appliquer (ou Synchroniser) en bas à droite de la fenêtre d'iTunes.

BRANCHER LE NOUVEL IPHONE

Branchez votre nouvel iPhone à l'ordi. Comme il s'agit de son premier démarrage, éventuellement parce que vous l'avez réinitialisé (voir en marge, p. précédente), suivez les instructions jusqu'à arriver à l'écran vous proposant de configurer l'iPhone en vous connectant à iTunes. C'est sur ce même écran que vous pouvez aussi choisir de repartir d'une sauvegarde iCloud (voir p. précédente). Acceptez que la configuration continue sans connexion Wi-Fi et branchez l'iPhone au câble USB. Dans l'écran suivant, tapez sur « Restaurer à partir d'une sauvegarde iTunes ». Rendez-vous ensuite dans iTunes pour y choisir le nom de la sauvegarde dans la liste déroulante. Suivez les instructions.

METTRE SON IPHONE À JOUR EN DIRECT OU VIA SON ORDI

Votre iPhone actuel n'est peut-être pas si vieux. Et si vous le passiez à iOS 10 avant de casser votre tirelire pour acheter un nouveau modèle ?

La dixième version d'iOS n'est pas réservée aux nouveaux iPhone. Vous pouvez l'installer sur un iPhone 5 ou plus récent. Notez tout de même que les iPhone les plus anciens dans cette liste, comme le 5 et le 5C, ne vous permettront pas de profiter de toutes les nouvelles fonctions d'iOS 10 et apparaîtront lents au quotidien. À partir de l'iPhone 5S, le premier iPhone muni d'un processeur 64 bits c'est-à-dire d'une génération relativement similaire à celui des iPhone 6 et 7, vous pourrez utiliser iOS 10 sans problème.

MISE À JOUR DIRECTEMENT DEPUIS L'IPHONE Le système des iPhone est capable de se mettre à jour tout seul, c'est-à-dire sans que vous ayez à le brancher à votre ordinateur. Cette option reste toutefois possible et se révèle pratique dans certains cas (**voir plus loin**). Si vous n'avez pas modifié les paramètres de notifications (**voir p. 94**), l'iPhone vous préviendra de la disponibilité d'une mise à jour de son système de plusieurs manières. Tout d'abord l'icône à roue dentée des Réglages arborera une pastille rouge contenant le chiffre « 1 » indiquant la présence d'une mise à jour. L'iPhone se charge de télécharger cette mise à jour en tâche de fond lorsqu'il est branché au secteur, afin de pouvoir commencer à l'appliquer dès que vous le souhaitez. Lorsque cette mise à jour est prête à être installée, une alerte apparaît au milieu de l'écran et vous incite à mettre à jour sans tarder. Mais vous pouvez choisir de la reporter.

RENDEZ-VOUS DANS LES RÉGLAGES Que vous ayez remis l'opération à plus tard ou que vous vouliez vérifier la disponibilité d'une mise à jour, la démarche est la même. Rendez-vous dans les Réglages, puis dans la section Général et enfin dans « Mise à jour logicielle ». Si rien n'est disponible, le message à l'écran indique « Votre logiciel est à jour ». Sinon, le numéro de la nouvelle version apparaît et l'iPhone vous propose, selon les cas, de télécharger et d'installer, ou tout simplement d'installer si la mise à jour est déjà en mémoire. Lancez la procédure.

BESOIN DE MÉMOIRE L'espace mémoire disponible est justement un critère important car les mises à jour peuvent demander un téléchargement de plusieurs centaines de Mo. Et, une fois le fichier téléchargé, l'iPhone a besoin du double d'espace libre pour appliquer la mise à jour. C'est la raison pour laquelle certains iPhone plus anciens, munis de 8 ou 16 Go de mémoire, vous indiquent qu'ils ne disposent pas d'assez d'espace pour lancer l'opération. Vous pouvez d'abord tenter de faire de la place en effaçant quelques applis ou données, notamment des photos ou des vidéos si vous les avez sauvegardées. N'oubliez pas que vous pouvez réinstaller vos applis autant de fois que vous voulez. L'autre solution consiste à brancher l'iPhone. Ensuite, dans iTunes sur l'ordi, cliquez sur l'icône du téléphone, puis sur Résumé dans la section Réglages de la colonne de gauche. À droite, un encadré précise la version actuelle du système de l'iPhone et indique si une nouvelle version est disponible. Si c'est le cas, cliquez sur Mettre à jour.

BRANCHER AU SECTEUR Votre iPhone a suffisamment de place ? Alors laissez-le faire. Notez que l'opération ne pourra commencer que si la batterie de votre iPhone est au moins chargée à 50 % et que l'appareil est branché au secteur. Ensuite, au bout de quelques minutes, voire une vingtaine dans le cas d'une mise à jour majeure comme celle vous permettant de passer d'iOS 9 à iOS 10, vous retrouvez votre environnement habituel.

Ne pas négliger les mises à jour mineures

Lorsque qu'une version de système change de numéro, comme le passage de 9 à 10 d'iOS, cela signifie que les modifications sont profondes et que les nouvelles fonctions sont nombreuses. Ainsi, iOS 10 apporte un très grand nombre de nouveautés (**voir p. 16**). On commence alors avec un numéro de version 10.0. Mais tout système a ensuite besoin de correctifs tout au long de son cycle de vie. Ces mises à jour utilisent alors une autre numérotation. On passe à 10.0.1, puis 10.0.2 et ainsi de suite, pour de petites corrections. Et lorsque qu'une nouvelle fonction est ajoutée, le numéro de version passe à 10.1, qui peut être suivi de 10.1.1 et ainsi de suite. Dans tous les cas, n'hésitez pas à appliquer ces petites mises à jour qui sont importantes, notamment pour assurer la sécurité de l'iPhone.

REPARTIR DE ZÉRO COMME SI C'ÉTAIT SON PREMIER IPHONE

L'iPhone est votre premier smartphone ? Voici comment faire vos premiers pas et vous l'approprier sans peine.

Ça y est, vous avez sauté le pas, vous vous êtes débarrassé de votre vieux téléphone ne servant qu'à téléphoner pour passer à la vitesse supérieure. Et, bien sûr, vous avez choisi un iPhone. Vous allez devoir changer un peu vos habitudes mais, vous verrez, vous ne le regretterez pas. Suivez ces premières étapes pour entrer en douceur dans le monde des smartphones.

CHANGER SA CARTE SIM ? Il y a fort à parier que votre vieux téléphone utilise une mini-SIM qui était considérée comme très petite… à l'époque. Depuis, deux autres formats de cartes SIM ont vu le jour : la micro-SIM et la nano-SIM. Tous les iPhone utilisent cette dernière. On ne pourra pas faire plus petit à moins de changer la taille de la puce électronique elle-même car, sur une nano-SIM, le cadre plastique qui l'entoure est réduit à son strict minimum. Vous aurez donc besoin de demander une nano-SIM auprès de votre opérateur mobile. Cela dit, elle sera automatiquement livrée avec l'iPhone si vous l'avez lui aussi commandé auprès de votre opérateur.

INSÉRER LA CARTE SIM Vous trouverez dans la boîte de l'iPhone un petit outil spécialement dédié à l'ouverture du tiroir d'insertion de la carte SIM. Insérez-le dans le petit trou que vous pouvez voir sur le côté droit de l'iPhone, juste en dessous du bouton marche-arrêt pour les iPhone 6 et 7. Poussez pour faire sortir le tiroir. Placez la carte nano-SIM dedans en vous repérant à l'aide du coin biseauté. Replacez ensuite le tiroir dans son logement jusqu'à ce qu'il disparaisse de nouveau sur le côté.

ALLUMER L'IPHONE Maintenant que vous avez l'iPhone entre les mains, vous avez envie de l'allumer, non ? Appuyez sur le bouton situé au sommet de l'appareil pour les iPhone 5 et SE et sur le côté droit pour les modèles 6 et 7. S'il s'agit d'un terminal neuf, un écran affiche le logo à la pomme et vous pouvez commencer la procédure de premier démarrage (**voir p. 30**).

RÉCUPÉRER LES CONTACTS STOCKÉS SUR LA CARTE SIM Il y a fort à parier que vous avez pris l'habitude de stocker vos numéros de téléphone sur la carte SIM. C'est une habitude que vous perdrez rapidement sur l'iPhone, ne serait-ce que parce que ce dernier ne le permet tout simplement pas. Mais il vous faut tout de même récupérer vos numéros ! Si vous avez pu insérer votre ancienne carte SIM dans votre iPhone, tout est très simple. Rendez-vous dans les Réglages, puis Contacts. Tapez ensuite sur « Importer les contacts SIM ». C'est tout.

ENTRER SES CONTACTS À LA MAIN Si vous n'avez pas pu insérer votre carte SIM, il faut les entrer « à la main » dans le carnet d'adresses de l'iPhone. Pour cela, rendez-vous dans l'application Contacts dont l'icône ressemble à un classeur à onglets. Tapez sur le signe « + » en haut à droite et remplissez une première fiche. Et ainsi de suite pour tous vos contacts. De toute façon, il était temps de faire un peu le ménage dans votre carnet d'adresses, non ?

TOUT SAUVEGARDER DANS LES NUAGES Grâce aux fonctions d'iCloud, le nom générique des services en ligne d'Apple, vous sauvegarderez toutes vos données (contacts, calendriers, etc.) dans votre espace personnel. Une fois le compte créé et les services activés – vous verrez, c'est très simple ! –, vous ne perdrez plus jamais rien (**voir p. 64**). Et vous pourrez même consulter vos infos depuis votre iPad ou votre ordi, et garder tous ces appareils synchronisés : vous changez un rendez-vous sur l'un d'eux et les modifications sont reportées sur tous les autres.

Tiroir résistant à l'eau

Sur un iPhone 7, on remarque que le tiroir de la carte SIM est muni d'un joint en plastique flexible. C'est ce joint qui assure l'étanchéité du tiroir, puisque les deux modèles d'iPhone 7 sont conçus pour résister à un séjour sous l'eau de 30 minutes à 1 mètre de profondeur. Attention, cela ne signifie pas que vous pouvez prendre des photos sous-marines avec : les conditions d'utilisation d'Apple le spécifient clairement. Mais votre bel iPhone 7 résistera sans problème à une chute malencontreuse dans une piscine… ou tout autre milieu aqueux.

PROFITER DE TOUTES LES OPTIONS DE PERSONNALISATION

L'iPhone n'est pas réputé pour ses capacités de personnalisation. Il offre pourtant quelques options agréables et pratiques pour en faire un smartphone bien à soi.

CHANGER LES FONDS D'ÉCRAN Rendez-vous dans les Réglages et faites défiler la page jusqu'à pouvoir taper sur « Fond d'écran ». Les écrans de verrouillage et d'accueil sont représentés en miniature. Tapez sur« Choisir un nouveau fond d'écran ». L'écran suivant vous propose de choisir parmi la bibliothèque d'images d'Apple, dynamique, statique ou « live ». Ce dernier mode correspond au format « Live Photos », un format de « photos qui bougent » comme on peut en créer avec un iPhone SE, 6S et 7 (**voir p. 134**). Et vous pouvez d'ailleurs choisir un fond d'écran parmi les photos de votre photothèque, en dessous. Comme leur nom l'indique, les fonds d'écran dynamiques ou « live » ajoutent un peu de mouvement derrière vos icônes. Ce qui n'est pas forcément très bon pour l'autonomie. Lorsque vous tapez sur l'une des images, une prévisualisation s'affiche en plein écran et un bouton Définir vous permet de la sélectionner. Un dernier menu sert à choisir l'écran à personnaliser : l'écran de verrouillage, l'écran d'accueil, ou les deux. Notez que vous pouvez aussi activer l'option Perspective qui ajoute un effet de profondeur à votre écran d'accueil en faisant légèrement bouger les icônes en fonction des mouvements de votre iPhone, ce qui donne l'impression que les icônes flottent au dessus de l'image.

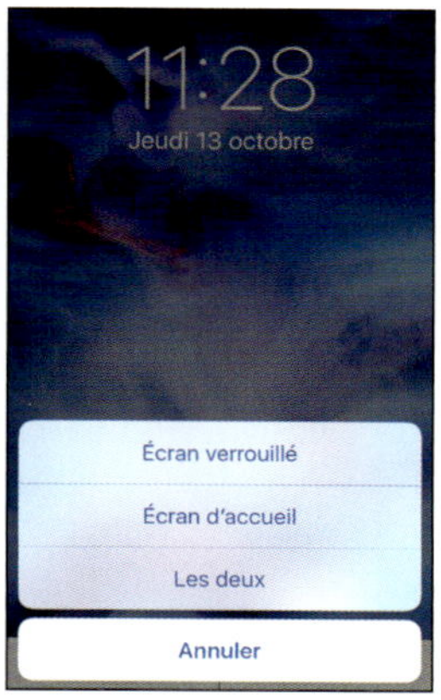

CHOISIR LES SONNERIES POUR CHAQUE ÉVÉNEMENT La section « Sons et vibrations » des Réglages regroupe un très grand nombre d'options. Vous pouvez d'abord choisir si vous voulez activer le vibreur en même temps que la sonnerie. Le potentiomètre permet de définir le volume de sonnerie. Si l'option « Utiliser les boutons » est activée, les boutons de volume sur le côté de l'iPhone vous permettent de changer celui de la sonnerie lorsque vous êtes sur l'écran d'accueil. Faites ensuite défiler la page pour choisir la sonnerie liée aux différents événements : appel téléphonique, réception de SMS, message vocal, nouveau courriel, etc. Tapez sur l'un de ces événements pour afficher la liste de tous les sons disponibles. Notez le bouton Store situé en haut à droite, pour acheter des sonneries.

CHOISIR UNE SONNERIE POUR CHAQUE CONTACT La sonnerie que vous choisissez dans les Réglages définit la sonnerie par défaut. C'est elle qui sera utilisée pour tous les appels que vous recevrez, à condition bien sûr de ne pas être en mode vibreur. Mais vous pouvez vous rendre dans la fiche de chacun de vos contacts pour lui attribuer une sonnerie particulière. Trouvez-la dans votre carnet d'adresses et tapez

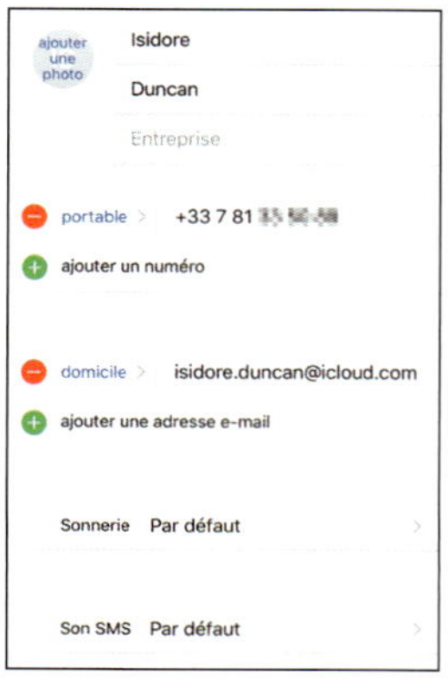

S'endormir en musique

Si vous aimez vous endormir avec de la musique, l'iPhone peut aussi vous accompagner. Lancez l'album de votre choix, puis rendez-vous dans l'application Horloge. Choisissez le minuteur et définissez un laps de temps, par exemple 30 minutes. Mais, dans le menu Sonnerie, vous ne choisirez pas un son marquant la fin du compte à rebours : vous le remplacerez par l'option « Arrêter la lecture », située tout en bas de la liste. Vous pouvez ainsi vous endormir sans crainte, l'iPhone s'arrêtera tout seul.

sur le bouton Modifier. Faites défiler la page et tapez sur la section Sonneries ou Vibrations. L'iPhone est en effet capable de vibrer de plusieurs manières et vous permet même de créer votre propre modèle de vibrations (voir plus loin). Choisissez ensuite la musique ou la vibration, et validez d'une tape sur le bouton Enregistrer en haut à droite. À chaque fois que vous choisissez une sonnerie, l'iPhone en diffuse un extrait.

SE FAIRE RÉVEILLER PAR SA PROPRE MUSIQUE Si vous utilisez l'iPhone comme réveil matin, rien ne vous oblige à subir les sonneries, souvent stridentes et désagréables, intégrées au système. Lorsque vous affichez la liste des sonneries dans l'appli Horloge, remarquez la section Morceaux qui vous permet d'afficher les chansons stockées sur l'iPhone.

CRÉER SES PROPRES MODÈLES DE VIBRATIONS En plus d'attribuer une sonnerie personnalisée à vos contacts, nous avons vu que vous pouviez également choisir un modèle de vibrations parmi ceux intégrés au système. Plus fort encore, il est possible de créer votre propre modèle de vibrations. Retournez dans les Réglages, puis « Sons et vibrations » et sélectionnez par exemple Sonnerie. Tapez sur Vibration en haut de la page puis, dans la page suivante, sur « Créer une vibration ». Vous voici dans la zone d'enregistrement : tapez du doigt dans la zone grise pour créer des séquences vibratoires, courtes ou longues en fonction de la durée de la pression du doigt. Validez en effleurant le bouton Enregistrer en haut à droite et donnez un nom à votre vibration. Vous pouvez maintenant l'utiliser comme n'importe quel autre modèle.

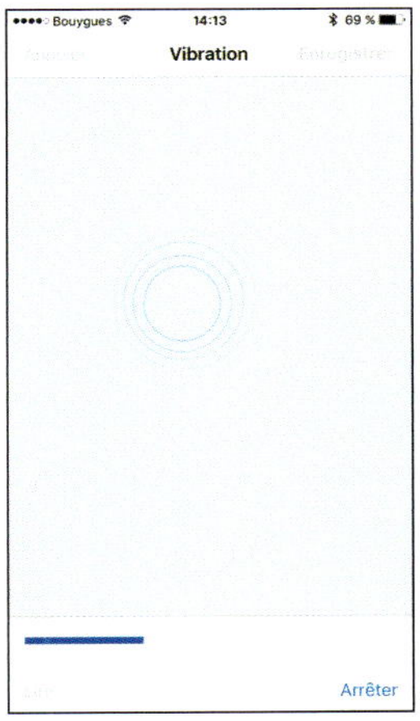

CHANGER L'ASPECT DU TEXTE Une des caractéristiques d'iOS est d'utiliser une police de caractères très fine. Si cela ne convient pas à votre vue, rendez-vous dans la section « Luminosité et affichage » des Réglages de l'iPhone. Vous pouvez d'abord activer l'option « Texte en gras ». Votre iPhone redémarre en quelques secondes. Si ce n'est pas suffisant, tapez alors sur l'option « Taille du texte ». Faites glisser le potentiomètre pour obtenir la taille de caractère qui vous convient. La quasi-totalité des applis de votre iPhone utilisent maintenant la taille choisie. Attention, les gros caractères réduisent la quantité d'information affichable à l'écran.

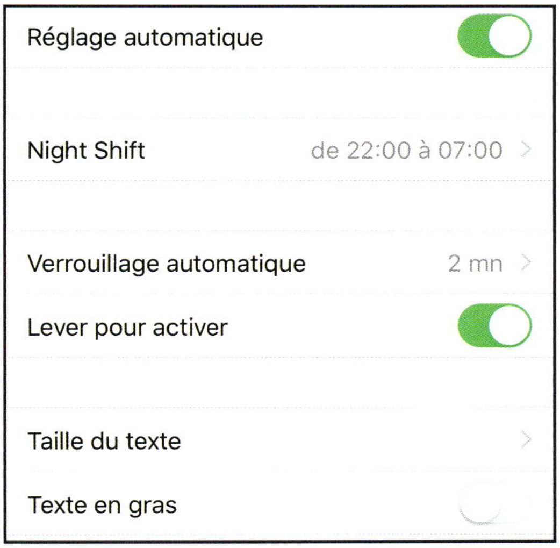

UN MODE ZOOM SPÉCIAL IPHONE PLUS
L'écran des iPhone Plus a beau être très grand (5,5 pouces de diagonale), sa définition est tellement fine que le texte peut paraître parfois très petit. Une option spécifique, baptisée « Zoom de l'écran », lui est réservée dans les Réglages. Si vous l'activez, tous les éléments d'interface sont alors agrandis. En fait, tout se passe comme si vous regardiez l'écran d'un iPhone 6 ou 7, muni d'un écran de 4,7 pouces de diagonale, au travers d'une loupe. Cela dit, en jouant avec la taille du texte, vous pouvez bénéficiez de l'affichage plus grand de certains éléments, tout en conservant la même quantité d'information à l'écran.

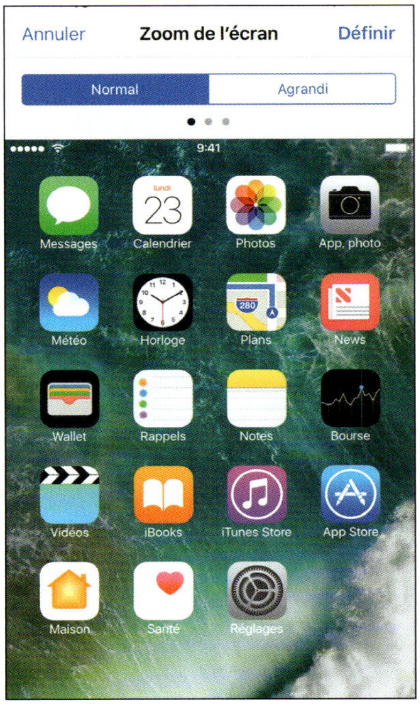

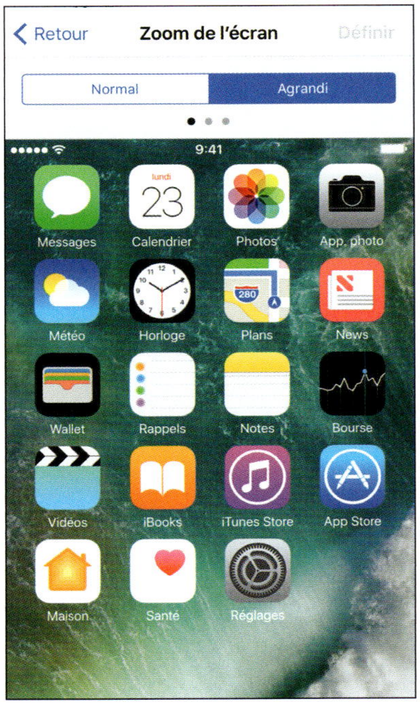

RANGER LES ICÔNES ET DOSSIERS DE L'ÉCRAN D'ACCUEIL

Chaque fois que l'on installe une nouvelle application, son icône s'ajoute à la suite de celles déjà présentes. Voici comment les réorganiser à votre goût.

Bien ranger ses icônes

Chacun sa méthode pour ranger ses icônes. On a tout intérêt par exemple à placer sur le premier écran d'accueil les icônes des applications dont on se sert le plus souvent. Tout simplement parce que quel que soit l'écran d'accueil sur lequel on se trouve, une pression sur le bouton principal vous ramène vers le premier. Certains préfèrent ranger leurs icônes par couleur : un écran pour les icônes bleues, un autre pour les rouges, etc. Nous n'avons pas tous les mêmes repères visuels. À vous de trouver celui qui vous convient.

FAIRE DANSER LES ICÔNES Avant de vous lancer dans les diverses opérations décrites dans cette page, vous devez maîtriser la manipulation simple qui consiste à faire danser les icônes. Pour cela, posez le doigt sur n'importe laquelle d'entre elles et maintenez l'appui jusqu'à ce que toutes les icônes se mettent à « gigoter ». Relevez le doigt. Cette animation vous indique que vous pouvez commencer à les déplacer, les regrouper, les effacer, etc. Il suffit ensuite d'une pression sur le bouton principal de l'iPhone pour valider vos modifications et stopper la danse. Avec un iPhone 6S ou 7, la manipulation s'est malheureusement un peu compliquée, du fait de la capacité de l'écran à détecter la pression via fonction 3D Touch (**voir p. 48**). Pour faire danser les icônes, il faut penser à poser doucement le doigt sur l'écran, sans appuyer, sinon l'iPhone comprend que vous souhaitez utiliser 3D Touch. Cela dit, si vous appuyez un peu et que vous voyez un halo s'afficher autour de l'icône, n'appuyez pas plus et patientez un très court instant : l'iPhone interprète alors que vous ne cherchez pas à déclencher la fonction 3D Touch et commence alors la gigue des icônes. Cela peut même devenir un jeu, car le halo vous permet justement de visualiser la précision de la détection de pression par l'écran.

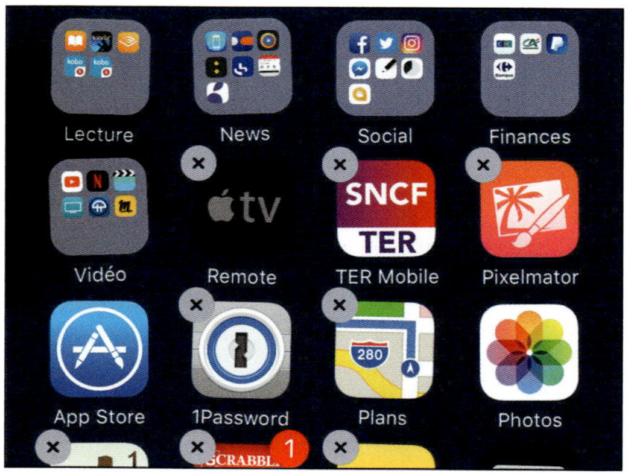

DÉPLACER LES ICÔNES DES APPLICATIONS Comme décrit ci-dessus, faites danser vos icônes. Vous pouvez maintenant poser le doigt sur l'icône que vous souhaitez déplacer : sa taille s'agrandit comme si elle s'avançait vers vous. Maintenez l'appui sur l'écran et faites glisser le doigt : l'icône suit le mouvement. Les autres icônes se déplacent automatiquement pour laisser la place. Toutes les icônes s'alignent de gauche à droite en partant du coin supérieur gauche de l'écran. Ce qui signifie notamment que l'on ne peut pas laisser une icône toute seule au milieu de l'écran. En revanche, vous n'êtes pas obligé de remplir un écran d'accueil complètement avant de pouvoir placer des icônes sur un autre (voir ci-après).

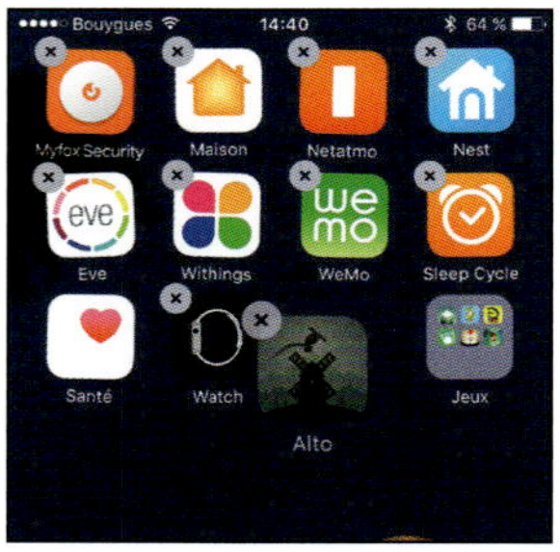

PASSER UNE ICÔNE D'UN ÉCRAN D'ACCUEIL À L'AUTRE Selon les modèles d'iPhone, le nombre d'icônes maximum par écran d'accueil varie : 16 pour les iPhone 4, 20 pour les iPhone 5, 5S et SE, et 24 pour les iPhone 6 et 7 (petit et grand modèles). Lorsque vous atteignez ce maximum, les nouvelles icônes se placent tout simplement sur un autre écran d'accueil et le remplissent au fur et à mesure. Rien ne vous empêche cependant de déplacer une icône vers un autre écran d'accueil, que celui d'où elle vient soit plein ou non. Pour cela, faites danser les icônes puis saisissez celle que vous souhaitez déplacer. Faites-la glisser vers le bord de l'écran : à droite pour passer à l'écran suivant, à gauche pour l'écran précédent. Ne levez pas encore le doigt de l'écran : une fois dans l'écran voulu, vous pouvez aussi poser l'icône à l'emplacement qui vous plaît, comme indiqué plus haut. Notez aussi que vous pouvez créer un écran d'accueil supplémentaire

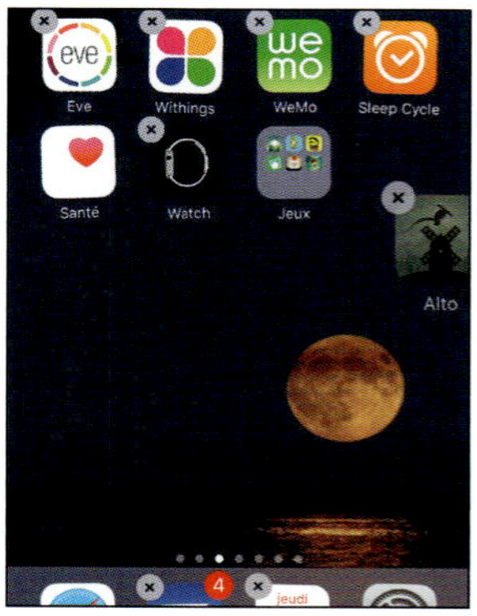

tout simplement en déplaçant l'icône vers le bord droit du dernier écran, ce qui vous permettra de la poser dans un écran d'accueil vide.

CRÉER UN DOSSIER Pour réunir plusieurs icônes dans un dossier, lancez la danse de celles-ci, puis saisissez l'une des icônes que vous voulez regrouper. Placez-la directement au dessus d'une autre icône. Un court instant plus tard, un petit cadre gris apparaît autour de la seconde icône, puis se transforme en dossier translucide. Lâchez l'icône pour la placer dans le dossier.

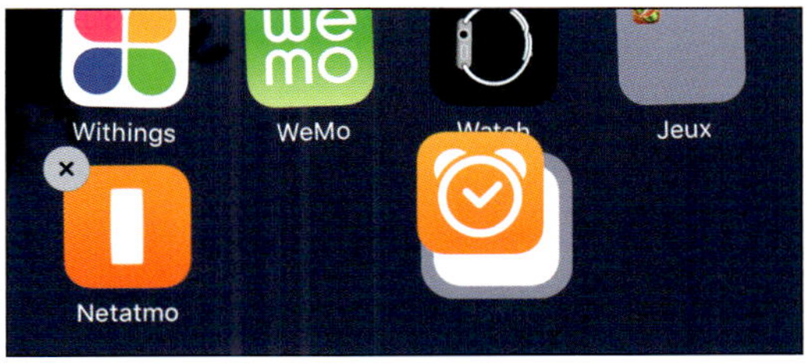

PLUSIEURS PAGES D'ICÔNES DANS UN DOSSIER Vous pouvez placer autant d'icônes que vous voulez dans un dossier. Au-delà de neuf, le dossier comportera plusieurs pages parmi lesquelles vous pouvez naviguer en les faisant glisser, exactement comme les écrans d'accueil. Notez les petits points blancs en bas du dossier qui figurent le nombre de pages. Comme en bas de chaque écran d'accueil.

DONNER UN NOM À UN DOSSIER Le système donne automatiquement un nom au nouveau dossier, qui s'affiche en haut. Tapez sur ce titre, pour faire apparaître le clavier virtuel. Validez d'une pression sur le bouton d'accueil. Notez que vous ne pouvez modifier le titre d'un dossier que si les icônes sont en train de danser. Sur un iPhone 6S ou 7, appuyez un peu plus fort sur un dossier pour déclencher la fonction 3D Touch et faire apparaître l'option Renommer.

SUPPRIMER UN DOSSIER Vous pouvez bien sûr retirer une icône d'un dossier simplement en la glissant à l'extérieur de ce dernier. Et lorsque vous lui retirez sa dernière icône, le dossier disparaît.

SES APPLICATIONS PRÉFÉRÉES TOUJOURS SOUS LA MAIN On appelle Dock la petite barre de quatre icônes située en bas de l'écran. Cette barre est fixe, même lorsque vous faites glisser vos différents écrans d'accueil. Vous pouvez donc y placer les icônes des applis dont vous vous servez le plus souvent. Pour remplacer une des quatre icônes qui s'y trouvent déjà, pensez à la sortir du Dock avant d'y placer l'icône choisie. Notez que vous pouvez placer un ou plusieurs dossiers dans le Dock.

DÉSINSTALLER UNE APPLICATION Lorsque vous lancez la gigue des icônes, notez que certaines d'entre elles arborent une petite croix en haut à gauche. Effleurez cette dernière pour demander la désinstallation de l'appli. Un message vous demande une confirmation. Nouveauté d'iOS 10, il est maintenant possible de désinstaller les applications installées en standard avec le système. Pratique pour ne plus voir celles dont vous ne vous servez jamais, comme Bourse par exemple. Rendez-vous **p. 25** pour connaître les détails de cette nouveauté.

Astuce : laisser une place vide

Pensez à laisser un emplacement d'icône vide sur vos écrans d'accueil. En effet, si lors du déplacement d'une icône vers un autre écran d'accueil vous passez par un écran plein, la dernière icône de celui-ci, c'est-à-dire celle située en bas à droite, passera automatiquement vers l'écran suivant. Cela n'est pas très grave, mais c'est agaçant.

DES TRUCS ET ASTUCES QUI SIMPLIFIENT LA VIE AU QUOTIDIEN

Voici une liste, sans ordre particulier, de fonctions à connaître pour profiter au maximum de son iPhone dans toutes les circonstances.

Des écouteurs qui tiennent en place

Vous trouvez que les écouteurs livrés avec l'iPhone ont tendance à sortir des oreilles pendant votre jogging ? La solution existe. Il suffit de placer un petit morceau de pâte adhésive repositionnable, type Patafix, sur la partie postério-interne de chaque écouteur. Ils resteront en place pendant vos activités, c'est garanti. N'ayez crainte, cela ne fait pas mal quand on les enlève ! Le seul inconvénient finalement, c'est que ce n'est pas très esthétique. Mais ça ne se voit pas quand les écouteurs sont dans les oreilles.

ACCÉDER À LA LOUPE D'UN TRIPLE CLIC Vous n'arrivez pas à lire les petits caractères sur une étiquette ? L'iPhone peut vous servir de loupe. Rendez-vous dans les Réglages, puis Général, Accessibilité et Loupe pour activer cette nouvelle fonction d'iOS 10 une fois pour toute. Ensuite, vous n'aurez plus qu'à effectuer un « triple clic » sur le bouton principal pour lancer l'appareil photo de l'iPhone. Réglez le niveau de zoom à l'aide de la réglette en bas, et appuyez sur le bouton blanc au milieu pour figer l'image. Cette image ne sera pas ajoutée à votre photothèque. Mais elle restera accessible par le triple-clic tant que vous n'aurez pas appuyé de nouveau sur le déclencheur.

ÉVITER LA ROTATION DE L'ÉCRAN D'ACCUEIL DES IPHONE PLUS Les iPhone à grand écran, c'est-à-dire les 6 Plus, 6S Plus et 7 Plus, ont tendance à se comporter comme de mini iPad. Notamment en permettant la rotation de l'écran d'accueil. Si cela vous agace, activez donc le mode Zoom de l'écran (**voir p. 37**). L'écran d'accueil ne pivotera plus, mais les autres applications en seront toujours capables. Cela fera aussi évoluer la présentation des applis Mail et Messages : en mode Paysage, elles ne présenteront plus la vue en colonnes.

IMPRIMER POUR CRÉER UN PDF Pour créer un PDF à partir de n'importe quel document, affichez-le à l'écran, puis choisissez Imprimer dans le menu de partage (**voir p. 116**). Puis, effectuez le geste de zoom à deux doigts sur la prévisualisation du document. Il s'affiche en plein écran. Tapez de nouveau sur le menu partage pour envoyer le fichier par courriel ou pour le sauvegarder dans votre iCloud Drive par exemple (**voir p. 72**). C'est sous forme d'un fichier PDF qu'il parviendra à sa destination.

LES PHOTOS DE L'ANNÉE DERNIÈRE Sur un iPhone 6S ou 7, un appui forcé 3D Touch (**voir p. 48**) sur l'icône de l'appli Photos propose entre autres options de revoir les photos que vous avez prises il y a un an, à la même date.

RÉCUPÉRER LE BROUILLON D'UN MAIL D'UN APPUI LONG Vous avez commencé un courriel sans le finir dans l'application Mail ? Lorsque vous avez tapé sur Annuler, l'iPhone vous a proposé de l'enregistrer dans les Brouillons. Pas besoin de revenir en arrière, dans la liste des dossiers, pour en reprendre la rédaction. Effectuez un appui long sur le bouton « Nouveau message ». La liste des brouillons précédents s'affiche.

PLACEZ LES APPLIS STANDARD INUTILES DANS LE DOSSIER AUTRES Certaines des applis standard sont moins utiles que d'autres. D'ailleurs iOS en place quelques-unes directement dans un dossier Autres. Placez-y donc toutes celles dont vous ne vous servez jamais pour faire un peu de ménage, comme celle de la Bourse par exemple. Oui, iOS 10 permet de désinstaller les applis standard pour ne même plus voir leurs icônes. Cela dit, pour des raisons de sécurité, la désinstallation de ces applis ne les efface pas de la mémoire : elle ne fait donc gagner aucune place de stockage. Autant donc les garder à portée de main.

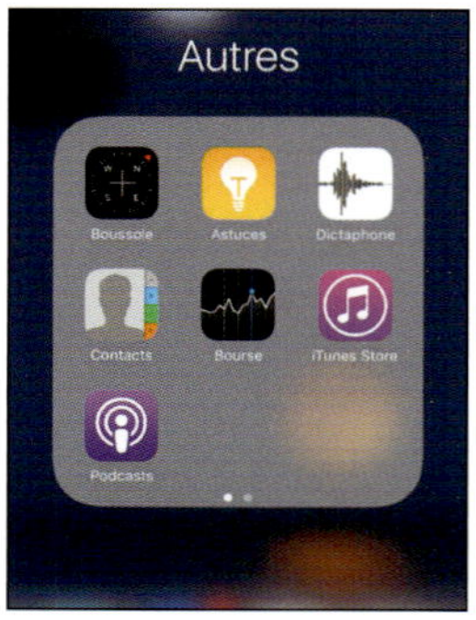

AJOUTER SA CARTE À APPLE PAY Votre banque a décidé de rendre votre carte bancaire compatible avec Apple Pay (**voir p. 120**) ? Ajoutez-la donc sans tarder dans Wallet pour pouvoir utiliser le système de paiement d'Apple si le cœur vous

en dit. Si vous êtes déjà à la caisse, il sera trop tard : l'ajout d'une carte demande une confirmation par téléphone et les personnes derrière vous n'apprécieront pas d'attendre !

TRACKPAD 3D TOUCH Sur un iPhone 6S ou 7, n'oubliez pas qu'un appui forcé sur le clavier déclenche la fonction Trackpad pour déplacer le point d'insertion de texte. C'est vraiment pratique (**voir p. 57**).

RÉGLAGES RAPIDES GRÂCE À 3D TOUCH Effectuez un appui 3D Touch sur l'icône des Réglages d'un iPhone 6S ou 7 pour accéder à quatre paramètres essentiels : Batterie, Données cellulaires, Wi-Fi et Bluetooth.

INSTALLER L'APPLICATION REMOTE SI VOUS AVEZ UNE APPLE TV Grâce à l'appli Remote, vous pourrez contrôler votre Apple TV directement depuis l'iPhone. Ce sera notamment très pratique pour taper des mots de passe, que les autres personnes dans la pièce ne pourront pas voir.

DÉSINSCRIPTION AUTOMATIQUE DANS MAIL Nouveauté d'iOS 10 : lorsque l'appli Mail détecte que le message que vous êtes en train de lire provient d'un service d'envoi automatique, un bandeau s'insère en haut pour vous proposer de vous en désabonner.

DESSINER SUR DES PHOTOS Pour faire remarquer une zone particulière dans une photo, utilisez donc la fonction Markup, avant de l'envoyer par Mail. Une fois la photo insérée dans un nouveau message (**voir p. 91**), appuyez longuement dessus, puis choisissez Annotation dans le menu d'options. Vous pouvez maintenant dessiner sur la photo.

METTRE EN PAUSE LE TÉLÉCHARGEMENT D'UNE APPLICATION Si vous avez lancé l'installation de deux applis en même temps via l'App Store, vous pouvez en mettre une en pause, pour que l'autre s'installe plus vite. Il suffit de taper sur l'icône de l'appli en cours d'installation. Sur un iPhone 6S ou 7, un appui 3D Touch affiche un menu avec quelques options supplémentaires permettant par exemple d'annuler le téléchargement ou, au contraire, de lui donner la priorité.

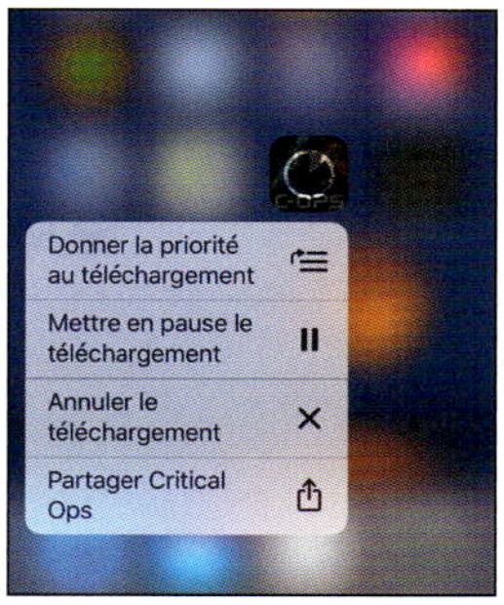

L'ÉCRAN SE RÉVEILLE TOUT SEUL Sur un iPhone 6S ou 7, l'écran peut s'allumer tout seul dès que vous levez l'appareil vers les yeux. Assurez-vous que l'option « Lever pour activer » est cochée dans la section « Luminosité et affichage » des Réglages.

CHANGER LE COMPORTEMENT DU BOUTON PRINCIPAL On l'a vu, iOS 10 a fait disparaître le traditionnel « Glisser pour déverrouiller ». Maintenant, il faut appuyer sur le bouton principal pour allumer l'écran, puis appuyer de nouveau pour parvenir à l'écran d'accueil. Si vous avez activé l'option « Lever pour activer » (voir ci-dessus), rendez-vous aussi dans les Réglages, section Général, Accessibilité et Bouton principal. Activez alors l'option « Toucher pour ouvrir ». Un simple effleurement suffira alors pour déverrouiller totalement l'iPhone.

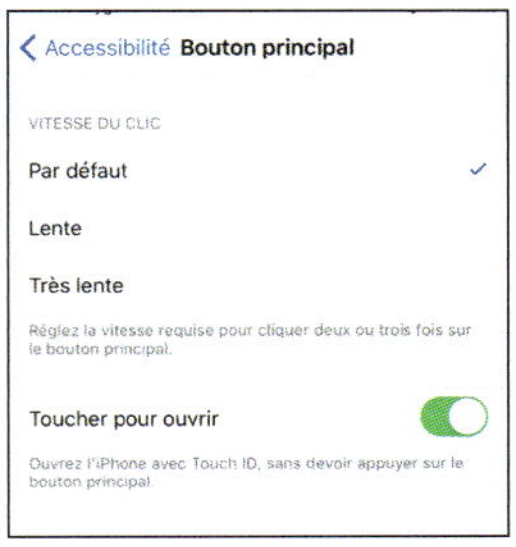

RAPPEL POUR RAPPELER AU TÉLÉPHONE Vous recevez un appel téléphonique mais vous ne pouvez pas répondre ? Tapez sur l'icône Rappels et choisissez « Quand je pars » ou « Dans une heure » pour ne pas oublier de rappeler votre correspondant.

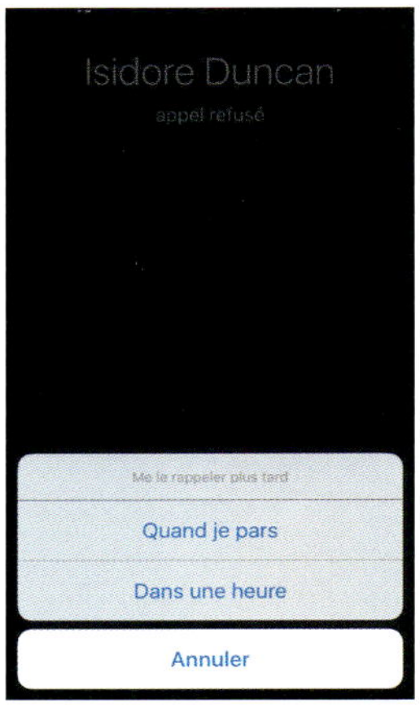

Altitude et niveau dans la boussole

L'appli Boussole est automatiquement placée dans le Dossier Autres (voir ci-contre). Elle propose pourtant des fonctions intéressante. Dès que vous la lancez, elle indique par exemple l'altitude de l'endroit où vous vous trouvez. Et si vous faites glisser l'écran vers la gauche, vous pourrez alors vous servir de votre iPhone comme d'un niveau à bulle, pour vous assurer que l'étagère est bien à l'horizontale.

Messages
ID
Isidore
Pas du tout. Que puis-
toi ?
J'ai besoin de tes conseils pour changer mon iPhone.
OK. On s'a
Aujourd'hui 07:19
Message
Chromecast
Je
vendredi
14h
30 %
14°
samedi
dimanche
lundi
mardi
mercredi
jeudi
vendredi
Lecture
Vidéo
App Store
AwordedCrack
Casts
Téléphone
123
espac

À DÉCOUVRIR DANS CES PAGES

ACQUÉRIR LES BONS RÉFLEXES

Quelques boutons physiques et quelques gestes tactiles suffisent pour libérer toute la puissance de votre iPhone. Encore faut-il maîtriser les techniques d'interaction que vous propose iOS. Ce chapitre vous permettra d'acquérir les bons réflexes pour dialoguer avec votre smartphone : par le mouvement de vos doigts sur l'écran et le clavier virtuel, mais aussi à la voix pour dicter vos textes. Sans oublier l'étonnante fonction 3D Touch qui déclenche des actions en fonction de la force de pression sur l'écran des iPhone 6S et 7.

TOUTE LA PANOPLIE DES GESTES TACTILES DE L'IPHONE

Avec iOS 10, il faut savoir faire la différence entre les glissés depuis l'un des bords de l'écran pour faire apparaître le volet de notifications ou le Centre de contrôle par exemple, et les glissés depuis l'intérieur de l'écran pour naviguer entre les trois panneaux de ce dernier.

Secouer pour annuler

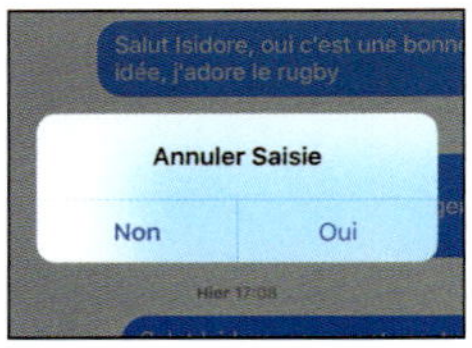

Ce geste-là est plus que tactile, il est physique ! Lorsque vous avez fait une erreur de saisie au clavier (**voir p. 54**) ou de copier/coller (voir p. suivante), assurez-vous d'avoir votre iPhone bien en main et secouez-le (pas trop fort quand même, ce n'est pas une compétition !). Un message apparaît alors à l'écran pour vous proposer d'annuler la dernière action. Attention, ce geste ne vous permettra pas de récupérer un rappel, une note ou un contact effacé, mais fonctionnera dans l'application Mail si vous avez effacé un courriel par erreur.

LA PICHENETTE Vous êtes devant une longue liste ou une page Web interminable ? N'oubliez pas la pichenette ! Vous pouvez en effet donner de l'élan au défilement en faisant glisser rapidement le doigt vers le haut ou vers le bas et en quittant l'écran en plein mouvement. Reposez simplement le doigt sur l'écran pour arrêter le défilement ou bien attendez qu'il s'arrête graduellement de lui-même.

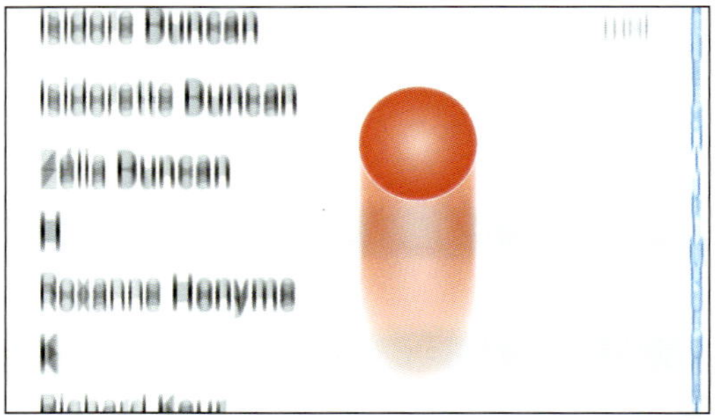

DÉPLACEMENT ALPHABÉTIQUE
Remarquez l'alphabet à droite de votre longue liste de contacts : posez votre doigt dessus et faites-le glisser de haut en bas ou de bas en haut. La liste des contacts passe rapidement d'une lettre à l'autre, vous permettant ainsi d'accéder rapidement à la fiche désirée. Vous pouvez faire de même dans l'appli Musique.

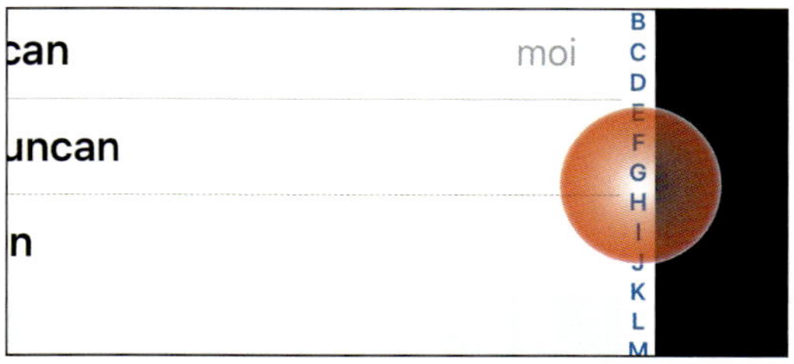

NAVIGUER DANS LE CENTRE DES NOTIFICATIONS Le centre des notifications, accessible aussi bien depuis l'écran d'accueil que depuis l'écran de verrouillage, rassemble toutes les notifications que vous avez reçues, en ordre chronologique. Faites-le apparaître d'un glissement de doigt depuis le sommet de l'écran. Il est composé de deux panneaux. Le premier qui apparaît est appelé Récents et contient donc les alertes envoyées par vos applications (**voir p. 94**). En faisant ensuite glisser le doigt de gauche à droite, vous affichez le panneau des widgets, l'une des grandes nouveautés d'iOS 10 (**voir p. 16**).

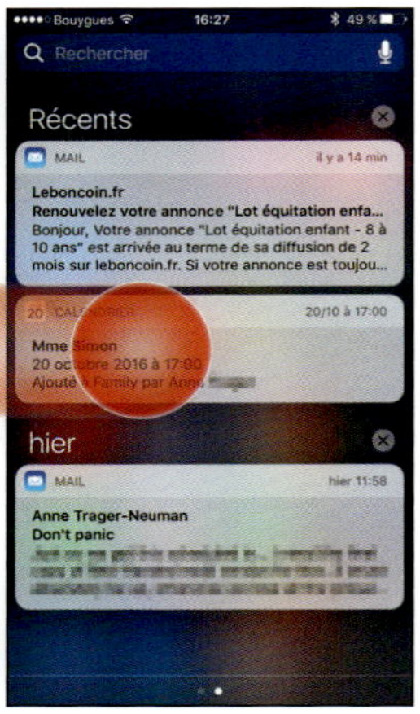

REVENIR EN ARRIÈRE Gardez en tête ce mouvement de glissement latéral car il vous servira sans cesse sur votre iPhone, notamment pour revenir à la page précédente dans Safari ou dans les différentes sections des réglages. Il vous suffit de faire glisser le doigt vers la droite en partant du bord gauche de l'écran. Vous verrez alors l'écran suivre le doigt et l'écran précédent apparaître en dessous. Ce

mouvement vous deviendra très vite naturel, c'est garanti. Ce geste tactile pour revenir en arrière fonctionne dans de nombreuses applications. Dans Mail, il permet de revenir d'un message vers la liste des courriels reçus. Pareil pour les SMS dans l'appli Messages. Dans Safari, le geste affiche la page précédente. Petit à petit, les applis adoptent ce geste. C'est le cas de Facebook par exemple : lorsque vous affichez les commentaires d'une publication, un glissé vers la droite fait revenir vers le Mur.

AVANCER DANS SAFARI Safari, le navigateur Web intégré à iOS, apporte aussi le geste inverse : en glissant le doigt depuis le bord droit de l'écran, vous pouvez réafficher la page que vous venez de quitter via le geste décrit précédemment. Il s'agit de l'équivalent du bouton « Page suivante ».

AGIR SUR SES COURRIELS Il existe d'autres mouvements latéraux qui, eux, ne partent pas du bord de l'écran. Ainsi, si vous glissez le doigt de droite à gauche sur un des messages de la liste de vos courriels, vous faites apparaître trois boutons. Le rouge vous servira à jeter tout simplement le message à la corbeille. Le bouton orange vous permettra de marquer le message d'un drapeau pour pouvoir plus facilement le repérer plus tard. Tandis que le gris, intitulé « Options » affichera un menu d'options pour gérer ledit message. Notez que si vous

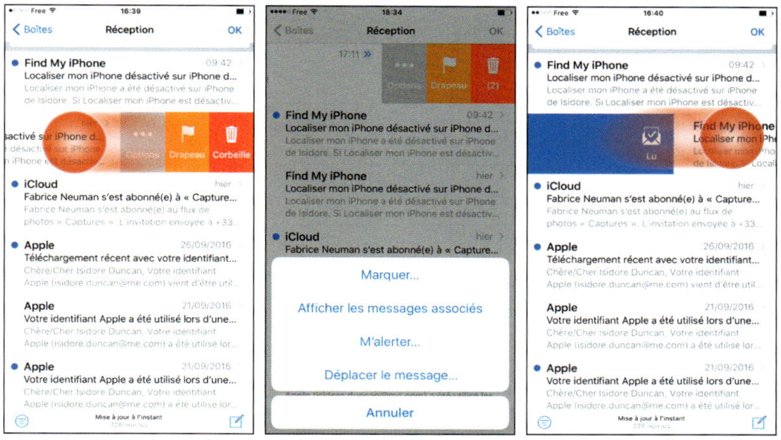

continuez le mouvement vers la gauche, le message est alors mis à la Corbeille sans autre forme de procès. De même, si vous glissez le doigt de gauche à droite sur l'intitulé d'un message et pas depuis le bord de l'écran, vous pouvez rapidement marquer un message comme lu ou non-lu, en fonction de son état précédent. Il y a deux manières de faire. Un glissement court affiche un bouton bleu qu'il vous suffit ensuite de taper pour changer l'état du message. Un glissement long change directement l'état du message.

AFFICHER LES OPTIONS D'UN ITEM DANS UNE LISTE Ce même mouvement de glissé de droite à gauche fonctionne aussi dans les applications Notes (**voir p. 118**) et Rappels. Dans le premier cas, il vous permet de supprimer une des notes de la liste. Tandis que dans le second, il affiche les options disponibles pour chaque pense-bête (suppression, mais aussi détail de rappel à une heure ou un endroit donné).

TIRER VERS LE BAS POUR METTRE À JOUR Si vous attendez avec impatience un nouveau mail, faites donc glisser la liste

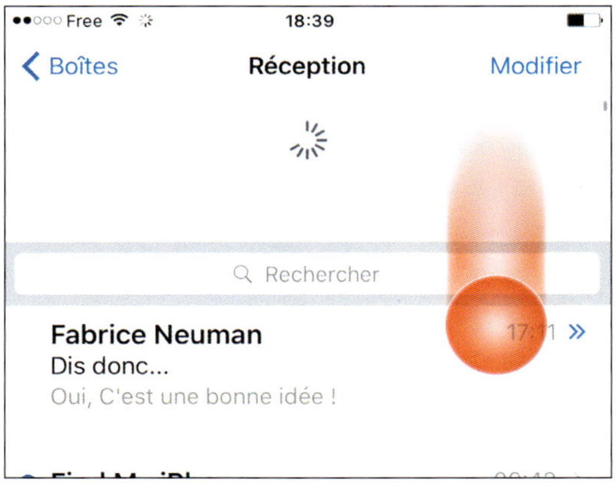

Revenir tout en haut d'une liste

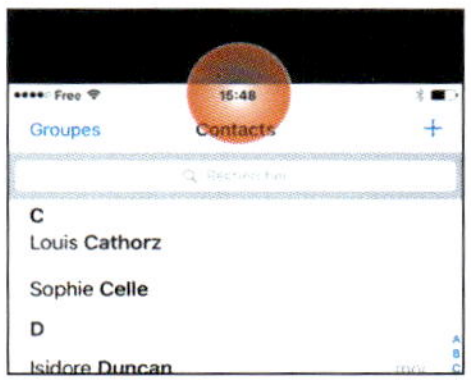

Si vous êtes descendu tout en bas d'une longue liste, pas besoin de la faire de nouveau défiler en glissant le doigt pour remonter à son sommet. Tapez tout simplement sur l'heure, en haut au milieu de l'écran, et l'iPhone vous ramène tout en haut de la liste. Il n'y a pas plus rapide.

Déverrouillage tactile

Depuis l'iPhone 5S, tous les iPhone sont munis d'un lecteur d'empreinte digitale situé dans le bouton principal, sous l'écran. Avec iOS 10, ce bouton a plus d'un tour tactile dans son sac. Par exemple, si vous possédez un iPhone 6S ou 7, vous remarquerez que l'écran s'allume dès que vous saisissez le smartphone pour le consulter. Vous y verrez alors les dernières notifications. Mais l'iPhone est alors toujours verrouillé. Pour le déverrouiller, il suffit de poser le doigt sur le bouton, sans appuyer. Ce simple effleurement suffit pour que l'iPhone reconnaisse votre empreinte et se déverrouille. Le cadenas affiché en haut de l'écran se transforme alors en message indiquant « Déverrouillé ». Mais vous restez tout de même sur l'écran de verrouillage, jusqu'à ce que, cette fois, vous appuyiez sur le bouton principal pour vous rendre sur l'écran d'accueil. Vous pouvez changer le comportement du bouton principal pour éviter de devoir appuyer (**voir p. 41**).

des messages vers le bas pour demander à l'iPhone de vérifier l'arrivée de nouveaux messages. Une petite roue animée s'affiche pour vous indiquer que l'iPhone est parti à la recherche de nouveaux messages. Ce mécanisme de mise à jour fonctionne aussi dans d'autres applications comme Facebook par exemple.

COPIER / COLLER Pour sélectionner un ou plusieurs mots, touchez du doigt la zone concernée et maintenez la pression jusqu'à faire apparaître la loupe de sélection. Placez le curseur devant le premier mot et relevez le doigt. Tapez sur l'option Sélectionner dans le petit menu noir qui apparaît. Le mot entier est mis en surbrillance. On peut aussi double-taper sur un mot pour le sélectionner directement. Étendez la zone de sélection à l'aide des petites poignées si besoin, et choisissez Copier. Vous pouvez maintenant vous rendre à un autre endroit du document ou dans une autre application. Maintenez la pression du doigt à l'endroit où vous souhaitez déposer votre extrait de texte et choisissez Coller dans le bandeau d'options.

LANCER L'APPAREIL PHOTO DEPUIS L'ÉCRAN D'ACCUEIL Besoin de prendre une photo rapidement ? Allumez l'écran et faites-le glisser tout entier de droite à gauche. Vous pourrez dès lors prendre une photo sans avoir à entrer votre code de sécurité ou déverrouiller l'iPhone avec votre empreinte digitale. Ce qui implique, évidemment, que vous n'aurez accès à rien d'autre que l'appareil photo et les photos que vous prendrez depuis ce moment. Toutes vos autres données, ainsi que les photos précédemment stockées dans l'iPhone, restent inaccessibles.

DE GAUCHE À DROITE POUR ACCÉDER DIRECTEMENT À UNE ALERTE Lorsqu'une notification s'affiche sur votre écran verrouillé (**voir p. 96**), vous pouvez vous rendre directement dans l'application qui l'a générée. Il vous suffit pour cela de poser votre doigt sur l'alerte pour ensuite la faire glisser vers la droite. Tapez votre code de protection, ou déverrouillez avec votre empreinte digitale et vous voilà dans l'application, à l'endroit voulu. Ici dans un message texte.

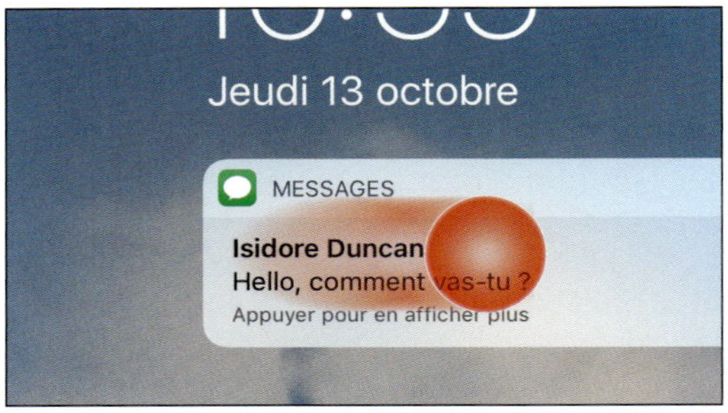

AGIR SUR LES NOTIFICATIONS DEPUIS L'ÉCRAN DE VERROUILLAGE Vous pouvez également agir sur les notifications directement depuis l'écran de verrouillage. Posez le doigt sur l'une d'elles et glissez vers la gauche. Des options apparaissent. Un bouton Effacer permet de faire disparaître la notification mais, bien sûr, sans effacer le message qui avait déclenché l'alerte. Et le bouton Afficher lance l'application à l'origine de l'alerte. Sur un iPhone 6S ou 7, utilisez la fonction 3D Touch en appuyant un peu plus fort sur la notification pour faire apparaître des options.

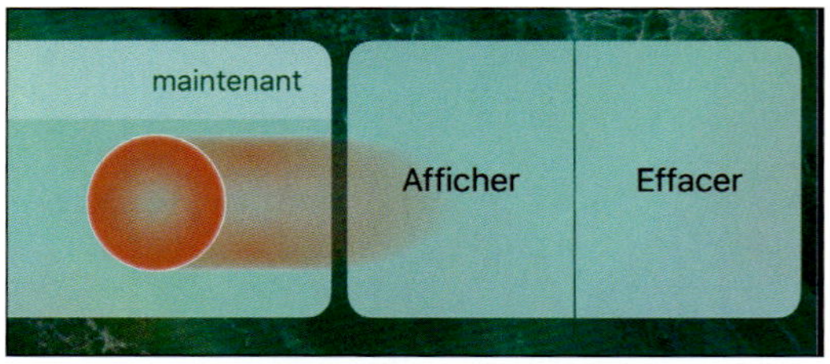

AFFICHER LE CENTRE DE CONTRÔLE Faites glisser le pouce depuis le bas de l'écran, par exemple depuis le bouton principal, pour faire apparaître un panneau regroupant de nombreux raccourcis vers des fonctions pratiques, comme l'activation du Wi-Fi ou de la fonction lampe torche. Faites disparaître le panneau en le faisant glisser vers le bas ou tout simplement d'une pression sur le bouton principal. Plus besoin de déverrouiller son iPhone pour trouver ses clés perdues dans le noir car ce centre de contrôle est accessible même depuis l'écran verrouillé. Rendez-vous **p. 22** pour tout savoir sur les trois panneaux du nouveau Centre de contrôle d'iOS 10.

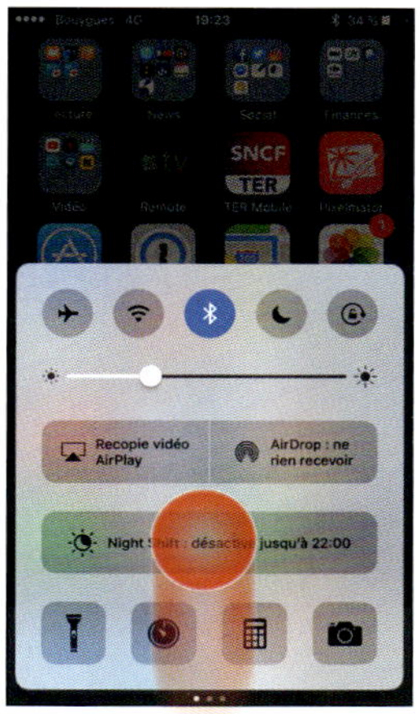

DEPUIS LE MILIEU DE L'ÉCRAN POUR LA RECHERCHE SPOTLIGHT Pour lancer une recherche dans tout son iPhone, il suffit de taper quelques lettres dans la zone de saisie de Spotlight. Pour accéder à celle-ci, il vous suffit de faire glisser le doigt vers le bas depuis n'importe quel endroit, de n'importe quel écran d'accueil. Pas besoin de revenir au premier écran de vos icônes. Attention, ne confondez pas : ne faites pas glisser le doigt vers le bas depuis le sommet de l'écran, vous feriez alors apparaître le Centre de notifications (voir plus haut). En revanche, vous pouvez poser votre doigt sur une icône et glisser vers le bas sans lever le doigt. Cet accès est vraiment pratique : lorsque vous voudrez appeler quelqu'un, vous prendrez vite l'habitude de faire apparaître Spotlight depuis l'écran d'accueil où vous vous trouvez pour y taper les premières lettres du nom de votre correspondant. Ce mouvement fait aussi apparaître le panneau de suggestions d'applis dont vous pourriez avoir besoin.

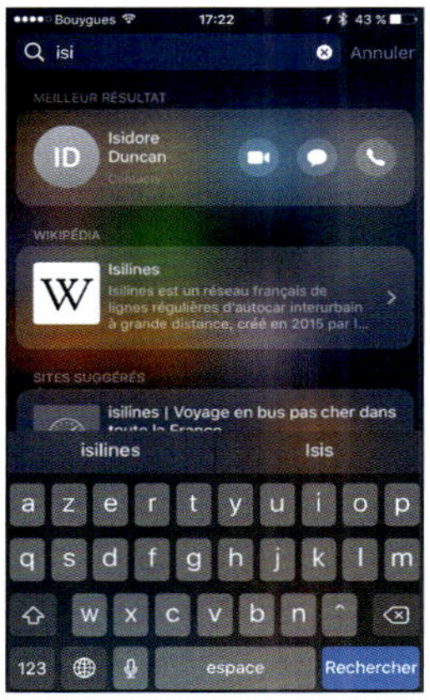

TOUS LES CHAMPS DE RECHERCHE De nombreuses applications proposent leur propre champ de recherche auquel on accède à l'aide d'un mouvement similaire. Vous en trouverez ainsi un en haut de la liste de vos contacts, de vos morceaux de musique, de vos rappels, de vos notes, de vos mails, etc.

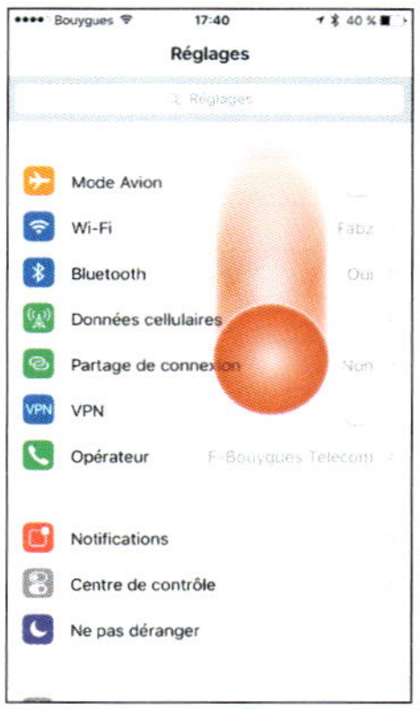

MANIER LES BANNIÈRES Certaines notifications, selon vos choix (**voir p. 96**), s'affichent sous forme de bannière en haut de l'écran. Si vous n'en tenez pas compte, la bannière disparaît d'elle-même au bout de 2 secondes. Vous pouvez aussi la faire disparaître plus vite : faites-la glisser vers le haut. Ou tapez dessus du bout du doigt pour accéder directement à l'application dont elle est issue, Messages par exemple s'il s'agit d'un SMS (**voir chapitre 7**). Mieux, vous pouvez répondre directement à un tel SMS depuis la bannière, sans quitter l'appli que vous étiez en train d'utiliser. Faites cette fois glisser la bannière vers le bas et une zone de saisie apparaît, en même temps que le clavier en bas de l'écran. Vous pouvez alors mener une conversation dans Messages, sans vraiment quitter l'application que vous étiez en train d'utiliser et qui reste en dessous. Lorsque vous avez terminé, faites glisser de nouveau vers le bas la bannière agrandie, via sa barre supérieure, jusqu'à voir apparaître la mention « Fermer » en haut de l'écran. Lâchez le doigt et reprenez l'activité en cours.

Placer le haut de l'écran… au milieu

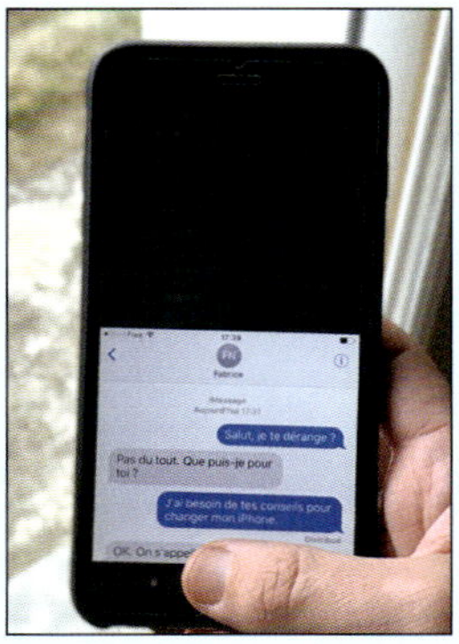

Du fait de leurs écrans bien plus grands, les modèles Plus des iPhone sont plus difficiles à manier d'une seule main. Impossible en effet d'atteindre le haut de l'écran en étendant le pouce (à part peut-être pour certains basketteurs, et encore). Apple apporte une solution grâce à un nouvel usage du bouton d'accueil Touch ID, via la fonction dite Accès facile. On tape deux fois dessus pour que la totalité de l'image glisse vers le bas : la moitié inférieure de l'écran accueille alors la moitié supérieure de l'image. Plus de problème pour toucher du pouce le haut de l'interface, l'appli reprenant ensuite sa place sur tout l'écran. Attention, on parle bien ici d'une double-tape légère, et pas d'une double pression du bouton. Dans ce dernier cas, on active le multitâche, qui permet de passer rapidement d'une application à l'autre (**voir p. 50**).

DÉCOUVRIR 3D TOUCH, LE CLIC DROIT TACTILE DE L'IPHONE

Les iPhone 6S et 7 sont munis d'un écran un peu particulier, sensible à la pression. Certaines fonctions se déclenchent donc lorsque l'on appuie dessus un peu plus fort.

Pas de 3D Touch pour l'iPhone SE

Bien que l'iPhone SE fasse partie des modèles les plus récents de la gamme, il ne dispose pas de la fonction de détection de la pression. La faute à son *design* qui reprend à l'identique celui de l'iPhone 5S. Or, la fonction 3D Touch demande un écran très légèrement plus épais, suffisamment pour prendre trop de place. Autrement dit, les fonctions décrites ci-contre lui sont interdites, tout comme aux modèles précédents dont les iPhone 6. Quelques exceptions toutefois. Il suffit par exemple d'appuyer longuement sur une Live Photo pour la voir s'animer ou sur un accessoires HomeKit pour afficher les options de ce dernier (**voir p. 148**). Un même appui long sur un texto dans l'appli Messages affichera les options de sélection, pour par exemple effacer certains messages.

L'écran tactile est l'un des éléments les plus importants de la « révolution iPhone ». C'est grâce à cette reconnaissance du toucher que l'on peut taper sur une icône, faire défiler une liste d'un glissement du doigt, zoomer dans une photo en en écartant deux à la fois, etc. Ces concepts, nouveaux en 2007 à la sortie du premier iPhone, n'avaient pas beaucoup évolué… jusqu'à l'iPhone 6S. C'est celui-ci qui a ajouté à l'écran tactile la capacité de détecter la pression, fonction évidemment reprise par l'iPhone 7. Voilà qui, en quelque sorte, ajoute une troisième dimension à l'écran de votre iPhone : après la hauteur et la largeur, voici la profondeur. Apple ne s'y est pas trompé en donnant à cette fonction le nom de 3D Touch. Et elle s'avère très pratique au quotidien, comme nous allons le voir.

MENU D'OPTIONS LIÉ AUX ICÔNES DE L'ÉCRAN D'ACCUEIL Effectuez un appui forcé sur l'une des icônes de votre écran d'accueil. Un menu s'affiche, un peu à la manière du menu contextuel que l'on obtient sur un ordinateur après un clic droit de la souris. Selon les applis, les options sont plus ou moins nombreuses. Certaines n'offrent que l'option de base permettant de partager l'appli, c'est-à-dire d'envoyer à l'un de vos proches, par Mail ou Messages, un lien vers la fiche de l'appli concernée sur l'App Store. Mais pour les autres, le menu est vraiment pratique. Par exemple, le menu 3D Touch

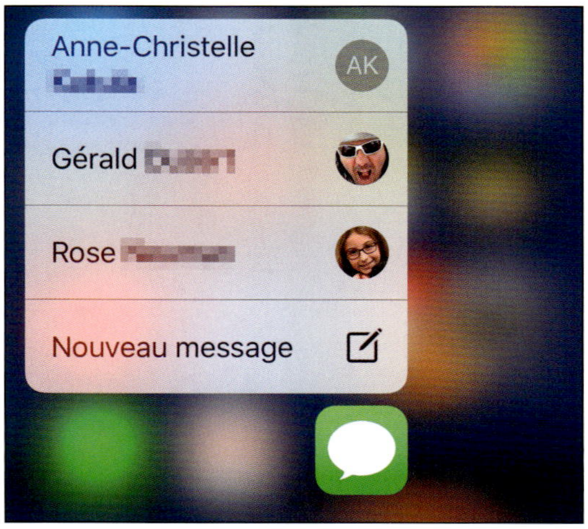

de l'application Appareil photo permet de prendre une photo, d'enregistrer un ralenti, d'enregistrer une vidéo ou de prendre un selfie. On comprend donc que ce menu permet de lancer une fonction spécifique d'une application, sans avoir à lancer cette dernière au préalable.

UN MENU DYNAMIQUE Ce menu 3D Touch est dynamique, c'est-à-dire que les options proposées peuvent changer. Un appui forcé sur l'appli Messages, par exemple, vous proposera trois personnes avec lesquelles vous correspondez souvent, en plus de la rédaction d'un nouveau message. À vous d'essayer sur les icônes de vos applications !

ACCÈS DIRECT AUX APPLIS RANGÉES DANS UN DOSSIER Un appui forcé sur un dossier ne vous proposera que l'option de le renommer. À moins qu'une ou plusieurs applis aient des notifications en attente. Ici, le dossier indique 3 alertes au total, 2 pour Twitter et 1 pour Facebook. Le menu 3D Touch liste donc ces deux applis, mais aucune des autres applications du dossier. Il suffit ensuite de choisir l'une des applis dans le menu pour la lancer sans tarder.

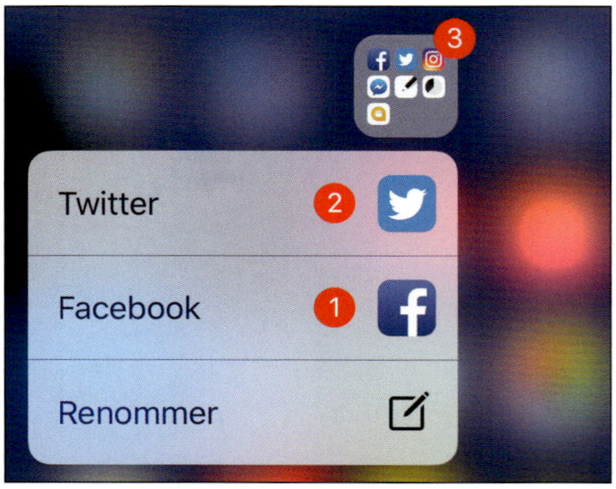

PARAMÈTRES SUPPLÉMENTAIRES DANS LE CENTRE DE CONTRÔLE Affichez le Centre de contrôle d'un glissement du doigt depuis le bord inférieur de l'écran (**voir p. 47**). Les icônes du bas proposent toutes des options 3D Touch. La lampe permet de choisir trois intensités lumineuses. Le minuteur propose

4 préréglages, la calculatrice affiche le résultat du dernier calcul et l'appareil photo les mêmes options que décrites plus haut.

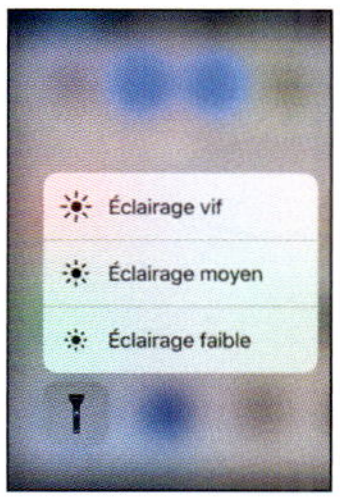

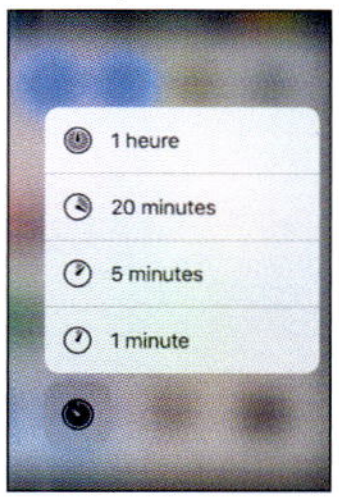

FENÊTRE DE PRÉVISUALISATION Dans l'appli Messages, effectuez un appui forcé, et maintenez le doigt appuyé, sur une des conversations pour voir s'afficher au dessus une fenêtre présentant le contenu de ladite conversation. C'est la vue dite *Peek*. Cela vous permet de lire un texto sans pour autant faire disparaître le petit point indiquant l'état « non-lu ». Pratique pour ne pas oublier d'y revenir plus tard. Levez le doigt et la fenêtre de prévisualisation disparaît. Cette fenêtre de prévisualisation est également disponible dans l'application Mail, pour consulter rapidement un courriel. Et aussi dans le navigateur Web Safari. Effectuez un appui forcé sur un lien pour voir une prévisualisation de la page liée. D'autres applis ont adopté le mouvement comme News360, un agrégateur d'actu. Un appui forcé affiche une prévisualisation d'un article.

DES OPTIONS SOUS LA PRÉVISUALISATION La fenêtre de prévisualisation ne s'arrête pas forcément à l'affichage d'information. Tant que vous avez le doigt sur l'écran, faites-le glisser vers le haut pour accéder à quelques options supplémentaires. Ici, par exemple, l'appli Messages vous propose quelques réponses potentiellement en rapport avec le message reçu.

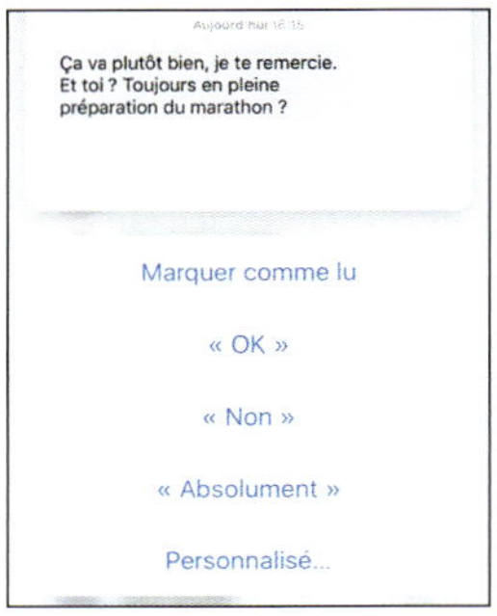

Si aucune ne vous convient, choisissez « Personnalisé », ce qui vous emmènera dans la vue traditionnelle de la conversation et vous pourrez taper votre réponse. Dans Mail, le menu qui apparaît propose un autre type d'options : Répondre, Transférer, Déplacer, etc.

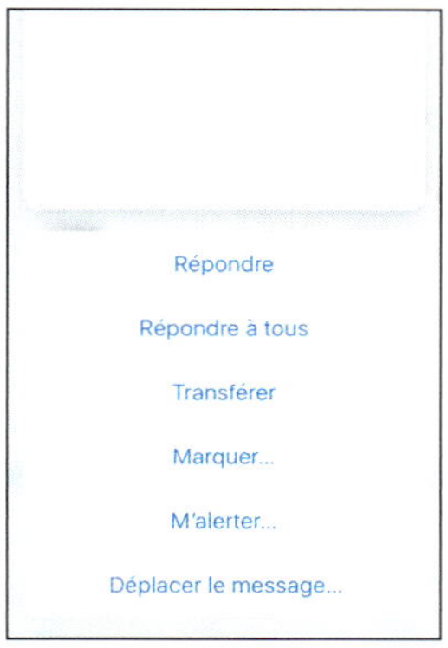

DEUX NIVEAUX DE PRESSION En réalité, l'écran est capable de détecter plusieurs niveaux de pression et s'en sert pour l'instant de deux. Si ce que vous voyez dans la fenêtre de prévisualisation vous intéresse, appuyez donc encore un peu plus fort pour l'afficher en plein écran. Vous vous retrouvez alors, c'est selon, dans la conversation de l'appli Messages, dans le courriel de l'appli Mail ou avec la page Web dans Safari.

CHOISIR LA FORCE À APPLIQUER Rendez-vous dans les Réglages, puis Général et enfin Accessibilité. Sélectionnez l'option 3D Touch. Vous pouvez tout d'abord choisir de la désactiver totalement si son usage vous perturbe. Il faut bien avouer que l'appui forcé du 3D Touch rend par exemple plus difficile l'appui prolongé nécessaire pour désinstaller une application (**voir p. 38**). En dessous, vous pouvez choisir entre trois réglages d'intensité de pression à appliquer sur l'écran pour déclencher la prévisualisation, appelée *Peek* par Apple, et le passage en plein écran (*Pop*). Une zone de test est à votre disposition en dessous.

3D Touch et retour de force

Tous les gestes 3D Touch décrits ci-contre s'accompagnent d'une réponse tactile de la part de l'iPhone. Grâce au moteur haptique, c'est-à-dire un module vibreur très précis intégré à l'iPhone, on ressent physiquement les appuis à l'écran. On ressent également un retour tactile lorsque l'on active ou désactive une option à l'aide d'un interrupteur. Cela rend l'utilisation des iPhone 6S et 7 particulièrement agréable.

LES APPLIS EN ARRIÈRE-PLAN : UN VRAI SYSTÈME MULTITÂCHE

Découvrez toutes les méthodes permettant de passer facilement et rapidement d'une application à l'autre.

Retour arrière universel

Lorsque vous tapez sur une bannière de notification d'un nouveau message alors que vous êtes en train de jouer au Scrabble par exemple, vous passez automatiquement du jeu à l'appli Messages. Pour y revenir, vous pouvez bien sûr utiliser une des méthodes décrites ci-contre, ou tout simplement profiter du lien de retour qui s'affiche tout en haut à gauche de l'écran : il s'agit du nom de l'appli que vous venez de quitter, ici Scrabble. Et le tour est joué.

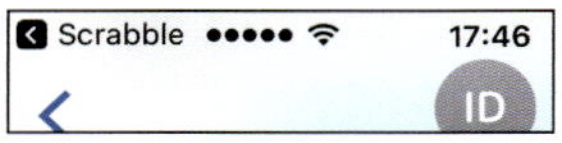

Le terme multitâche a deux sens. Il signifie tout d'abord que l'iPhone est capable de faire tourner plusieurs applications en même temps : l'une d'elles est celle que vous êtes en train d'utiliser à l'écran et les autres sont celles que vous avez utilisées précédemment et qui continuent à tourner en arrière-plan. Du coup, la notion de multitâche inclut aussi la possibilité de passer rapidement d'une application à l'autre, sans forcément avoir à repasser par l'écran d'accueil. Pour cela, il suffit de presser deux fois le bouton principal de l'iPhone pour afficher la liste des applis en cours.

DES VUES MINIATURES DE VOS APPLIS

Toutes les applications que vous avez lancées au moins une fois sont représentées par des vues miniatures, disposées en carrousel. Notez l'icône de chacune d'elles placée en rappel au-dessus de chaque vue miniature. Les applications sont alors représentées dans l'ordre chronologique de leur dernière utilisation, la plus récente à droite. Une exception : la vue miniature de l'écran d'accueil sera toujours la première pour vous permettre d'y retourner rapidement. Faites les défiler latéralement pour passer d'une vignette à l'autre et tapez simplement sur celle que vous voulez utiliser de nouveau. Si vous étiez en train d'utiliser une application en mode paysage, le multitâche s'affiche également en mode paysage. C'est parfois un peu déroutant, car la plupart des vignettes des autres applis en cours restent orientées en mode portrait…

FERMER UNE OU PLUSIEURS APPLICATIONS

Si vous avez besoin de fermer une appli, faites simplement glisser sa vue miniature vers le haut, comme si vous vouliez l'éjecter. C'est d'ailleurs exactement ce qui se passe, elle disparaît. Vous pouvez même saisir jusqu'à trois vignettes à la fois, pour fermer trois applis à la fois. Cela dit, vous en aurez rarement besoin (c'est même déconseillé, voir en marge p. suivante).

IOS, LE CHEF D'ORCHESTRE DES APPLIS

Toutes les applis ont le droit de fonctionner en tâche de fond. Comment est-ce possible en préservant l'autonomie ? Simplement en donnant au système le rôle de chef d'orchestre. Pour commencer, iOS scrute en permanence l'usage que vous faites de votre iPhone. Si par exemple vous lancez l'application Facebook très souvent dans la journée pour vous tenir au courant

D'une appli à l'autre grâce au 3D Touch

Si vous disposez d'un iPhone 6S ou 7, quelle que soit sa taille, vous profitez donc d'un écran sensible à la pression 3D Touch (**voir p. 48**). Le 3D Touch peut également être utilisé pour passer rapidement d'une application à l'autre. Dès que vous appuyez un peu plus fort sur le bord gauche de l'écran, une petite vibration se fait sentir et le carrousel des applis commence à apparaître sous le doigt, comme si vous feuilletiez un livre. Déplacez le doigt doucement vers la droite et le carrousel suit le mouvement. Notez qu'en même temps la taille des vues miniatures se réduit petit à petit pour passer de la pleine hauteur jusqu'à la taille habituelle de la vue multitâche (voir p. suivante). Cette dernière s'affiche si vous lâchez le doigt à mi-course. Mais le multitâche via le 3D Touch offre un raffinement supplémentaire. Si vous continuez le mouvement du doigt jusqu'au bord droit de l'écran, vous affichez directement la dernière appli utilisée. Et si vous effectuez le mouvement de nouveau, c'est l'appli que vous venez de quitter qui se replace à l'écran. Autrement dit, grâce au 3D Touch, vous pouvez permuter rapidement entre deux applis, un peu comme sur un PC via le raccourci clavier Alt + Tab. Cela dit, le geste demande un peu de pratique : si on n'appuie pas assez fort sur le bord de l'écran, on risque de déclencher la fonction de retour en arrière proposée par certaines applis comme Safari pou Messages (**voir p. 44**).

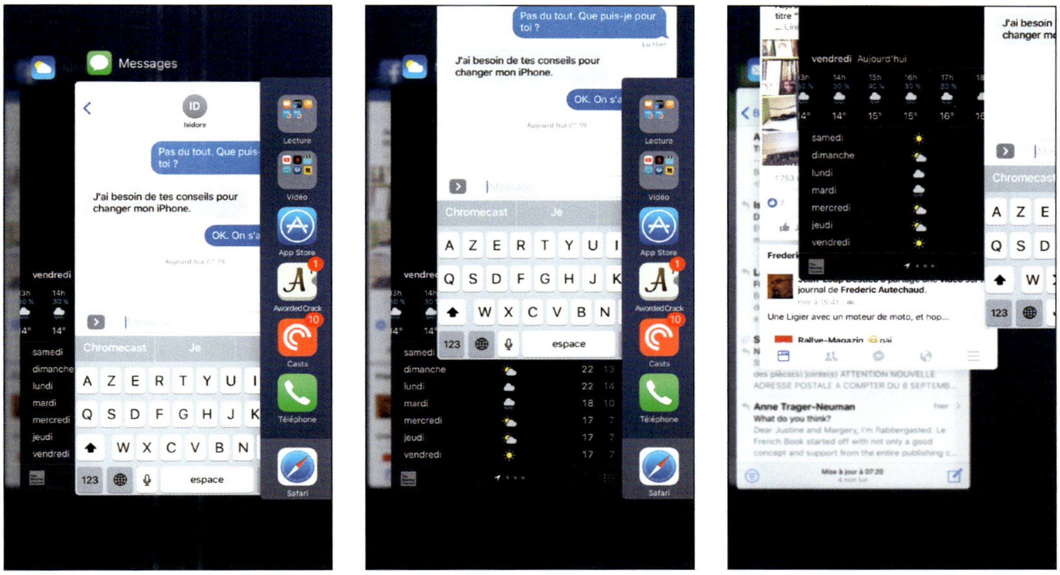

Pour passer d'une appli à l'autre, pressez deux fois rapidement le bouton principal pour afficher une vue miniature de vos applis en cours. Pour les fermer, faites-les glisser vers le haut une par une, ou jusqu'à trois en même temps.

de l'activité de vos amis, le système en prend note et va autoriser l'appli à mettre à jour son contenu très souvent, afin que vous puissiez consulter sans attendre les nouveaux messages publiés par vos amis. Et si vous avez l'habitude de lancer une appli tous les matins pour lire les titres d'actualité au réveil, iOS s'en apercevra et ne laissera l'appli se mettre à jour en arrière-plan que tôt le matin. Naturellement, si vous ouvrez la même appli en pleine journée, vous pourrez toujours consulter les derniers titres, mais vous devrez patienter quelques secondes le temps qu'ils soient actualisés.

CONNEXIONS À L'ALLUMAGE Dans d'autres cas, lorsque votre iPhone est en veille dans votre poche par exemple, iOS va juste prendre en note les demandes de connexion à Internet des applications, mais ne pas les autoriser. Plus tard, lorsque vous saisissez votre iPhone et que vous allumez l'écran pour savoir l'heure qu'il est par exemple, iOS en profite : tant qu'à consommer un peu d'énergie, autant laisser toutes les applications qui en ont fait la demande se connecter quelques secondes pour aller chercher les nouveaux contenus. Et iOS scrute également la qualité de votre connexion Internet Wi-Fi ou 3G/4G pour n'autoriser ces mises à jour qu'en cas de connexion de bonne qualité. Rappelons une fois de plus que ces restrictions ne concernent que les actions en arrière-plan : dès que vous lancez une application qui a besoin de se connecter à Internet, iOS ne la bloque jamais puisque c'est vous, utilisateur, qui avez choisi de la lancer.

TÉLÉCHARGEMENTS EN ARRIÈRE-PLAN
Le système permet aussi aux applis de télécharger du contenu en arrière-plan. Si vous utilisez une application de podcasts par exemple, vous serez ainsi assuré de toujours avoir les derniers épisodes stockés dans la mémoire de l'iPhone, pour pouvoir les écouter même si vous n'avez pas de connexion. Mieux, les applications qui en ont besoin n'ont pas à être lancées pour tirer parti de cette fonction. L'iPhone se charge tout seul d'être toujours prêt.

GARDER LE CONTRÔLE Même si iOS est conçu pour garder la haute main sur toutes ces actions en arrière plan, il n'en reste pas moins qu'elles ont forcément un impact sur la batterie. Heureusement, le système vous permet de choisir les applications auxquelles vous donnez le droit de profiter de ces fonctions multitâches. Pour cela, rendez-vous dans les Réglages, puis dans Général et enfin dans « Actualisation en arrière-plan ». Toutes les applis y sont listées, accompagnées d'un interrupteur à droite de leur nom. Désactivez celles que vous ne voulez pas autoriser à agir en arrière-plan. Rendez-vous **p. 158** pour savoir comment optimiser l'autonomie de votre iPhone.

Faut-il fermer toutes les applis ?

Non ! On entend parfois des utilisateurs d'iPhone soutenir mordicus qu'il faut fermer toutes les applis de temps en temps pour « faire le ménage ». C'est oublier qu'iOS évolue en permanence en scrutant vos habitudes d'utilisation. Si vous fermez constamment les applications, le système ne pourra pas s'améliorer en fonction de votre utilisation réelle. Laissez-le donc faire ! Gardez juste un œil sur les applis qui pourraient « manger » votre batterie pour rien, comme une appli de guidage GPS qui continuerait à suivre vos mouvements alors que vous êtes arrivé. Celle-là, vous pouvez la fermer à la main en éjectant sa vignette vers le haut (voir ci-contre). Profitez de l'option Batterie des Réglages pour déterminer les applis les plus gourmandes (**voir p. 158**).

MAÎTRISER TOUTES LES FONCTIONS DES BOUTONS DE L'IPHONE

Quand l'iPhone est bloqué

Si votre iPhone est bloqué et qu'il ne répond plus à aucune manipulation, appuyez simultanément sur les boutons Principal et Marche/Arrêt pour forcer le redémarrage. Tout devrait rentrer dans l'ordre. Ne craignez rien, cela n'efface pas les données stockées sur l'iPhone.

Changement de bouton sur l'iPhone 7

Comme le bouton principal des iPhone 7 n'est plus un « vrai » bouton (voir ci-contre), la manipulation décrite ci-dessus change. Pour forcer le redémarrage d'un iPhone 7 ou 7 Plus, il vous faudra appuyer simultanément sur les boutons Marche/Arrêt et Volume « - ».

BOUTON MARCHE / ARRÊT Situé au sommet sur les iPhone 5 et SE et sur la tranche droite pour les iPhone 6 et 7, il sert à allumer et éteindre l'appareil d'une pression prolongée. Pour éteindre complètement l'appareil, il faut aussi glisser vers la droite le bouton blanc muni d'un logo On/Off qui apparaît au sommet de l'écran. Lorsque l'iPhone est allumé, ce bouton sert simplement à éteindre l'écran, mettant l'appareil en veille. Pendant un appel, une brève pression coupe la sonnerie mais l'appelant est renvoyé vers la messagerie au bout de quatre sonneries. Un seconde pression renvoie vers la messagerie sans attendre.

BOUTON PRINCIPAL C'est le bouton rond situé sous l'écran. Il fait sortir votre iPhone du mode veille et rallume l'écran. Il est surtout utilisé pour revenir à l'écran d'accueil, là où s'affichent les icônes de vos applis. Une pression de plus vous ramène à la première page de vos icônes. Une pression prolongée et vous lancez l'assistant vocal Siri (**voir p. 128**). Lorsque l'écran est allumé, une double-pression sur le bouton principal lance le mode multitâche et fait apparaître les vues miniatures des applis en cours pour passer de l'une à l'autre (**voir p. 50**). Sur les iPhone 6 et 7, ce bouton acquiert une nouvelle fonction : une double tape, attention sans enfoncer le bouton, active la fonction Accès facile qui fait glisser l'écran vers le bas pour faciliter l'utilisation à une main (**voir p. 47**).

LE VRAI / FAUX BOUTON DE L'IPHONE 7 N'essayez pas d'enfoncer le bouton principal d'un iPhone 7, il ne bougera pas ! Le bouton situé sous l'écran des nouveaux iPhone n'est en effet pas un bouton, mais une autre zone tactile. Du coup, lorsque l'iPhone est éteint, il n'y a rien qui bouge. Mais lorsqu'il est allumé, on a pourtant l'impression d'appuyer sur… un bouton. Ce faux-semblant est assuré par le moteur haptique, c'est-à-dire un module intégré à l'iPhone capable de vibrer très vite pour donner l'impression d'une pression. La pression sur le bouton n'est détectée qu'à la condition que votre doigt touche au moins en partie le cercle métallique qui entoure le bouton : c'est un contact électrique qui déclenche le fonctionnement. Essayez donc d'appuyer sur le bouton avec un crayon et vous verrez qu'il restera immobile, sans produire de vibration. Et c'est justement parce que ce bouton n'offre plus de mouvement physique qu'il n'est plus utilisé pour les redémarrages forcés : si le système est bloqué il ne peut donc pas détecter le placement du doigt sur la surface.

BOUTONS VIBREUR ET VOLUME Ces boutons sont situés sur le flanc gauche de l'iPhone. Celui du haut permet de passer l'appareil en mode vibreur, lorsque vous le pousser vers l'arrière. Il laisse alors apparaître un petit trait rouge. Une vibration

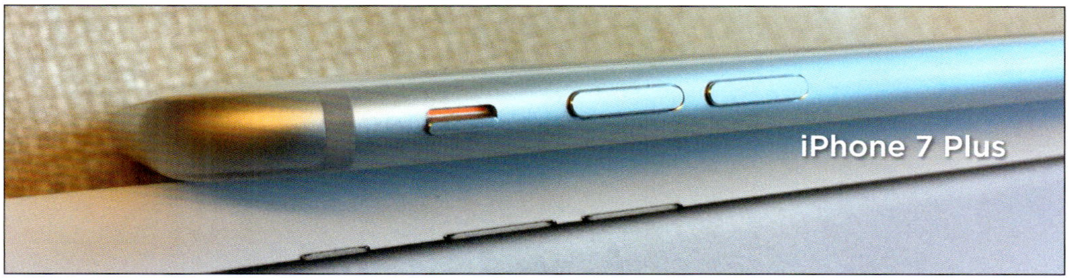

Touch ID, protection par empreinte digitale

Tous les iPhone depuis le modèle 5S disposent d'un lecteur d'empreinte digitale caché dans le bouton Principal. Grâce à lui, vous pouvez déverrouiller l'iPhone sans avoir besoin de taper votre code. Il vous servira aussi à valider vos achats sur l'App Store et à sécuriser l'accès à certaines applications compatibles. Rendez-vous **p. 154**.

confirme l'activation. L'appareil ne sonnera plus lorsque vous recevrez un appel, mais ce bouton ne coupe pas le son des alarmes de réveil. Les boutons situés juste en dessous, qui arborent les signes « + » et « - » sur l'iPhone 5 et SE, servent à augmenter et baisser le volume sonore en fonction du contexte. Depuis une page d'accueil, ils règlent la sonnerie du téléphone. En cours d'appel, ils changent le volume d'écoute, aussi bien de l'écouteur que du haut-parleur. Dans une appli, ils modifient le volume général de la musique ou des effets sonores. Le bouton « + » peut également servir de déclencheur lorsque l'appli Appareil photo est lancée. Sur les iPhone 7, le volume « - » est également mis à contribution pour la manipulation de redémarrage forcé (voir en marge p. précédente).

LE BOUTON DES ÉCOUTEURS Le bouton du casque-micro livré avec l'iPhone réunit plusieurs fonctions. Une pression au centre permet de répondre à un appel ou de raccrocher. Une pression prolongée démarre l'assistant vocal Siri. Quand vous écoutez de la musique, une pression la met en pause ; une nouvelle pression la redémarre. Une double-pression passe au morceau suivant, tandis qu'une triple revient au morceau précédent. Si vous maintenez la pression après avoir appuyé deux ou trois fois, vous effectuez une avance ou un retour rapide. Il peut aussi vous servir de déclencheur pour l'appareil photo, pratique par exemple pour être sûr de ne pas faire bouger l'iPhone lors d'une prise de vue dans un endroit sombre.

LES ÉCOUTEURS « LIGHTNING » DES IPHONE 7 Les nouveaux modèles d'iPhone n'ayant plus de prise casque (**voir p. 8**), ils sont livrés avec des écouteurs qui se branchent directement sur la prise Lightning, c'est-à-dire celle qui vous sert à recharger l'iPhone et à le brancher à un ordi. On note aussi que ces nouveaux écouteurs sont rangés dans une emballage en carton et non plus dans une boîte en plastique que l'on pouvait éventuellement réutiliser.

Les nouveaux écouteurs livrés avec les iPhone 7 sont utilisables sur tous les autres modèles d'iPhone munis du connecteur Lightning et utilisant la version 10 d'iOS.

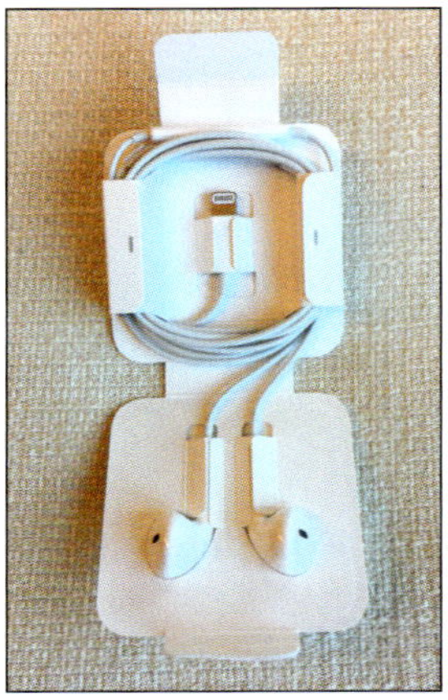

TOUS LES SECRETS DU CLAVIER VIRTUEL DE L'IPHONE

Vous utilisez sûrement le clavier tactile de l'iPhone depuis plusieurs années. Mais en connaissez-vous toutes les finesses ?

Taper en deux langues sans changer de clavier

Si vous avez l'habitude de converser en plusieurs langues, cette nouveauté d'iOS 10 vous fera plaisir : le clavier est maintenant capable de détecter automatiquement la langue utilisée pendant que vous tapez. Pour cela, rendez-vous dans les Réglages, puis Général et Claviers. Ajoutez les claviers de toutes les langues que vous souhaitez utiliser. Jusque là rien de différent de ce qu'offrait iOS 9 qui permettait déjà d'utiliser plusieurs langues simplement en changeant le clavier via la touche globe. Sauf qu'avec iOS 10, plus besoin de changer de clavier : le système détecte automatiquement la langue utilisée, même si vous changez en cours de phrase. Le bouton globe reste utile toutefois si vous voulez dicter dans une autre langue que celle du clavier actuellement en cours : iOS ne sait pas encore reconnaître la langue à la voix.

ÉCRIRE EN MAJUSCULES

La place étant limitée, le clavier de l'iPhone ne peut pas afficher tous les caractères en même temps. Pour écrire en majuscules, tapez tout simplement sur la touche ad hoc – située sous le Q et à gauche du W sur le clavier français – puis sur la lettre voulue. La touche majuscule s'affiche en blanc lorsqu'elle est activée. Notez que l'iPhone active automatiquement l'écriture en majuscule pour la première lettre d'une phrase, dès que vous tapez un point donc. Si vous avez besoin d'écrire plusieurs lettres d'affilée en majuscules, tapez deux fois sur la touche majuscule pour la verrouiller. Puis une nouvelle fois pour la déverrouiller.

ACCÉDER AUX CARACTÈRES ACCENTUÉS

Pour écrire un « é », laissez votre doigt appuyé sur la touche « e » jusqu'à voir apparaître une liste de tous les caractères accentués possibles. Sans lever le doigt de l'écran, faites-le glisser jusqu'au caractère voulu. Notez que les caractères accentués sont également accessibles lorsque l'on écrit en majuscules.

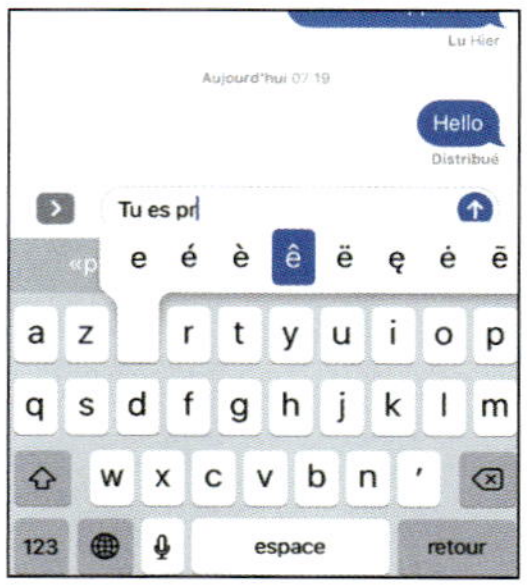

CHIFFRES ET CARACTÈRES SPÉCIAUX

Si vous avez besoin de taper des chiffres, appuyez sur la touche « 123 » pour les faire apparaître sur la première rangée du haut. Et vous trouverez en dessous d'autres caractères utiles comme les deux points, les parenthèses, ainsi que le signe de l'euro. Effectuez une pression longue sur ce dernier pour accéder aux autres sigles monétaires. Vous pouvez retourner au clavier précédent d'une pression sur la touche « ABC ». Sinon, pour d'autres caractères spéciaux que l'on utilise moins souvent, appuyez sur la touche « #+= » et vous obtiendrez des touches pour les crochets ou les accolades, le signe %, etc. Et si vous cherchez le caractère « ° » pour écrire une température, sachez qu'il faut maintenir la pression sur le « 0 » pour l'obtenir.

UTILISER LES SUGGESTIONS DE CORRECTION

La fonction QuickType (**voir p. 56**) vous propose une liste de suggestions de mots au fur et à mesure que vous tapez. Cela n'empêche malheureusement pas toutes les erreurs. Lorsque vous tapez un espace pour passer au mot suivant, l'iPhone souligne en pointillé rouge les mots qu'ils ne reconnaît pas. Tapez dessus pour faire apparaître une bulle noire proposant des corrections possibles. Choisissez l'une d'elles si elle convient. Sinon, vous devrez corriger le mot en le retapant directement. Il arrive aussi que le mot souligné soit orthographié exactement comme vous le voulez mais qu'il ne fasse pas partie du dictionnaire de l'iPhone, continuez alors à taper. Si vous utilisez ce mot plusieurs fois, l'iPhone l'intégrera à ses listes de suggestions QuickType et sera du coup capable de vous le proposer.

NE TAPEZ PLUS LES APOSTROPHES OU LES ACCENTS, VOIRE LES ESPACES Si, si, promis, ce n'est pas une blague. L'iPhone est capable de détecter si vous avez « oublié » de taper l'espace séparant deux mots et les séparera à votre place. De même, il vous suggérera de corriger les mots écrits sans accents. Du coup, vous pouvez tirer parti de cette capacité pour taper plus vite sans vous souciez des « détails ». Essayez, vous verrez. Et même si ce n'est pas parfait, on gagne globalement du temps, même s'il faut corriger de temps en temps. Mais de toutes façons, vous vous relisez toujours avant d'envoyer, non ?

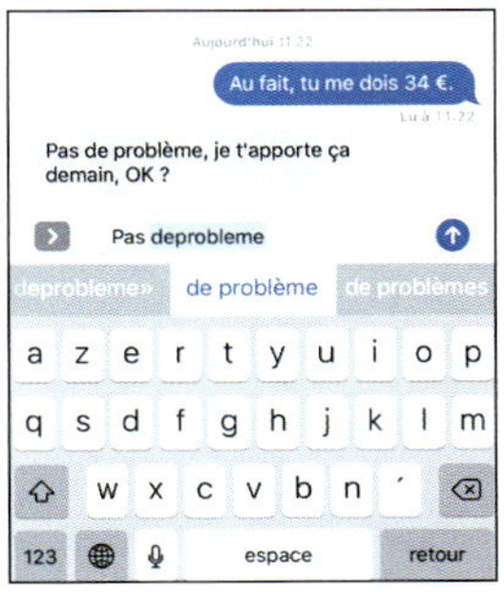

REMPLACER UNE LETTRE Plutôt que de choisir une des suggestions, vous pouvez aussi corriger le mot « à la main ». Pour cela, placez le doigt sur le mot à corriger jusqu'à voir apparaître la loupe. Grâce à elle, vous pouvez placer précisément le curseur juste derrière la lettre à changer. Lâchez le doigt et effacez la mauvaise lettre ou bien tapez directement une nouvelle lettre si elle manquait.

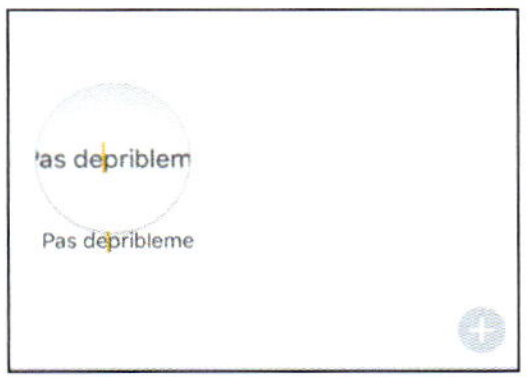

PROFITER DU CLAVIER D'ICÔNES EMOJI Le clavier des emojis est activé par défaut et accessible via la touche globe, à gauche de la barre d'espace. À vous les messages illustrés. Mieux, iOS 10 est dorénavant capable de vous suggérer des émojis pendant que vous tapez (**voir p. 58**).

Très fort sur les noms propres, même composés

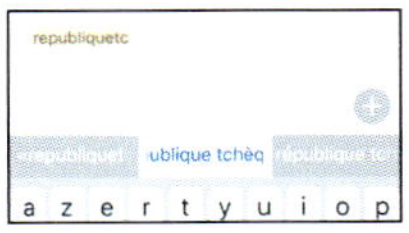

Dans certains cas, l'iPhone est capable de corriger deux mots à la fois, notamment lorsqu'il s'agit de noms propres. Vous pouvez ainsi taper « republiquetch » tout attaché, et l'iPhone corrigera tout seul en République tchèque.

Les claviers étendus des iPhone à grand écran

Les claviers virtuels des iPhone à écran 4,7 pouces ou 5,5 pouces (modèle Plus) sont différents de ceux des modèles plus petits (iPhone 5S et SE). En mode portrait, le clavier est proportionnellement moins haut pour laisser plus de place au reste de l'application, au dessus. Tout en offrant un grand confort. On gagne donc en nombre de lignes de texte. Il faut cela dit que l'application ait été adaptée aux nouveaux écrans, ce qui est naturellement le cas de celles installées en standard (ci-dessous à gauche). Les applis non adaptées s'affichent en mode « zoom » et leur clavier utilise une plus grande surface (au milieu). En mode paysage, les iPhone 6 et 7 profitent de la grande largeur pour ajouter des touches sur le côté. À droite (en haut), on peut voir sur le 7 Plus des touches dédiées aux fonctions copier/couper/coller sur la gauche, et des touches de direction pour déplacer le curseur sur la droite. Le clavier de l'iPhone 7 propose un peu moins de touches de fonction en mode paysage (à droite en bas). Si la touche Majuscule est bloquée, les touches de déplacement du curseur permettent de sélectionner du texte.

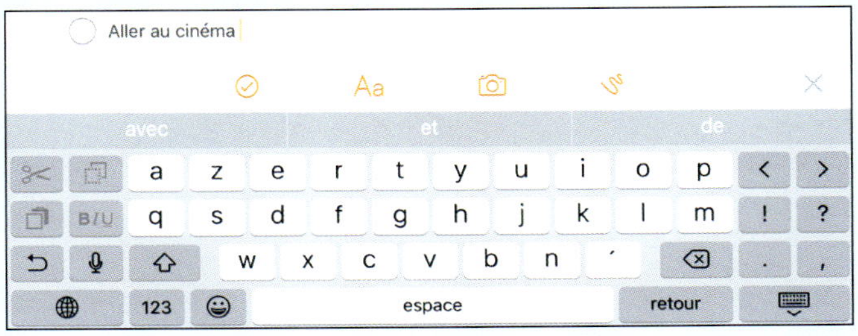

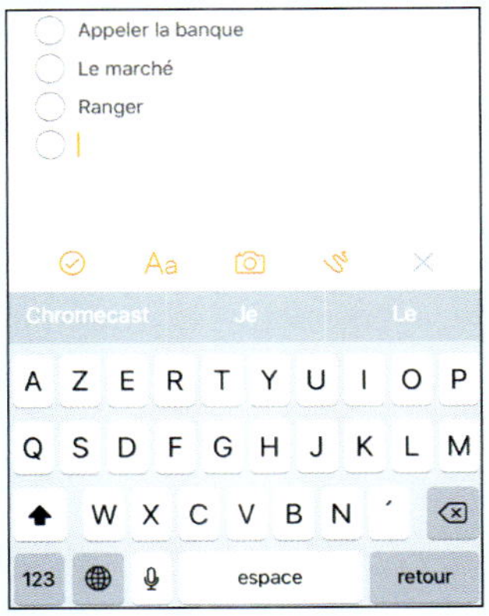

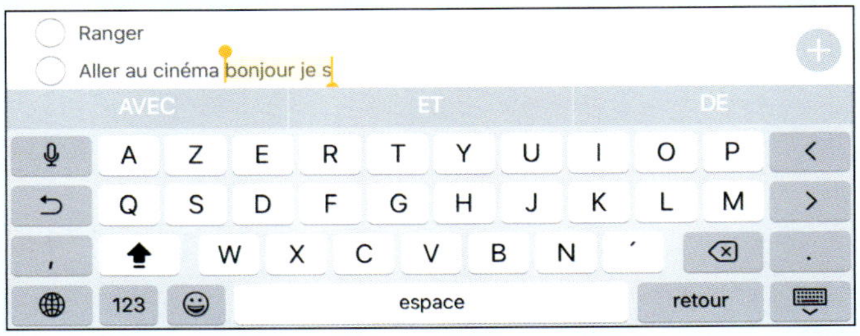

DIFFICULTÉ ★★★★★ 10 MN

PROFITER DES SUGGESTIONS DE QUICKTYPE POUR TAPER PLUS VITE

Le clavier virtuel de l'iPhone ajoute une barre horizontale au-dessus des touches. C'est la fonction QuickType qui affiche des suggestions au fur et à mesure que vous tapez.

1 PROFITER D'UN MOT SUGGÉRÉ

Vous remarquerez tout de suite la zone d'affichage qui apparaît automatiquement au dessus du clavier. Elle est divisée en trois parties. À gauche apparaît le mot tel que vous l'avez tapé. Au milieu et à droite, apparaissent des suggestions possibles. Ces suggestions changent à chaque nouvelle lettre que vous tapez, l'iPhone tentant de deviner ce que vous voulez dire. Lorsque l'une des suggestions vous convient, effleurez-la du doigt. Le mot est ajouté à votre texte, suivi d'un espace. Vous pouvez commencer à taper le mot suivant.

2 VALIDER UNE SUGGESTION VIA LA BARRE D'ESPACE

Lorsque l'un des mots apparait sur fond clair, cela signifie que l'iPhone est quasiment sûr qu'il s'agit du bon. Dans ce cas, tapez la barre d'espace pour le valider et continuer votre texte.

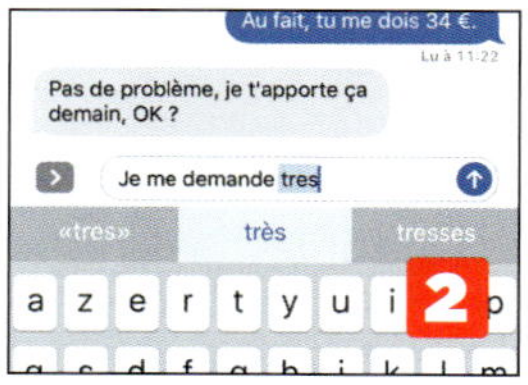

3 VALIDER AVANT DE TAPER

Avant de commencer à taper le mot suivant, jetez donc un œil sur les suggestions suivantes. L'iPhone propose souvent le bon mot qui vient après, comme ici « sérieusement ». Vous verrez, il vous arrivera de faire des phrases entières sans jamais taper une lettre !

4 APPRENTISSAGE ET CONTEXTE

La fonction QuickType s'améliore au cours du temps. Elle apprend votre style et vous suggérera les mots que vous utilisez le plus souvent. De plus, QuickType profite aussi du contexte. Par exemple, lorsque vous répondez à un SMS, les suggestions seront aussi basées sur les messages précédents, y compris ceux de votre correspondant. Ici, le mot « rugby » est rapidement suggéré puisque le message précédent en parle. Notez aussi que QuickType détecte le nom de votre correspondant pour vous le proposer.

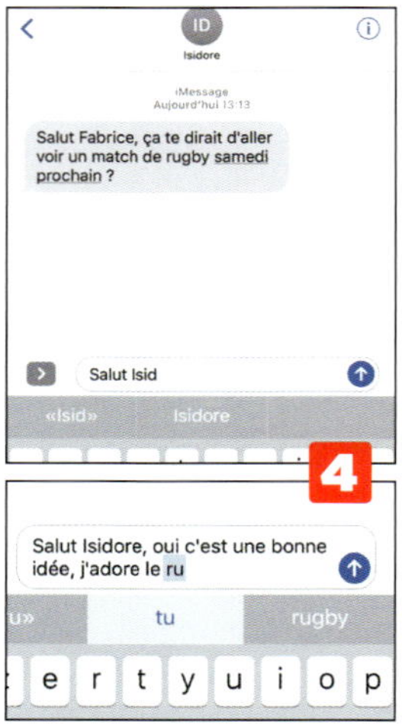

5 MASQUER OU DÉSACTIVER QUICKTYPE

Pour gagner un peu de place à l'écran, surtout en mode paysage, maintenez le doigt appuyé sur la touche globe du clavier et désactivez la fonction « Prédiction » dans le menu qui apparaît. La barre QuickType disparaît. Notez que l'iPhone continue à vous faire des suggestions, à la manière des versions précédentes d'iOS, c'est-à-dire via de petites bulles s'affichant au dessus du mot en cours. Un coup sur la barre d'espace valide la suggestion. Ou alors tapez sur la bulle pour refuser la suggestion.

6 QUELQUES PARAMÈTRES

Allez dans les Réglages, puis Général et Clavier. Un ensemble de paramètres vous est proposé, comme par exemple le placement d'une majuscule automatique en début de phrase ou l''affichage de l'aperçu de caractère, c'est-à-dire la bulle au-dessus de la lettre que vous touchez. C'est aussi là que vous accédez aux options de remplacement automatique.

Coup d'œil sur les suggestions

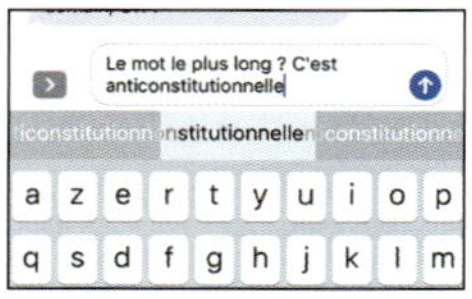

Lorsque l'on tape un mot long, les emplacements de la zone de suggestions QuickType sont trop petits pour les montrer en entier. En posant votre doigt sur l'une des suggestions, vous pouvez les faire défiler latéralement pour être sûr de choisir celle qui convient.

DIFFICULTÉ ★★★★★ 10 MN

TOUTES LES MANIÈRES DE CORRIGER, COPIER, COLLER DU TEXTE

Même si les fonctions de correction et de suggestion de texte de l'iPhone sont efficaces, on a parfois besoin de corriger des mots. Et, au-delà, il est souvent plus pratique de copier et coller un paragraphe plutôt que de le retaper. Sans oublier que les manipulations de copier / coller fonctionnent aussi avec des images par exemple.

1 PLACER LE CURSEUR DANS LE TEXTE

Il suffit d'une tape du bout du doigt sur l'écran pour placer le curseur d'insertion clignotant. Vous pouvez alors recommencer à taper au clavier pour ajouter une lettre qui manque ou compléter le paragraphe. Cette manipulation place automatiquement le curseur à la fin du mot que l'on touche. Pour placer le curseur plus précisément, maintenez le doigt posé sur l'écran jusqu'à voir apparaître la loupe de positionnement. Faites glisser le doigt entre les deux lettres d'un mot et relevez : le curseur devrait se trouver au bon endroit.

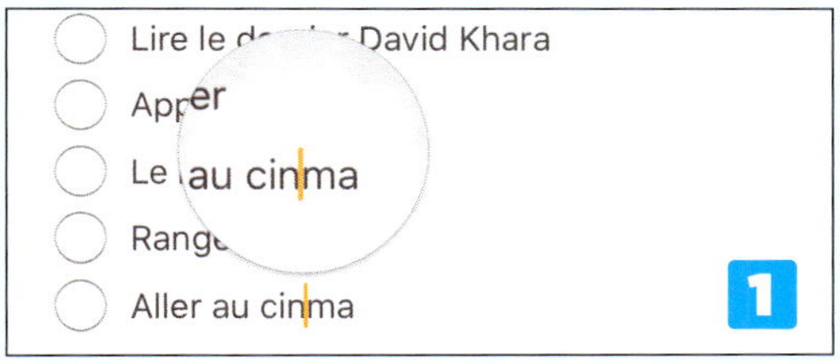

2 PLACEMENT DU CURSEUR : AVANTAGE AU 3D TOUCH

Cela dit, il arrive parfois que le curseur se déplace d'un ou deux caractères lorsque l'on lève le doigt de l'écran, et c'est agaçant. Les iPhone 6S et 7 apportent une solution en se basant sur la fonction 3D Touch de détection de la pression. Placez le doigt sur n'importe quelle touche du clavier et appuyez plus fort : les lettres disparaissent des touches et tout le clavier se transforme alors en pavé tactile. Faites glisser le doigt sur cette surface et vous verrez que le curseur suis le mouvement au dessus du texte. Lâchez le doigt et le curseur est placé. N'ayez pas peur d'ajouter une lettre en trop à votre texte au moment de l'appui forcé : il faut se rappeler que le clavier de l'iPhone n'ajoute la lettre que vous êtes en train de taper que lorsque vous levez le doigt de l'écran. Autrement dit, l'aperçu de la lettre que vous verrez lorsque vous poserez le doigt sur l'écran disparaîtra immédiatement dès que vous appuierez un peu plus fort.

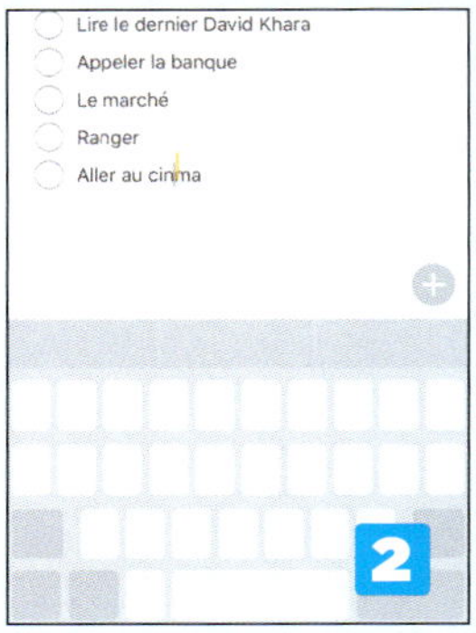

3 SÉLECTIONNER DU TEXTE

Que vous ayez placé le curseur d'une tape sur l'écran ou à l'aide de 3D Touch, tapez de nouveau sur l'écran à l'endroit du curseur. Une barre d'options apparaît : choisissez « Sélectionner ». Un mot est automatiquement sélectionné et vous pouvez étendre la sélection en saisissant les petites poignées situées de part et d'autre. Une fois cela fait, choisissez Couper ou Copier dans la barre d'options.

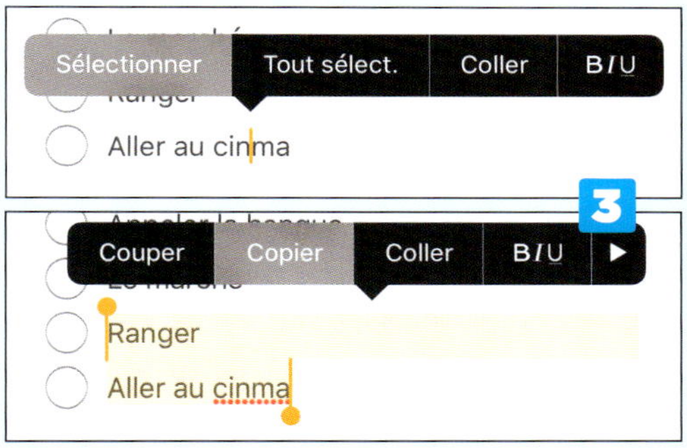

4 SÉLECTION VIA 3D TOUCH

Là encore la fonction de détection de pression des iPhone 6S et 7 peut vous servir. En effet, une fois que vous avez placé le curseur où vous le souhaitez comme vu à l'étape 2, appuyez encore un peu plus fort pour commencer cette fois à sélectionner du texte, mot par mot, en même temps que vous faites glisser le doigt sur le clavier devenu pavé tactile.

6 COLLER DU TEXTE

Pour placer le texte copié ou coupé à un autre endroit ou même dans une autre application, lancez cette dernière le cas échéant et placez le curseur comme vu aux étapes précédentes. Tapez une nouvelle fois sur l'écran et choisissez cette fois l'option Coller.

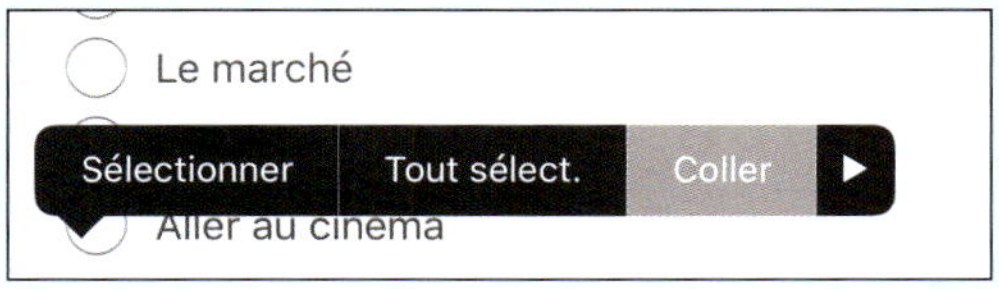

Copier sur le Mac ou l'iPad pour coller sur l'iPhone...

... et inversement. C'est l'une des nouveautés d'iOS 10. Si vous utilisez aussi un Mac, vous pouvez sélectionner un paragraphe par exemple dans une page Web sur votre ordi et le copier, par exemple via le raccourci-clavier **Cmd + C**. Sur l'iPhone vous pouvez ensuite effectuer la commande Coller via le menu décrit ci-contre : c'est le texte venant du Mac qui vient s'insérer. Pratique non ? Quelques conditions sont à respecter pour parvenir à ce résultat. Il faut tout d'abord que votre Mac soit équipé au moins de la version 12 de macOS, appelée Sierra. Il faut ensuite que les deux appareils soient connectés au même compte iCloud (**voir p. 64**). Et enfin que vous effectuyiez le collage dans les deux minutes qui suivent. Notez que cela fonctionne aussi entre un iPhone et un iPad, sous la même condition de connexion au même compte iCloud.

MANIER LES ÉMOJIS COMME UN PRO GRÂCE AUX SUGGESTIONS

Vous utilisez souvent des émojis pour illustrer vos textes ? Les nouvelles fonctions d'iOS 10 en la matière sont faites pour vous !

1 SUGGESTIONS D'ÉMOJIS Non seulement le clavier émoji est activé par défaut dans iOS 10, via le bouton globe en bas à gauche du clavier virtuel, mais vous n'avez presque plus besoin de l'afficher pour ajouter les petits dessins à vos messages. En effet, la barre de suggestions QuickType affiche dorénavant des émojis pouvant correspondre au mot que vous venez de taper. On le voit ici pour les mots « voiture », « OK » et « pizza ». Il suffit donc d'effleurer la suggestion pour insérer l'image dans votre texte. Avec une petite finesse. Si vous tapez sur l'émoji suggérée avant d'avoir tapé un espace après le mot, l'image remplace ce dernier. Sinon, elle vient s'insérer juste après.

2 REMPLACEMENT AUTOMATIQUE Ici, un smiley vient remplacer la suite de caractères « :-) ». Cela n'a rien à voir avec le clavier des émojis, mais avec la fonction de remplacement automatique évoqué ci-dessous. Elle vous permet de programmer des expressions courtes pouvant être remplacées par plusieurs mots ou même une phrase complète.

3 AJOUTER DES ÉMOJIS A POSTERIORI Si vous avez choisi de ne pas remplacer certains mots par des émojis pendant que vous rédigiez, pas de problème, iOS 10 s'occupe de tout. Commencez pour cela par afficher le clavier des émojis, via le bouton globe.

Programmer des remplacements automatiques pour taper encore plus vite

Il y a fort à parier que vous tapez souvent les mêmes mots, voire certaines phrases, de manière répétée. Par exemple pour signer de votre nom en bas d'un courriel ou justement pour donner votre adresse e-mail à un interlocuteur ou en remplissant un formulaire en ligne. Jetez donc un œil du côté de la fonction de remplacement automatique : elle vous permet de remplacer un groupe de lettres… par ce que vous voulez. Il vous suffit de le programmer à l'avance. Pour cela, rendez-vous dans Réglages, puis Général et enfin Clavier. Choisissez l'option Remplacement. Vous verrez qu'une première expression est déjà présente par défaut, pour vous en montrer le principe : il vous suffit de taper les trois lettres « jrv » au clavier pour qu'elles soient remplacées par l'expression « J'arrive ! » dès que vous taperez la barre d'espace. Pour ajouter vos propres expressions, effleurez le bouton « + » en haut à droite. Dans l'écran suivant, tapez une expression complète, par exemple votre nom ou, mieux, une signature complète comme « Cordialement, Isidore ». En-dessous, tapez le raccourci qui servira de déclencheur du remplacement, ici « sign ». Validez d'une tape sur Enregistrer en haut à droite. Dorénavant, dès que vous taperez les quatre lettres « sign » sur le clavier virtuel, l'expression « Cordialement, Isidore » vous sera proposée. Pour votre adresse e-mail, utilisez par exemple « @@ » comme raccourci. Voici quelques petites astuces pour en profiter au mieux. Si vous utilisez le raccourci pour indiquer votre adresse e-mail dans un formulaire en ligne, pensez à effacer l'espace qui se sera inséré après le courriel : certains services en ligne ne l'acceptent pas. Dans le cas de la signature, il n'est pas possible d'ajouter un passage à la ligne lors de la création de l'expression de remplacement. Qu'à cela ne tienne : créez par exemple votre signature dans une autre application, Notes par exemple, et copiez/collez-la, comme vu **en p. 57**, dans la zone de création de l'expression de remplacement.

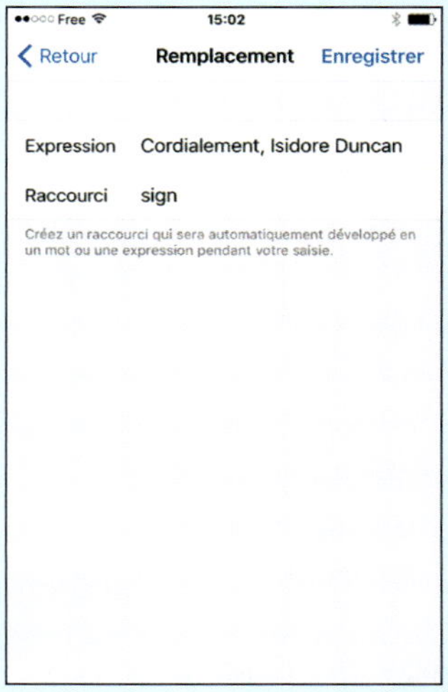

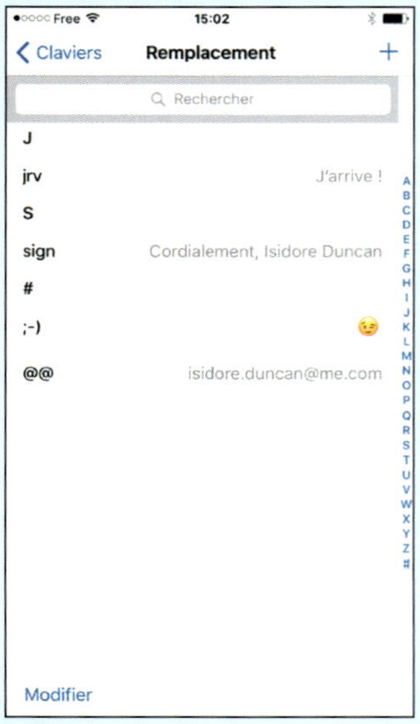

DIFFICULTÉ ★★★★★ 15 MN

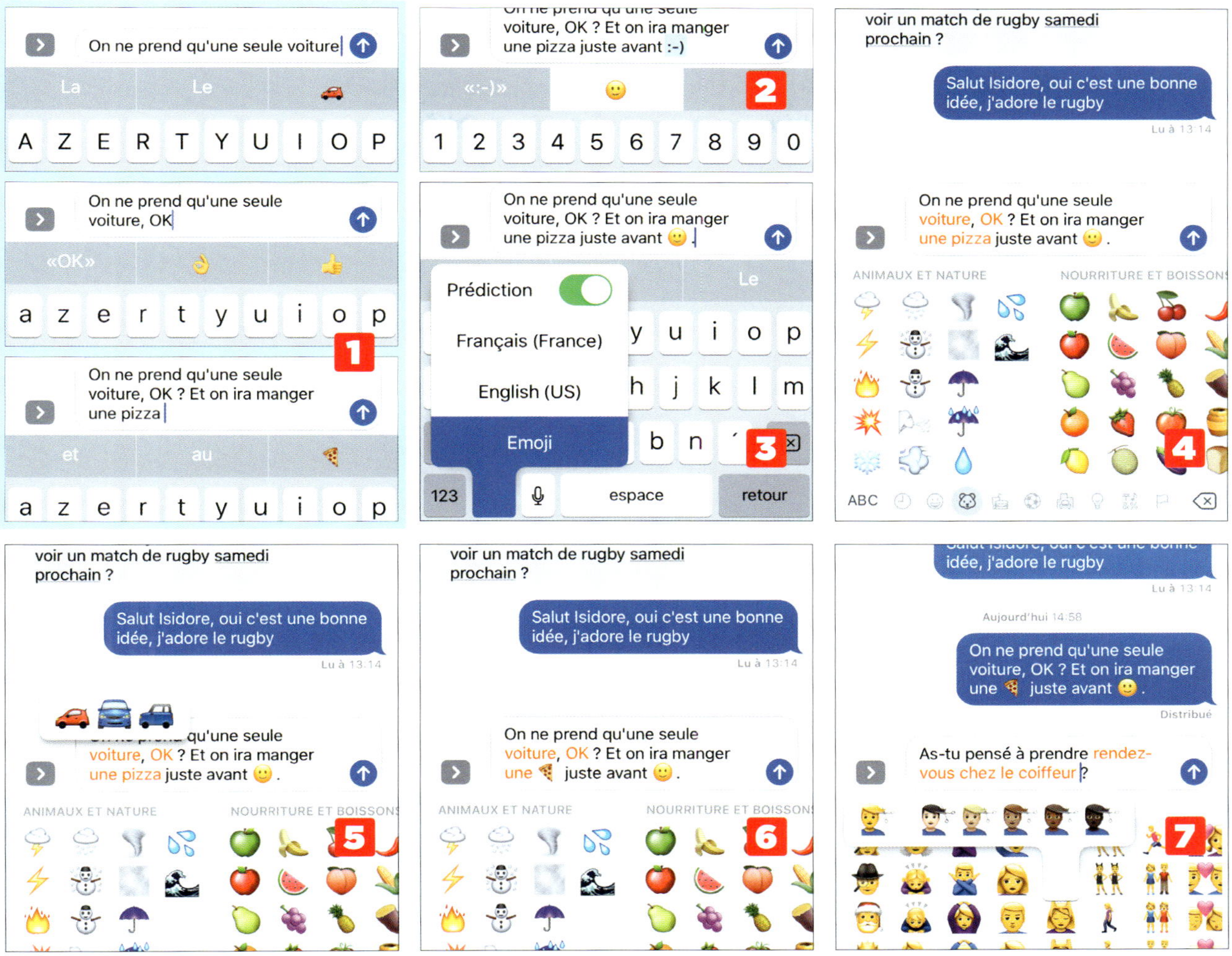

4 **PROFITER DE L'ANALYSE DU TEXTE** Immédiatement l'iPhone analyse le texte que vous venez de taper et montre en orange les mots qui peuvent être remplacés par des émojis. Cette fonction est réservée à l'appli Messages (**voir chapitre 7**).

5 **SÉLECTIONNER LES ÉMOJIS** Il vous suffit alors d'effleurer chaque mot pour les remplacer un à un. Vous n'êtes bien sûr pas obligé de les remplacer tous : il faut penser à la lisibilité ! Notez que dans certains cas, un même mot peut correspondre à plusieurs émojis. Un petit menu s'affiche alors juste au dessus pour vous donner le choix.

6 **RÉVISER SES CHOIX** Si vous regrettez d'avoir remplacé certains mots par des images, il vous suffit de taper sur l'émoji pour que le mot que vous aviez tapé reprenne sa place.

7 **AJOUTER D'AUTRES ÉMOJIS** Tant qu'à faire, puisque le clavier des émojis est affiché, vous pouvez bien sûr vous en servir de manière traditionnelle en effleurant la ou les images qui vous plaisent pour les ajouter à votre message. Notez que les images de personnages proposent le plus souvent des options de couleurs de peau, pour assurer la mixité, en plus de la couleur jaune utilisée par défaut depuis le début de l'ère des émojis.

3D Touch sur le clavier des émojis

Si vous disposez d'un iPhone 6S ou 7, notez que vous pouvez utiliser la fonction de déplacement du curseur en appuyant un peu plus fort sur le clavier des émojis. Dans ce cas, les images ne disparaissent pas totalement mais s'estompent légèrement.

DICTER À HAUTE VOIX PLUTÔT QUE TAPER AU CLAVIER

Le clavier de l'iPhone apparaît automatiquement dès que vous en avez besoin. Il est aussi muni d'un bouton microphone.

Connexion à Internet indispensable

La reconnaissance de votre voix n'est en réalité pas assurée par l'iPhone mais effectuée par les serveurs d'Apple. Vous devrez donc être connecté à Internet, via la 3G/4G ou le Wi-Fi, pour pouvoir dicter. Sinon, le bouton microphone apparaît en grisé et est inopérant.

S'assurer de l'activation de Siri

Le bouton microphone du clavier n'apparaît que si Siri, l'assistant vocal de l'iPhone, est activé (voir p. suivante). C'est l'une des questions posées lors du premier démarrage (**voir p. 30**). Si vous avez répondu non, rendez-vous dans les Réglages, puis Général et Siri pour l'activer.

Si vous vous trouvez dans un endroit calme, vous pouvez choisir de dicter un texte plutôt que de le taper au clavier. Pour cela, effleurez le bouton microphone situé à gauche de la barre d'espace. Le clavier est alors remplacé par une ligne de pointillés blancs, qui ondulent au son de votre voix. Commencez à parler en énonçant correctement sans pour autant forcer la prononciation. Votre texte apparaît au fur et à mesure de votre dictée. Lorsque vous avez terminé, tapez sur OK. Notez qu'une dernière correction peut être apportée au texte après avoir validé.

DICTER LA PONCTUATION Vous pouvez dicter en parlant normalement, c'est-à-dire en faisant les liaisons et aussi en indiquant les ponctuations. Si vous énoncez « Demain virgule je vais zo marché deux points c'est la fête point d'exclamation », vous obtiendrez le texte retranscrit suivant : « Demain, je vais au marché : c'est la fête ! ». Cela fonctionne aussi avec les passages à la ligne ou les nouveaux paragraphes. Il vous suffit de les indiquer pendant la dictée. En disant par exemple « À la ligne » ou « Nouveau paragraphe ».

GUILLEMETS À LA VOIX De même, il vous suffit de dicter « Ouvrez les guillemets » et « Fermez les guillemets » autour d'un ou plusieurs mots pour dicter une citation.

PAS FACILE À PIÉGER La reconnaissance vocale s'aide aussi du contexte pour éviter les erreurs d'homophonie (voir ci-contre). Ainsi, vous pouvez énoncer « Je me fais un point d'honneur à vous le dire point » et vous obtiendrez bien une phrase se terminant par un point et comportant le mot « point ». La vitesse d'élocution et l'intonation sont également importantes. Cela aidera Siri à faire la différence entre « Il faut éditer Marcel » et « Il faut Édith et Marcel ».

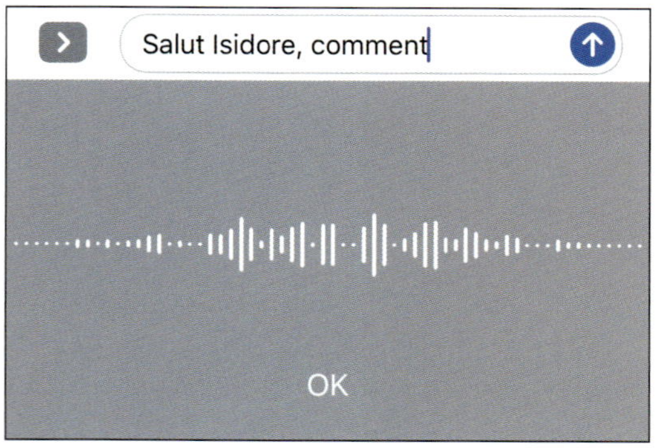

PROPOSITIONS DE CORRECTIONS Si certains mots ne sont pas bien retranscrits, tapez dessus du bout du doigt, une fois la dictée terminée. Vous verrez alors la liste des suggestions QuickType apparaître au-dessus du clavier (**voir p. 56**) ou une bulle noire pointant le mot concerné.

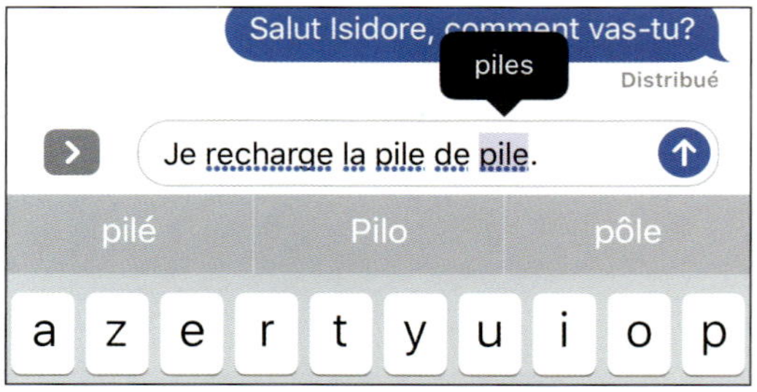

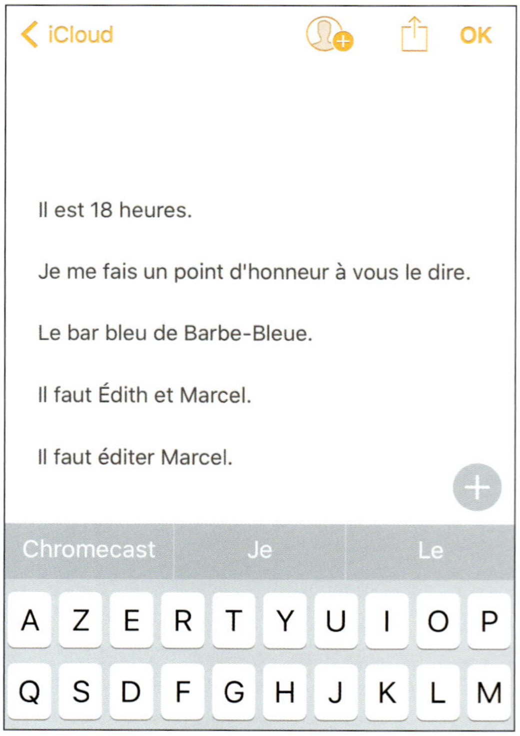

DIFFICULTÉ ★★★★★ 10 MN

REMPLACER LE CLAVIER STANDARD DE L'IPHONE

Si le clavier standard de l'iPhone ne vous convient pas, changez-le! Pour quels avantages? Tout d'abord, les suggestions en cours de frappe des claviers alternatifs peuvent être meilleures, malgré les avancées de QuickType. De plus, les mots appris au fur et à mesure de votre utilisation peuvent être synchronisés entre votre iPhone et votre iPad par exemple, ce qu'Apple se refuse de faire avec le clavier standard. Et certains proposent aussi des modes de saisie totalement différents, comme c'est le cas de SwiftKey présenté ici. Ces claviers sont gratuits ou très abordables. Essayez-les, ils vous surprendront.

1 INSTALLER UN CLAVIER DEPUIS L'APP STORE

Pour trouver un nouveau clavier pour votre iPhone, il suffit de vous rendre sur l'App Store. Ici, il s'agit de SwiftKey, qui est gratuit. Installez-le comme n'importe quelle autre appli.

2 ACTIVER LE CLAVIER

Rendez-vous ensuite dans les Réglages, puis Général, Clavier, puis Claviers. L'écran qui s'affiche vous montre la liste des claviers actifs. Il y en a deux en standard, le clavier Français et celui des icônes Emoji. Effleurez l'option «Ajouter un clavier». Celui que vous venez d'installer est listé dans une nouvelle section baptisée «Claviers de tierce partie». Tapez dessus pour qu'il s'ajoute à la liste des claviers actifs citée plus haut.

3 AUTORISER L'ACCÈS COMPLET

Tapez sur le nom du nouveau clavier pour accéder à ses propres paramètres. Vous verrez que l'option «Autoriser l'accès complet» est désactivée par défaut. Cela est dû à la stricte politique de protection de vos données adoptée par Apple (voir ci-contre). Cela dit, pour accéder à toutes les fonctions de SwiftKey, il est indispensable d'activer l'appli. N'ayez crainte, SwiftKey est édité par une société ayant pignon sur rue depuis longtemps.

4 UTILISER LE NOUVEAU CLAVIER

Voilà, votre nouveau clavier est disponible. Il vous suffit d'un appui prolongé sur le bouton globe à gauche de la barre d'espace pour dérouler le menu de choix du clavier. Sélectionnez le nouveau. Et commencez à taper.

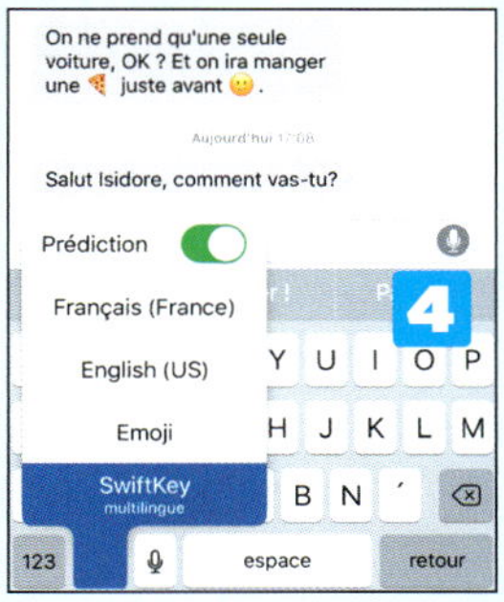

5 PROFITER DES FONCTIONS AVANCÉES

SwiftKey rend la frappe plus efficace de multiples manières. Les suggestions qui s'affichent au-dessus du clavier sont étonnamment précises, même si votre frappe, elle, ne l'est pas. Il est aussi capable de reconnaître automatiquement la langue que vous utilisez, à condition que vous l'ayez activée dans ses options (voir plus loin). Et il propose enfin un mode de saisie étonnant et efficace. Baptisé Flow, ce mode vous permet de «taper» sans lever le doigt de l'écran. Il vous suffit de glisser d'une lettre à l'autre pour que le clavier devine le mot voulu. Et dès que vous levez le doigt, SwiftKey ajoute un espace et vous pouvez passer au mot suivant. Cela demande un peu d'habitude, mais certains n'utilisent plus que ce mode.

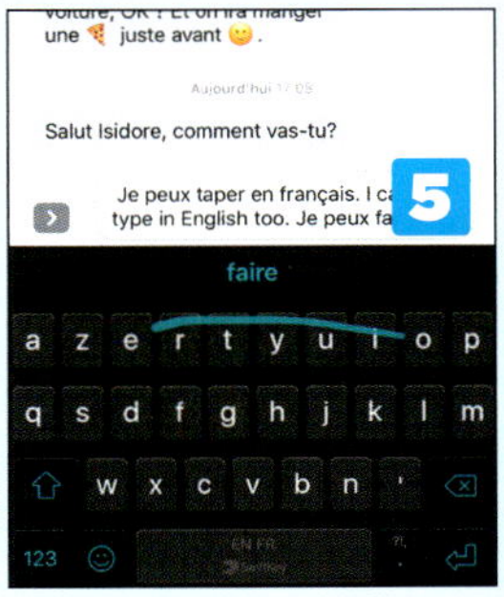

6 ACCÉDER AUX PARAMÈTRES

Chaque clavier installe sa propre icône sur l'écran d'accueil. Vous pourrez commencer par choisir la couleur du clavier. Lorsque SwiftKey est activé, l'appli correspondante vous permettra aussi d'activer plusieurs langues et même de choisir la disposition du clavier (Qwerty ou Azerty par exemple). Notez également que le clavier affine ses suggestions au fur et à mesure que vous l'utilisez. Si vous utilisez SwiftKey sur plusieurs appareils, vous pouvez aussi activer la fonction SwiftKey Cloud qui synchronisera l'apprentissage entre chacun d'eux.

Clavier sous surveillance

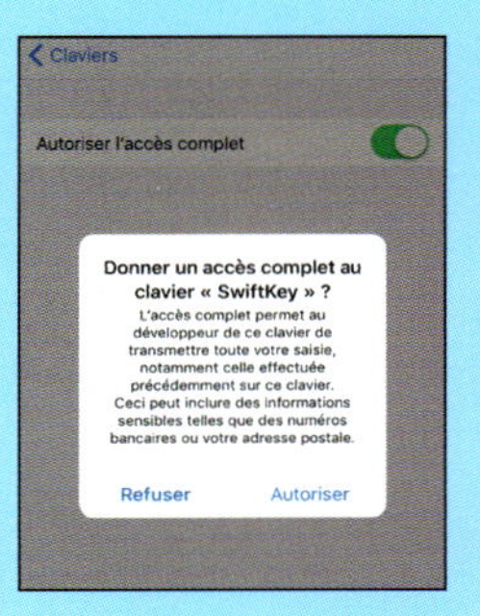

Si iOS autorise le remplacement de son clavier standard, il ne lui permet tout de même pas de tout faire. Au moment de l'installation, le système interdit par exemple au clavier de se connecter à Internet, via l'option Autoriser l'accès complet qui est désactivée par défaut (voir ci-contre). De plus, lorsque vous atteignez la zone de saisie d'un mot de passe, dans une appli ou au sein d'une page Web, c'est le clavier standard d'Apple qui apparaît alors à l'écran, même si vous étiez en train d'utiliser un clavier alternatif. C'est une décision d'Apple pour vous protéger d'un clavier malveillant qui enregistrerait vos mots de passe pour les envoyer à un pirate. Cela manque de souplesse mais, comme on dit, prudence est mère de sûreté.

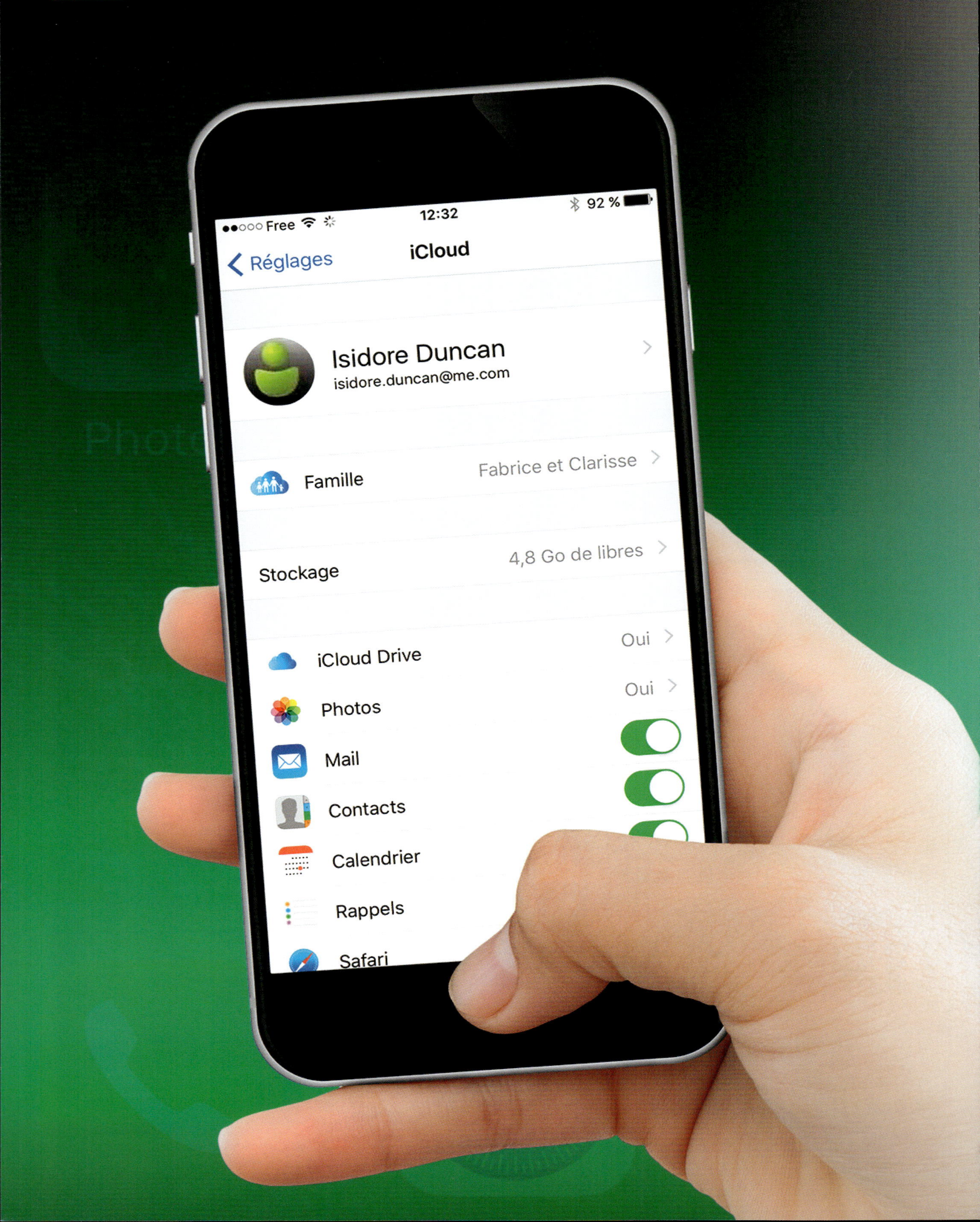
●●○○○ Free
12:32
92 %
Réglages
iCloud
Isidore Duncan
isidore.duncan@me.com
Famille
Fabrice et Clarisse
Stockage
4,8 Go de libres
iCloud Drive
Oui
Photos
Oui
Mail
Contacts
Calendrier
Rappels
Safari

À DÉCOUVRIR DANS CES PAGES

ICLOUD ET LES SERVICES EN LIGNE

Les services en ligne d'Apple sont une extension naturelle et indispensable à l'utilisation de votre iPhone. Ils assurent la sauvegarde de vos données, vous permettent de les partager entre vos différents appareils, et même de tout partager au sein d'une même famille. Du coup, les services d'iCloud deviennent si centraux qu'il est absolument nécessaire d'en protéger l'accès efficacement. Vous le ferez en activant la fonction d'identification à deux facteurs. Et comme il n'y a pas qu'iCloud, apprenez aussi à accéder à tous les services de stockage en ligne.

CRÉER OU ACTIVER SON COMPTE ICLOUD : C'EST INDISPENSABLE !

Avec iCloud, vous pouvez synchroniser vos données entre tous vos appareils, et les préserver des mauvaises surprises.

iCloud ? C'est le nom générique du portefeuille de services en ligne proposés par Apple. Autant le dire tout de suite, l'utilisation d'un tel compte avec son iPhone est absolument indispensable. Ne serait-ce que pour s'assurer de ne plus jamais perdre les numéros de téléphone de ses contacts. En effet, dès que vous activez votre compte iCloud sur votre iPhone, tout contact que vous ajoutez au téléphone est automatiquement sauvegardé sur votre espace personnel en ligne sur les serveurs d'Apple. Le tout sans jamais brancher votre iPhone à votre ordi. Loin de n'être qu'un service de gestion de vos contacts, iCloud vous permet aussi de faire la même chose pour vos notes et rappels, ou encore vous aide à retrouver votre appareil s'il a été perdu ou volé. Vous avez encore besoin d'être convaincu ? Voici le dernier argument : les services iCloud sont gratuits.

ON A SOUVENT DÉJÀ UN COMPTE ICLOUD SANS LE SAVOIR Dès le premier démarrage de l'iPhone, il vous est proposé d'activer ou de créer un compte iCloud (**voir p. 30**). Si vous avez décidé de surseoir, pas de problème, il est possible de le faire a posteriori. Pour cela, rendez-vous dans les Réglages, puis dans la section iCloud. L'écran suivant vous demande d'entrer votre identifiant et votre mot de passe. Si vous avez déjà utilisé un iPhone, iPad, ou iPod Touch, et que vous y avez installé une ou plusieurs applications, alors vous avez déjà les informations nécessaires. Vous pouvez entrer comme identifiant et mot de passe ceux que vous utilisez déjà pour l'App Store, aussi appelé compte Apple. Vous ajoutez la corde iCloud à l'arc de votre compte Apple.

CRÉER UN NOUVEAU COMPTE Si vous n'avez jamais utilisé de compte Apple, ou si vous souhaitez utiliser un autre identifiant pour votre compte iCloud, tapez alors sur « Nouvel identifiant Apple gratuit » en bas de l'écran. Suivez ensuite les étapes de création du compte, en commençant par donner votre date de naissance. Vous pouvez utiliser comme identifiant votre propre adresse e-mail ou bien choisir d'obtenir une adresse iCloud que vous pourrez également utiliser comme adresse e-mail supplémentaire si vous le souhaitez. L'écran suivant vous demande alors de choisir la partie de l'adresse qui s'affiche avant le « @icloud.com ». Une fois que vous aurez choisi votre mot de passe, vous devrez également créer trois questions de sécurité, avec leurs réponses. Cette dernière étape est indispensable pour vous permettre de retrouver l'accès à votre compte iCloud si jamais vous oubliez votre mot de passe. Pour vraiment protéger l'accès à votre compte, et donc à vos

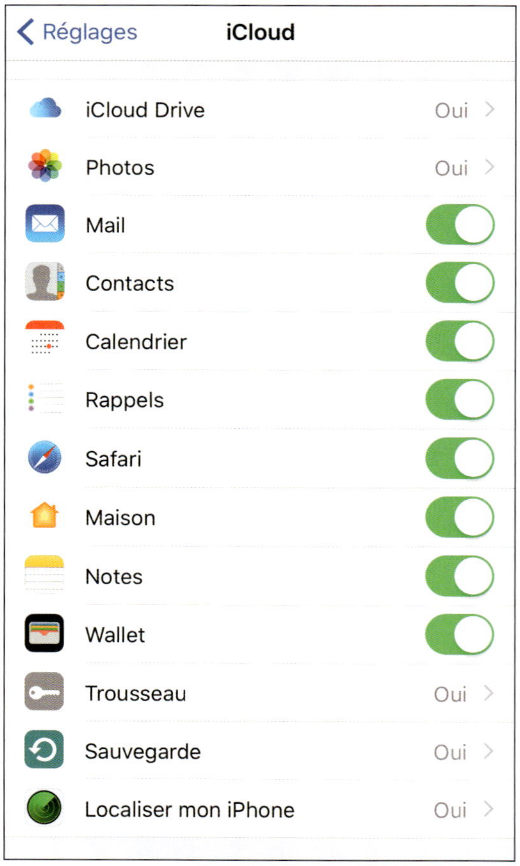

Récupérer des infos déjà stockées sur l'iPhone

Si vous avez déjà utilisé votre iPhone avant d'activer votre compte iCloud, par exemple en ajoutant des contacts, acceptez de fusionner vos données au moment de l'activation du compte. Vous n'aurez plus ainsi qu'un seul carnet d'adresses qui regroupera tous vos contacts.

données personnelles, vous aurez aussi tout intérêt à activer l'identification à 2 facteurs (**voir p. 66**). Ensuite, choisissez de recevoir ou pas les annonces d'Apple sur votre nouvelle adresse. Acceptez les conditions générales d'utilisation. C'est le moment de choisir les services iCloud à activer.

ACTIVER LA LOCALISATION Tout d'abord, un premier message vous demande si vous acceptez que votre compte iCloud puisse se servir des services de localisation de votre iPhone, c'est-à-dire de sa puce GPS. Acceptez sans hésiter, afin de pouvoir profiter de la fonction Localiser mon iPhone si vous l'égarez. Vous pouvez ensuite activer ou désactiver chacun des services d'iCloud, à l'aide des interrupteurs situés sur la droite.

BIEN UTILISER LE MAIL Beaucoup des services d'iCloud sont activés par défaut. Le courriel en fait partie. Si vous avez déjà ajouté un autre compte de messagerie à votre iPhone (**voir p. 80**), pas de problème : l'iPhone sait parfaitement gérer plusieurs comptes. Afin d'éviter les erreurs et de surprendre vos correspondants, assurez-vous seulement de l'adresse e-mail utilisée par défaut lors de l'envoi de nouveaux messages. Pour cela, rendez-vous dans les Réglages, puis Mail. Faites défiler l'écran jusqu'à pouvoir sélectionner le compte par défaut. Notez aussi qu'au moment de la rédaction d'un nouvel e-mail, vous pouvez sans problème choisir le compte expéditeur. Il suffit pour cela de toucher du doigt la zone « CC/CCi, De », puis de choisir dans la liste des comptes.

PAGES WEB D'UN APPAREIL À L'AUTRE En activant la fonction de synchro Safari, vous pouvez récupérer sur tous les appareils connectés au même compte iCloud les sites Web ouverts dans le navigateur d'Apple. Cela fonctionne donc sur iPhone, iPad et Mac. Dans Safari sur l'iPhone, affichez les différents onglets ouverts via le bouton *ad hoc* en bas à droite (**voir p. 110**) et faites défiler les onglets jusqu'en bas pour voir la liste des sites ouverts sur tous vos autres appareils. Tapez sur l'un d'eux pour ouvrir la page sur votre iPhone.

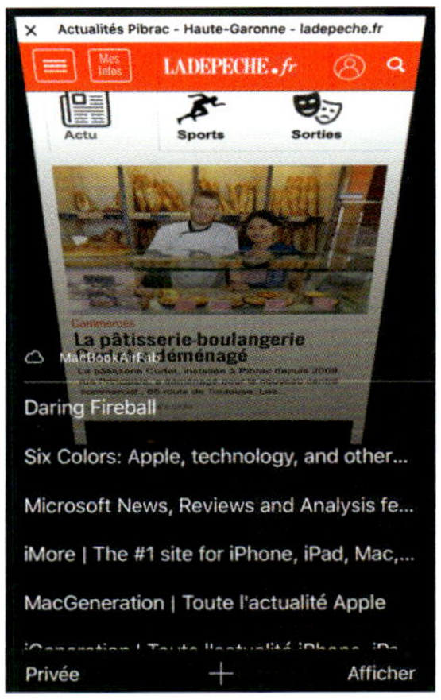

CONTACTS, CALENDRIERS, RAPPELS, NOTES Ces quatre services de synchro sont également activés par défaut. Il font référence aux applis standard livrées avec iOS. Rappelons que la synchro iCloud des données ajoutées à ces applis vous permet d'en conserver une copie de sauvegarde sur les serveurs d'Apple, mais aussi de pouvoir les consulter depuis n'importe quel ordinateur via le site www.icloud.com (**voir p. 70**), et aussi d'y accéder depuis vos autres appareils iOS (**voir p. 69**) ou même de l'ordi (**voir p. 71**).

STOCKER ET SYNCHRONISER SES MOTS DE PASSE Le trousseau permet de stocker sur votre appareil les identifiants et mots de passe de vos sites Web, mais aussi de les synchroniser entre tous vos appareils connectés au même compte iCloud (**voir p. 114**). Ces infos sont chiffrées pour rester confidentielles. Apple affirme d'ailleurs ne pas y avoir accès.

PHOTOTHÈQUE ICLOUD Cette fonction vous permet de stocker automatiquement en ligne, sur votre espace iCloud, les photos et vidéos prises avec votre iPhone. Du coup, vous les récupérez automatiquement sur votre iPad ou sur votre ordi. Et vous pouvez aussi les consulter en ligne depuis iCloud.com. La fonction Partage de photos permet de créer des albums à envoyer à vos proches et qu'ils peuvent même commenter (**rendez-vous chapitre 9**).

MAISON Pour la première fois avec iOS 10, l'iPhone dispose d'une application dédiée à la gestion des objets connectés, au standard HomeKit. En activant la synchro, tous les appareils connectés au même compte iCloud pourront utiliser et gérer les accessoires de la maison (**voir p. 148**).

WALLET L'appli Wallet stocke vos billets d'avion et de train, vos tickets de spectacles et les cartes de fidélité de vos magasins préférés. À condition bien sûr que vos fournisseurs aient choisi de devenir compatibles avec le standard d'Apple. Ils sont nombreux. C'est aussi Wallet qui stockera la ou les cartes bancaires que vous utiliserez avec Apple Pay, le service de paiement sans contact d'Apple (**voir p. 120**).

Sauvegarde globale

Vous pouvez aussi vous servir de votre espace iCloud en ligne pour sauvegarder votre ou vos appareils régulièrement. Vous pourrez ainsi facilement retrouver vos données et aussi vos différentes personnalisations en cas de catastrophe (casse ou vol) ou simplement lorsque vous changez d'appareil pour un modèle plus récent (**voir p. 68**).

DIFFICULTÉ ★★★☆☆ 10 MN

PROTÉGER SON COMPTE GRÂCE À L'IDENTIFICATION À DEUX FACTEURS

Pour protéger efficacement l'accès à votre compte iCloud et à tous les services qu'il rassemble, un mot de passe, même complexe, n'est pas suffisant.

Oui, la sécurité, c'est agaçant

Et la rédaction de notre guide nous oblige à rester poli. Cela dit, l'effort à faire pour bien protéger l'accès à votre compte iCloud, qui stocke une bonne partie de vos données personnelles, est indispensable. On entend trop souvent ces histoires de piratages de comptes en tout genre (comme les 500 millions de comptes Yahoo par exemple) pour ne pas s'en préoccuper. Bref, quitte à paraître insistant, répétons-le tout de même : prenez le temps de mettre en place l'identification à deux facteurs et considérez-la comme une assurance : une protection que l'on espère ne jamais avoir à utiliser mais que l'on est bien content d'avoir mis en place lorsqu'un problème se présente.

Lors de la création de votre compte iCloud, vous avez, comme il est de règle pour tout service en ligne, choisi un identifiant et un mot de passe (**voir p. 64**). Pour assurer un niveau de protection minimal, Apple vous oblige à choisir un mot de passe d'au moins 8 caractères, incluant au moins une majuscule et un chiffre. Avouez-le, vous avez sûrement commencé à grogner dès cette étape, n'est-ce pas (voir ci-contre) ? Pire, le système vous a aussi demandé de donner trois réponses à trois questions secrètes, comme par exemple, « Quel était le nom de votre premier animal de compagnie ? » ou « Quelle était la marque de votre première voiture ? ». Vous pensiez que cela vous protégeait un peu plus ? Pas vraiment…

LE PROBLÈME DES QUESTIONS DE SÉCURITÉ Le système de protection par questions de sécurité à deux inconvénients majeurs. Tout d'abord, les réponses sont finalement trop souvent faciles à deviner. Un de vos proches ou même tout simplement un collègue de bureau peut apprendre facilement, au détour d'une conversation, le modèle de votre première voiture ou le nom de jeune fille de votre mère. Du coup, lorsque l'on crée les questions de sécurité, il vaut mieux mentir dans les réponses. Par exemple, à la question « Quel était le nom de votre premier patron ? », répondez donc Trampoline. Et ainsi de suite pour les trois questions. Au moins, personne ne pourra facilement deviner vos réponses en cas de tentative de piratage de votre compte par un malveillant qui aurait déjà deviné votre mot de passe. Seulement, et on arrive au deuxième inconvénient, il vous faut bien noter les réponses que vous donnez de peur de ne pas pouvoir vous en servir non plus en cas de problème, c'est-à-dire si vous oubliez votre mot de passe. On l'a compris, ce n'est ni pratique ni, finalement, très sécurisé.

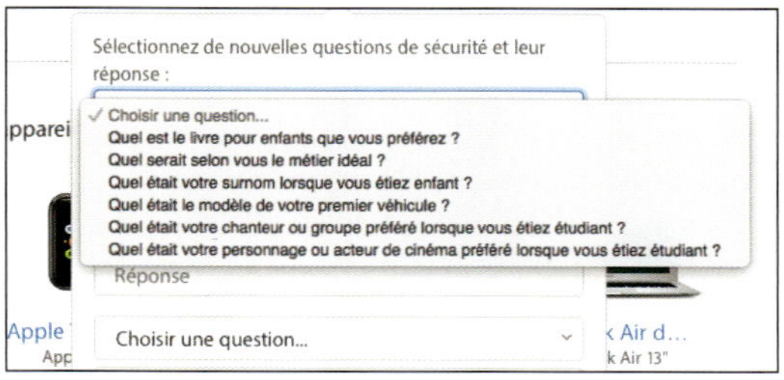

LE PRINCIPE DU DEUXIÈME FACTEUR C'est donc là qu'entre en scène l'identification à deux facteurs. Le principe est simple. Chaque fois que vous vous connectez à un nouvel appareil, c'est-à-dire qui ne s'est jamais connecté au compte concerné, vous devez fournir deux infos : votre mot de passe et un code à usage unique qui vous est fourni par un appareil de confiance, c'est-à-dire un appareil qui lui s'est déjà connecté.

COMMENCER LE CERCLE VERTUEUX Il faut donc commencer par créer un premier appareil de confiance. Rendez-vous dans la section iCloud des Réglages de votre iPhone, et tapez sur votre nom. Il vous sera sûrement demandé d'entrer le code de protection de votre iPhone (le code à 6 chiffres qui vous avez créé lors du premier démarrage). Choisissez ensuite « Mot de passe et sécurité ». Dans la page qui s'affiche, qui vous permet aussi de modifier le mot de passe de votre compte iCloud et les questions de sécurité sus-nommées, effleurez l'option « Activer l'identification à 2 facteurs », tout en bas.

VALIDER SON IDENTITÉ Un premier écran vous rappelle les principes de fonctionnement. Pressez Continuer, puis répondez à deux de vos questions de sécurité. C'est la dernière fois que vous aurez à le faire : lorsque le système d'identification à 2 facteurs est en place, les questions de sécurité deviennent obsolètes. Bonne nouvelle, non ?

VALIDER SON NUMÉRO DE TÉLÉPHONE C'est via un SMS ou un appel téléphonique au choix, qu'Apple validera que vous êtes bien le propriétaire de l'iPhone que vous souhaitez déclarer comme appareil de confiance. En choisissant le SMS, vous automatiserez le processus. En effet, dans l'écran suivant, vous n'aurez même pas besoin de taper le code reçu par message texte : l'iPhone s'en charge.

VALIDER AVEC LE MOT DE PASSE DU COMPTE Tapez une nouvelle fois le mot de passe de votre compte iCloud et voilà : l'identification à 2 facteurs est activée.

UTILISATION DU SYSTÈME AU QUOTIDIEN Dorénavant, donc, à chaque fois qu'un appareil inconnu (un iPad, un Mac ou depuis un navigateur, voir plus loin) tente de se connecter à votre compte iCloud, vous recevrez une alerte sur votre iPhone, qui devient donc votre Sésame. Elle s'affiche au milieu de l'écran, en indiquant sur une carte la provenance de la demande de connexion. Si ce n'est pas vous, tapez simplement sur Refuser, et le malveillant qui essaie de se connecter en sera pour ses frais : même avec votre mot de passe, il n'ira pas plus loin. Si c'est vous, choisissez alors Autoriser pour obtenir un code à 6 chiffres qu'il vous suffira de taper sur l'autre appareil pour le connecter. Ce n'est pas si compliqué finalement. Notez que le code ne s'affiche pas sur l'écran verrouillé de l'iPhone.

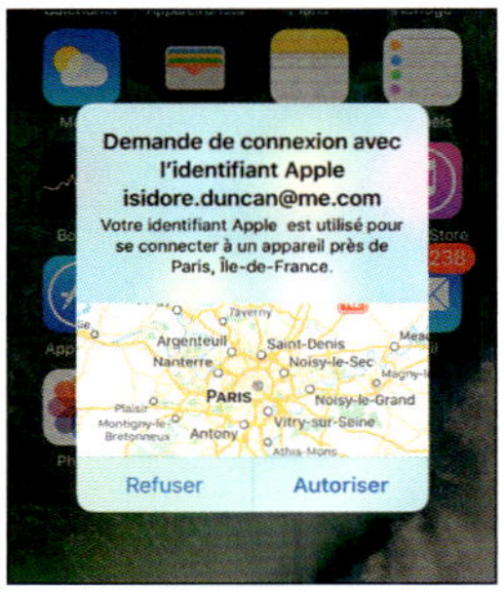

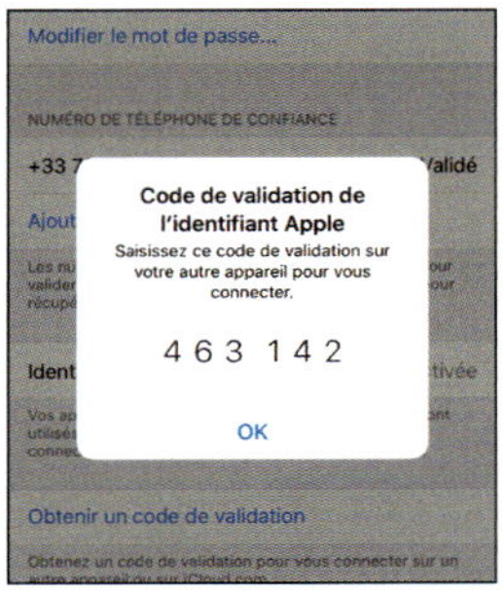

LE SITE WEB D'APPLE POUR GÉRER SON COMPTE On l'a vu, il suffit de se rendre dans la section iCloud des Réglages de son iPhone pour consulter et modifier les paramètres de son compte et, notamment, pour y voir la liste de tous les appareils qui y sont connectés. Pour plus de confort et quelques fonctions supplémentaires, vous pouvez également vous rendre sur le site http://appleid.apple.com, depuis n'importe quel navigateur. Indiquez l'identifiant et le mot de passe de votre compte iCloud pour vous connecter. Si vous avez déjà mis en place l'identification à deux facteurs, vous devrez entrer le code à usage unique (voir ci-dessus). La page qui s'affiche ensuite rassemble toutes les informations de votre compte, y compris son niveau de sécurité donc. Vous pouvez également y modifier votre nom, ajouter une adresse e-mail de secours et aussi créer des mots de passe spécifique à une application.

ET LES APPLIS QUI NE SONT PAS COMPATIBLES AVEC LE DEUXIÈME FACTEUR ? C'est le problème principal du système d'identification à 2 facteurs, et pas seulement celui d'Apple d'ailleurs (voir ci-contre). Si vous utilisez une application qui n'est pas compatible avec le système, par exemple une application de courriel sur une tablette Android pour vous connecter à votre mail iCloud, il vous faut créer un mot de passe qui lui est spécifique. Ce que vous pouvez faire en cliquant sur « Générer un mot de passe » dans la section « Mots de passe pour application ».

L'autre système à 2 facteurs

Il existe un autre standard à 2 facteurs, utilisé par Google, Microsoft, Dropbox et de nombreux autres services en ligne. Il repose sur un code généré par une application spécifique, que l'on peut installer sur son iPhone. Celle de Google, appelée Authenticator, est parfaite, et fonctionnera avec tous les autres services. Il faut ensuite se rendre dans les paramètres du service en ligne pour activer la fonction, scanner un code QR avec l'appli Authenticator pour valider et obtenir un premier code.

DIFFICULTÉ ★★★★★ 10 MN

SAUVEGARDER SON IPHONE SANS LE BRANCHER À SON ORDINATEUR

Grâce à iCloud, la totalité des données de votre iPhone sera automatiquement sauvegardée en ligne.

Outre le service de synchro de données, iCloud vous permet aussi de sauvegarder la totalité du contenu de votre iPhone en ligne afin de tout récupérer en cas de casse, de vol ou tout simplement de changement de votre iPhone. La restauration de vos données via iCloud vous permettra ainsi de passer facilement d'un iPhone à l'autre, en récupérant vos données, mais aussi vos réglages personnalisés. iCloud sauvegarde même les données liées à chacune de vos applis, par exemple pour récupérer les scores et niveaux de vos jeux.

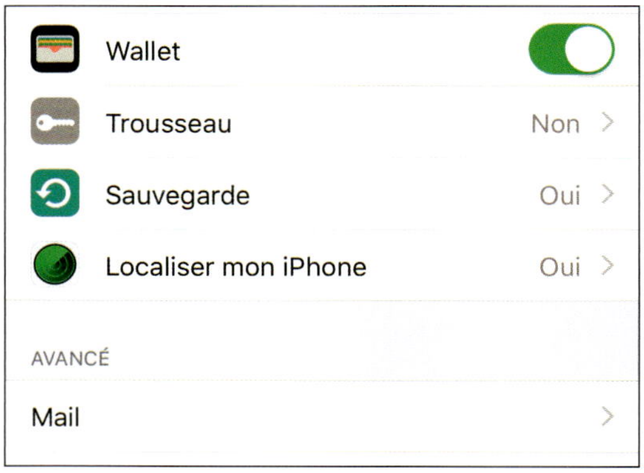

ACTIVER LA SAUVEGARDE ICLOUD

Rendez-vous dans les Réglages, puis dans la section iCloud. Faites défiler la page pour pouvoir taper sur l'option Sauvegarde. Dans l'écran suivant, activez l'option « Sauvegarde iCloud ». Vous pouvez aussi taper sur le bouton « Sauvegarder maintenant » situé en bas de l'écran. Sinon, laissez faire l'iPhone. La sauvegarde se déclenche toute seule si trois conditions sont réunies : la connexion Wi-Fi est activée, l'iPhone est branché à son chargeur, et l'appareil est inutilisé pendant au moins une demi-heure. Bref, branchez l'iPhone le soir avant d'aller vous coucher, son contenu sera sauvegardé le lendemain matin, et vous, rassuré.

ÉVALUER L'ESPACE UTILISÉ

Un compte iCloud gratuit vous offre 5 Go d'espace de stockage, à partager entre tous les appareils connectés au même compte. En haut de la page des paramètres de votre compte iCloud, tapez sur Stockage afin de vous rendre compte de l'utilisation de votre espace personnel. Puis tapez sur « Gérer le stockage » pour obtenir le détail. L'écran suivant commence par vous indiquer l'espace occupé par chacun de vos appareils. En dessous, s'affiche la liste de toutes les applis installées sur votre iPhone et l'espace qu'elles occupent. Comme on le voit sur l'illustration, iCloud conserve aussi un historique des sauvegardes de vos appareils : lorsque vous changez d'iPhone et que vous utilisez la fonction de restauration pour tout récupérer, iCloud crée une nouvelle sauvegarde pour le nouvel iPhone et garde la dernière sauvegarde de l'ancien, au cas où vous souhaiteriez revenir à un état précédent. La sauvegarde en cours porte la mention « Cet iPhone », ce qui vous permet d'effacer la ou les autres si vous ne comptez

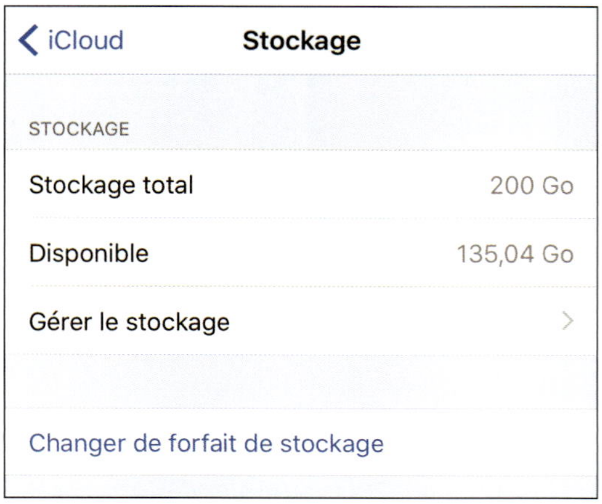

Augmenter l'espace de stockage en ligne

Si les 5 Go de stockage inclus avec un compte iCloud gratuit ne vous suffisent pas, vous pouvez payer pour obtenir de l'espace supplémentaire. Pour cela, tapez sur l'option « Acheter du stockage supplémentaire » dans l'écran d'activation de la sauvegarde iCloud. Choisissez ensuite le forfait qui vous convient. N'oubliez que cela vous sera aussi très utile pour vos photos, via la fonction Photothèque iCloud (**voir chapitre 9**)

pas vous en servir ou tout simplement pour gagner un peu de place (voir ci-dessous).

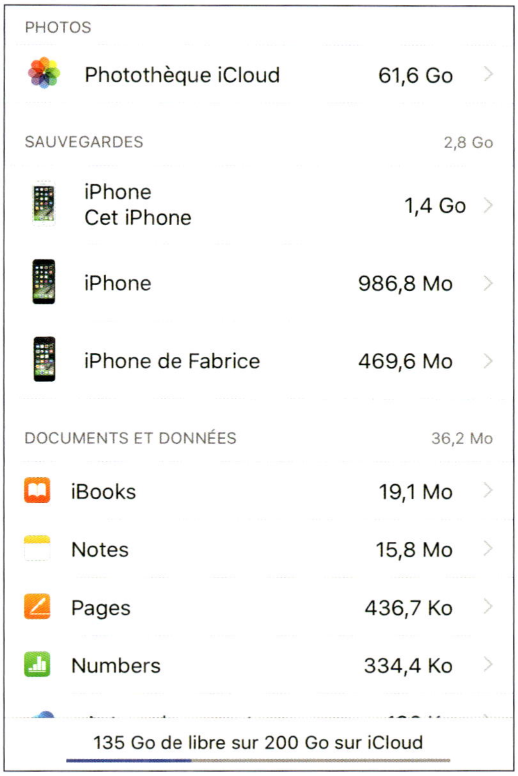

GÉRER SON STOCKAGE Si votre espace de stockage est proche de la saturation, plusieurs options s'offrent à vous. Vous pouvez d'abord passer à un compte iCloud payant pour augmenter cet espace de stockage (voir ci-contre). Vous pouvez aussi, donc, effacer les sauvegardes devenues inutiles de vos anciens appareils. Plus finement, vous pouvez aussi retirer de la sauvegarde en cours certaines de vos applications afin de libérer de l'espace. Pour cela, dans l'écran « Gérer le stockage », tapez sur le nom de votre iPhone pour afficher la liste de vos applications accompagnées d'un petit interrupteur. Désactivez ce que vous ne voulez plus sauvegarder. Attention, soyons bien clairs, vous ne pourrez plus récupérer les données de celles-ci en cas de problème. À vous de choisir.

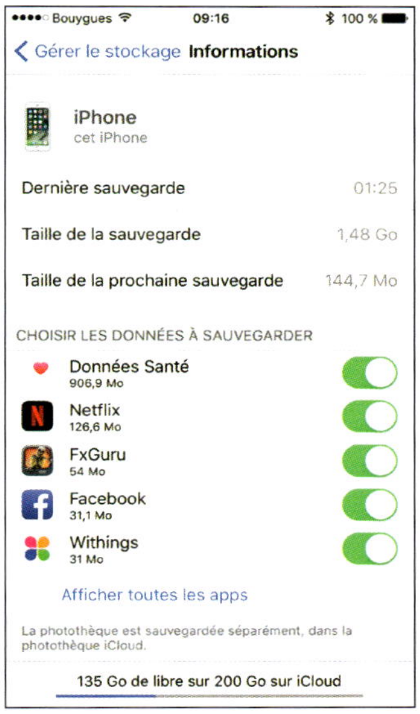

Synchroniser ses données perso entre tous ses appareils

Avec iCloud, vous gardez une copie de vos données en ligne. Ce qui permet aussi de les partager avec n'importe quel autre appareil compatible et connecté au même compte iCloud, par exemple entre votre iPhone et votre iPad. Détail important, les deux appareils n'ont pas forcément besoin de disposer de la même version de système iOS. Il est ainsi possible de partager des informations entre un iPhone utilisant iOS 10 et un iPad muni d'iOS 9, s'il est un peu plus ancien.

ACTIVER ICLOUD SUR L'IPAD De la même façon que sur l'iPhone, rendez-vous dans les Réglages de l'iPad, puis dans la section iCloud. Connectez-vous à votre compte si besoin, puis activez les services que vous désirez synchroniser entre les deux appareils. C'est prêt.

CONTACTS ET CALENDRIERS Dès que vous activez un des services de synchronisation, l'iPad se connecte à votre compte iCloud pour y télécharger les données qui s'y trouvent déjà. Ainsi, si vous avez déjà ajouté quelques rendez-vous dans votre calendrier, ils apparaîtront également sur votre iPad. Mais dorénavant la synchronisation fonctionne dans les deux sens : si vous ajoutez un rendez-vous sur votre iPad, il apparaîtra également sur votre iPhone au bout de quelques secondes. Il en va de même pour vos fiches de contact. C'est vraiment pratique si l'un de vos contacts change de numéro de téléphone par exemple, il vous suffira de le changer sur un des appareils pour que le numéro soit modifié sur l'autre. Et cela peut aussi fonctionner avec votre ordi (**voir p. 71**).

LA PHOTOTHÈQUE ICLOUD Si vous activez la Photothèque iCloud, tous les clichés et vidéos pris avec l'iPhone seront automatiquement transférés vers l'iPad, et inversement. Cet aspect est traité plus en détail au **chapitre 9**.

LES LISTES DE LECTURE DE SAFARI Lorsque vous tombez sur une page Web que vous n'avez pas le temps de finir de lire sur votre iPad, placez-la donc dans votre liste de lecture, via le bouton de partage (**voir p. 116**) pour y revenir plus tard. Et si vous avez activé la synchro iCloud, la liste de lecture est là sur votre iPhone.

ACCÉDER À TOUTES SES DONNÉES EN LIGNE VIA ICLOUD.COM

Service en ligne oblige, iCloud est également accessible depuis n'importe quel navigateur Internet, sur Mac et sur PC.

Synchro même écran éteint grâce au Push

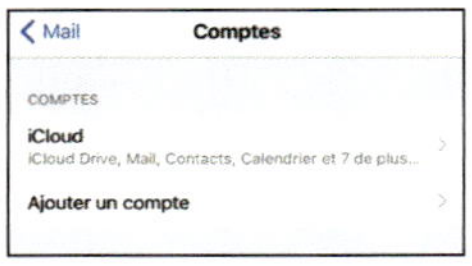

Lorsque vous ajoutez un compte iCloud à votre iPhone, il active automatiquement la fonction Push. Cette dernière permet à votre iPhone d'envoyer et de recevoir des mises à jour de nouvelles données (Mail, Contacts, Calendriers, etc.) en direct, même si l'écran de l'iPhone est éteint. Cette fonction consomme un peu de batterie mais elle est vraiment utile, notamment parce que vous vous assurez ainsi de toujours disposer des dernières données et aussi d'avoir une copie à jour de ces dernières sur votre espace en ligne. Rendez-vous dans les Réglages, puis das les sections, Mail, Contacts ou Calendrier. Dans chacune d'elles vous pourrez choisir pour chacun de vos comptes d'activer ou pas la fonction Push, si le compte est compatible avec cette option.

Les services en ligne d'Apple sont conçus pour être utilisés depuis un iPhone, un iPad ou un Mac, mais sont également accessibles depuis n'importe quel navigateur Internet, sur n'importe quel ordinateur. Il suffit pour cela de vous rendre sur www.icloud.com.

LE LOOK IOS EN LIGNE Lorsque vous accédez à la page d'accueil, il vous suffit d'indiquer les identifiant et mot de passe de votre compte pour afficher les icônes de tous les services iCloud disponibles : Mail, Contacts, Calendrier, Photos, iCloud Drive, Notes, Rappels, Pages, Numbers, Keynote, Mes amis, Localiser et Réglages.

RESPECT DE LA PRÉSENTATION Cliquez par exemple sur Calendrier. Tous vos rendez-vous s'affichent en pleine page. Si vous avez créé plusieurs calendriers ou si vous accédez au calendrier partagé par un autre utilisateur d'iCloud, vous remarquerez que toutes ces sources d'informations sont présentes et respectent les codes couleurs de l'iPhone.

SYNCHRO PERMANENTE Cette synchro concerne aussi, évidemment, les rendez-vous que vous ajoutez ou supprimez. Depuis l'interface d'iCloud.com, cliquez sur le signe « + » situé dans le coin en bas à droite de la fenêtre pour faire apparaître une fenêtre de saisie. Indiquez alors les informations de votre rendez-vous comme vous en avez l'habitude sur l'iPhone. Une fois validé, le rendez-vous apparaîtra sur l'iPhone quelques secondes plus tard, si l'option « Push » est activée (voir ci-contre). Sinon, le calendrier se mettra à jour la prochaine fois que vous lancerez l'appli sur votre iPhone.

PASSER D'UNE APPLI À L'AUTRE Lorsque vous êtes sur la page d'accueil d'iCloud.com, il suffit de cliquer sur l'une des icônes pour lancer l'appli qui correspond. Pour passer à une autre, cliquez dans le coin supérieur gauche, là où est inscrit le nom de l'appli en cours. Dans le menu qui apparaît, il vous suffit alors de cliquer sur une autre icône. Vous pouvez aussi retourner à l'écran d'accueil général via l'icône « Maison ».

TOUTE UNE SUITE BUREAUTIQUE EN LIGNE L'espace iCloud.com vous donne aussi accès aux versions Web des trois applis bureautiques d'Apple : Pages, Numbers et Keynote. Ces dernières sont installées en standard sur tous les iPhone munis de 64 Go de mémoire ou plus, mais restent disponibles gratuitement sur l'App Store, pour les iPhone les plus récents. Comme à son habitude, Apple a particulièrement soigné la présentation de ces versions Web, qui ressemblent en tout point à celles disponibles sur Mac et iOS.

Accédez à tous les services en ligne d'Apple depuis le site www.icloud.com.

DIFFICULTÉ ★★★★★ 10 MN

SYNCHRONISER SON IPHONE AVEC SON PC ET SON MAC

Grâce au site www.icloud.com, on peut accéder à toutes les données synchronisées avec son iPhone depuis n'importe quel navigateur Internet (voir p. précédente). Cela dit, ce n'est pas forcément la solution la plus efficace depuis son propre ordinateur. Notamment parce que dans ce cas, les données iCloud restent dans l'environnement fermé du navigateur et ne sont pas accessibles aux autres logiciels de l'ordi. Vous ne pouvez pas, par exemple, profiter de votre carnet d'adresses iCloud pour automatiquement compléter le nom d'un correspondant dans votre logiciel de courrier électronique. Et vous êtes également obligé d'être connecté à Internet pour accéder à vos données : impossible donc de consulter votre carnet de rendez-vous pendant un voyage en avion. La solution, une fois de plus, consiste à synchroniser vos données iCloud avec les applications correspondantes sur votre ordi.

1 **LES MAC PARLENT MIEUX L'ICLOUD QUE LES PC WINDOWS** Environnement Apple oblige, cela ne vous étonnera pas d'apprendre que les Mac sont de ce point de vue bien mieux lotis que les PC Windows. En effet, il suffit de vous rendre dans les Préférences Système de n'importe quel Mac pour accéder au panneau de configuration d'iCloud. Une fois les identifiant et mot de passe du compte entrés, vous retrouvez sur le Mac les même options que celles proposées par l'iPhone. Et le Mac dispose bien sûr en standard des applications nécessaires. Si vous activez l'option Courrier, le compte sera automatiquement ajouté à l'application Mail. Les contacts viendront remplir le Carnet d'adresses. Et ainsi de suite avec les calendriers, rappels et notes. Si vous activez l'option Safari, vous pourrez récupérer sur le Mac les sites Web ouverts sur votre iPhone et inversement.

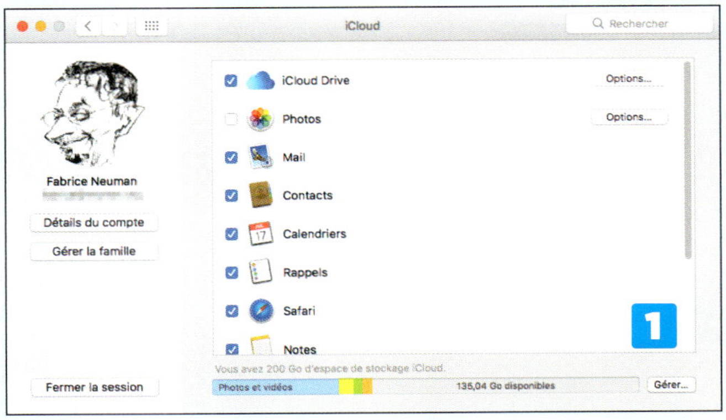

2 **PHOTOTHÈQUE ICLOUD** De même, si vous activez la fonction Photothèque iCloud, votre Mac récupérera automatiquement les photos prises avec votre iPhone, tout comme l'iPad si vous en avez un (**voir chapitre 9**).

3 **ICLOUD DRIVE ET SYNCHRO DE DOCUMENTS** Là, Mac et PC sont presque à armes égales. Il n'existe pas de version Windows de la suite bureautique d'Apple (Pages, Numbers, Keynote), mais vous pouvez facilement ouvrir et modifier des documents créés par ces applications depuis iCloud.com. De même, vous pouvez stocker n'importe quel type de fichier dans votre espace iCloud Drive même depuis un PC. Autrement dit, la fonction iCloud Drive fonctionne comme Dropbox, pour stocker vos fichiers en ligne et les synchroniser entre tous vos appareils (**voir p. 72**).

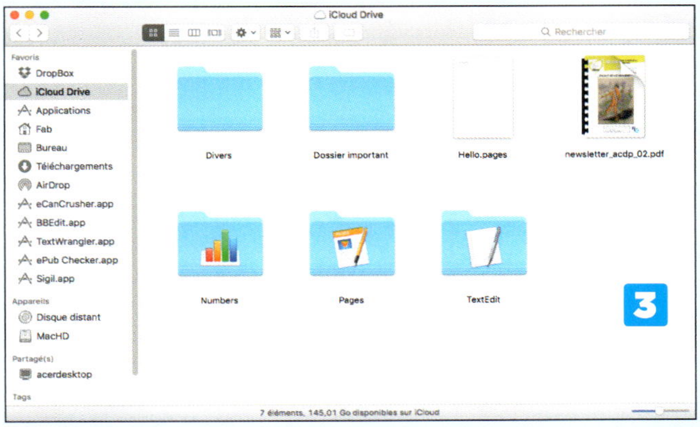

4 **INSTALLER ICLOUD SUR UN PC** Pour accéder à vos données depuis un PC, vous devez d'abord installer le tableau de bord iCloud pour Windows. N'hésitez pas à taper cette phrase dans votre moteur de recherche pour le trouver, Apple ne facilitant évidemment pas le processus en la matière. La recherche vous permettra d'arriver sur http://support.apple.com/kb/DL1455. Vérifiez bien que l'on vous propose la version 6.0 ou supérieure du tableau de bord. Cliquez sur le bouton Télécharger pour l'installer.

5 **COCHER LES OPTIONS** Une fois installé, le module vous propose de choisir les données à synchroniser avec le PC. Vous pouvez ainsi synchroniser les onglets Internet ouverts sur l'iPhone avec Internet Explorer, Chrome ou Firefox, selon le navigateur que vous utilisez. De même, vous pouvez activer la synchronisation des photos. Les PC ne disposant pas de l'appli Photos, les photos prises avec votre iPhone sont transférées vers un dossier spécifique sur le disque dur du PC.

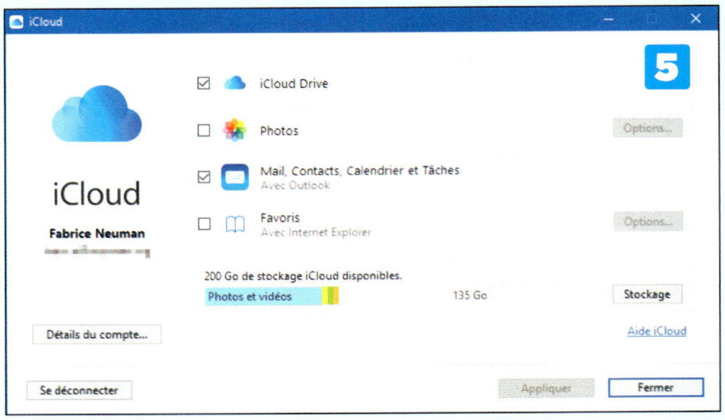

STOCKAGE SUR ICLOUD DRIVE, LE DISQUE DUR EN LIGNE D'APPLE

L'iPhone ne dispose pas d'un véritable gestionnaire de fichiers comme sur un ordi. Mais il peut tout de même accéder au stockage de fichiers en ligne.

Espace limité

Attention, les fichiers stockés dans votre iCloud Drive occupent une partie de votre quota. Tout comme avec la Photothèque iCloud (**voir p. 140**), si vous commencez à stocker de nombreux fichiers, vous aurez besoin de passer à un abonnement iCloud payant, pour aller au-delà des 5 Go offerts gratuitement avec votre compte.

C'est peut-être la différence technique essentielle entre un ordinateur et un appareil iOS (iPhone et iPad). L'utilisation du premier, Mac ou PC Windows, est centrée autour de son gestionnaire de fichiers. Qu'il s'agisse de documents écrits dans un traitement de texte, de tableaux réalisés dans un tableur comme Excel, ou encore d'images, vous classez tous ces fichiers dans des répertoires et sous-dossiers pour les retrouver plus tard aussi facilement que possible. Un double-clic dessus et vous lancez l'application qui correspond. Sur un iPhone ou un iPad, c'est l'inverse : on lance d'abord une application, dans le but de faire quelque chose avec (écrire, dessiner, composer de la musique, etc.). Cela simplifie le processus… jusqu'à ce que l'on ait besoin de partager ses fichiers avec quelqu'un ou même tout simplement entre son iPhone et son ordi.

STOCKAGE ET SYNCHRO EN LIGNE C'est tout l'intérêt des services de stockage de fichiers en ligne comme le célèbre et efficace Dropbox (**voir p. 74**). Avec iCloud Drive, Apple propose un système comparable avec toutefois, comme d'habitude est-on tenté de dire, une panoplie de fonctions plus réduite. Le principe de base reste le même. Sur votre ordi, Mac ou PC, vous pouvez déplacez des fichiers vers le dossier appelé iCloud Drive. Ce faisant, les fichiers restent sur le disque dur interne de l'ordinateur, mais sont également copiés vers votre espace personnel de stockage en ligne, exactement comme les photos, lorsque l'on utilise la fonction Photothèque iCloud (**voir p. 140**). Ce qui signifie que, sur l'ordi tout du moins, on conserve un accès à ses fichiers même lorsque l'on n'est pas connecté à Internet.

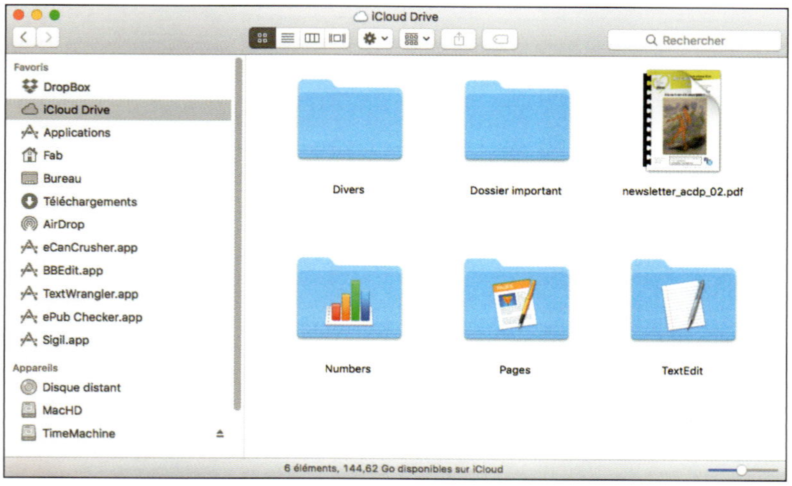

Fichiers et dossiers se retrouvent à l'identique sur l'iPhone et sur l'ordi, Mac ou PC.

ACCÈS DEPUIS L'IPHONE Sur un iPhone, cette notion de synchronisation automatique n'existe pas. Cela consommerait inutilement aussi bien de l'espace de stockage que de la batterie de faire transiter tous vos fichiers de la sorte. Mais cela n'empêche pas l'iPhone, ou l'iPad donc, d'accéder facilement à tous les fichiers stockés en ligne dans votre iCloud Drive. La première façon consiste à lancer l'application du même nom, qu'iOS 10 se charge d'ajouter à votre écran d'accueil si vous activez la fonction, également du même nom, dans la section iCloud des Réglages. Si ce n'est pas le cas, vous pourrez facilement l'installer depuis l'App Store.

SE BALADER DANS LES DOSSIERS Une fois lancée, l'application vous permet de vous déplacer dans les dossiers. Pour en créer un, effleurez Sélectionner en haut à droite, puis « Nouveau dossier » en bas à gauche. Si vous tapez sur un fichier, iCloud Drive se charge de le télécharger si besoin, puis de l'afficher. Il arrive en effet que certains fichiers soient tout de même stockés dans la mémoire de l'iPhone. Là aussi cela fonctionne comme la Photothèque iCloud : les fichiers que vous avez récemment consultés ou que vous ouvrez

souvent sont conservés en mémoire. Mais il n'y a aucun moyen de choisir ceux à conserver hors ligne.

DÉPLACER, RENOMMER UN FICHIER

Effectuez un appui long sur la vue miniature d'un fichier pour accéder à quelques options via la barre d'outils noire qui s'affiche. Les deux premières options permettent de Supprimer et Renommer le fichier. Un pression sur la flèche pointant vers la droite en affiche d'autres: Partager, Déplacer, Infos. Pour passer un fichier d'un répertoire à un autre, affichez-le puis tapez sur l'icône en forme de dossier en bas à droite. La hiérarchie de votre iCloud Drive s'affiche et il vous suffit de sélectionner le dossier de destination pour y déplacer votre fichier.

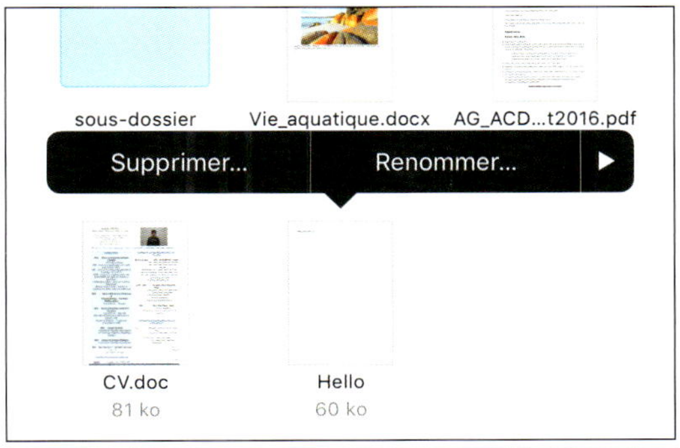

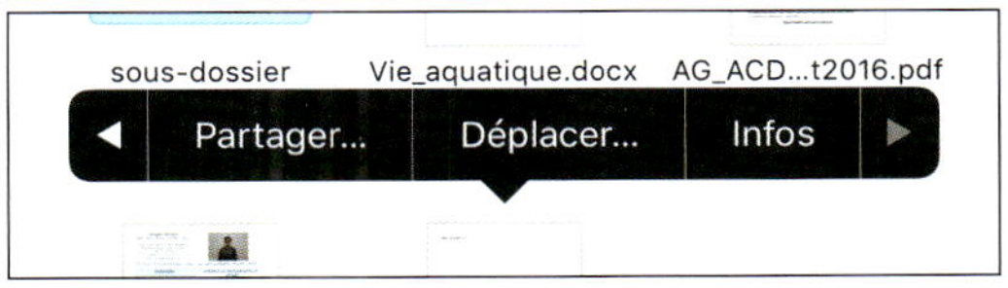

OUVRIR UN FICHIER AVEC UNE AUTRE APPLI

Pour pouvoir modifier un fichier affiché, il faut l'ouvrir avec l'appli appropriée. Pas de double-clic sur l'iPhone. Tapez plutôt sur le bouton de partage (**voir p. 116**) et choisissez l'une des options appropriées, ici « Copier dans Word », puisqu'il s'agit d'un fichier en « .docx ». Dans ce cas, le fichier s'ouvre en lecture seule.

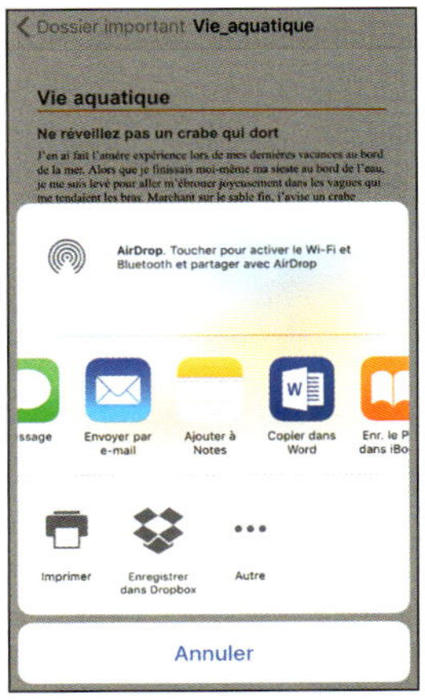

D'UN ESPACE DE STOCKAGE À L'AUTRE Pour pouvoir le modifier dans l'appli Word vous devez d'abord être connecté à un compte Microsoft. Vous verrez alors une barre d'outils jaune pâle en haut vous proposant de dupliquer le fichier pour pouvoir le modifier. Le fichier dupliqué sera alors, au choix, stocké directement dans la mémoire de l'iPhone, ou transféré vers l'espace de stockage OneDrive lié à votre compte Microsoft. Heureusement, il y a plus simple.

OUVRIR LE FICHIER DEPUIS WORD

Commencez par lancer l'appli Word et sélectionnez l'onglet Ouvrir, en bas à droite. Effleurez l'option « Plus... » pour afficher les dossiers d'iCloud Drive. Naviguez jusqu'au fichier concerné et tapez sur sa miniature pour l'ouvrir. Tapez dans le texte pour zoomer et entrer en mode d'édition. Effectuez vos modifications et tapez ensuite sur la flèche pointant vers la gauche, tout en haut de la barre d'outils. Le fichier est alors automatiquement sauvegardé dans votre espace iCloud. Et accessible, ainsi modifié, sur votre ordi au bout de quelques secondes, le temps que l'iPhone ait effectué le transfert de la nouvelle version du document.

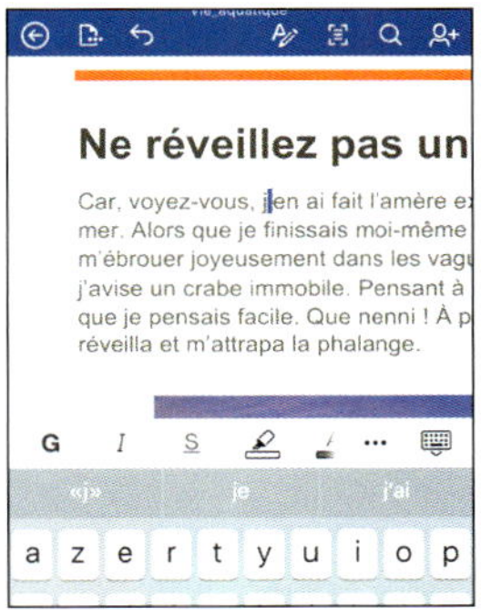

AJOUTER UN FICHIER EN PIÈCE JOINTE

Via le bouton de Partage, vous pouvez envoyer un fichier par mail, en pièce jointe donc. Cela dit, il arrive que l'on commence à rédiger le message avant de penser à la ou les pièces à joindre. Une pression du doigt sur une zone vide du message affiche la barre d'options et vous permet de choisir « Ajouter une pièce jointe ». Cette option vous emmène vers iCloud Drive.

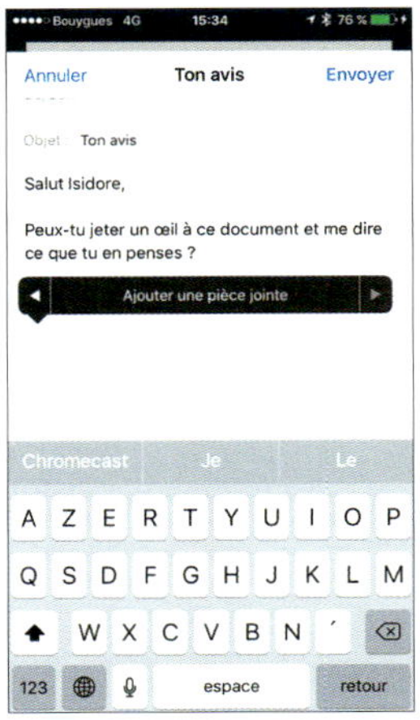

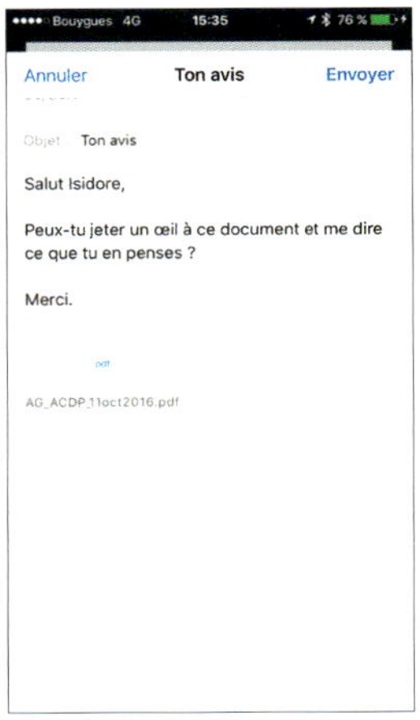

À réserver au tout Apple ?

Une toute nouvelle fonction de la dernière version du système des Mac, appelée macOS Sierra, rend iCloud Drive plus intéressante. Vous pouvez demander à votre Mac de synchroniser tous vos fichiers locaux avec votre espace iCloud Drive. Ce faisant, vous profiterez alors d'un accès à l'intégralité de vos fichiers depuis votre iPhone. C'est tout l'intérêt de passer au « tout Apple ».

TOUS LES AUTRES SERVICES DE STOCKAGE EN LIGNE SUR SON IPHONE

Il n'y a pas qu'iCloud Drive et heureusement, car il manque à ce dernier quelques fonctions essentielles pour en faire un service complet de stockage en ligne. Les trois poids lourds du genre que sont Dropbox, Google Drive et OneDrive de Microsoft ont chacun leurs avantages.

Passer un fichier d'un compte à l'autre

Vous avez un fichier stocké dans OneDrive et vous voudriez le transférer vers Google Drive ? Pas de problème. Ouvrez le fichier concerné, puis tapez sur l'icône du menu de partage. Il vous suffira ensuite de choisir le service de stockage en ligne destinataire. L'application s'ouvre et vous demande dans quel dossier vous souhaitez enregistrer le fichier. Ce dernier sera ensuite automatiquement copié vers votre espace en ligne et donc enregistré dans deux « nuages » différents.

DROPBOX, LE PIONNIER Dropbox est le pionnier du stockage de fichiers en ligne de cette sélection. Contrairement aux trois autres (iCloud y compris donc, **voir p. 72**), de très nombreuses applications utilisent les services de Dropbox pour stocker leurs données, enfin les vôtres, et les synchroniser entre tous vos appareils. C'est le cas, par exemple, de 1Password, un des meilleurs gestionnaires de mots de passe, qui peut utiliser Dropbox pour stocker votre base de données de mots de passe chiffrés au sein de votre Dropbox. Ce n'est en revanche pas possible via OneDrive ou Google Drive.

SIMPLE ET EFFICACE La simplicité d'usage de Dropbox, une des marques de fabrique du service, se retrouve dans son appli pour iPhone. Lorsqu'on lance l'application, elle affiche tout d'abord la liste des fichiers récemment utilisés ou ajoutés. C'est donc l'onglet Récents qui est sélectionné en bas à gauche. Effleurez l'icône Fichiers, juste à droite de Récents, pour afficher la hiérarchie de vos fichiers et dossiers. Lorsque vous tapez sur un des fichiers, il est automatiquement téléchargé pour s'afficher en plein écran. Vous pouvez alors le consulter puisque Dropbox s'appuie sur les capacités d'iOS pour afficher sans problème les fichiers Word, Excel, JPG, PNG, PDF, etc. Tapez l'icône en forme de points de suspension pour accéder aux options liées au fichier affiché. Le menu vous propose tout d'abord de l'Exporter, ce qui correspond à l'ouverture du menu de Partage permettant d'envoyer le fichier vers une autre application ou de l'imprimer. Dans le même menu vous trouverez les options pour Renommer, Déplacer, Copier ou Supprimer le fichier.

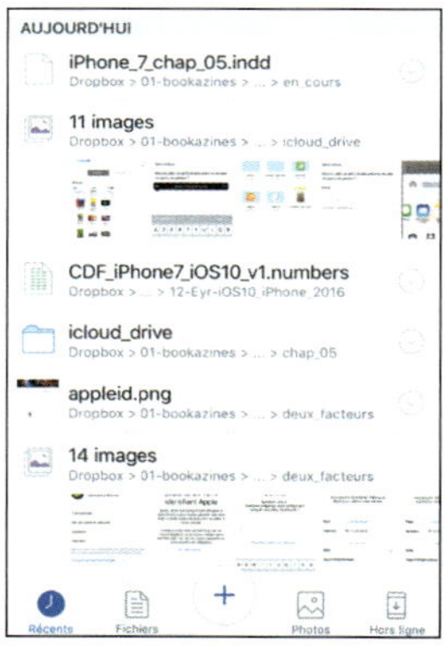

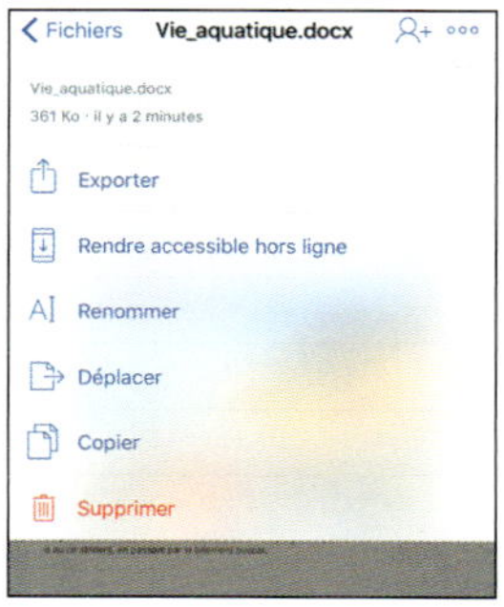

CONSERVER DES FICHIERS EN MÉMOIRE La deuxième option du menu, illustrée d'un smartphone muni d'une flèche pointant vers le bas, permet d'ajouter le fichier à votre collection Hors ligne. Dans ce cas, le fichier est conservé dans la mémoire de l'iPhone et vous pourrez le consulter, même sans être connecté à Internet. Notez que vous pouvez faire apparaître des options sans avoir à télécharger le fichier au préalable : il vous suffira d'effleurer la petite flèche pointant vers le bas, située à droite du nom de fichier. Le menu qui apparaît vous permet d'envoyer le lien à quelqu'un (par courriel ou message texte), de rendre le fichier accessible hors ligne (il sera donc téléchargé), de le renommer, de le copier, de le déplacer ou de l'effacer. L'ouverture d'un compte gratuit donne droit à 2 Go d'espace et un compte payant vous fait passer à 1 To.

UN SCANNER TOUJOURS À PORTÉE DE MAINS Tapez sur le bouton « + » au milieu en bas de l'écran. Choisissez « Numériser le document ». Dropbox lance alors la caméra et vous pouvez viser un document à numériser. Dropbox se chargera de faire automatiquement le cadrage et de corriger la perspective pour produire une image, comme si vous l'aviez placée sur la vitre d'un scanner.

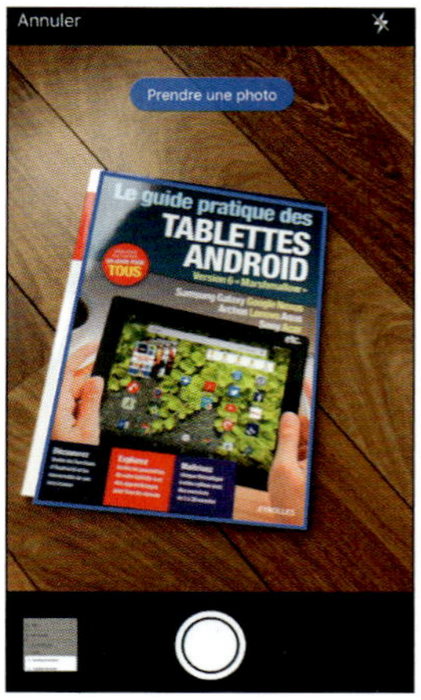

ONEDRIVE

OneDrive est le nom du service de stockage en ligne de Microsoft. Comme les autres, la création d'un compte Microsoft gratuit vous octroie un espace de stockage lui aussi gratuit, de 7 Go. Si vous l'avez déjà ouvert depuis longtemps, vous bénéficiez d'un espace de 15 Go, la précédente limite gratuite. Depuis votre ordi, il suffit de vous rendre sur onedrive.live.com pour accéder à vos fichiers. L'application iPhone reprend la même présentation, des carrés à bande grise représentant les dossiers. S'ils contiennent des images, l'une d'elles est utilisée en décoration. Vous pouvez ainsi naviguer dans vos fichiers très facilement. Si vous avez installé les applis Word, Excel et Powerpoint, ce qui est fortement conseillé, tapez sur le bouton « Moi » en bas à droite, puis sur Paramètres. Activez la fonction « Ouvrir avec les applications Office ». Dès lors, les fichiers s'ouvriront avec les applis correspondantes, selon leur format. Vous pourrez ensuite les modifier et les modifications seront enregistrées automatiquement, rendant la nouvelle version de chaque fichier disponible sur tous les appareils connectés au même compte OneDrive. Notez que via ce même menu de Paramètres, vous pouvez également activer le « Chargement de l'appareil photo », afin que toutes les photos prises avec l'iPhone soient automatiquement transférées vers votre espace OneDrive à chaque fois que vous lancez l'application. L'icône en forme de deux silhouettes, en bas à droite, vous permet de consulter la liste des fichiers et dossiers que vous avez partagés via votre espace OneDrive. Vous pouvez d'ailleurs en partager depuis l'appli sur iPhone : effectuez un appui long sur le fichier concerné, puis effleurez le bouton de partage dans la barre supérieure. Vous pouvez alors choisir d'envoyer le fichier directement par courriel, ou bien de n'insérer dans le message que le lien vers le fichier.

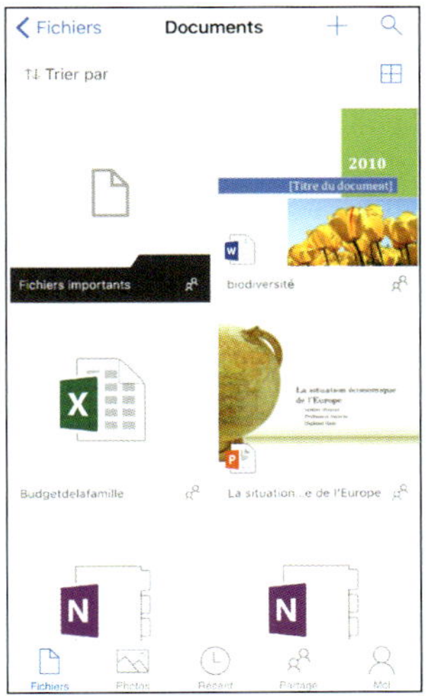

GOOGLE DRIVE

Google Drive est un peu plus qu'un simple espace de stockage. Derrière l'appellation Drive se cachent aussi les outils bureautiques de Google : Docs, Sheets et Slides, les équivalents de Word, Excel et Powerpoint. Google est un des pionniers de la bureautique en ligne et vous permet donc de stocker, mais aussi de modifier vos documents depuis n'importe quel navigateur Internet. Dans l'appli sur iPhone, le bouton « + » en bas à droite vous permet aussi de lancer la création de documents. En revanche, ces documents ne sont pas créés au sein de l'application Drive, mais via des applications spécifiques, également nommées Docs, Sheets et Slides, que vous pouvez installer gratuitement depuis l'App Store. L'application Google Drive pour iPhone vous proposera de sauvegarder automatiquement les photos prises avec le smartphone vers votre espace en ligne. Une fonction identique à celle proposée aussi par l'appli Google Photos qui, de plus, vous permettra de retoucher vos photos. Vous pourrez aussi transférer vos photos « à la main », via la commande « Importer » du menu « + ». Un compte Google gratuit, votre compte Gmail par exemple, vous procure un espace de stockage global de 15 Go, partagé entre Drive et Gmail. Notez que, via l'appli Google Photos, vous pouvez opter pour un stockage illimité de vos images, donc non décompté de votre quota, si vous acceptez que vos images soient compressées par Google. L'appli Drive vous permet de visualiser vos fichiers, mais aussi de les organiser dans des dossiers ou de les partager, ou d'envoyer un lien pour que vos correspondants puissent les télécharger.

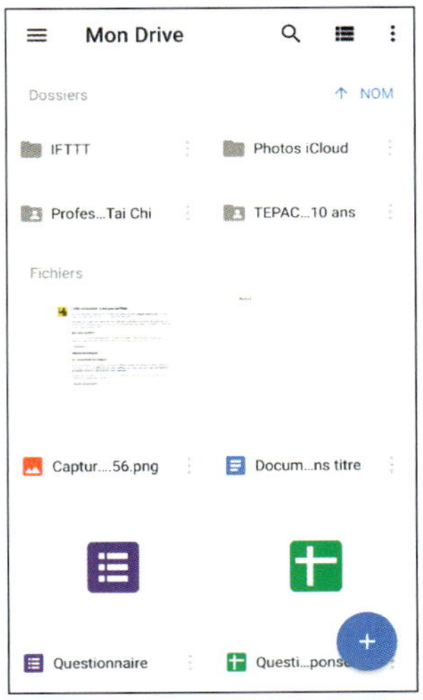

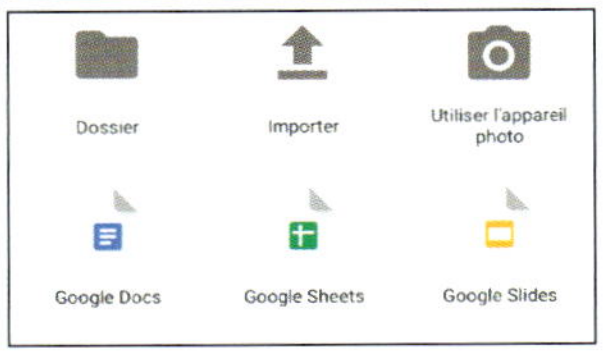

Une appli pour accéder à tous ses fichiers

Rien ne vous empêche d'utiliser plusieurs de ces espaces de stockage en ligne, pour profiter de toutes les offres gratuites. Mais cela peut rendre l'usage un peu plus complexe, car il faut se souvenir où l'on a mis ses fichiers. Vous pouvez essayer, par exemple, de séparer l'usage par types de fichiers : les images sur Google Drive et les fichiers Office sur OneDrive. Pour accéder plus rapidement à tous vos fichiers, vous pouvez aussi installer l'application Documents de Readdle qui vous permet de vous connecter à tous les services en ligne évoqués ci-contre.

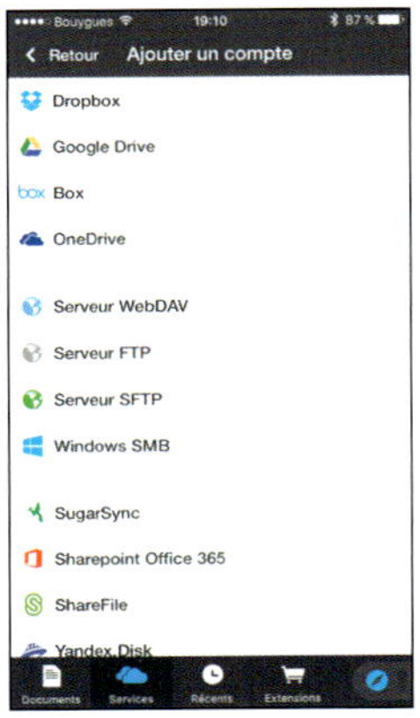

MUSIQUE, SÉRIES ET FILMS POUR TOUS GRÂCE AU PARTAGE FAMILIAL

Rassembler les comptes de tous les membres de la famille pour facilement partager les achats iTunes et App Store lorsque l'on utilise plusieurs iPhone, iPod et iPad à la maison.

Dans les Réglages iCloud, effleurez la ligne Famille. Si vous avez déjà configuré le partage, les membres sont listés sur cette ligne (1). Sinon, elle affiche « Configurer le partage familial ». Dans ce dernier cas, vous commencerez par valider votre carte bancaire pour ensuite inviter les autres membres (2). S'ils sont près de vous, ils peuvent directement entrer leur mot de passe. Sinon ils recevront une invitation sur leur iPhone. Pour créer un compte pour un enfant, effleurez l'option adéquate en bas de l'écran d'invitation de nouveaux membres (2) et indiquez ensuite sa date de naissance (3). Suivez les étapes, notamment de création d'un identifiant (4), des questions de sécurité et d'autorisation d'achat (5).

Il n'est pas rare que les appareils Apple se multiplient petit à petit dans une famille. Seulement, chaque membre de la famille a aussi envie et besoin d'utiliser son propre compte iCloud pour pouvoir gérer ses propres données de contacts, de calendrier, etc. Et par réflexe on utilise aussi le même compte pour acheter et installer des applis et pourquoi pas des films, des séries télé, des livres… Le problème, c'est que lorsqu'un des membres de la famille achète quelque chose sur l'iTunes Store ou l'App Store, cet achat reste lié à son compte Apple. Du coup, si un autre membre de la famille est intéressé par la même appli payante, un jeu par exemple, il doit la racheter.

LE PROBLÈME DU COMPTE APPLE PARTAGÉ

Pour contourner le problème, deux solutions se présentent. On peut tout d'abord décider que l'un des comptes Apple de la famille sera utilisé par tout le monde pour acheter des applis et contenus sur les différents magasins d'Apple. Mais cela signifie que le possesseur de ce compte partage son mot de passe avec tout le monde, y compris avec les enfants qui ont alors accès à la carte bancaire des parents. Ce n'est pas forcément très raisonnable avec les plus petits. L'autre solution consiste à créer encore un autre compte spécifiquement pour les achats de la famille. Dans ce cas, plutôt que de lui lier une carte bancaire, on peut l'alimenter avec des cartes iTunes prépayées par exemple. Cela permet de limiter les risques d'achats intempestifs, mais, en revanche, cela complique la gestion : chacun doit se souvenir d'un mot de passe supplémentaire.

LA SOLUTION : LE PARTAGE FAMILIAL

Apple résout ce problème de manière élégante. Le principe est simple : un des parents invite les autres membres de la famille à rejoindre le partage familial et après quelques étapes de validation, tous les membres du partage ont accès aux achats de tous les autres. Tous les achats sont liés à la même carte bancaire et il n'est donc pas nécessaire de racheter les applis ou contenus sur les autres appareils.

LE CAS PARTICULIER DES ENFANTS Tout est prévu, y compris le cas des enfants. La réglementation n'autorise normalement pas un enfant de moins de 13 ans à se créer un compte iCloud personnel. Pour répondre à ce besoin, afin que le petit de 8 ans puisse tout de même profiter de son iPod Touch sans souci, le principe de partage familial inclut le principe de compte surveillé. Au moment de la création du groupe familial via les Réglages de son compte iCloud (voir plus loin), vous pouvez créer un compte iCloud spécifique pour les plus jeunes. Une fois l'opération réalisée, vous connectez l'iPod Touch ou l'iPad du petit à ce compte, aussi bien dans la section iCloud que dans la section « iTunes Store & App Store ». L'enfant pourra alors se rendre dans l'iTunes Store et l'App Store pour y choisir les contenus et applis qui l'intéressent. Mais dès qu'il voudra installer quelque chose, un message lui indiquera qu'il a besoin de la permission de

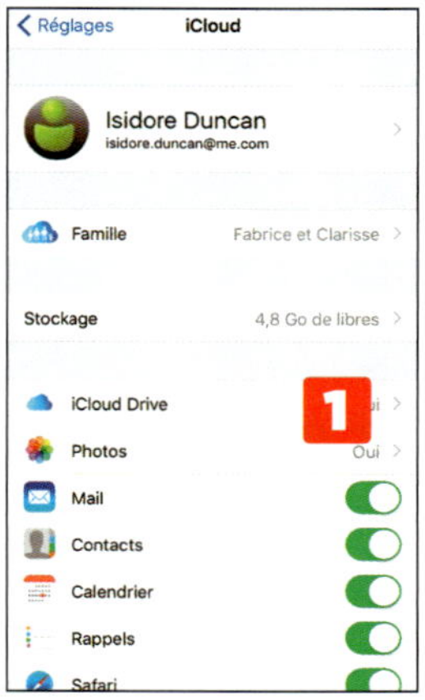

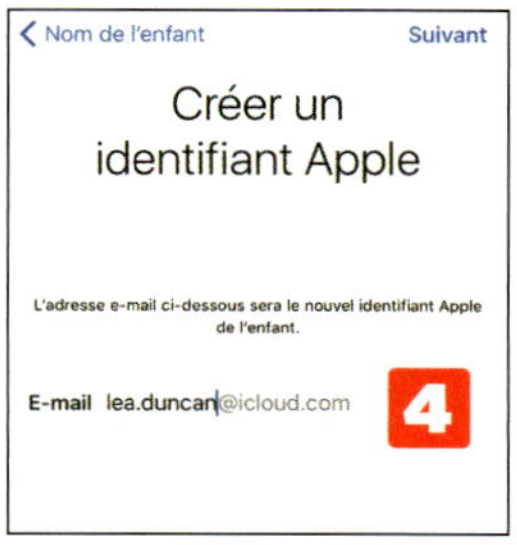

Limiter l'accès aux contenus en fonction de l'âge

La fonction de partage familial décrite ici permet à vos enfants d'être autonomes et de se rendre sur l'App Store comme bon leur semble. Pour éviter qu'ils ne tombent sur du contenu inapproprié, pensez à activer certaines restrictions sur leur appareil, iPod Touch ou iPad par exemple. Pour cela, rendez-vous dans les Réglages, puis Général et Restrictions. Dans l'écran suivant, effleurez l'option « Activer les restrictions » et choisissez un code secret, inconnu de votre enfant bien sûr. Vous pouvez maintenant décider d'autoriser ou non le lancement de différentes applis et aussi choisir pour chaque type de contenu (films, séries télé, applis), une classe d'âge maximum. En choisissant « 12+ » par exemple, vous éviterez que vos enfants n'installent des jeux trop violents.

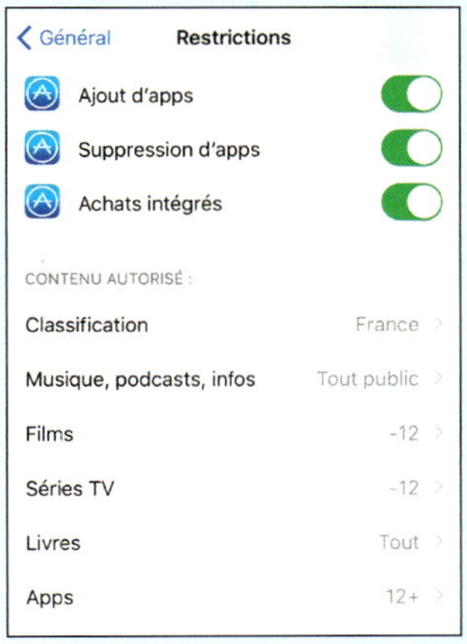

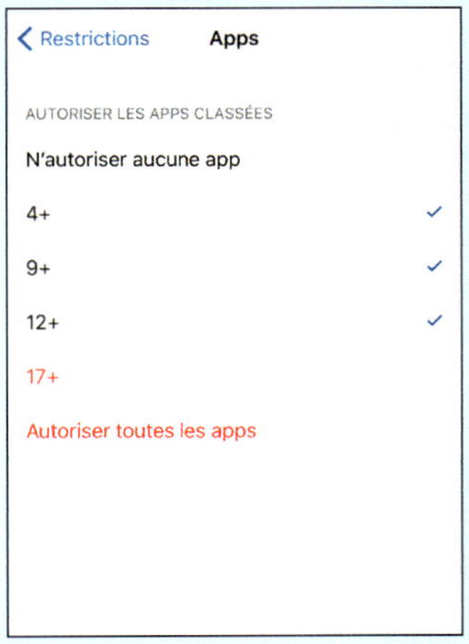

ses parents : il lui suffit de toucher le bouton Demander. Les parents reçoivent une alerte sur leur propre appareil et peuvent accepter ou rejeter la demande d'achat, à distance. S'ils approuvent, le téléchargement commence immédiatement sur l'appareil de l'enfant. Sinon, il est informé du refus par une notification.

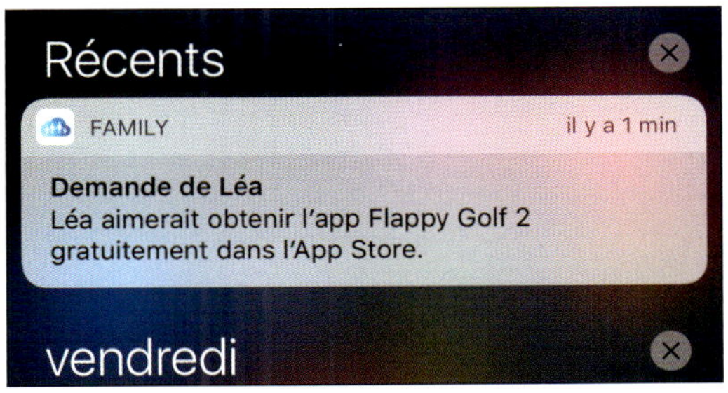

MUSIQUE, LIVRES, APPLIS Une fois le partage familial mis en place, chaque membre a accès aux achats des autres. Il suffit de se rendre dans la section Achats de l'App Store, de l'iTunes Store ou de l'iBooks Store, pour voir apparaître la liste « Mes achats » et aussi le nom de chacun des autres membres qu'il suffit d'effleurer pour afficher la liste de ses achats. Un nuage avec une flèche pointant vers le bas vous indique que vous pouvez télécharger l'appli, la musique ou le livre sans avoir à repayer.

CALENDRIER, PHOTOS ET POSITION GÉOGRAPHIQUE La fonction de partage familial ne se limite pas aux seuls aspects pécuniaires. Elle crée également un album de photos partagé, visible uniquement par les membres et auquel chacun peut participer en ajoutant ses propres clichés et commentaires sur chaque photo. De même, un calendrier Famille est automatiquement ajouté sur chaque appareil. Chaque membre peut alors ajouter des événements et rendez-vous concernant la famille. Enfin, si vous avez activé cette option au moment de l'ajout de chaque membre, vous pouvez faire en sorte que chaque membre de la famille partage sa position géographique avec tous les autres.

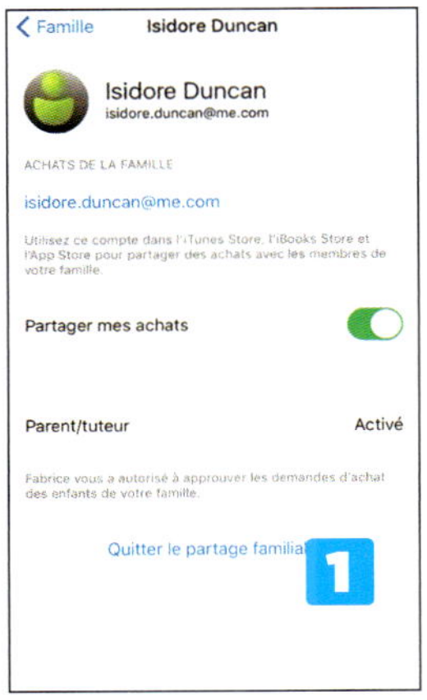

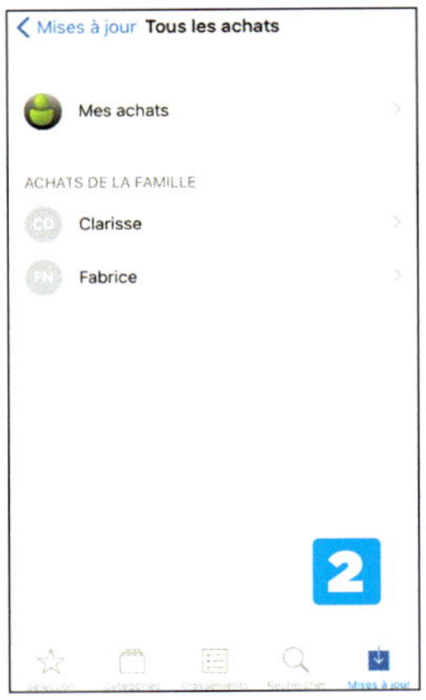

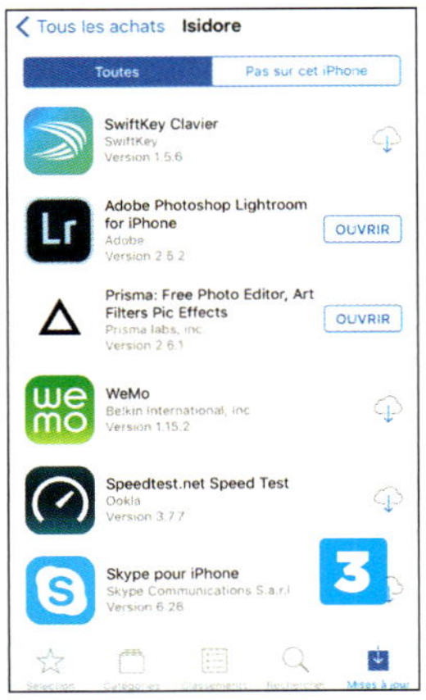

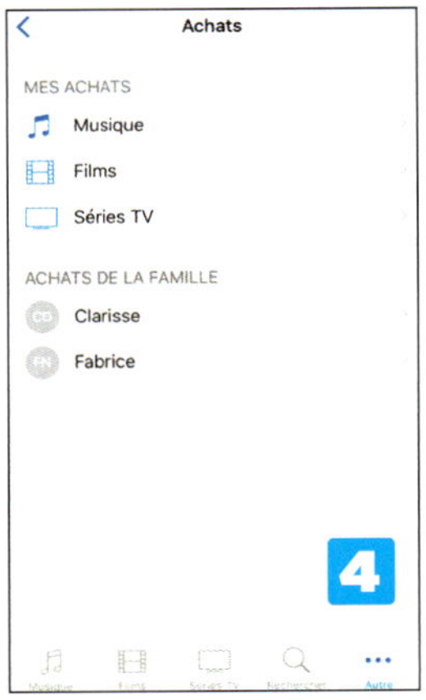

Chaque membre du partage familial peut choisir de partager ses achats ou pas (1). Dans l'App Store, vous avez accès à vos propres achats et à ceux des membres qui l'ont autorisé (2). Dès lors, toutes les applications arborent le nuage muni d'une flèche pointant vers le bas indiquant que vous pouvez télécharger et installer l'appli sans restriction (3). Cela fonctionne de la même manière avec la musique, les films et les séries télé auxquels vous accédez via l'appli iTunes de votre iPhone (4).

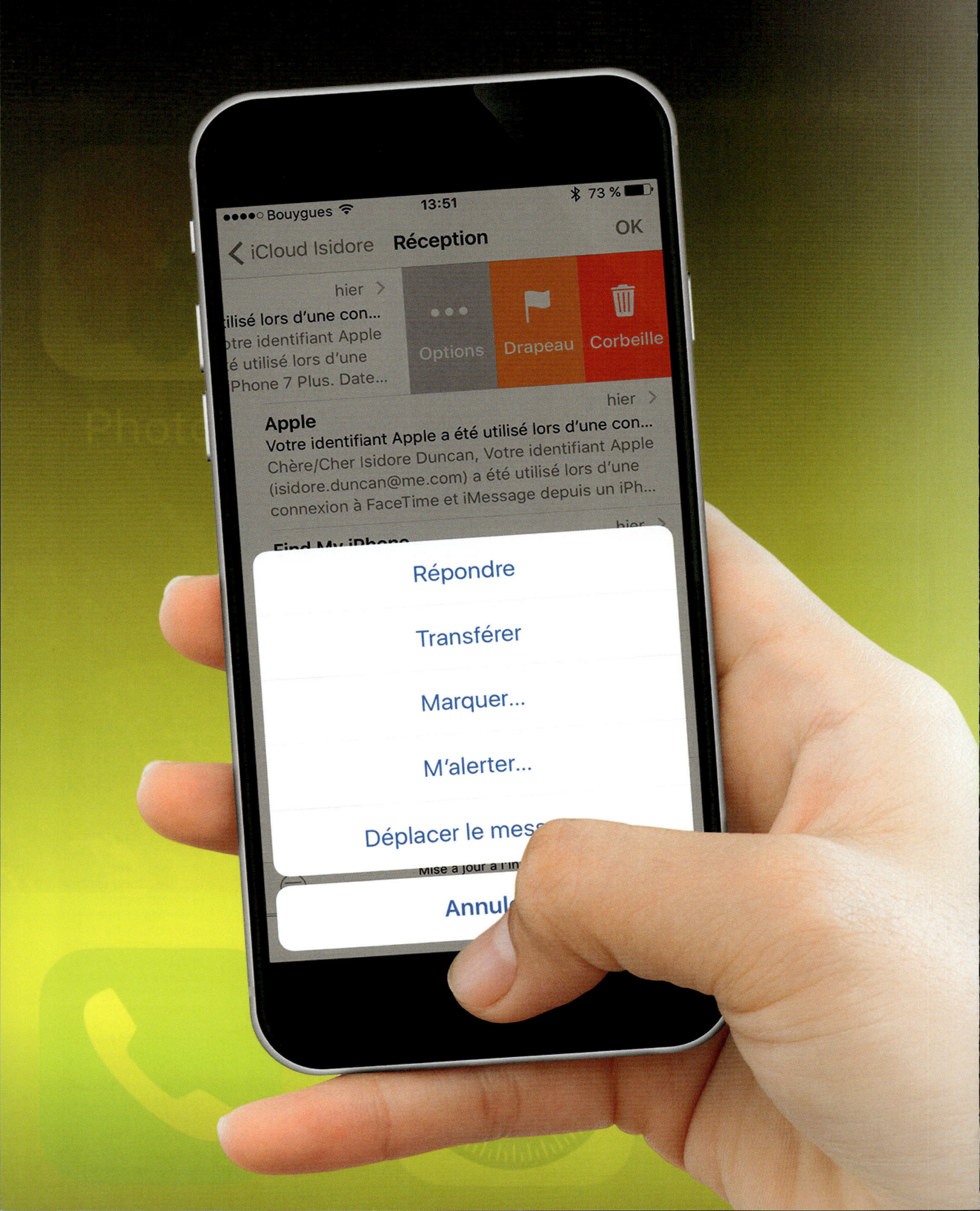
Bouygues
13:51
73 %
iCloud Isidore
Réception
OK
hier
ilisé lors d'une con...
otre identifiant Apple
é utilisé lors d'une
Phone 7 Plus. Date...
Options
Drapeau
Corbeille
hier
Apple
Votre identifiant Apple a été utilisé lors d'une con...
Chère/Cher Isidore Duncan, Votre identifiant Apple
(isidore.duncan@me.com) a été utilisé lors d'une
connexion à FaceTime et iMessage depuis un iPh...
Répondre
Transférer
Marquer...
M'alerter...
Déplacer le mess
Annul

À DÉCOUVRIR DANS CES PAGES

COMMUNIQUER TOUS AZIMUTS

Avec un iPhone on peut téléphoner, mais c'est presque accessoire ! Car votre smartphone préféré centralise tous les types de communication : messages texte traditionnels ou améliorés, e-mail, messagerie instantanée, visioconférence à deux ou plus, etc. Ce chapitre vous montrera aussi comment maîtriser votre consommation de données en connexion Internet, à la maison comme à l'étranger.

AJOUTER TOUS SES COMPTES À SON IPHONE

Adresses e-mail, réseaux sociaux, messages texte, vidéo-conférence… l'iPhone centralise tous vos comptes de communication.

L'iPhone et l'iPad permettent de centraliser tous les comptes que l'on crée pour utiliser ses multiples services en ligne, qu'il s'agisse de plusieurs adresses e-mail mais aussi de Facebook ou Twitter par exemple, ou encore Flickr et Vimeo. Ces deux derniers vous permettent respectivement de stocker et partager des photos et des vidéos. Pour ajouter vos comptes et les rendre utilisables depuis l'iPhone, rendez-vous dans les Réglages. Faites défiler l'écran vers le bas jusqu'à la section qui vous intéresse : Mail pour commencer, puis plus bas sur chacun des types de service.

CONNECTÉ UNE FOIS POUR TOUTES Une fois identifié, vous n'aurez normalement plus jamais besoin de saisir votre mot de passe pour utiliser le service en question. Ceux qui sont intégrés à iOS sont aussi directement accessibles depuis vos applis. Vous pouvez par exemple publier une photo de votre photothèque directement dans Facebook ou Flickr, via le panneau de partage (**voir p. 116**). Cependant, les fonctions intégrées sont limitées à la publication d'information et pas à leur consultation. Vous pouvez ainsi publier une photo sur Facebook mais pas voir à quoi elle ressemble en ligne. Pour cela, vous devez vous rendre sur le site Web via le navigateur Safari (**voir p. 110**) ou bien installer l'appli correspondante, ce que l'écran de configuration de chaque service vous propose de faire. En tapant sur le bouton correspondant, vous ne passerez même pas par la case App Store, l'appli s'installe sans autre forme de procès.

ADRESSES DE COURRIEL Commencez par ajouter vos comptes de courriel. Trois cas de figure se présentent selon que vous utilisez un compte iCloud, un service partenaire ou encore un compte courriel standard. Dans le cas d'iCloud, la réception et l'envoi de courriels ont déjà été mis en service lors de l'activation de votre compte iCloud (**voir chapitre 5**). Si vous disposez d'un compte Exchange, Google, Yahoo, Aol ou Outlook.com (l'ancien Hotmail), effleurez l'entrée correspondante dans la section Mail des Réglages, puis Comptes et enfin « Ajouter un compte ». Saisissez ensuite votre nom d'utilisateur et votre mot de passe et c'est tout, la mise en service est automatique. Vous pouvez néanmoins choisir d'activer une ou plusieurs des options liées au compte (Mail, Calendrier, Notes, etc.). Vous pouvez également ajouter n'importe quel compte e-mail classique, tel celui de votre fournisseur d'accès, en choisissant « Autre » en bas de la liste « Ajouter un compte ». Les comptes des grands fournisseurs

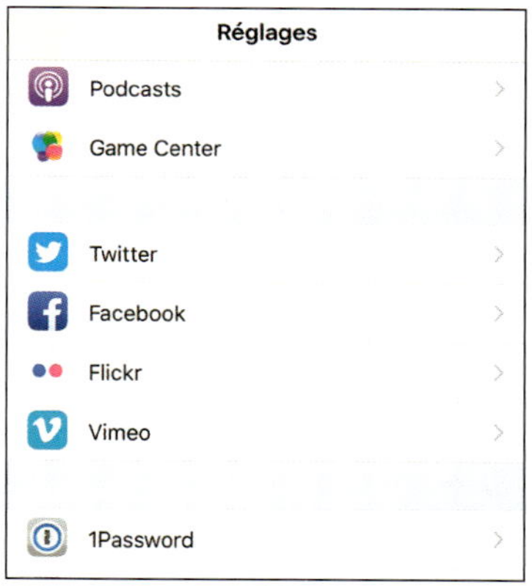

Rendez-vous dans les Réglages pour ajouter vos comptes de courriel et aussi configurer les accès à vos différents comptes sur les réseaux sociaux comme Facebook ou Twitter.

Plusieurs adresses de courriel ?

L'iPhone sait parfaitement gérer plusieurs adresses e-mail. C'est une solution idéale pour recevoir ses courriels pro et perso sans tout mélanger, que vous utilisiez ou non l'adresse e-mail liée à votre compte iCloud. Dans Mail, vous pouvez choisir d'afficher tous les courriels reçus en même temps dans la boîte de réception unifiée, ou bien consulter vos comptes l'un après l'autre. Dans chacune des sections Mail, Contacts ou Calendrier des Réglages, vous pouvez choisir le compte à utiliser par défaut lors de l'envoi d'un message ou de l'ajout d'un nouveau contact. Bien sûr, lorsque vous serez en train de rédiger un courriel dans Mail, vous pourrez toujours choisir le compte d'expédition en tapant sur le champ « Cc/Cci », puis « De ». Une liste de tous vos comptes vous sera présentée en bas de l'écran.

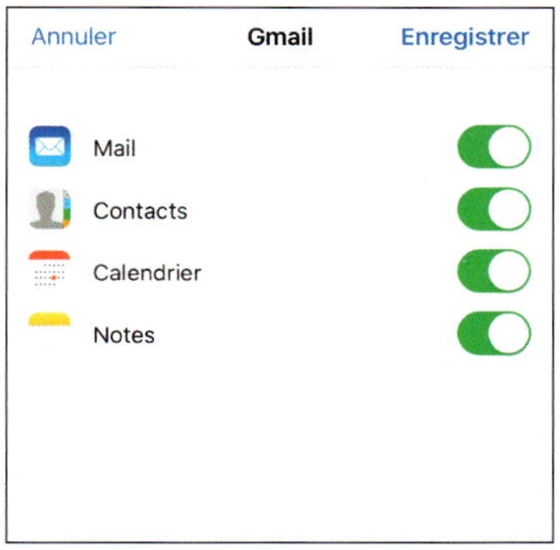

Tout comme avec iCloud, certains services en ligne, comme ici Outlook.com et Gmail, proposent des fonctions de synchronisation de vos contacts, calendriers, rappels ou notes.

d'accès (Orange, Free, etc.) seront reconnus automatiquement et vous n'aurez là encore qu'à fournir votre identifiant, c'est-à-dire votre adresse complète incluant le nom du fournisseur d'accès après le signe «@», suivi du mot de passe. Pour les autres, vous devrez connaître les adresses des serveurs d'envoi (SMTP) et de réception (IMAP) que devra vous indiquer votre fournisseur de service (par exemple dans votre courrier de bienvenue).

CONTACTS ET CALENDRIERS iOS vous aide à synchroniser votre carnet d'adresses et vos contacts. Cela passe aussi par votre fournisseur de courriel. Le compte iCloud est idéal pour cela, mais de nombreux autres fournisseurs de services proposent cette fonction. Rien ne vous empêche d'activer la synchronisation de vos données avec plusieurs fournisseurs de service mais attention, cela risque de rendre l'utilisation plus complexe. Centralisez toutes vos infos sur un seul compte et veillez à désactiver les autres pour éviter les mélanges.

FACEBOOK Lorsque vous sélectionnez votre compte dans les réglages, vous accédez à quelques fonctions avancées. Facebook s'intègre parfaitement à votre calendrier et à vos contacts. Il vous est alors possible de retrouver dans votre calendrier les événements Facebook auxquels vous participez. De même, les coordonnées de vos amis Facebook se retrouvent dans les fiches de vos contacts. En touchant «Actualiser tous les Contacts», vous autorisez Facebook à accéder temporairement aux numéros de téléphone et aux adresses de vos Contacts pour les associer. Cette fonction est bien pratique si votre ami Pierre Martin se fait appeler Pierrot Le Fou sur Facebook.

TWITTER Avec Twitter, vous pouvez mettre en service plusieurs comptes. Ce qui vous permettra de séparer compte perso et compte pro. Attention tout de même à bien vérifier à quel compte vous êtes connecté avant d'envoyer un message sur Twitter!

MESSAGES ET FACETIME Pour utiliser iMessage, le service d'Apple compagnon des SMS, effleurez la section Messages des Réglages, puis vérifiez que iMessage est bien actif (**voir chapitre 7**). Faites de même avec Facetime, l'outil de visio-conférence d'Apple intégré à iOS (**voir p. 86**). Notez que FaceTime permet aussi de passer des appels audio uniquement.

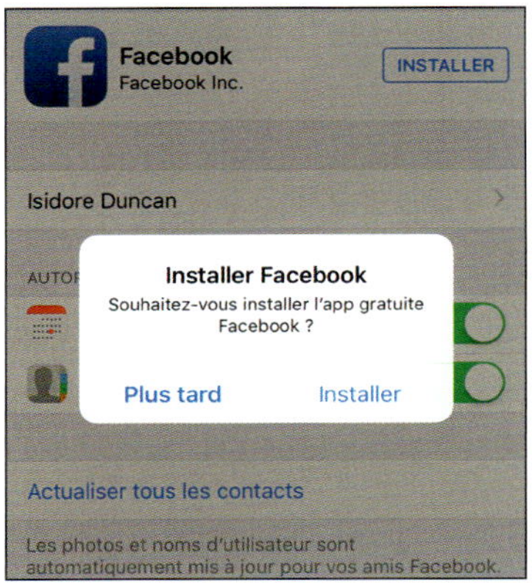

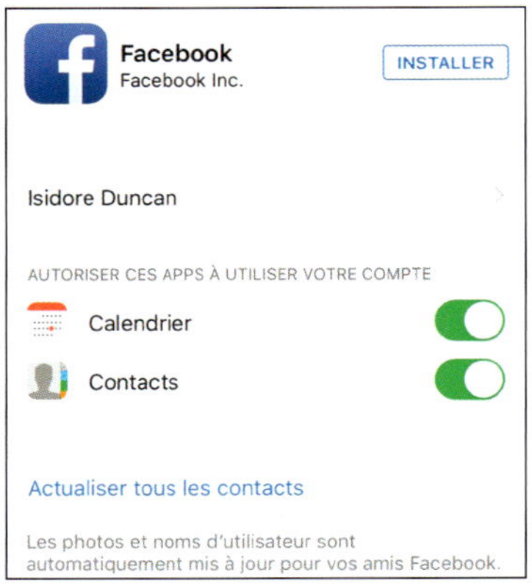

Lorsque vous ajoutez votre compte Facebook, l'iPhone vous propose de télécharger l'appli et vous connectera à votre Mur au premier lancement de cette dernière.

PASSER ET RECEVOIR DES APPELS TÉLÉPHONIQUES

Eh oui, l'iPhone sert aussi à téléphoner. Il suffit de lancer l'appli Téléphone, évidemment accessible depuis le Dock sur votre écran d'accueil.

UN TÉLÉPHONE COMME LES AUTRES OU PRESQUE La force d'un smartphone comme l'iPhone, c'est qu'il rend agréables même les fonctions les plus simples, comme de téléphoner. Ouvrez l'application Téléphone qui se situe en standard en bas à gauche de votre écran, dans le Dock. Touchez ensuite le bouton clavier dans la barre inférieure. Saisissez votre numéro à l'aide du clavier numérique qui apparaît alors. Notez le bouton Effacer qui apparaît à droite de la zone de saisie pour rectifier un ou plusieurs chiffres.

APPELER SES CONTACTS
L'appli Téléphone interagit automatiquement avec votre liste de contacts. Lorsque vous souhaitez mémoriser un numéro juste saisi, touchez le petit signe « + » juste à gauche de celui-ci. Dans le menu qui glisse depuis le bas de l'écran, choisissez « Nouveau contact » ou « Ajouter à un contact » selon que la fiche existe déjà ou non dans votre carnet d'adresses. Vous accéderez aussi directement à vos contacts depuis l'onglet du même nom. Enfin, l'onglet Favoris regroupe vos contacts les plus importants selon votre sélection personnelle. Pour les y ajouter, rendez-vous dans la fiche du contact, et faites la défiler jusqu'à pouvoir taper sur « Ajouter aux favoris ». Vous choisirez alors le numéro concerné pour pouvoir l'appeler d'une seule tape.

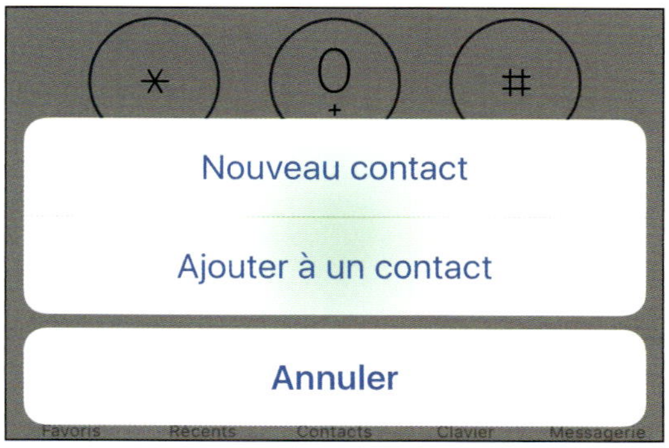

Une fonction « bis » bien cachée

L'appli Téléphone ne dispose pas d'un bouton « bis »dédié. Cependant, pour rappeler automatiquement le dernier numéro composé, il suffit de taper deux fois sur le bouton d'appel.

AFFICHER ET UTILISER LES FAVORIS Cette liste de favoris est utile à plus d'un titre. Affichez-la d'une tape sur l'étoile, en bas à gauche. Un même contact peut y figurer plusieurs fois : vous pouvez en effet ajouter à cette liste un numéro de téléphone et un raccourci pour un appel rapide en FaceTime audio et vidéo. Notez également que tous les contacts Favoris, et seulement ceux-là, pourront continuer à vous appeler même si vous avez activé la fonction « Ne pas déranger » (**voir p. 96**). Tapez sur le « i » à droite du nom pour accéder à la fiche complète du contact.

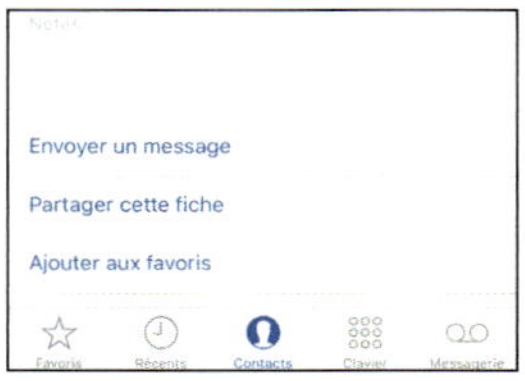

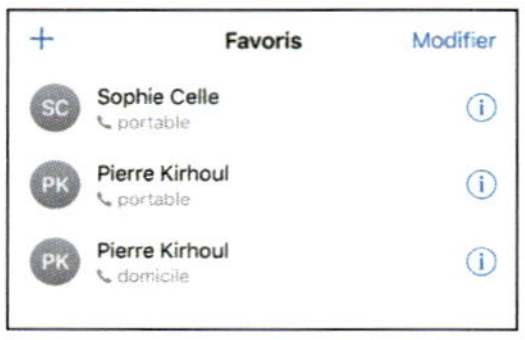

REFUSER UN APPEL ÉLÉGAMMENT
Lorsque vous ne pouvez pas répondre à un appel provenant d'un mobile, vous pouvez le refuser avec la fonction « Répondre par message ». Vous enverrez ainsi automatiquement un message à votre correspondant, en choisissant un des messages préparamétrés dans la section Téléphone des Réglages ou en en composant un sur mesure en choisissant Personnalisé dans le menu qui s'affiche.

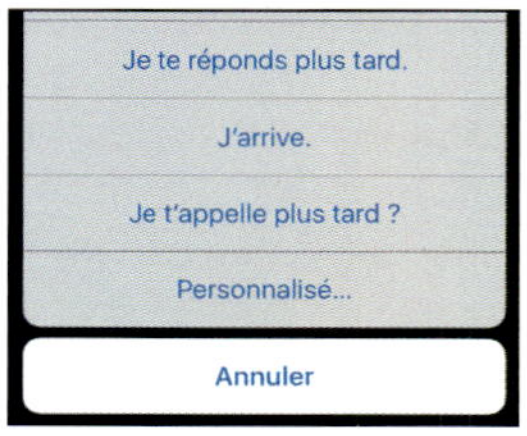

UTILISER LES BOUTONS PHYSIQUES
Tout n'est pas tactile sur l'iPhone : pour modifier le volume d'écoute pendant un appel, utilisez les boutons « + » et « - » sur la tranche de l'iPhone. Si vous

possédez des écouteurs Apple EarPods, ou tout autre casque avec télécommande intégrée, vous y trouverez aussi le réglage du volume. De plus, le bouton du milieu permet de décrocher ou de raccrocher. Une solution idéale pour répondre pendant votre promenade à vélo sans sortir votre téléphone de votre poche. Gardez bien les yeux sur la route tout de même !

LES OPTIONS EN COURS D'APPEL

Pendant un appel, l'écran s'éteint dès que vous le portez à l'oreille, mais se rallume lorsque vous le regardez et propose quelques options : silence, clavier, haut-parleur, nouvel appel, Facetime et Contacts. Silence et haut-parleur apparaissent en blanc s'ils sont activés. Le bouton clavier vous permet de revenir au clavier numérique, pour pouvoir taper sur un chiffre à la demande d'un serveur vocal. Vous pourrez ensuite revenir à votre appel via le bouton Masquer.

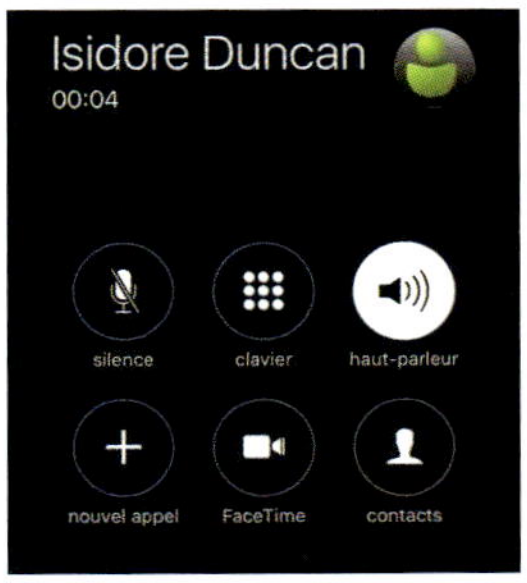

FAIRE AUTRE CHOSE PENDANT UN APPEL

En pressant le bouton principal sous l'écran, vous quittez l'appli Téléphone sans pour autant raccrocher. Vous pouvez ensuite lancer une autre appli. Si vous êtes passé en mode haut-parleur, vous pouvez ainsi continuer votre conversation. Vous reviendrez à l'appli Téléphone et à l'appel en cours en touchant la barre d'information verte en haut de l'écran. Cette fonction est très utile pour fixer un rendez-vous, un œil sur votre calendrier tout en avisant votre interlocuteur de vos disponibilités.

LE DOUBLE APPEL En conversation, il est aussi possible d'initier un double appel pour passer d'un interlocuteur à l'autre. Pour cela, touchez le bouton « contacts » ou « nouvel appel ». Le premier vous permet de parcourir le carnet d'adresses, tandis que le second offre aussi la possibilité de composer un numéro manuellement ou d'accéder à vos favoris ainsi qu'à votre journal d'appels. Dès lors que vous avez au moins deux correspondants en ligne, les boutons Conférence et Permuter apparaissent sur le clavier virtuel. Le premier permet d'effectuer une conférence à plusieurs tandis que le second permet de passer d'un interlocuteur à l'autre. Vous pourrez naviguer de même entre plusieurs correspondants si quelqu'un vous appelle pendant votre conversation.

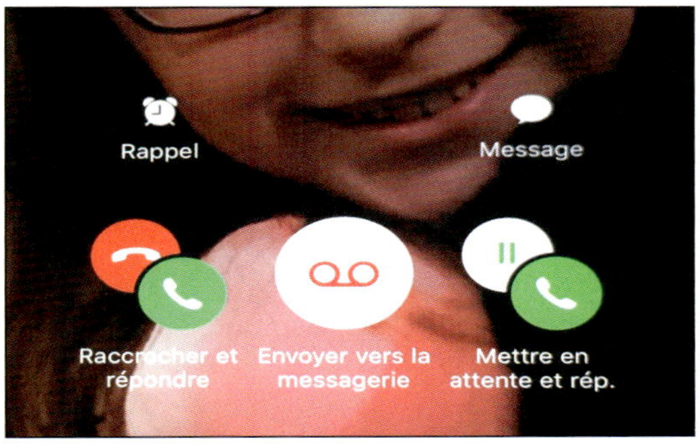

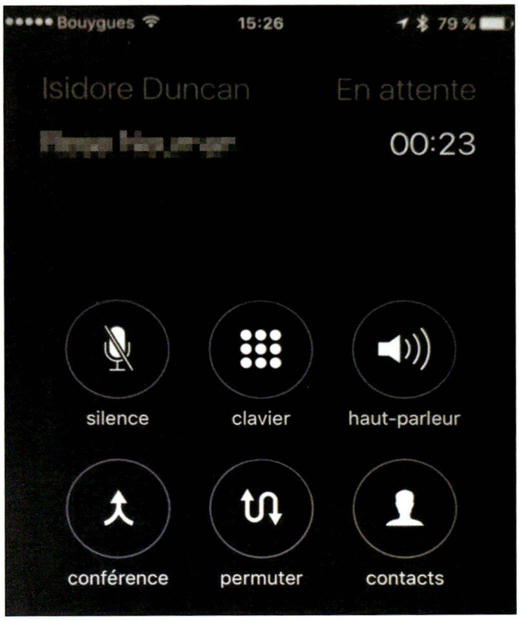

JOINDRE LE GESTE À LA PAROLE

En appel avec un correspondant équipé pour FaceTime, il suffit de toucher le bouton du même nom pour basculer vers une visioconférence. Pour mémoire, FaceTime est disponible sur iPhone, iPad et Mac. La visioconférence n'est possible que d'un commun accord : votre correspondant est toujours avisé de votre désir de passer en vidéo. Il pourra accepter ou refuser votre requête. S'il refuse, la conversation continuera en mode téléphone.

Rester au calme

Vous pouvez à tout moment réduire votre téléphone au vrai silence, sans vibreur et sans l'éteindre. Faites apparaître le Centre de contrôle (**voir p. 44**) et activez le mode Avion d'une tape sur l'icône de l'avion pour couper toutes les liaisons radio de votre smartphone : GSM, 3G/4G, Wi-Fi, Bluetooth. Ce faisant, vous pouvez continuer à utiliser les autres fonctions de votre téléphone, pour lire ou jouer par exemple, pendant que vous voyagez. En choisissant le mode « Ne pas déranger », via l'icône en forme de croissant de lune, vous restez connecté, mais ne recevrez aucune notification d'appel ou d'arrivée de nouveaux messages, sauf en provenance de vos contacts favoris (voir ci-contre).

DIFFICULTÉ ★★★★★ 10 MN

MAÎTRISER TOUTES LES FONCTIONS DE L'APPLI TÉLÉPHONE

Écouter ses messages dans le désordre

L'iPhone a été le premier a proposer la messagerie vocale visuelle. Lorsque vos correspondants vous laissent des messages vocaux, ceux-ci s'additionnent à une liste que vous pouvez consulter via le bouton Messagerie, en bas à droite de l'écran de l'appli Téléphone. Il vous suffit de taper sur l'un d'eux pour l'écouter, même si ce n'est pas le premier de la liste. Et si le message est long (sa durée s'affiche en minutes et secondes sur la droite), vous pouvez avancer rapidement en faisant glisser le petit repère bleu du bout du doigt.

1 APPELER DEPUIS UN SMS, UN MAIL OU UN SITE WEB

L'iPhone détecte automatiquement la présence d'un numéro de téléphone dans les messages texte, les courriels et même les sites Web que vous visitez avec Safari. Il vous suffit alors de l'effleurer du bout du doigt pour qu'un message vous propose de le composer. Validez d'une tape sur le bouton Appeler pour basculer automatiquement vers l'appli Téléphone, et lancez l'appel.

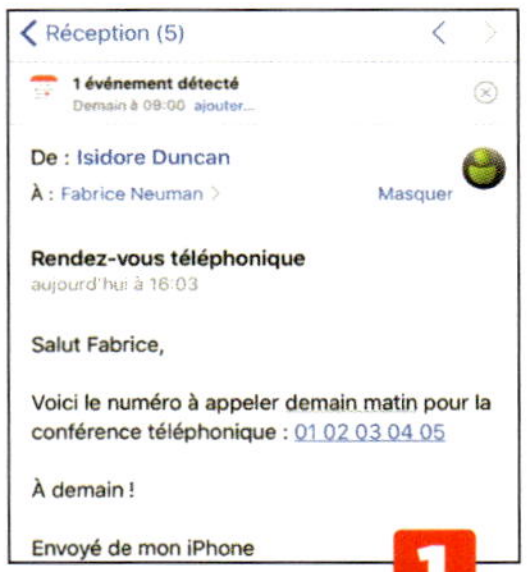

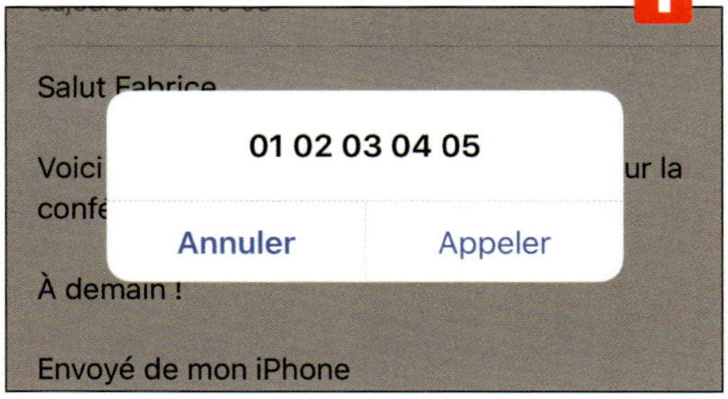

2 UTILISER LE JOURNAL D'APPELS

À droite de l'icône en forme d'étoile des Favoris, en bas de l'écran de l'appli Téléphone, l'onglet Récents vous permet d'afficher tous les appels passés et reçus depuis votre iPhone. Une tape suffit pour rappeler le correspondant. Une icône à gauche de certains noms vous indique s'il s'agit d'un appel que vous avez lancé plutôt que reçu. Les appels manqués s'affichent en rouge. Pour ne voir que ces derniers, tapez sur le bouton Manqués en haut. Pour faire un peu de ménage dans le journal, tapez sur Modifier en haut à droite. Vous pouvez alors vider complètement la liste d'une tape sur Effacer en haut à gauche, ou bien taper sur le sens interdit près d'un nom, puis valider via le bouton Supprimer qui s'affiche à sa droite. Notez que pour rapidement effacer juste une ligne, il vous suffit de faire glisser le doigt de droite à gauche sur le nom. Une pression sur le bouton « i » affiche la fiche complète du contact, avec un court résumé de vos communications avec lui.

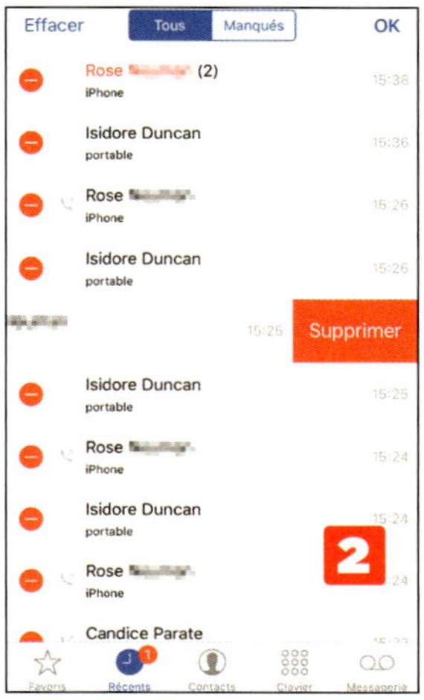

3 CODE CARTE SIM, NUMÉROS BLOQUÉS, ETC.

L'appli Téléphone propose de nombreux autres paramètres à trouver dans la section qui lui est réservée au sein des Réglages de l'iPhone. En activant la fonction « Annonce d'appels », la voix de Siri énoncera à haute voix le nom de l'appelant, en plus de la sonnerie. « Blocage d'appels et identification » vous permet de consulter la listes des numéros que vous avez déjà bloqués, pour ne plus être dérangé par les vendeurs de cuisine toute équipée ou de fenêtres, et aussi en ajouter. La fonction « Sur d'autres appareils » permet notamment de faire sonner votre Mac et/ou votre iPad lorsque que quelqu'un vous appelle sur votre iPhone. Et aussi de répondre depuis ces autres appareils. « Répondre par message » liste les messages pré-enregistrés à envoyer lorsque l'on ne peut pas répondre à un appel (voir p. 82), Les autres options permettent de configurer un renvoi d'appel, d'activer ou non le signal d'un second appel, et de masquer son numéro. Faites défiler l'écran pour parvenir aux options liées à la carte SIM.

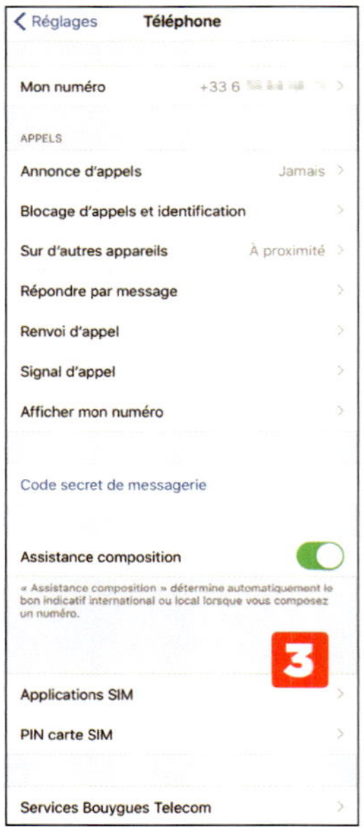

4 RESTER CONNECTÉ SANS RECEVOIR D'APPEL

Avec le mode Avion, vous coupez toutes les communications de votre iPhone. Cela dit, vous pouvez tout de même réactiver le Wi-Fi pour continuer à consulter vos courriels, sans être dérangé par les appels téléphoniques. Attention, dans ce cas, vous recevrez tout de même les iMessages (voir chapitre 7).

DIFFICULTÉ ★★★★★ 5 MN

BIEN FAIRE LA DIFFÉRENCE ENTRE LE WI-FI ET LA 3G/4G

L'iPhone se connecte à Internet via deux grandes familles de réseaux sans fil : le cellulaire et le Wi-Fi. Faire la différence entre les deux est essentiel et très simple. Le cellulaire, que ce soit en GSM, EDGE, 3G ou 4G, est fourni par votre opérateur de téléphonie mobile (Orange, SFR, Free, Bouygues, etc.), c'est ce que vous payez sur votre facture, à la ligne « data ». Il fonctionne chez vous, dans la rue, en voyage (attention à l'étranger, **voir p. 97**). Le réseau Wi-Fi est un réseau limité dans l'espace et souvent soumis à la saisie d'un code spécifique, pour vous connecter sur votre box à domicile, ou à l'acceptation de conditions d'utilisation dans un lieu public. Autre différence essentielle : lorsque vous sortez de la zone de couverture du réseau Wi-Fi, votre connexion se coupe, alors que le réseau cellulaire vous permet de rester connecté même lorsque vous êtes en train de vous déplacer à pied, en train, en voiture, etc. En ce qui concerne la vitesse de connexion, tout dépend du type de réseau. Un réseau 4G est souvent bien plus rapide qu'une connexion Wi-Fi, à moins que celle-ci soit en réalité le relais d'une connexion Internet via un abonnement à la fibre. En revanche, le volume de données échangées via le réseau mobile est limité par votre abonnement.

1 LE RÉSEAU CELLULAIRE POUR LE TÉLÉPHONE

Le réseau mobile sert avant tout à passer des appels comme avec n'importe quel téléphone portable. Il fonctionne (presque) partout et même quand aucun petit logo n'accompagne le nom de votre opérateur, en haut à gauche de votre écran. C'est aussi par ce réseau que transitent vos SMS.

2 LE RÉSEAU CELLULAIRE POUR SE CONNECTER À INTERNET

Les évolutions successives du réseau mobile, à savoir Edge, 3G ou encore 4G, permettent à votre téléphone d'accéder à un contenu plus riche tout comme un ordinateur connecté à Internet. Lorsque vous êtes en zone de couverture, une petite inscription, en haut à gauche de votre écran, précise à quel réseau de données vous êtes connecté : « E », « 3G » ou « 4G ». Vous pouvez alors accéder à Internet, lire vos e-mails, profiter des systèmes de synchronisation d'iCloud et de nombreux autres services très pratiques largement présentés dans ce guide. L'utilisation du réseau mobile pour les données, est décomptée de votre abonnement « data », généralement indiqué sur votre facture comme un forfait de quelques « gigas » (Go) par mois.

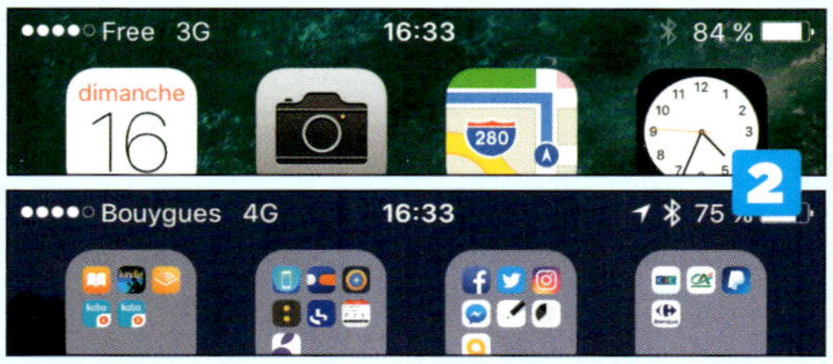

3 LE WI-FI RIEN QUE POUR INTERNET ?

Le réseau Wi-Fi n'a pas de couverture nationale, c'est un réseau privatif, et limité géographiquement autour d'un point d'accès comme votre « Box » à la maison. Jusqu'à récemment, le Wi-Fi n'était utilisable que pour Internet, c'est-à-dire pour voir des sites Web et converser en visio. Mais la frontière devient de moins en moins nette. Certains opérateurs mobiles commencent en effet à déployer la fonction « Appels sur Wi-Fi » qui permet de faire passer de « vrais » appels téléphoniques via le réseau Wi-Fi auquel vous êtes connecté. C'est un bon moyen de compenser les zones de moins bonne couverture mobile que l'on rencontre de temps en temps. Sans oublier qu'avec FaceTime, il est possible de communiquer en audio ou en vidéo avec d'autres utilisateurs d'iPhone sans passer par le réseau téléphonique. Une très bonne nouvelle pour les utilisateurs en déplacement à l'étranger qui, connectés au réseau Wi-Fi de l'hôtel, pourront communiquer sans frais. Il est tout à fait possible de couper le réseau cellulaire en gardant le Wi-Fi activé. Pour cela, depuis le Centre de contrôle, activez d'abord le mode Avion, puis le Wi-Fi pour rétablir ce dernier. Notons aussi que le Wi-Fi est également utile pour faire communiquer vos appareils à domicile. Il vous permet par exemple de contrôler votre boîtier Apple TV depuis votre iPhone (**voir p. 158**), ou encore de profiter des fonctions Continuité et Handoff si vous utilisez aussi un Mac à la maison (**voir p. 21**).

Partager sa connexion cellulaire avec son iPad ou son ordi

Vous voulez vous connecter à Internet depuis votre ordi mais vous n'êtes pas à la maison ? Pas de problème : ouvrez les Réglages de votre iPhone et effleurez l'option « Partage de connexion » puis activez-la. La première fois que vous l'utilisez, elle se cache dans la section « Données cellulaires ». Ensuite, depuis votre ordinateur, connectez-vous au réseau « iPhone » avec le mot de passe spécifié sur l'iPhone. Le haut de l'écran de l'iPhone passe alors au bleu et indique le nombre d'ordinateurs connectés au téléphone. Vous pouvez lancer votre navigateur Internet sur l'ordi et vous rendre sur le site voulu : l'iPhone sert de relais. Et cela marche de la même manière avec votre iPad si celui-ci n'est pas lui-même muni d'une connexion cellulaire.

FACETIME AUDIO ET VIDÉO : CAUSER ENTRE UTILISATEURS APPLE

Grâce à sa parfaite intégration au système, vous pouvez passer des appels en visio aussi facilement que vous téléphonez. Mais uniquement avec d'autres utilisateurs de produits Apple.

Quel réseau est utilisé ?

Comme iMessage, FaceTime utilise le réseau de données. En somme, il ne consomme pas de temps d'appel, mais utilise votre crédit 3G ou 4G. Cependant, si vous disposez d'une connexion Wi-Fi, cela ne décomptera rien de votre forfait mobile. FaceTime est par ailleurs un excellent outil pour contacter des personnes à l'étranger : comme tout passe par Internet, il est possible d'économiser de coûteux appels internationaux. Si vous êtes vous-même à l'étranger, attention toutefois à utiliser un réseau Wi-Fi, sinon votre consommation de data 3G/4G à l'étranger risque de vous surprendre ! Rendez-vous **p. 85** pour bien faire la différence entre tous les types de connexion.

Parmi vos contacts, vous en avez forcément qui utilisent comme vous un iPhone. Plutôt que de les appeler « bêtement » au téléphone, profitez donc de FaceTime qui vous permet de les appeler en visio aussi facilement que de passer un appel traditionnel. Et si jamais ce n'est pas le bon moment de converser avec l'image, passez donc en mode audio uniquement. Vous profiterez d'une meilleure qualité sonore car, dans ce cas, vos mots ne passent pas par le réseau téléphonique traditionnel, mais bien par une communication numérique via Internet (voir ci-contre).

CHOISIR UN DESTINATAIRE DANS LES CONTACTS Comment savoir si vos contacts utilisent un iPhone ou pas ? Facile : votre carnet d'adresses vous le montre ! Lancez le carnet d'adresses et cherchez la fiche du correspondant que vous souhaitez joindre. S'il utilise un iPhone, vous y verrez une ligne FaceTime munie de deux boutons : une caméra et un combiné téléphonique. Tapez sur le premier pour lancer un appel en visio. Le second peut éventuellement porter à confusion car il ne lance pas un appel téléphonique classique mais bien un appel FaceTime, uniquement en mode audio, sans image donc. Les fiches des autres correspondants ne montreront pas cette ligne. En revanche, vous y verrez parfois d'autres moyens de communication en dehors des numéros de téléphone, comme par exemple Skype ou WhatsApp. C'est l'une des nouveautés d'iOS 10 que d'intégrer au système les autres applis de « tchat » et de visio-conférence (**voir p. 89**).

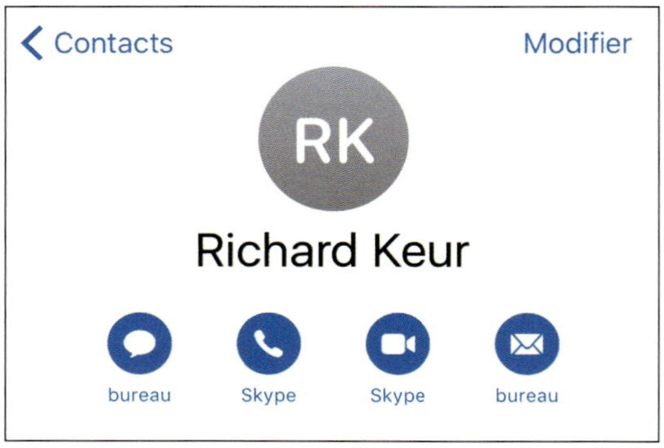

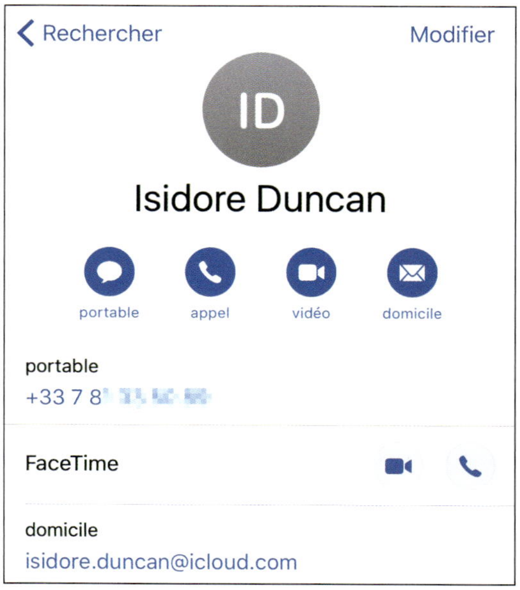

L'APPLI FACETIME L'iPhone dispose aussi d'une appli FaceTime dédiée. Elle propose deux onglets, Vidéo et Audio, qui regroupent les appels récents, reçus ou lancés. Tapez sur le signe « + » en haut à droite, pour afficher la liste de vos contacts.

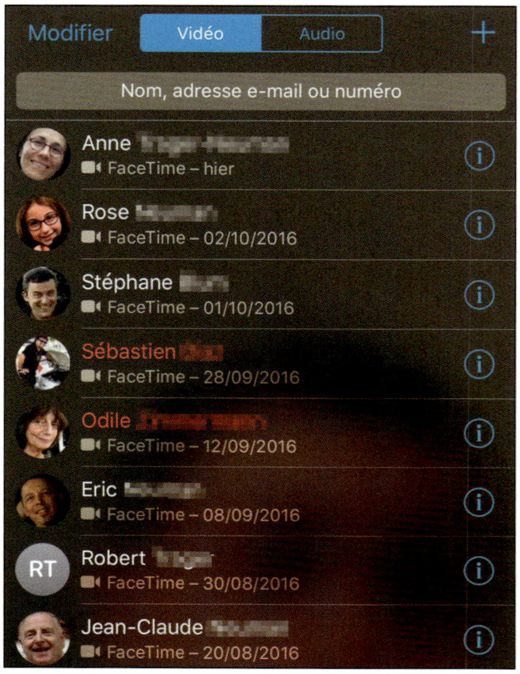

FACETIME AUDIO On l'a vu, il est possible d'utiliser la fonction FaceTime uniquement en mode audio. Cela fonctionne alors quasiment comme un appel traditionnel : on porte l'iPhone à l'oreille pour engager la conversation. L'écran s'éteint, pour éviter de déclencher des fonctions avec la joue. Car, en effet, l'écran d'appel en FaceTime audio propose quelques boutons, tout comme l'écran d'appel téléphonique (**voir p. 82**). En conversation vous pouvez basculer vers la visio en touchant le bouton FaceTime ou activer pour une conversation « mains libres », via le haut-parleur.

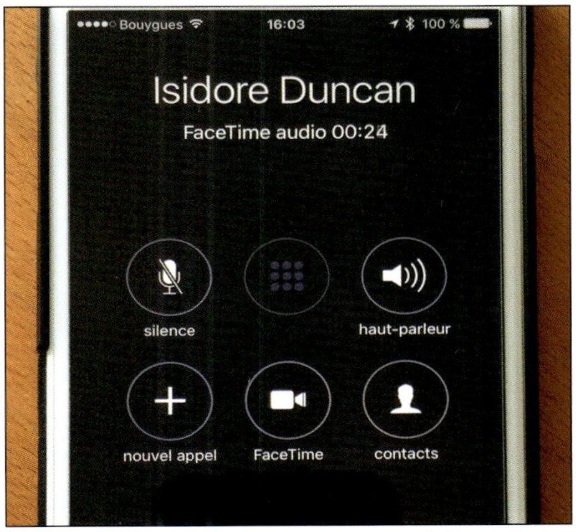

GÉRER UN DOUBLE-APPEL EN FACETIME AUDIO Comme lors d'un appel téléphonique classique, vous pouvez gérer l'arrivée d'un nouvel appel FaceTime audio et placer le premier correspondant en attente pendant que vous parlez au second. Vous ne pouvez pas, en revanche, réunir les appels en conférence à trois. Dommage.

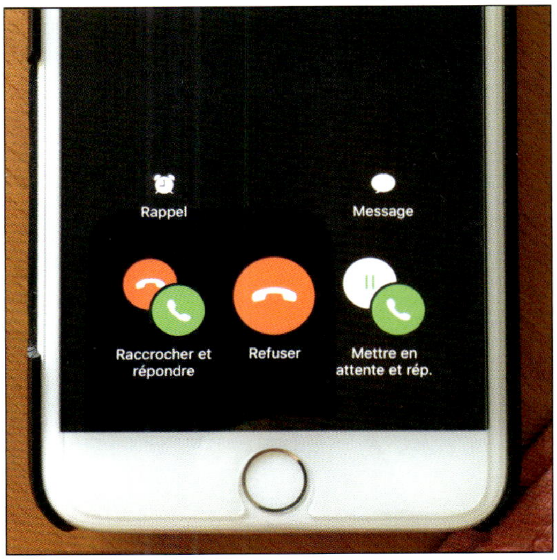

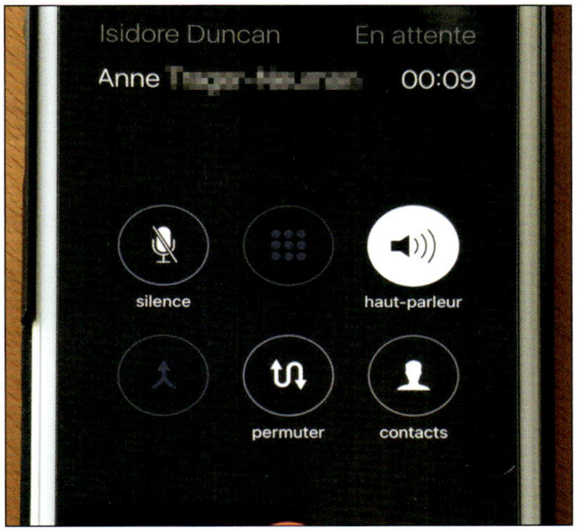

CONVERSER EN FACETIME VIDÉO En conversation vidéo FaceTime, les options sont un peu moins nombreuses que lors d'un appel téléphonique. Il est possible de couper le microphone à l'aide du bouton situé à droite du bouton rouge de fin de communication. On peut aussi changer de caméra, ce qui est pratique pour montrer ce que l'on voit à son interlocuteur grâce à la caméra arrière. Vous disposez toujours d'un retour vidéo de ce que vous envoyez dans une petite fenêtre que vous pouvez glisser dans n'importe quel coin de l'écran. Si besoin, vous pouvez couper votre caméra en appuyant sur le bouton principal. Ce faisant, vous passez en mode audio uniquement. Dans ce cas, notez la barre de couleur verte située en haut de l'écran : tapez dessus pour revenir à la conversation vidéo.

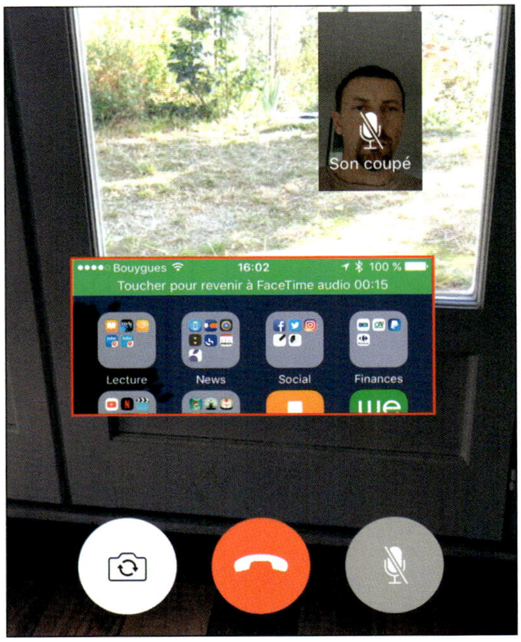

Quand tous vos appareils sonnent en même temps

La fonction FaceTime est liée à votre compte iCloud (**voir p. 64**). Ce qui signifie que tous les appareils connectés au même compte sonneront en même temps lorsque vous recevrez un appel FaceTime, audio ou vidéo. Vous pourrez répondre depuis, votre iPhone, iPad ou Mac à votre convenance, les autres s'arrêtant de sonner dès que vous en avez choisi un.

TOUTES LES AUTRES APPLICATIONS DE «TCHAT» TEXTE, AUDIO ET VIDÉO

Pour compléter FaceTime qui ne fonctionne qu'entre utilisateurs de produits Apple, installez quelques autres applis pour communiquer avec le reste du monde.

Comment choisir ?

Il serait tout de même bien plus pratique qu'un standard émerge afin que l'on puisse communiquer avec tout le monde sans avoir à se poser la question de quelle application utiliser. Apple est le premier fautif puisque sa messagerie iMessage (**voir chapitre 7**) n'existe pas en dehors des iPhone, iPad et Mac. Mais, finalement, les concurrents font à peu près la même chose. Même si WhatsApp par exemple est disponible aussi bien pour iOS que pour Android, l'appli ne vous permet pas d'envoyer de messages à un utilisateur de Facebook Messenger, alors même que les deux applis appartiennent à Facebook ! Chacun veut conserver ses millions d'utilisateurs pour soi. Résultat, on est bien obligé d'installer l'application que ses proches utilisent, et inversement. Heureusement, iOS 10 rend encore plus simple le passage de l'une à l'autre (voir p. suivante).

FACEBOOK MESSENGER Vous avez un compte Facebook ? Alors vous pouvez aussi utiliser Facebook Messenger. Lorsque vous lancez l'appli pour la première fois, elle vous demande d'ailleurs si vous souhaitez continuer en vous connectant via votre compte Facebook. Vous pourrez ainsi converser tout de suite avec tous vos amis Facebook. Mais pas seulement, car l'appli vous demandera aussi l'autorisation de scanner votre carnet d'adresses pour reconnaître via leur numéro de téléphone tous ceux qui utilisent aussi l'appli. À partir de là, le numéro de téléphone devient également votre identifiant Facebook Messenger. L'appli vous permet tout aussi bien d'engager des conversations textuelles, qu'audio ou vidéo. Vous pouvez commencer une conversation sur l'iPhone, pour la continuer sur le Web ou sur votre tablette, et inversement.

WHATSAPP On l'oublie souvent, mais WhatsApp est aussi la propriété de Facebook, ce qui ne rend malheureusement pas les deux applis compatibles (voir ci-contre). L'ouverture d'un compte WhatsApp passe forcément par votre numéro de téléphone. Ce qui implique qu'il n'existe pas de version tablette. Il existe bien une version Web, mais elle nécessite de toute façon que votre téléphone soit à proximité et connecté au réseau WhatsApp. Via le téléphone, vous pouvez là aussi engager des conversations textuelles, audio et vidéo.

SKYPE On ne présente plus ce vénérable du genre, propriété de Microsoft. Ses fonctions sont très proches de celles des deux applis présentées précédemment avec toutefois un petit plus appréciable : vous pouvez créer dans Skype des conversations audio et vidéo de groupe, c'est-à-dire à plus de deux interlocuteurs. Une fonction très pratique pour organiser des réunions donc.

VIBER Cette application a tenté de se faire un nom en arguant d'appels gratuits, ce que toutes les applications du genre proposent puisqu'il ne s'agit ni plus ni moins que d'appels en voix sur IP, c'est-à-dire passant par Internet. Autrement dit, le temps d'appel n'est pas décompté d'un éventuel quota de minutes sur votre forfait. Cela dit, votre forfait a forcément une limite en termes de données 4G et, surtout, il faut faire attention lorsque l'on est à l'étranger. Les appels ne seront gratuits que si vous passez par une connexion Wi-Fi (**voir p. 85**).

DUO C'est le petit dernier de la bande, proposé par Google. Ce dernier n'est pas un débutant en la matière, puisqu'il proposait déjà Hangouts, dont l'avenir est incertain. Pour simplifier l'utilisation, Duo est limité. Tout d'abord, l'inscription passe par le numéro de téléphone, comme WhatsApp. De plus, l'appli ne propose qu'un seul mode de communication, la vidéo. Pour les conversations texte, il faut installer Allo (voir plus loin). La fonction « Toc Toc » fait sortir Duo du lot : votre correspondant verra votre vidéo avant même de répondre. Il faut donc penser à sourire dès qu'on lance l'appel !

ALLO Comme son nom ne l'indique pas, cette appli de Google ne vous propose que du « tchat », c'est-à-dire des conversations texte. Le « plus » que veut apporter Google, c'est le « bot » (diminutif de robot) intégré, c'est-à-dire un assistant avec lequel on peut converser et demander des renseignements, même pendant une conversation avec quelqu'un. Cela dit, cet assistant n'est pour l'instant disponible qu'en anglais, ce qui limite son intérêt dans nos contrées.

DIFFICULTÉ ★★★★★ 15 MN

LES APPLIS DE VOIP OBTIENNENT LE DEVANT DE LA SCÈNE

Avant iOS 10, les applications de voix sur IP, c'est-à-dire toutes celles permettant d'appeler un correspondant aussi bien en vidéo qu'en audio comme celles décrites p. précédente, n'avaient pas le même statut que l'appli standard Téléphone ou même FaceTime sur l'iPhone. Ces dernières, créations d'Apple oblige, avaient seules le droit d'afficher une alerte en plein écran lorsqu'un correspondant vous appelait. Les autres n'avaient que le droit d'utiliser les notifications standard des applications (**voir p. 94**). Avec iOS 10, toutes les applis de ce type sont sur un pied d'égalité.

1 NOTIFICATION D'APPEL EN PLEIN ÉCRAN

Autrement, que l'on vous appelle au téléphone, via FaceTime ou par Facebook Messenger, Skype, Viber ou WhatsApp, vous obtiendrez une belle notification en plein écran. Vous répondrez donc de manière très naturelle. Mieux, comme avec un appel téléphonique traditionnel, l'écran de l'iPhone s'éteint lorsque vous le portez au visage, afin d'éviter de déclencher des actions par le frottement de la joue.

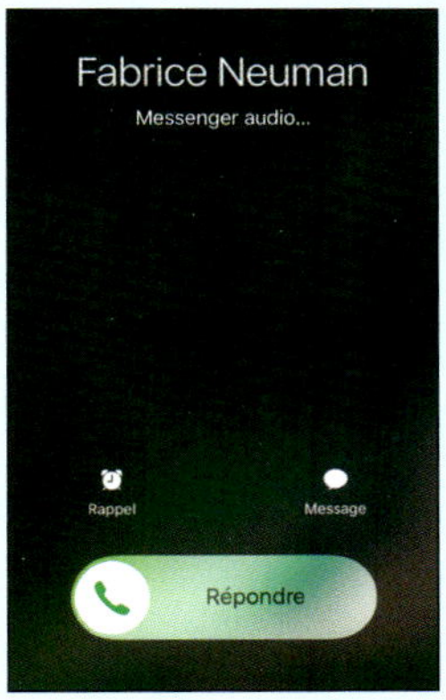

2 ACTIONS SUR L'ÉCRAN D'APPEL

Cela signifie du coup que toutes les applis de Voix sur IP peuvent proposer des fonctions directement depuis l'écran d'appel en cours, exactement comme pendant un appel traditionnel (**voir p. 82**) ou un appel FaceTime (**voir p. 86**). Ici, l'appli Facebook Messenger propose de passer en mode haut-parleur, à la visio-conférence mais aussi d'ouvrir l'application pour accéder à toutes ses fonctions de conversation.

3 HISTORIQUE DE TOUS LES TYPES D'APPELS

Toutes les applis de Voip compatibles, comme WhatsApp, Facebook Messenger, Skype ou encore Viber, sont donc suffisamment intégrées pour laisser quasiment les mêmes traces que les appels traditionnels ou FaceTime. Les appels reçus ou passés seront donc listés dans l'onglet Récents de l'appli Téléphone de l'iPhone.

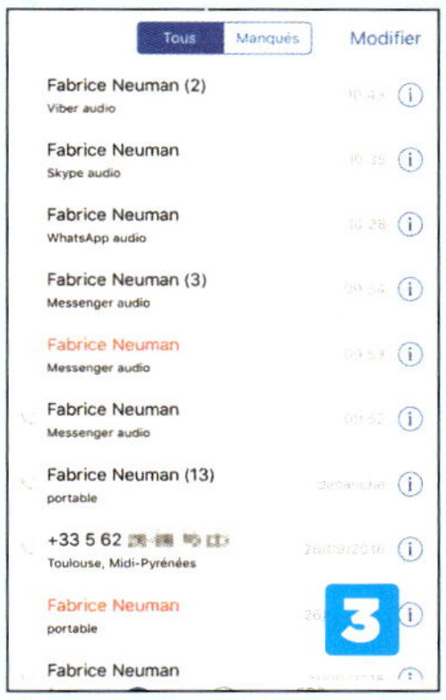

4 APPELS DIRECT DEPUIS LA FICHE D'UN CONTACT

De même, le carnet d'adresses standard de l'iPhone inclut les appels vers ces applis compatibles. Ici, on voit que l'iPhone a reconnu que le contact Isidore utilisait également l'appli WhatsApp pour communiquer. Tapez sur la ligne pour ensuite ajouter cette méthode de communication à la fiche de votre contact. Du coup, il vous suffira ensuite d'effleurer cette ligne dans sa fiche pour appeler votre contact via cette nouvelle voie de communication.

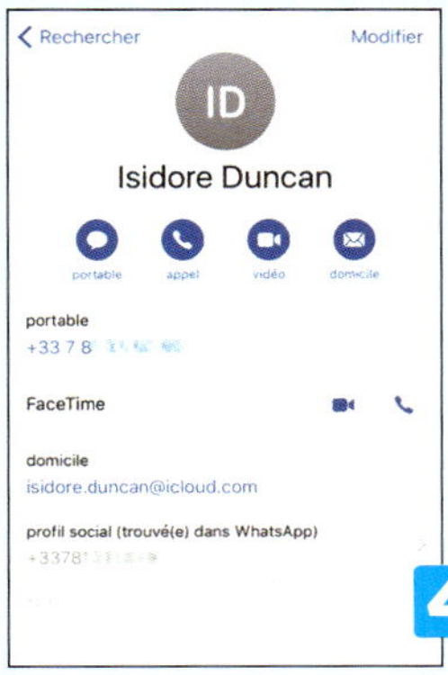

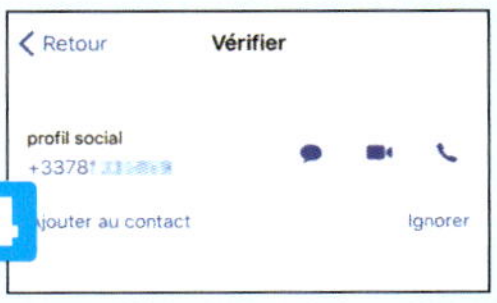

4 APPELER À L'AIDE DE SIRI

Cette nouvelle intégration proposée par iOS 10 implique aussi que vous pouvez appeler votre correspondant à l'aide de l'assistant vocal Siri. Comme vous le faites peut-être déjà pour un appel traditionnel en disant : « Appelle Isidore sur son mobile », vous pouvez maintenant dire : « Appelle Isidore via WhatsApp » ou même tout simplement « WhatsApp Isidore » pour lancer l'application directement sur la page de vos derniers échanges avec le correspondant. **Rendez-vous p. 128** pour en savoir plus sur l'utilisation de Siri.

Voip connectée en permanence : attention à la batterie

Grâce à cette nouvelle intégration des applis de communication au sein d'iOS 10, les appels Voip deviennent vraiment simple… comme un coup de fil. Cela dit, il ne faut pas oublier que cela signifie que chaque application de Voip que vous utilisez doit rester en partie active, ne serait-ce que pour être capable de recevoir une notification d'appel et réagir rapidement si vous souhaitez répondre. Exactement comme pour un appel téléphonique ou FaceTime. Autrement dit, si vous les multipliez, cela risque d'avoir un impact non négligeable sur votre batterie.

Pas toujours fiable

Malgré cette nouvelle intégration, la réception d'appels via ces applis de Voip n'est pas aussi fiable que pour un appel traditionnel ou FaceTime. Vous en manquerez donc quelques-uns.

ENVOYER ET RECEVOIR SES COURRIELS AVEC L'APPLI MAIL

Écrire un nouveau message

Vous pouvez bien sûr créer un nouvel e-mail à tout moment. Tapez simplement sur l'icône Calepin, le carré munie d'un crayon, toujours située en bas à droite de l'écran lorsque vous êtes dans l'application Mail.

Remettre les messages récents en haut

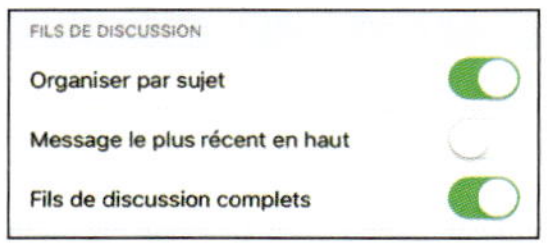

Par rapport aux versions précédentes, iOS 10 a changé la chronologie d'affichage des courriels au sein des fils de discussion, en plaçant le plus récent en bas de la liste (voir ci-contre). Pour revenir à la méthode précédente, rendez-vous dans la section Mail des Réglages. Faites défiler jusqu'à pouvoir activer la fonction « Message le plus récent en haut ». L'autre méthode consistant à s'habituer au nouvel affichage...

1 NAVIGUER DANS LES BOÎTES DE RÉCEPTION L'ouverture de Mail affiche généralement la boîte de réception unifiée, c'est-à-dire celle qui regroupe les messages reçus sur les différentes adresses e-mail ajoutées au préalable dans les Réglages (**voir p. 80**). En touchant le bouton Boîtes en haut à gauche, ou en glissant un doigt vers la droite depuis le bord de l'écran, vous accédez à vos différentes boîtes aux lettres. Le premier bloc regroupe les boîtes de réception de chaque adresse, ainsi que des entrées VIP (voir p. suivante) et Drapeaux qui regroupent les messages que vous avez marqués pour pouvoir facilement les retrouver plus tard et les traiter quand vous en avez le temps (**voir p. 92**). Pour afficher les dossiers d'un compte en particulier, faites défiler l'écran affichant toutes les boîtes aux lettres. Vous y retrouverez facilement les e-mails que vous avez envoyés ou votre dossier « Indésirables ».

2 LIRE UN MESSAGE Selon le type de compte et vos choix en termes de notifications (**voir p. 94**) et de réception automatique en mode Push (**voir p. 96**), l'iPhone affiche une alerte à l'arrivée d'un nouveau courriel. En plus de la sonnerie spécifique, une petite pastille apparaît sur l'icône de l'appli Mail et précise le nombre d'e-mails non lus. Ouvrez Mail et vous retrouverez votre message avec une petite pastille bleue sur le côté qui signifie que le message n'a pas encore été lu. Touchez-le pour en afficher le contenu. Si une pièce jointe a été ajoutée au message, touchez-la pour la charger et l'afficher. Mail a pour habitude de regrouper les courriels en fils de discussion (**voir p. 92**). Ainsi, si plusieurs échanges se succèdent avec le même objet, ils seront regroupés : une petite flèche à droite de la date de réception sera doublée. En touchant un tel message, vous obtenez la liste des messages de la discussion. Nouveauté d'iOS 10 : lorsque vous consultez les échanges au sein d'un fil, le message le plus récent est en bas, donc classé dans l'ordre inverse des précédentes versions d'iOS. Un paramètre vous permet de revenir à la méthode précédente (voir ci-contre).

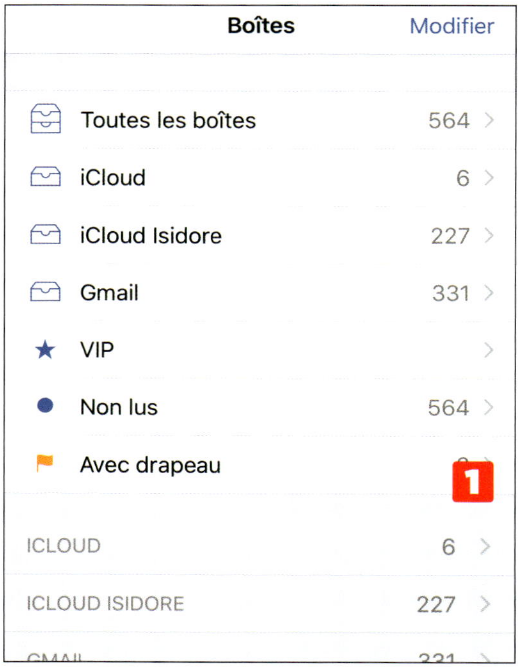

3 MARQUER, SUPPRIMER OU DÉPLACER UN COURRIEL En bas de chaque e-mail, vous trouverez une liste de fonctions accessibles d'une tape. Le petit drapeau vous permet de marquer l'e-mail pour qu'il soit ensuite classé dans la boîte Drapeaux. C'est une méthode simple et efficace pour regrouper ses messages importants. Pour déplacer un message vers un autre dossier, le récupérer de la corbeille ou l'archiver, touchez le second bouton qui représente un petit dossier. Enfin, pour le supprimer, touchez la corbeille.

DIFFICULTÉ ★★★★★ 10 MN

4 RÉPONDRE À UN COURRIEL OU LE TRANSFÉRER

Pour répondre ou transférer un e-mail, touchez la petite flèche de la barre inférieure, puis choisissez dans le menu si vous souhaitez répondre ou transférer le message. Il est alors inclus dans un nouvel e-mail auquel vous pouvez ajouter votre texte. Si vous disposez d'une imprimante AirPrint, vous pourrez aussi utiliser ce menu pour imprimer vos e-mails.

5 JOINDRE UNE PHOTO OU UN FICHIER À UN E-MAIL

L'appli Mail sait aussi envoyer des pièces jointes, via le menu de partage par exemple (**voir p. 116**). Si vous avez déjà commencé à rédiger un message, vous pouvez aussi récupérer une photo directement. Pour insérer une telle pièce jointe à votre e-mail, après avoir tapé votre texte, effectuez une tape sous votre texte pour faire apparaître la barre d'outils d'abord dédiée aux opérations de copier/coller (**voir p. 57**). Touchez ensuite le flèche pointant vers la droite pour pouvoir taper sur l'option « Insérer photo ou vidéo » afin d'afficher le contenu de la photothèque accessible depuis votre iPhone (**voir chapitre 9**). Touchez la photo ou la vidéo pour la visualiser, puis l'option Choisir, en bas à droite. La voilà insérée dans votre message. Pour insérer un autre type de fichier, effleurez une nouvelle fois la flèche pointant vers la droite de la barre d'outils pour faire apparaître la mention « Ajouter une pièce jointe ». Vous pourrez alors sélectionner un fichier stocké dans votre iCloud Drive (**voir p. 72**) ou dans un autre service de stockage de fichiers en ligne comme Dropbox, Google Drive ou OneDrive (**voir p. 74**).

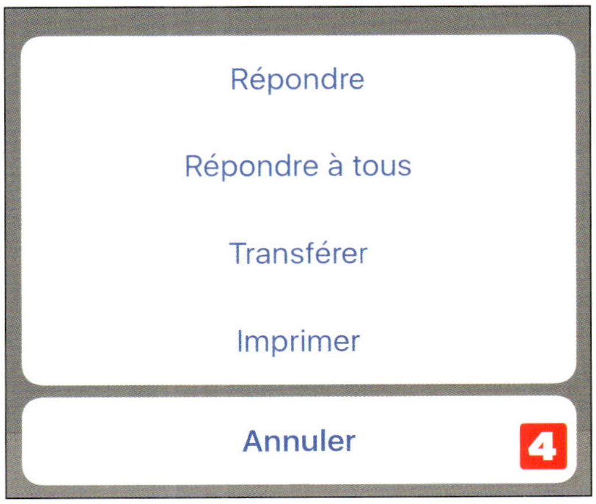

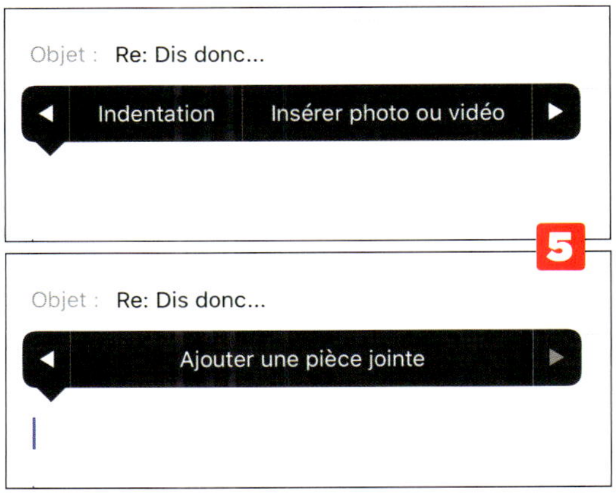

6 CRÉER UNE SIGNATURE POUR CHACUN DE VOS COMPTES

Pour ajouter une signature automatique à vos courriels, rendez-vous dans la section Mail des Réglages. La section Signature permet de définir la signature de votre choix. Vous pouvez saisir le texte que vous souhaitez comme signature. Les effets de textes sont possibles : tapez sur le texte pour faire apparaître la barre d'options, puis choisissez Sélectionner. Surlignez ensuite le texte à mettre en valeur à l'aide des poignées de sélection, puis utilisez un des boutons « G », « I » ou « S » pour passer le texte en gras, en italique ou le souligner. Lorsque vous disposez de plusieurs adresses e-mail, vous pouvez ajouter une signature différente à chaque compte.

Chacun ses VIP

Ajoutez des VIP à votre boîte du même nom en touchant le bouton « i » et en sélectionnant vos contacts privilégiés. Leurs messages seront automatiquement mis en valeur dans cette boîte. Les VIP disposent aussi de leurs propres alertes dans le centre de notification, rubrique Mail. Vous pouvez donc être alerté de façon différente selon que vous recevez un courriel « normal » ou provenant d'un VIP. Et si vous ajoutez le module Mail dans la page des Widgets (**voir p. 22**), celui-ci n'affichera justement que les courriels en provenance de vos VIP.

PROFITER DE TOUTES LES FONCTIONS AVANCÉES DE MAIL

Que l'on reçoive des courriels de temps en temps ou plusieurs dizaines par jour, l'appli Mail de l'iPhone dispose de toutes les fonctions nécessaires pour les gérer au mieux.

Être prévenu de l'arrivée de nouveaux courriels

Pour que votre iPhone affiche une notification lors de l'arrivée d'un nouveau courriel, plusieurs conditions doivent être réunies. Vous devez d'abord avoir activé l'option Push de la section « Nouvelles données », accessible via Réglages, Mail et Comptes. Il faut ensuite que le compte de courriel soit compatible avec cette fonction Push. C'est le cas des comptes iCloud, Yahoo, ou Outlook. En revanche, il est probable que le compte de votre fournisseur d'accès ne le soit pas. Et il faut enfin que vous ayez activé les Notifications pour l'appli Mail. Rendez-vous **p. 94** pour tout savoir sur les notifications. Pour les comptes non compatibles avec l'option Push, vous pouvez programmer la récupération des nouveaux messages toutes les 15 minutes, 30 minutes ou 1 heure. Cela dit, cette option est gourmande en énergie.

JETER UN ŒIL À SA BOÎTE DE RÉCEPTION PENDANT QUE L'ON RÉDIGE UN MESSAGE Que vous soyez en train de répondre à un message ou d'en rédiger un nouveau, vous pouvez saisir le titre du message pour le glisser vers le bas de l'écran. Dès lors, vous pouvez de nouveau passer d'un message à l'autre comme bon vous semble, le message en cours de rédaction vous attendant en bas. Cela vous permet par exemple de relire un ancien courriel ou d'en copier/coller un paragraphe pour l'insérer ensuite dans le courriel en cours. Pour revenir à ce dernier, il vous suffit de toucher son titre en bas de l'écran pour qu'il remonte : vous pouvez continuer à rédiger.

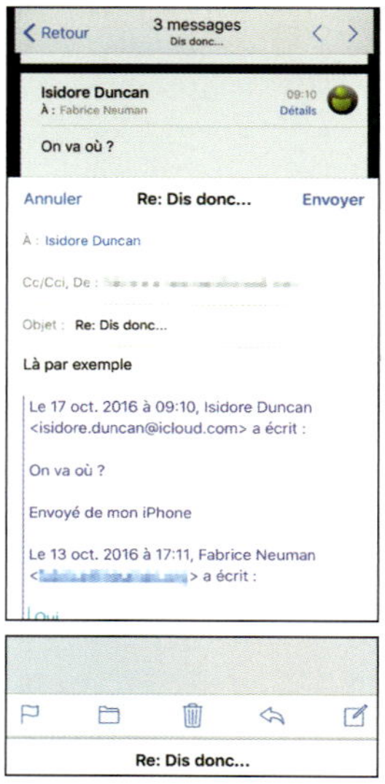

REPÉRER SES MESSAGES À L'AIDE DE DRAPEAUX On n'a pas toujours le temps de répondre à un message tout de suite. Pour pouvoir facilement y revenir plus tard, touchez l'icône en forme de drapeau en bas de l'écran pour faire surgir un menu. Effleurez sa première option « Marquer d'un drapeau ». Vous verrez alors un drapeau s'afficher à côté du titre du message. Et ce drapeau apparaît aussi dans la boîte de réception, à gauche de chaque message ainsi marqué.

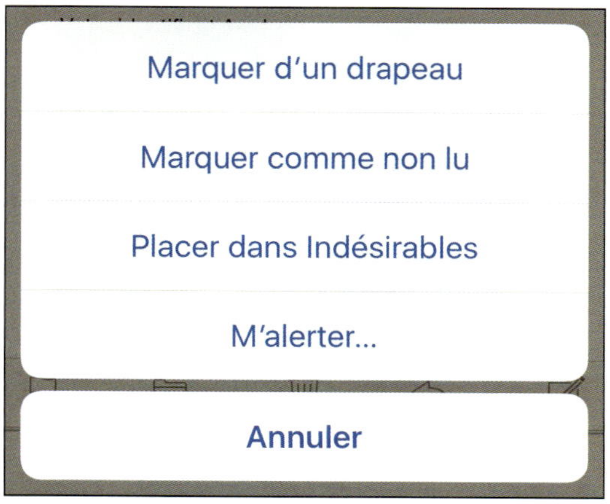

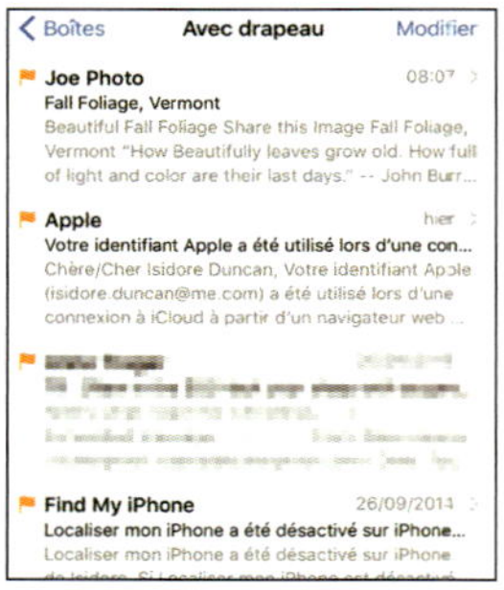

ACCÉDER À TOUS LES MESSAGES MARQUÉS D'UN DRAPEAU Dans Mail, retournez à la liste de tous vos comptes en effleurant la flèche Boîtes pointant vers la gauche située en haut de l'écran, ou bien en effectuant un glissement vers la droite depuis le bord gauche de l'écran (le geste tactile classique pour revenir en arrière, **voir p. 44**). L'écran des Boîtes vous permet d'afficher la boîte de réception unifiée ou de choisir le compte dont vous voulez voir les messages. Il vous permet d'accéder aussi à certaines boîtes spéciales, comme la boîte VIP. Si la boîte Drapeaux n'apparaît pas, effleurer l'option Modifier en haut à droite, puis cochez la boîte Drapeaux. Valider par OK. Une tape sur la boîte Drapeaux affiche les messages marqués et uniquement ceux-là.

CHOISIR LES BOÎTES SPÉCIALES À AFFICHER La manipulation décrite ci-dessus permet de choisir les boîtes aux lettres spéciales que vous souhaitez afficher ou non. Ces boîtes sont celles qui s'affichent en premier dans l'écran Boîtes, au-dessus de la liste de tous vos comptes (**voir p. 90**). Ainsi, si vous n'utilisez pas la notion de VIP pour accéder à vos messages, décochez simplement cette boîte dans la liste. À

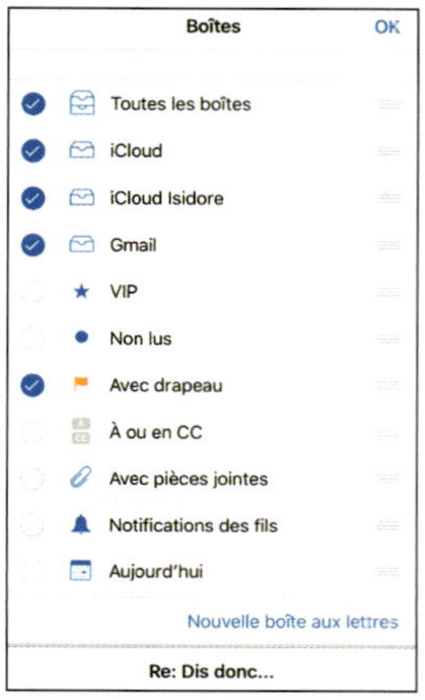

Gérer ses messages grâce aux glissements de doigt

L'appli Mail profite à plein des gestes tactiles de glissement (**voir p. 42**). Attention, il faut bien faire la différence entre les balayages partant du bord de l'écran, qui permettent par exemple de revenir en arrière, et ceux qui ne s'appliquent qu'à un seul des messages listés dans la boîte aux lettres que l'on est en train de consulter. Dans ce cas, on pose le doigt sur le message et on commence ensuite à glisser. Lorsque l'on effectue un balayage court, un bouton s'affiche, sur lequel on tape pour confirmer l'action. Un glissement vers la droite affiche un bouton bleu permettant de marquer un message comme non-lu **(1)**, tandis qu'un glissement court vers la gauche affiche trois boutons **(2)** : un rouge pour effacer le message, un orange pour le marquer d'un drapeau et un gris pour accéder à un menu plus complet **(3)**. Plus subtil encore, on peut aussi effectuer des glissements longs pour activer l'action sans autre validation. On voit alors le bouton bleu **(4)** ou le bouton rouge **(5)** s'étirer en suivant le mouvement du doigt : dès qu'on lâche l'écran, l'action est effectuée.

l'inverse, pour accéder d'un seul coup à tous les messages que vous n'avez pas encore lus, quelle que soit leur date de réception, activez la boîte « Non lus ». Notez bien que lorsque vous décochez une boîte, cela n'efface pas les messages qu'elle contient. Vous pouvez donc toujours y revenir plus tard sans problème.

FILTRER LES MESSAGES TEMPORAIREMENT

Nouveauté d'iOS 10 : le petit bouton aux trois lignes en entonnoir situé en bas à gauche permet de filtrer toutes les boîtes pour n'afficher que les messages non-lus et/ou marqués. Tapez sur le mot « Filtres : » en bas au milieu de l'écran pour accéder à l'écran des options de filtrage.

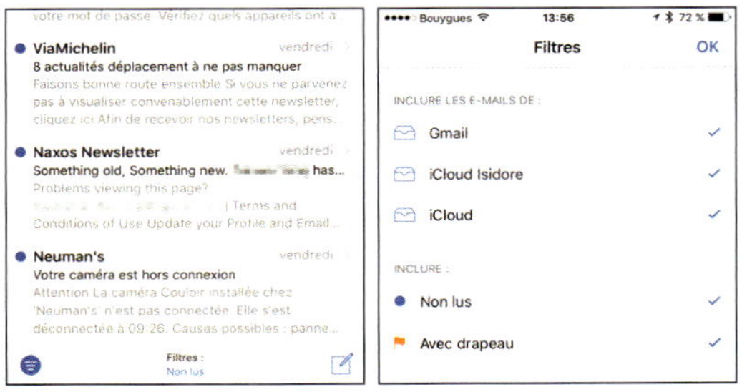

MODIFIER LES OPTIONS DE BALAYAGE

Si vous êtes adepte des gestes de balayage (voir ci-dessus), vous pouvez les modifier pour les adapter à vos habitudes. Rendez-vous dans la section Mail des Réglages, puis choisissez « Options de balayage ». L'écran suivant vous permet de choisir l'action liée aux glissements vers la gauche ou vers la droite. Notez que vous ne pouvez pas changer le bouton Corbeille qui s'affiche lors d'un balayage vers la gauche.

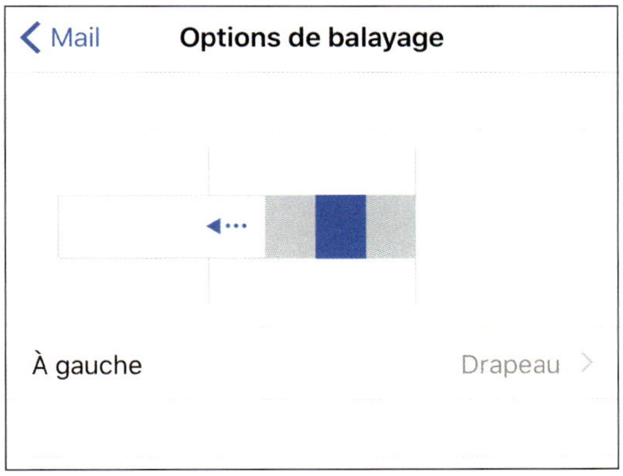

PROFITER DE TOUTES LES OPTIONS DE L'APPLI MAIL La section Mail des Réglages propose de nombreuses autres options. Vous pouvez par exemple changer le nombre de lignes d'aperçu afin de pouvoir lire une plus grande partie du message directement dans la boîte de réception. Ainsi, si vous estimez que vous n'avez pas besoin de le lire en entier, un balayage du doigt (**voir ci-dessus**) suffira pour le marquer comme lu ou pour l'effacer. Vous pouvez également modifier le style de Drapeau ou désactiver l'organisation par sujet. Cette dernière option est activée par défaut et rassemble les messages et toutes leurs réponses en conversations. Vous pouvez passer d'un mode à l'autre sans risque d'effacer les messages : l'appli Mail se charge juste de modifier l'affichage en fonction de vos préférences.

Utiliser une autre appli que Mail

Si vous utilisez une adresse Gmail, vous pouvez aussi décider d'installer l'appli dédiée au service de Gmail. Elle vous permettra de retrouver vos habitudes, notamment si vous utilisez les libellés pour classer vos messages plutôt que de les placer dans des dossiers. Notez qu'iOS ne permet pas de remplacer Mail par Gmail comme appli de courriel par défaut : si vous tapez sur une adresse email dans une page Web par exemple, c'est forcément l'appli Mail d'iOS qui se lance.

DES INFOS D'UN COUP D'ŒIL GRÂCE AUX NOTIFICATIONS ET AUX WIDGETS

Le centre de notifications regroupe les alertes dont vous ne vous êtes pas occupé au moment de leur apparition. Et vous pouvez choisir celles que vous souhaitez laisser accessibles dans le volet.

AFFICHER LE CENTRE DE NOTIFICATIONS
Le centre de notifications se déroule d'un balayage de haut en bas depuis le sommet de l'écran. Vous pouvez y accéder depuis n'importe où, même lorsque l'iPhone est verrouillé. Vous pouvez désactiver cette dernière option si vous estimez que cela permettrait à des inconnus de consulter trop facilement vos infos personnelles. Ne confondez pas ce geste avec celui qui vous permet d'afficher Spotlight, le module de recherche intégrale (**voir p. 126**).

PANNEAU « RÉCENTS » Le centre des notifications est divisé en deux panneaux. Celui qui s'affiche par défaut quand vous le déroulez est baptisé Récents et regroupe toutes les notifications que vous avez choisi de recevoir, application par application (**voir p. 96**). Ces notifications sont classées par ordre chronologique. Une tape sur une notification vous emmène dans l'appli qui l'a générée, par exemple un message texte (**voir chapitre 7**) pour pouvoir y répondre sans attendre. Cette alerte disparaîtra alors du panneau.

EFFACER LES ALERTES Pour effacer les alertes une par une du panneau, les marquer comme « lues » en quelque sorte, faites glisser votre doigt sur l'une d'elles de droite à gauche pour faire apparaître deux boutons : Afficher et Effacer. Le premier remplit la même fonction que la simple tape sur la notification elle-même. Une tape sur Effacer fera

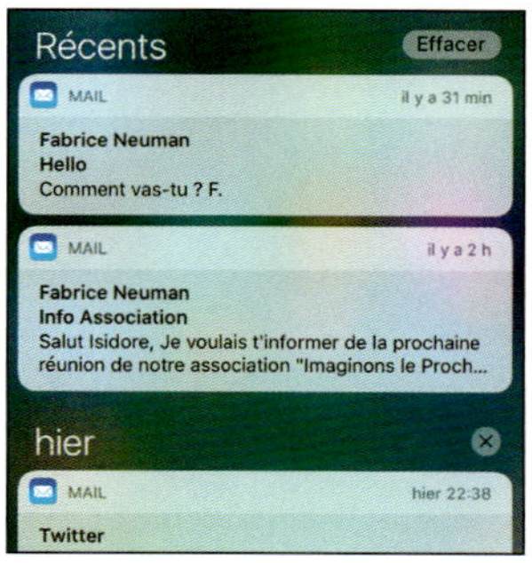

donc disparaître l'alerte. Rappelons que, ce faisant, c'est bien uniquement la notification que l'on efface et pas le message qui l'a déclenché. Pour effacer toutes les alertes d'une journée, touchez la croix en haut à droite de chaque jour, puis validez d'une tape sur le bouton Effacer qui la remplace. Les iPhone 6S et 7 disposent d'un tour supplémentaire dans leur sac : en effectuant un appui forcé, via la fonction 3D Touch (**voir p. 48**), sur une de ces croix, l'écran devient flou pour laisser la place à l'option « Effacer toutes les notifications ».

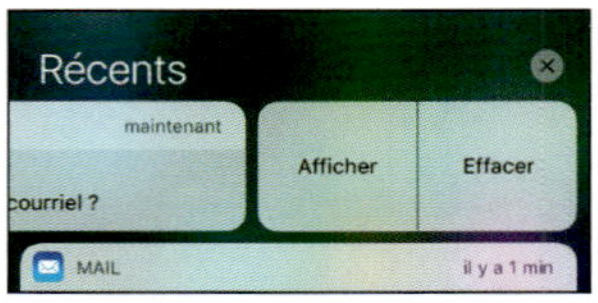

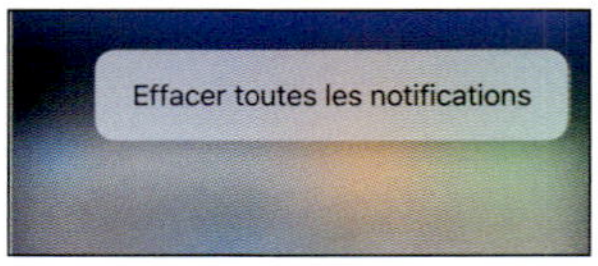

DES WIDGETS DYNAMIQUES En faisant glisser le volet des notifications vers la droite, vous faites apparaître le volet des

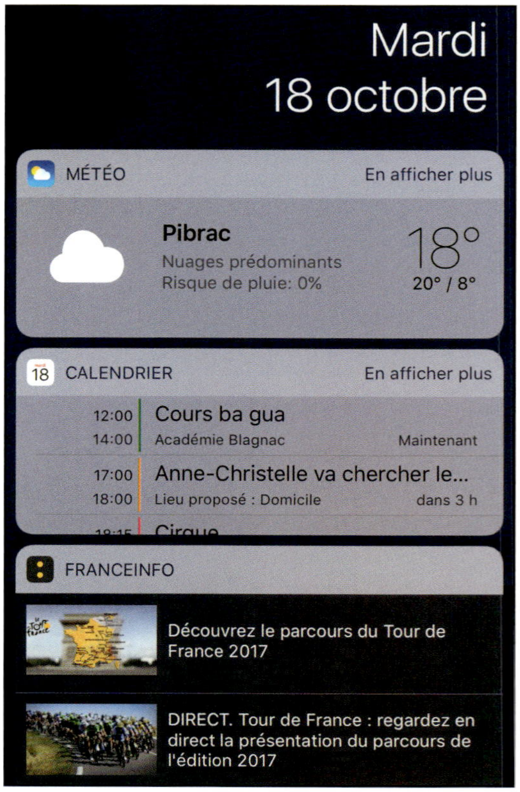

Fermer le centre de notifications

Lorsque vous avez fini de consulter le centre de notifications, vous pouvez le fermer à l'aide de la zone située tout en bas du volet, là où se trouvent les deux points blancs figurant la présence du panneau des notifications et de celui des Widgets. Au choix, saisissez-la pour la faire glisser ou tapez dessus. Vous pouvez aussi tout simplement appuyer sur le bouton principal de l'iPhone, sous l'écran.

widgets, le même que celui qui apparaît depuis l'écran verrouillé ou l'écran d'accueil, via le même mouvement de glissement (**voir p. 22**). Les widgets sont de petits modules permettant d'afficher quelques éléments essentielles d'une application. Et elles sont nombreuses à en proposer. Les applis standard en premier lieu, comme Météo, Calendrier, Plans, etc. Mais vous verrez qu'au fur et à mesure que vous installerez des

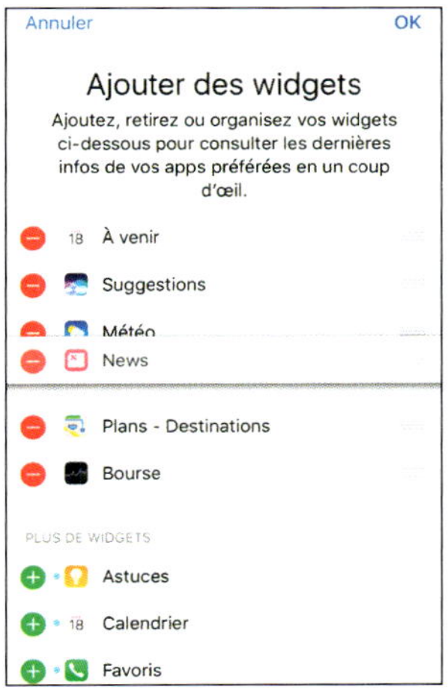

applications, votre collection de widgets s'agrandira. Pour ajouter, retirer ou modifier l'agencement de vos widgets, faites défiler jusqu'en bas leur panneau et tapez sur le bouton Modifier. Une mention « nouveaux widgets disponibles » l'accompagne si des applications que vous venez d'installer en ont ajouté récemment. Saisissez la poignée à droite du nom de chaque widget pour les réordonner et tapez sur le sens interdit pour les enlever. Ceux que vous avez retiré de la sorte viennent alors allonger la liste «Plus de widgets» en dessous. Ce qui vous permet de les utiliser de nouveau si vous le souhaitez.

NOTIFICATIONS SUR L'ÉCRAN VERROUILLÉ

Quand une notification arrive sur l'écran verrouillé, glissez-la vers la droite pour accédez directement au contenu au sein de l'appli concernée. Après avoir entré votre code de verrouillage ou appliqué votre doigt sur le lecteur d'empreinte digitale. C'est beaucoup plus rapide que de déverrouiller le téléphone, et ensuite d'ouvrir l'application (ou le centre de notifications) pour afficher ce qui vous intéresse ! Vous pouvez aussi faire glisser vers la gauche pour afficher d'autres options comme un bouton Effacer pour marquer la notification comme lue. Du coup, elle n'apparaîtra plus dans le panneau des notifications.

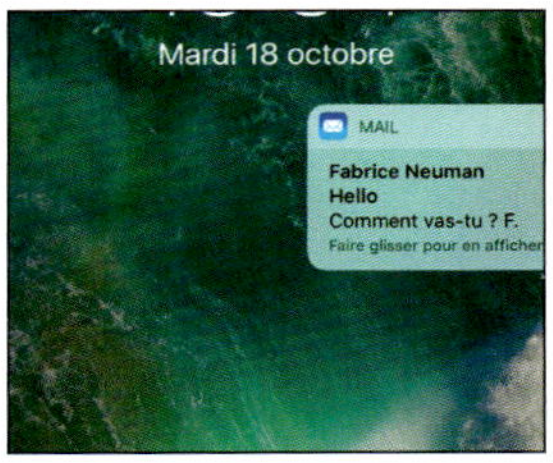

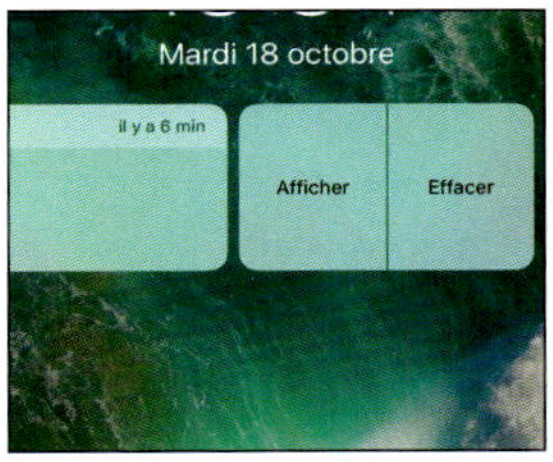

Notifications dynamiques

En plus du panneau de notifications, les alertes peuvent aussi s'afficher sous forme de bannières glissant depuis le haut de l'écran. Certaines de ces alertes sont dynamiques, c'est-à-dire qu'elles offrent des actions directement intégrées aux notifications. Si vous tapez simplement dessus, elles vous emmènent dans l'appli à l'origine de l'alerte. Faites-la glisser vers le bas pour qu'elle s'affiche en plus grand par dessus l'application que vous êtes en train d'utiliser et, par exemple, vous lancer dans une conversation texte **(1)**. Lorsque vous avez terminé, saisissez la barre de titre de la fenêtre de notification et faites-la glisser vers le bas pour la fermer **(2)**. Dans les options de Notifications, vous pouvez choisir d'afficher les notifications sous forme de Bannières ou d'Alertes. Une seule différence entre les deux : les bannières disparaissent d'elles-mêmes au bout de deux secondes, tandis que les Alertes restent affichées jusqu'à ce que vous les fassiez disparaître d'une pichenette vers le haut **(3)**.

Vous pouvez aussi faire disparaître une bannière plus vite, de la même manière. Avec un iPhone 6S ou 7, muni d'un écran sensible à la pression, appuyez fortement sur une notification pour afficher quelques options supplémentaires **(4)**.

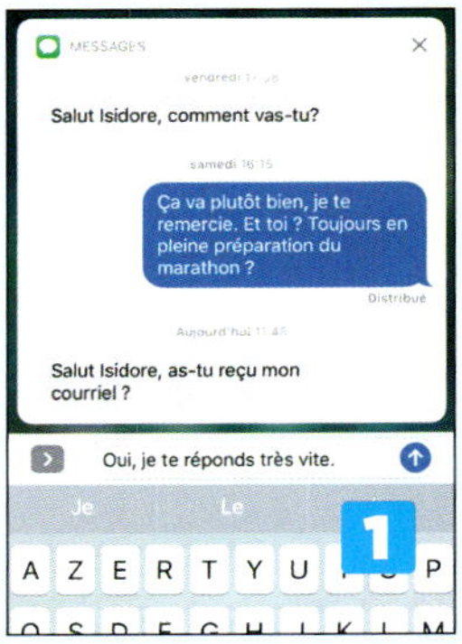

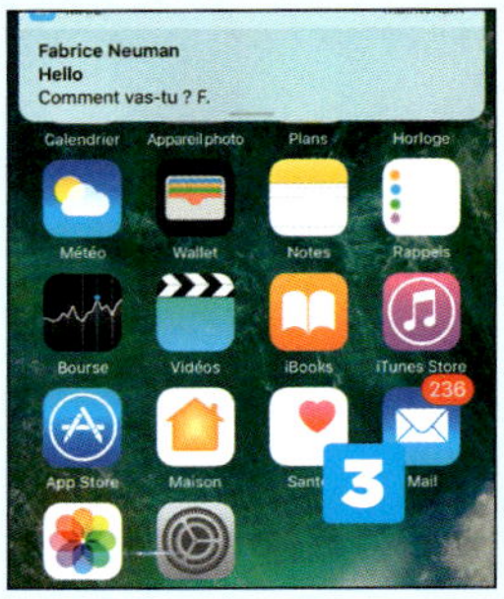

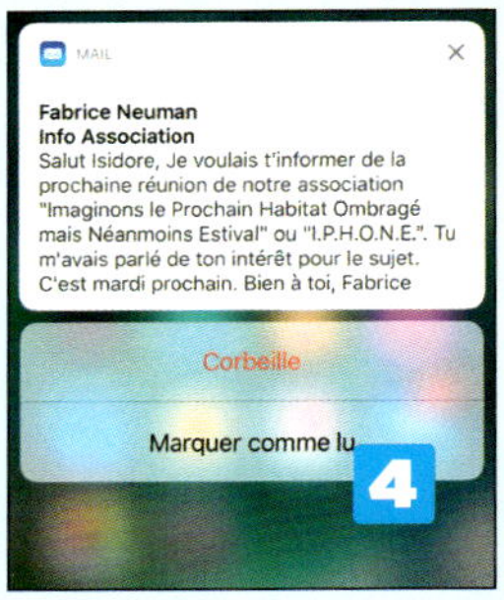

DIFFICULTÉ ★★★★★ 10 MN

CHOISIR QUAND ET COMMENT ÊTRE NOTIFIÉ PAR SON IPHONE

Choisissez avec parcimonie les applis qui pourront vous envoyer des notifications, et profitez aussi de la fonction Ne pas déranger pour bénéficier de moments de calme plat.

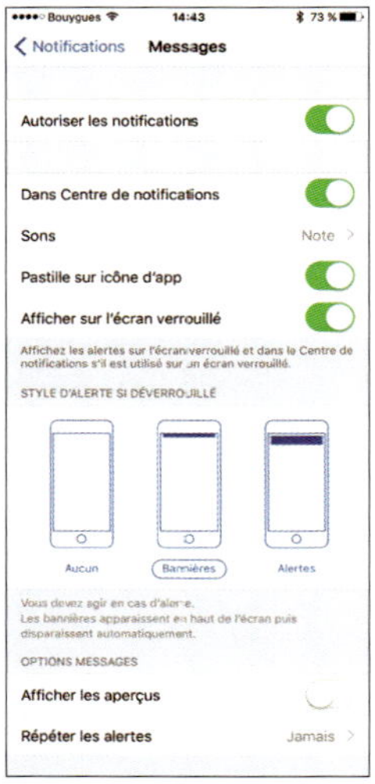

CHOISIR LES TYPES DE NOTIFICATIONS

Pour modifier le comportement des alertes, touchez le nom de l'appli concernée dans la section Notifications des Réglages. Vous pouvez alors supprimer complètement les alertes pour cette appli en désactivant l'option « Autoriser les notifications ». Toutes les options en dessous disparaissent. Si vous laissez cette option activée, choisissez d'être alerté exactement comme vous le souhaitez. La catégorie « Dans Centre de notifications » autorise les alertes à alimenter le volet des notifications. En dessous, certaines applis vous permettent de personnaliser le son de la notification. Ensuite, vous pouvez activer ou non l'affichage d'une pastille sur l'icône de l'appli concernée, qui vous indique le nombre d'alertes total (par exemple les messages non-lus). Vous pouvez aussi choisir d'afficher l'alerte ou non sur l'écran verrouillé. Utile pour éviter que n'importe qui puisse lire le début de vos messages simplement en jetant un œil sur votre écran au moment où l'alerte arrive. L'autre moyen de parvenir à ce résultat consiste à laisser les alertes s'afficher sur l'écran verrouillé, mais en désactivant l'affichage des aperçus (voir illustration). En dessous, les pictogrammes vous laissent choisir le type d'alerte : Aucune, Bannières ou Alertes. Vous pouvez en effet choisir de n'être alerté que par un son, sans aucun visuel. La bannière s'affiche en haut de l'écran et disparaît d'elle-même au bout de deux secondes. L'alerte s'affiche de la même manière mais reste à l'écran tant que vous n'avez rien fait avec. D'autres options sont parfois proposées en bas de l'écran, dépendant de chaque appli. Notez que si vous avez ajouté plusieurs comptes de courriel, vous pourrez paramétrer les notifications pour chacun d'eux.

ACTIVER RAPIDEMENT LE MODE « NE PAS DÉRANGER » Le mode « Ne pas déranger » permet de couper les notifications, sans pour autant les déprogrammer. Plus de sonnerie, ni de vibreur, ni d'écran qui s'allume à l'arrivée d'un message. Bref, c'est le calme plat, mais vous n'êtes pas pour autant coupé du monde. Les notifications vous parviendront tout de même silencieusement et vous aurez toujours accès au réseau. Glissez votre doigt vers le haut depuis la base de l'écran pour afficher le centre de contrôle puis touchez le croissant de lune pour activer ce mode.

RESTER UN MINIMUM JOIGNABLE Depuis les Réglages, dans la section « Ne pas déranger », vous avez la possibilité d'autoriser certains numéros à traverser le filtre. Pour cela, touchez « Autoriser les appels de », puis choisissez Favoris ou un groupe de contacts. Vous pouvez aussi activer les « Appels répétés » pour que le téléphone sonne quand même si le même correspondant tente plusieurs fois de vous joindre en un court laps de temps.

PROGRAMMER SA TRANQUILLITÉ

Vous avez aussi la possibilité d'activer automatiquement ce mode. C'est très pratique pour passer une nuit tranquille tout en étant certain que le réveil sonnera. Pour cela, activez Horaire dans la section « Ne pas déranger » des Réglages, puis choisissez la plage horaire. Tant que la fonction Horaire est active, le mode se déclenchera tout seul, mais vous pouvez toujours l'activer à la main à tout moment.

NE PAS DÉRANGER OU MODE AVION ?

Contrairement à « Ne pas déranger », le mode Avion coupe complètement les communications : 3G/4G, Wi-Fi et même Bluetooth. Ce mode est à privilégier dans les environnements sensibles aux rayonnements électromagnétiques comme dans un avion, d'où son nom. Il est directement accessible depuis le centre de contrôle et se situe aussi tout en haut du premier écran des Réglages.

DIFFICULTÉ ★★★★★ 5 MN

MAÎTRISER SA CONSOMMATION DE DONNÉES EN 3G/4G

1 SCRUTER LA CONSOMMATION DE DONNÉES DE CHAQUE APPLI Avec une connexion 3G ou 4G, on peut se connecter à Internet de n'importe où, mais attention au quota de données ! Selon les abonnements, il varie de 500 Mo à plusieurs Go, mais tout dépend de l'usage qui en est fait. Si l'on regarde souvent des vidéos sur YouTube, la limite va vite être atteinte. Heureusement, iOS permet de surveiller la consommation « data » de toutes les applications installées sur votre iPhone. N'est concernée que la consommation sur le réseau cellulaire et pas celle en Wi-Fi, que l'on peut considérer comme totalement illimitée (quoi que, voir ci-contre « La 4G au secours du Wi-Fi »). Rendez-vous dans Réglages, puis ouvrez « Réseau cellulaire » pour afficher la (longue) liste des applications et de leur consommation.

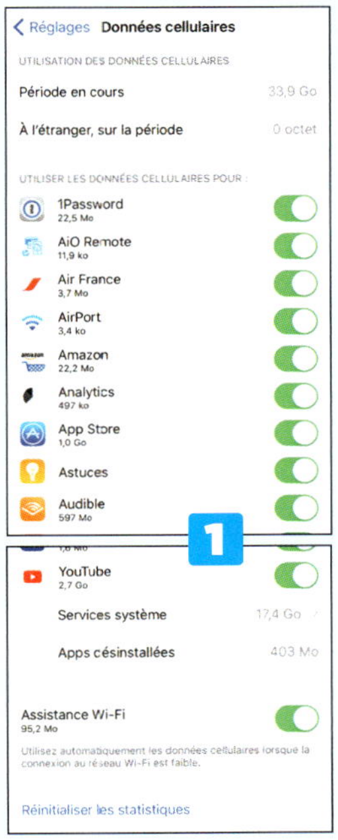

2 DÉSACTIVER LES APPLIS LES PLUS GOURMANDES Vous pouvez choisir de désactiver l'accès au réseau cellulaire des applis les plus gourmandes. Cela n'affectera pas forcément leur fonctionnement puisqu'elles pourront toujours se connecter à Internet via un accès Wi-Fi.

3 ET LA CONSOMMATION DU SYSTÈME ? Le système aussi consomme des données pour son fonctionnement propre. Vous ne pourrez pas l'empêcher, mais, à titre d'information, vous retrouverez la consommation précise en touchant « Services système » en bas de la liste.

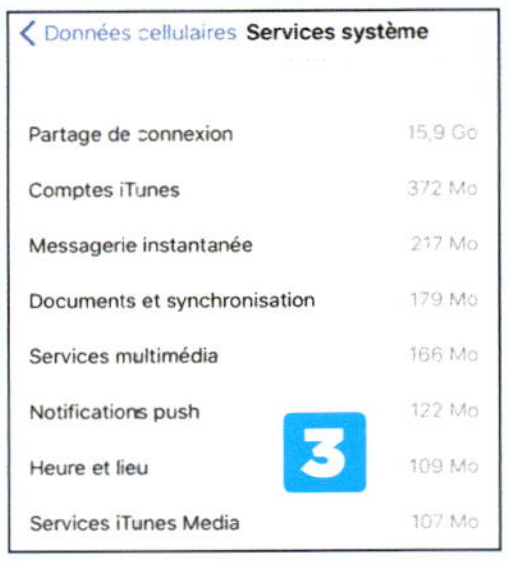

4 REMETTRE À ZÉRO LES STATISTIQUES L'iPhone est par ailleurs équipé de deux compteurs périodiques, indiquant la consommation chez vous et à l'étranger. Il faudra néanmoins penser à le remettre à zéro avant de partir à l'étranger en touchant « Réinitialiser les statistiques » tout en bas de votre écran.

5 ACTIVER LA CONNEXION 3G/4G À L'ÉTRANGER AVEC PRÉCAUTION L'accès à Internet via le réseau mobile à l'étranger est particulièrement onéreux. Du coup, l'iPhone coupe automatiquement l'accès aux données dès que vous passez la frontière, mais vous laisse passer des appels (chers aussi !). Si vous souhaitez réactiver l'accès 3G/4G, vous pouvez le faire à tout moment, via les options d'itinérance, en activant les « Données à l'étranger ».

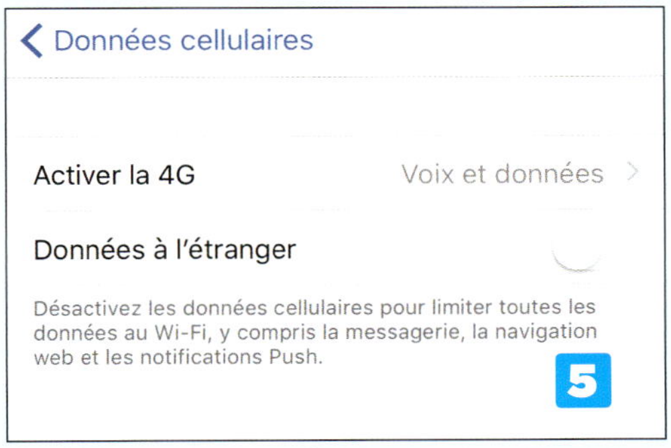

6 LIMITER L'USAGE DE LA 3G / 4G Si vous avez activé les données cellulaires à l'étranger, désactivez les fonctions gourmandes et superflues. Coupez les téléchargements automatiques d'applications ou de contenu depuis le réseau cellulaire : dans la section « iTunes Store et App Store » des Réglages, décochez l'option « Données cellulaires ».

La 4G au secours du Wi-Fi

Tout en bas de la liste montrée ci-contre, remarquez l'option « Assistance Wi-Fi », activée par défaut. Son but est de laisser l'iPhone puiser dans le quota de données 4G si jamais le réseau Wi-Fi auquel il est connecté est trop faible. Si vous atteignez souvent la limite de consommation « data » de votre abonnement, pensez à désactiver cette fonction… ou à changer d'abonnement !

Ko, Mo ou Go, c'est quoi ?

Le volume des données est compté en octets. Pour faire simple, 1000 octets font un Ko (kilooctet), 1000 Ko font un Mo (mégaoctet) et 1000 Mo font un Go (gigaoctet). La quantité de données autorisée par votre abonnement est de quelques Go au maximum, au-delà desquels la connexion peut être ralentie ou facturée en plus, selon l'opérateur. Pour donner un ordre de grandeur, un courriel composé uniquement de texte pèse quelques dizaines de Ko ; une photo prise avec un iPhone occupe quelques Mo ; et un film d'une heure et demie, téléchargé en HD sur l'iTunes Store, peut peser plusieurs Go.

Envoyer avec un effet
Bulle
Écran
ENVOYER AVEC DES BALLONS
Bravo !

À DÉCOUVRIR DANS CES PAGES

MESSAGES : DES SMS SURVITAMINÉS

Le nombre de nouvelles fonctions de l'appli Messages d'iOS 10 est impressionnant. Elle vous permet toujours d'envoyer avec facilité des messages audio, photo ou vidéo, et ajoute des possibilité de dessins à main levée plutôt amusantes. Et si toutes les nouvelles fonctions ne vous suffisent pas, l'App Store dédié à l'appli Messages vous permettra d'en ajouter encore plus !

SMS ET iMESSAGE : LES DEUX TYPES DE MESSAGES TEXTE DE VOTRE IPHONE

L'iPhone sait bien sûr envoyer et recevoir des SMS et des MMS. Mais l'appli Messages qui les gère propose aussi un autre type de messages réservés aux échanges entre iPhone.

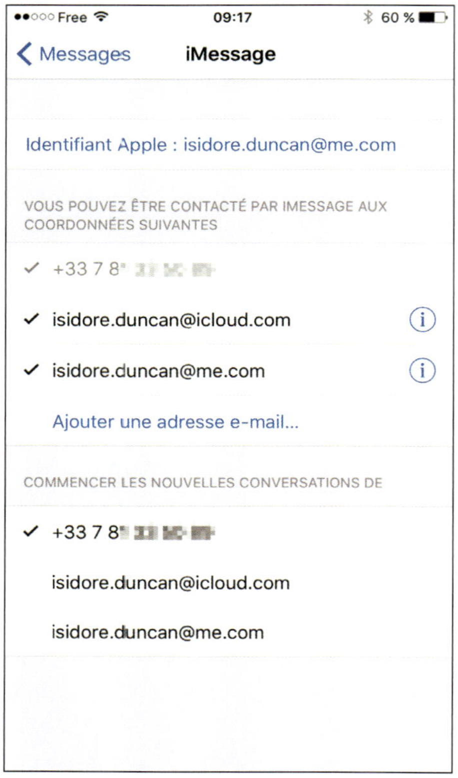

Rendez-vous dans la section Messages des Réglages, puis « Envoi et réception », de l'iPhone pour que tous vos messages texte utilisent uniquement votre numéro de téléphone mobile comme identifiant auprès de vos correspondants. Il sera automatiquement utilisé aussi sur votre propre iPad et cela évitera les possibles confusions : vos correspondants ne verront que votre numéro de mobile, quel que soit le type de message texte échangé.

L'appli Messages, représentée par son icône verte munie d'une bulle blanche, est installée en standard sur l'écran d'accueil. Lorsque vous recevez un message, il apparaît dans une bulle grise, de style BD, calée sur la gauche de l'écran. Et quand vous envoyez un message (voir p. suivante), il s'inscrit, lui, dans une bulle de couleur, calée sur la droite.

BULLE VERTE OU BULLE BLEUE ? Selon la personne à laquelle vous envoyez le message, la couleur de la bulle n'est pas la même, et il est important de connaître la différence. Si elle est verte, il s'agit d'un SMS classique, envoyé via votre opérateur mobile, comme avec n'importe quel autre téléphone. Mais si elle est bleue, cela signifie que le message est envoyé via les serveurs d'Apple et que votre correspondant dispose lui aussi d'un iPhone ou d'un iPad. Le SMS devient alors un « iMessage ».

LES FONCTIONS EN PLUS DES iMESSAGES

Cette distinction a plusieurs implications. Tout d'abord, cela signifie que le message texte n'est plus décompté de votre éventuel quota auprès de votre opérateur mobile. La quasi totalité des abonnements incluent désormais les SMS illimités, mais ce n'est pas forcément le cas des MMS. L'intérêt de ces derniers est de pouvoir envoyer des images, pas forcément de bonne qualité d'ailleurs (**voir plus loin**). Mais les iMessages vont plus loin. Vous n'êtes plus limité à un maximum de 160 caractères par message : vous pouvez donc laisser le champ libre à votre inspiration. Vous pouvez aussi initier et participer à des conversations de groupe : envoyez un message à plusieurs personnes et toutes leurs réponses parviennent à tout le monde en même temps. Pratique ! De plus, les images envoyées par iMessage sont de bien meilleure qualité. Et vous pouvez aussi envoyer des messages audio ou des vidéo en un clin d'œil (**voir p. 102**).

CONNEXION INTERNET OBLIGATOIRE

Techniquement, iMessages et SMS ne sont pas envoyés de la même manière. Ces derniers ont été conçus il y a plusieurs décennies pour pouvoir être envoyés via les réseaux mobiles de l'époque, bien avant Internet. Les iMessages, eux, sont en réalité envoyés par Internet. Donc, selon les cas, vos iMessages transitent via le réseau 3G/4G de votre opérateur de téléphone mobile, ou par la connexion Wi-Fi (**voir p. 85** pour bien comprendre la différence entre les deux réseaux). C'est ce qui permet à un iPad d'envoyer et recevoir des iMessages même s'il ne se connecte qu'en Wi-Fi. Attention, la création et la connexion à un compte iCloud est alors nécessaire car c'est par lui que transitent les messages. Sur un iPhone, le service est activable sans iCloud, mais les services en ligne d'Apple rendent bien d'autres services (**voir chapitre 5**).

NUMÉRO DE TÉLÉPHONE OU E-MAIL ?

Lorsque vous activez la fonction iMessage sur votre iPhone, votre numéro de téléphone est tout naturellement utilisé comme identifiant. Vos correspondants continuent à vous envoyer des messages texte comme avant, via votre numéro de mobile. Mais s'ils utilisent eux aussi un iPhone, ils verront votre nom apparaître en bleu plutôt qu'en vert (**voir p. suivante**). Si vous êtes connecté à un compte iCloud, vous pouvez aussi utiliser l'adresse e-mail liée à ce dernier comme identifiant pour vos iMessages. C'est ce qui permet à un utilisateur d'iPad Wi-Fi d'utiliser la fonction iMessage, même s'il ne dispose pas d'un iPhone. Cela dit, si vous utilisez un iPhone, mieux vaut vous rendre dans la section Messages des Réglages afin de faire en sorte de n'utiliser que votre numéro de téléphone comme identifiant.

DIFFICULTÉ ★★★★★ 10 MN

ÉCHANGER DES SMS EN VERT ET DES iMESSAGES EN BLEU

1 ACTIVER iMESSAGES Comme tout bon téléphone mobile, l'iPhone est bien sûr capable d'envoyer et de recevoir des SMS. Mais il ajoute aussi un service propre à Apple, baptisé iMessage (voir p. précédente). Le système sélectionne automatiquement le service approprié en fonction du téléphone dont dispose votre correspondant : les SMS s'affichent dans des bulles vertes, tandis que le bleu est réservé aux iMessages. Pour commencer, vous devez vous assurer que iMessage est correctement activé. Rendez-vous dans les Réglages, puis dans la section Messages. Vérifiez que le petit commutateur en regard de iMessage est bien au vert. Notez que la fonction d'accusé de réception (Confirmations de lecture) n'est disponible que si le service iMessage est activé et ne s'applique qu'aux iMessages.

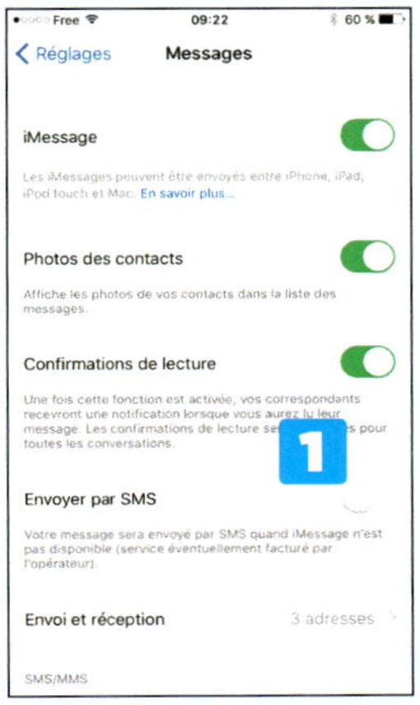

2 REPÉRER SES CONTACTS iMESSAGE Pour envoyer un message, touchez le petit calepin en haut à droite de l'application Messages, puis tapez le nom de votre correspondant dans le champ « À ». Si le nom apparaît en bleu, vous envoyez un iMessage. Si le nom est affiché en gris dans la liste des contacts proposés, ce sera un SMS. Une fois sélectionné, le nom apparaît en vert dans la liste des destinataires. Certains contacts apparaîtront plusieurs fois. C'est le cas de ceux qui n'ont pas restreint le nombre de leurs identifiants iMessage (voir p. précédente). Cela dit, si votre correspondant a choisi d'utiliser une adresse e-mail comme identifiant iMessage, c'est tout de même bien un message texte qu'il recevra et pas un courriel. Sur son iPad peut-être. Notez aussi que lorsque que vous tapez les premières lettres d'un correspondant, une liste de possibles s'affiche en dessous et propose aussi les potentielles conversations de groupe que vous avez déjà engagées et incluant le contact que vous êtes en train de chercher.

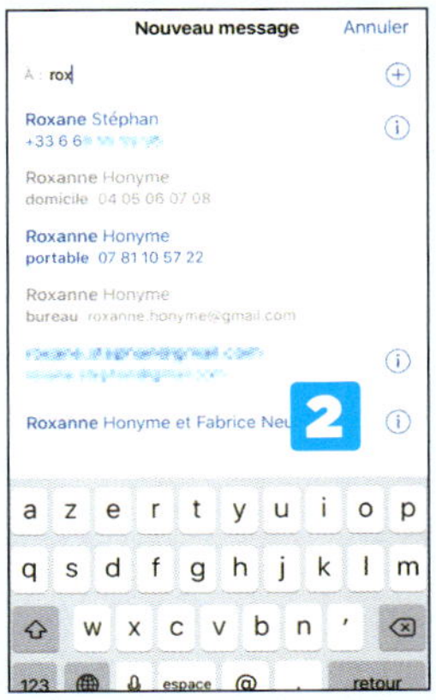

3 DISCUSSIONS DE GROUPE Avec iMessage, vous pouvez initier des discussions à plusieurs. Saisissez les noms de vos destinataires, tapez votre message et votre téléphone se transforme en un vrai petit salon de discussion : les messages envoyés parviennent à tous les destinataires du groupe en même temps (**voir p. 100**).

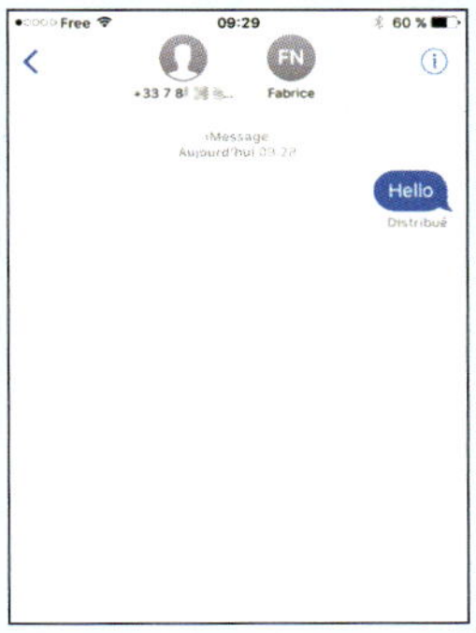

4 CONSULTER LA LISTE DES CORRESPONDANTS Notez en haut de l'écran tous les correspondants de la conversation de groupe. Vous pouvez effleurer chacun des ronds pour consulter la fiche de chacun d'eux. Vous pouvez aussi taper sur le bouton « i ». La liste des correspondants s'affiche et vous pouvez taper sur « Ajouter un contact » pour qu'un autre correspondant vienne rejoindre la conversation. Notez en face de chaque correspondant les boutons ronds qui vous montrent tous les autres moyens de communication disponibles. D'une tape vous pouvez donc les appeler au téléphone ou par FaceTime (**voir p. 86**) ou encore leur envoyer un message texte, privé celui-là. D'autres fonctions sont disponibles (**voir p. 107**).

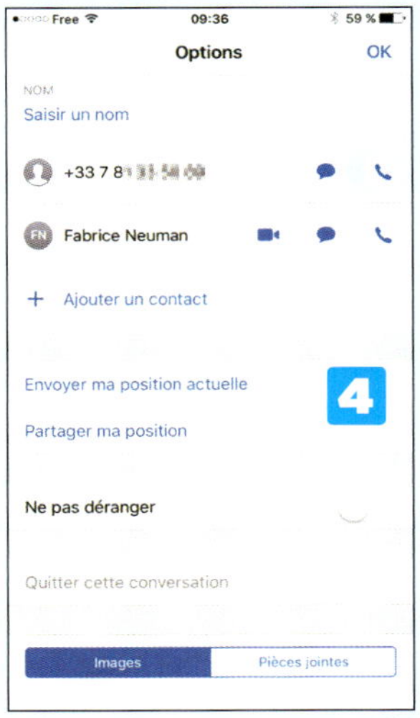

Horodatage

Sur un iPhone, les messages texte reçus et envoyés sont agglomérés par période de temps, afin de ne pas polluer l'affichage par des repères chronologiques à répétition. Vous pouvez toutefois afficher tous les horodatages en faisant glisser les messages légèrement vers la gauche depuis n'importe quelle zone de l'écran.

Quelle facturation ?

Si vous êtes connecté en Wi-Fi, vous pouvez envoyer des iMessages gratuitement depuis l'étranger, alors que les SMS reviennent, eux, très chers dans ce cas. Rappelons que vos envois « gratuits » seront donc limités à vos correspondants iPhone. Les autres ont toujours besoin des bulles vertes…

DIFFICULTÉ ★★★★★ 10 MN

ENVOYER DES MESSAGES AUDIO, PHOTO ET VIDÉO

Oubliés les MMS qui n'ont de multimédia que le nom. L'appli Messages de l'iPhone est conçue pour manier l'audio, les photos et la vidéo avec autant de facilité que le texte.

Pour le « club Apple » uniquement

Toutes les fonctions décrites ci-contre, ainsi que dans les pages suivantes de ce chapitre, ne concernent que les utilisateurs d'iPhone, d'iPad ou de Mac, qu'il s'agisse de l'expéditeur ou du récipiendaire des messages. Pour les autres, autrement dit les utilisateurs de smartphones Android, les résultats varient. Si vous leur envoyez une photo, ils la recevront sous forme de MMS. En ce qui concerne les extraits audio ou vidéo, il y a une chance sur deux qu'ils reçoivent un lien vers un site Web afin qu'ils puissent l'écouter ou le visionner. Autant dire, qu'il y a peu de chance qu'ils le fassent. Et si vous utilisez un des effets décrits **p. 105**, ils recevront le texte associé, avec entre parenthèses la description de l'effet. Exactement ce que recevront aussi ceux qui n'utilisent pas de smartphone du tout…

ENVOYER UN MESSAGE VOCAL Lorsque la zone de saisie d'un message texte est vide, elle propose un petit micro à droite. Si vous posez le doigt dessus et que vous maintenez l'appui, l'iPhone commence a enregistrer sans attendre. Parlez-donc. Vous verrez défiler une onde sonore vous indiquant clairement que l'iPhone est à l'écoute. L'enregistrement s'arrête dès que vous relâchez le doigt. Trois boutons restent alors à l'écran, et remplacent le micro. Le triangle vous permet d'écouter ce que vous venez d'enregistrer, la croix à gauche de l'onde sonore d'annuler et effacer l'enregistrement, et la flèche pointant vers le haut vous permet de l'envoyer.

ENVOI RAPIDE Si vous êtes sûr de ce que vous voulez dire, et aussi avec un peu de pratique, vous pouvez envoyer le message sans le réécouter au préalable. Commencez par enregistrer le message comme montré précédemment, puis glissez le doigt vers la flèche, sans quitter l'écran. L'enregistrement part sans autre forme de procès. Vous voulez aller encore plus vite ? Placez simplement l'iPhone contre l'oreille alors que l'appli Message est lancée, et l'enregistrement commence dès que retentit le petit signal sonore. Et le message part dès que vous abaissez l'iPhone.

ÉCOUTER UN MESSAGE VOCAL Lorsque vous recevez un tel message vocal, il vous suffit de porter l'iPhone à l'oreille pour l'écouter. Notez alors la mention Conserver, qui s'affiche sous l'onde sonore. En effet, afin de ne pas encombrer la mémoire de l'iPhone, ces messages sont conçus pour être éphémères. Du coup, sans action de votre part, ils sont automatiquement effacés.

CONSERVER UN MESSAGE VOCAL Pour le garder, il vous suffit donc d'effleurer la mention Conserver. Ce faisant, votre correspondant est prévenu que vous avez souhaité conserver l'enregistrement et ce même si vous n'avez pas activé l'option de confirmation de lecture des messages (**voir p. 107**). L'appli Messages propose d'autres options vous permettant de choisir combien de temps conserver les messages textes et leurs éventuels enregistrements et photos joints (voir plus loin).

RÉPONDRE À LA VOIX Si vous êtes inspiré par le message vocal reçu, vous pouvez répondre de la même façon sans attendre, simplement en portant l'iPhone à l'oreille. Au bip qui retentit, l'enregistrement commence. Attention, dès que vous baissez l'iPhone, l'enregistrement est envoyé !

AJOUTER UNE PHOTO OU UNE VIDÉO AU MESSAGE Effleurez la flèche pointant vers la droite, située à gauche de la zone de saisie. Trois icônes apparaissent : un appareil photo, un cœur avec deux doigts (**voir p. 104**) et le « A » caractéristique de l'App Store (**voir p. 106**).

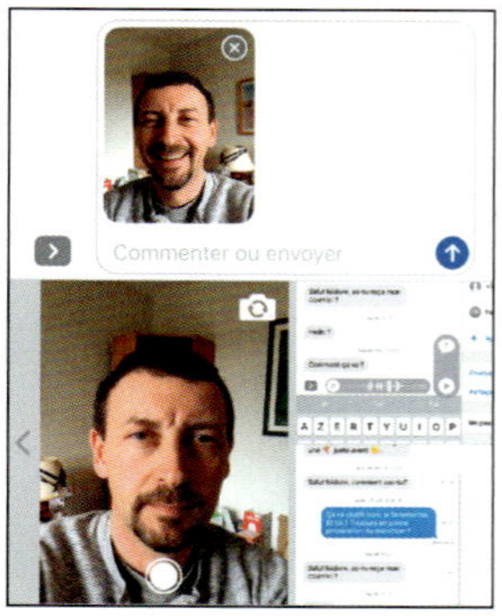

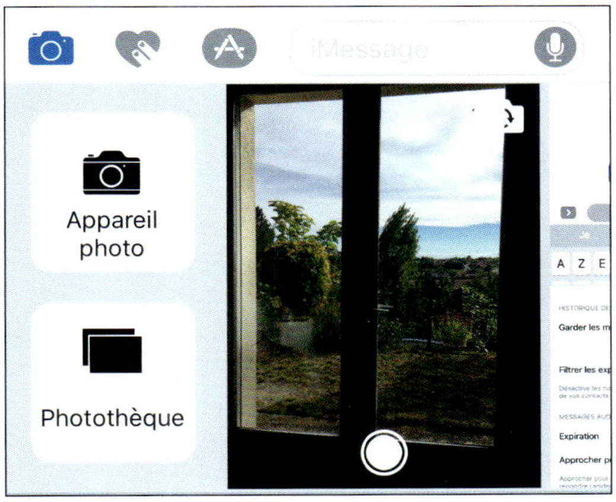

Pressez donc le premier. Le clavier est remplacé par, à gauche, une prévisualisation de l'appareil photo et, à droite, les dernières images de votre photothèque Vous pouvez prendre directement une photo d'une tape sur le bouton blanc, au milieu en bas de la prévisualisation. Pour un selfie, tapez d'abord sur l'appareil photo en haut à droite pour passer à l'objectif frontal. Notez la flèche pointant vers la gauche, située sur le bord gauche de la prévisualisation. Pressez-la, ou faites glisser du doigt toute la zone pour faire apparaître deux gros boutons: Appareil photo et Photothèque. Le second vous donne accès à votre entière collection d'images pour en choisir une à insérer dans le message. Le premier affiche l'interface complète de l'appareil photo (**voir p. 132**). Vous profiterez alors de tout l'écran de l'iPhone pour prendre la photo et, surtout, vous aurez accès à toutes les options de prise de vue, notamment pour enregistrer une vidéo plutôt qu'une photo.

ENVOYER L'IMAGE Une fois l'image sélectionnée, elle est insérée dans le message et une zone de saisie reste disponible juste en dessous pour la commenter. Tapez votre texte et envoyez le tout d'une pression sur la flèche pointant vers le haut. Le correspondant n'a qu'à taper du bout du doigt sur l'image pour voir la photo ou la vidéo.

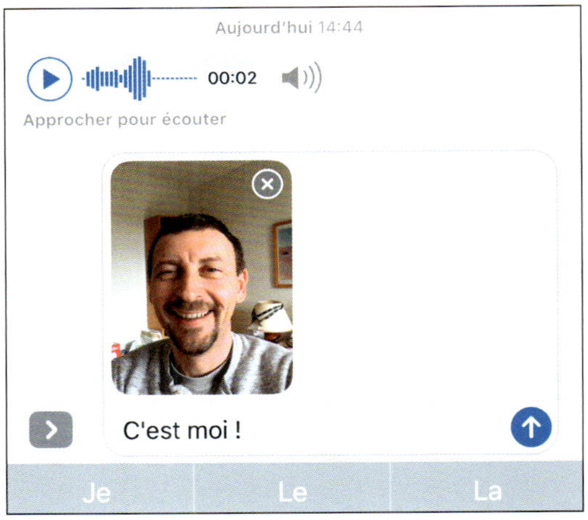

EFFACER OU COPIER DES MESSAGES
Posez votre doigt sur un message et maintenez l'appui jusqu'à faire glisser un menu depuis le bas de l'écran. Si vous avez effectué l'appui prolongé sur une image ou une vidéo, l'option Enregistrer vous permettra de l'ajouter à la photothèque de l'appli Photos. Sélectionnez Copier pour pouvoir coller l'image ou le texte ainsi sélectionné dans un autre SMS ou dans n'importe quelle autre application, comme Notes par exemple (**voir p. 118**). Si vous choisissez « Options », les messages se décalent légèrement vers la droite et des cases à cocher apparaissent en colonne à gauche. Sélectionnez de cette manière un ou plusieurs messages, puis effleurez la corbeille pour les effacer. Ou tapez sur la flèche en bas à droite pour transférer le message à un autre destinataire.

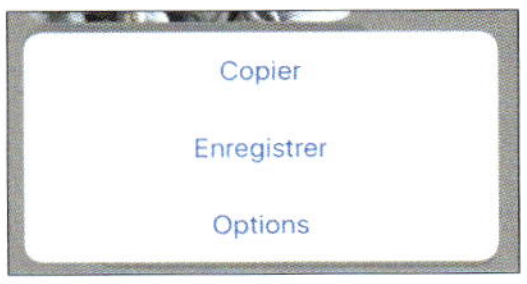

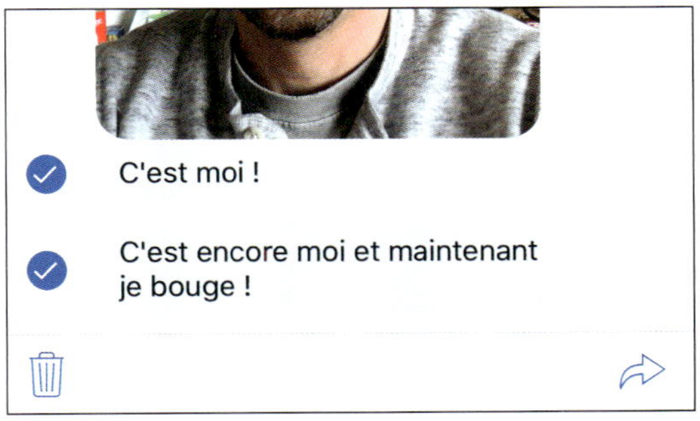

EFFACER TOUTE UNE CONVERSATION
Plutôt que d'effacer un à un les messages d'une conversation que vous ne voulez pas conserver, retournez à la liste des conversations et faites glisser le doigt de droite à gauche sur la conversation concernée. Un bouton rouge Supprimer apparaît à droite, sur lequel il suffit de taper pour confirmer l'effacement.

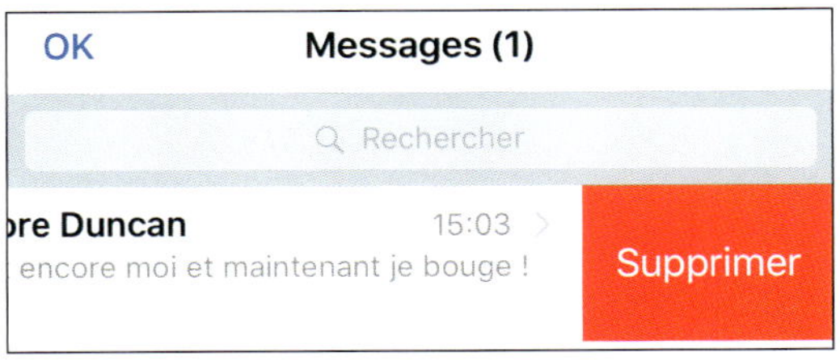

Conserver tous les messages… ou pas

Rendez-vous dans la section Messages des Réglages de l'iPhone. Les options de conservation des messages sont situées en bas. Effleurez « Garder les messages » pour choisir de les conserver 30 jours, 1 an ou Indéfiniment. En choisissant l'une des deux premières options, vous vous assurez de nettoyer régulièrement la mémoire de votre iPhone. Mais attention, les messages ainsi effacés automatiquement ne sont pas récupérables. Pour les messages audio et vidéo, vous pouvez choisir d'étendre l'expiration standard de 2 minutes à 30 jours.

DIFFICULTÉ ★★★★★ 10 MN

ENVOYER DES DESSINS ET DES MESSAGES MANUSCRITS

À quoi peut bien servir un écran tactile ? À dessiner du bout du doigt bien sûr. Et aussi à écrire des messages manuscrits. L'appli Messages dispose des outils pour le faire.

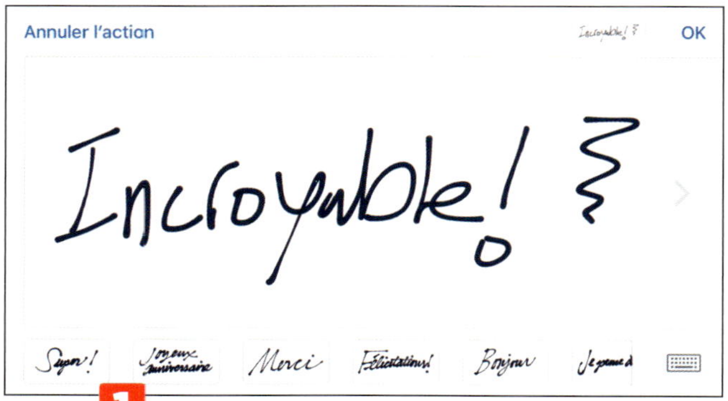

1

1 ÉCRIRE DU BOUT DU DOIGT

Une des fonctions de l'appli Messages ne peut pas être découverte tant que vous conservez l'iPhone en mode Portrait. Faites-le pivoter à l'horizontal et voilà qu'apparaît un tableau blanc sur lequel vous pouvez écrire avec le doigt ou, pourquoi pas, avec un stylet. Vous pouvez aussi dessiner, naturellement. Lorsque vous arrivez vers le bord droit, une flèche déplace la zone pour vous permettre de continuer. Lorsque vous avez terminé, une tape sur OK vous ramène vers l'appli Messages, votre création ajoutée à un message, comme une image (**voir p. 102**). Vous pouvez ajouter un commentaire et / ou envoyer. À la différence d'une photo, toutefois, votre correspondant verra s'afficher le message manuscrit comme une animation, reproduisant vos coups de « crayon ».

2 RÉUTILISER DES MESSAGES MANUSCRITS

Sous la zone de tableau blanc figurent toutes les créations précédentes, la plus récente à gauche. l'iPhone en propose quelques-unes en standard. Il suffit de taper sur l'une d'elles pour l'ajouter au tableau blanc et vous pouvez la compléter. Pour en effacer une, effectuez un appui prolongé, puis tapez sur une des croix qui s'affichent dans le coin supérieur gauche.

2

3 ENVOYER DES DESSINS ANIMÉS EN COULEUR

En tapant sur l'icône en cœur avec deux doigts (**voir p. 102**), vous faites apparaître l'interface *Digital Touch*. Choisissez une couleur avec le rond en haut à gauche et dessinez dans la zone noire centrale. Appuyez sur la flèche pointant vers le haut pour envoyer. Votre correspondant voit votre dessin s'afficher de manière animée, comme si vous le dessiniez devant ses yeux. Via le bouton Caméra, vous pouvez même prendre une photo ou une vidéo et dessiner pendant la prise de vue ou l'enregistrement. Là encore, vos mouvements seront reproduits à l'arrivée. Plutôt que de dessiner, vous pouvez profiter des actions déclenchées via certains gestes. Un appui prolongé sur la zone de dessin envoie un boule de feu. Une pression courte d'un doigt envoie en baiser, et prolongée, un cœur. Comme pour les messages audio et vidéo, l'iPhone est programmé pour effacer les messages *Digital Touch* deux minutes après que vous les avez visionnés. Mais vous pouvez choisir de les conserver.

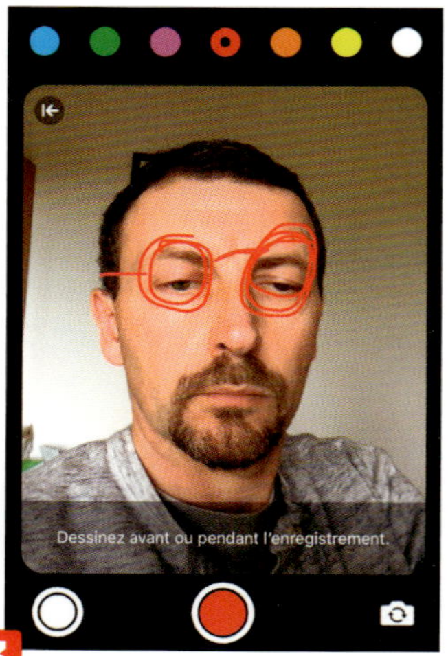

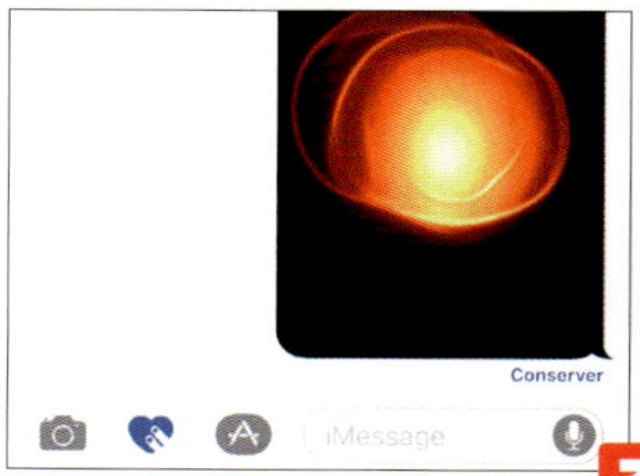

3

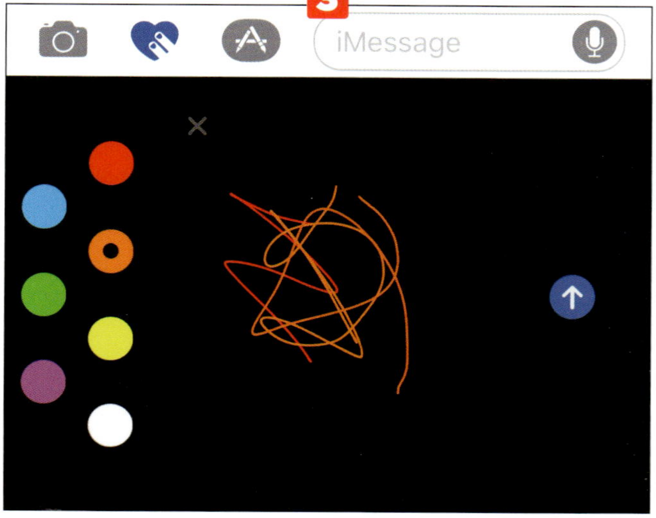

DIFFICULTÉ ★★★★★ 5 MN

AJOUTER DES EFFETS À SES MESSAGES TEXTE

En plus des outils de dessin et de messages manuscrits (voir p. précédente), l'application Messages permet aussi d'agrémenter vos textos d'effets spéciaux, parfois sur tout l'écran !

1 **AJOUTER UN « J'AIME »** Envie de répondre très rapidement, sans taper de texte ? Effectuez un appui prolongé sur le message concerné. On a vu que cela faisait glisser vers le haut le menu d'options (**voir p. 103**). Mais cela fait aussi apparaître une collection d'icônes, un peu à la manière de Facebook. Choisissez alors un cœur, un pouce levé ou déçu, un « ha, ha », un double point d'exclamation ou un point d'interrogation pour indiquer votre réaction. La petite icône vient s'ajouter au coin du message, sur votre écran comme sur celui de votre correspondant. Si ce dernier répond de même, son icône vient se poser par dessus. N'en abusez pas, donc, cela peut devenir confus. Si vous revenez en arrière pour voir la liste des conversations, vous verrez que celles contenant des bulles de réponse l'indiquent sous forme de texte.

2 **AJOUTER DES EFFETS À UN MESSAGE** Ajoutez donc un peu d'énergie à vos messages texte avec les effets proposés par Messages. Plutôt que de simplement taper sur la flèche pour envoyer un message, laissez donc le doigt appuyé dessus un peu plus longtemps pour faire apparaître le menu des effets. Sur un iPhone 6S ou 7, effectuez un appui forcé 3D Touch (**voir p. 57**). Le message reste affiché en dessous de la liste des effets disponibles : Impact, Voyant, Discret et Encre invisible. Pour voir à quoi ils ressemblent, appuyez une fois sur le point gris situé à droite. Encre invisible enverra une nuée de points que votre correspondant devra « frotter » avec le doigt pour faire apparaître le message en dessous. Discret envoie le message en caractères plus petits qui s'animent doucement pour laisser le texte reprendre sa taille normale. L'effet Voyant fait l'inverse en animant le texte avec un effet de grossissement animé. Quant à Impact, il donne l'impression que le message arrive de l'extérieur de l'écran pour s'écraser à sa place. Lorsque vous avez fait votre choix, effleurez alors la flèche d'envoi qui aura remplacé le point gris de test.

3 **OPTER POUR DES EFFETS EN PLEIN ÉCRAN** Effleurez Écran, en haut, pour afficher les effets spéciaux qui occuperont tout l'écran. Le premier d'entre eux, appelé Ballons, s'affiche immédiatement. S'il vous convient, appuyez sur le bouton d'envoi, à droite de votre message. Sinon, faites glisser le doigt de droite à gauche pour passer de l'un à l'autre : Confettis, Lasers, Feux d'artifice et Étoile filante. Votre correspondant le recevra à l'identique, effets sonores et vibrations inclus (sur les iPhone 6S et 7).

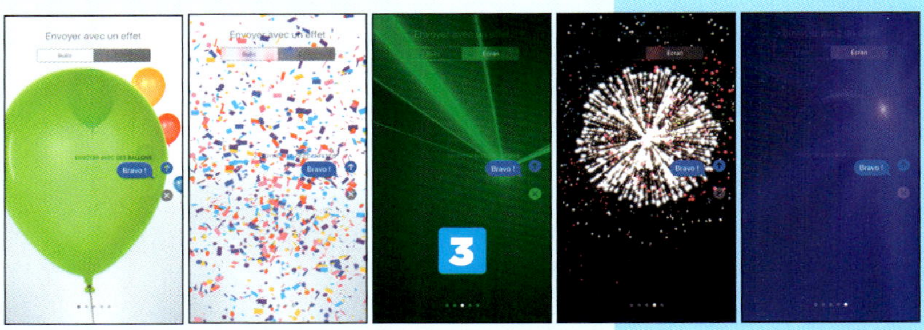

Ballons automatiques

Si vous tapez « Bon anniversaire ! » dans votre message, l'effet Ballons sera automatiquement ajouté.

Choix rapide

Lorsque vous effectuez l'appui long sur le bouton d'envoi pour accéder à la liste des effets, laissez le doigt posé sur l'écran et faites le glisser vers le haut. Vous pourrez ainsi choisir rapidement l'effet à appliquer. Levez le doigt : la flèche d'envoi n'attend plus que vous.

DIFFICULTÉ ★★★★★ 10 MN

ENRICHIR MESSAGES AVEC DES APPLICATIONS SPÉCIFIQUES

Les multiples nouvelles fonctions de l'appli Messages ne vous suffisent pas ? Vous pouvez en ajouter via l'App Store qui lui est dédié !

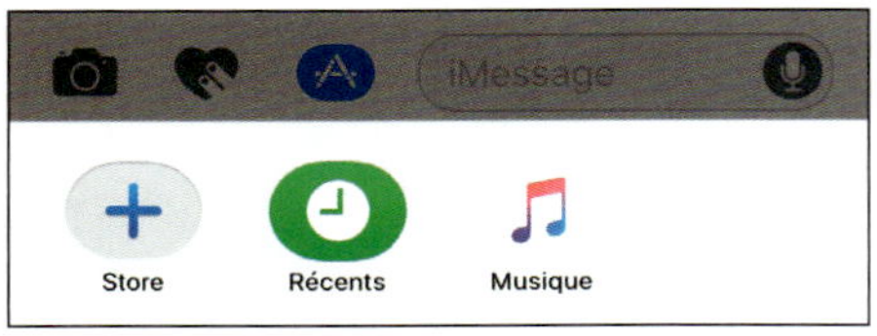

Mais où sont les applis ?

Lorsque l'on appuie sur le « A », le panneau affiche d'abord la dernière application utilisée. Il vous suffit d'effleurer l'icône aux quatre ovales en bas à gauche pour afficher les applications installées, puis l'App Store si besoin.

ACCÉDER AU MAGASIN Une pression sur le « A » majuscule situé à gauche de la zone de saisie (**voir p. 102**), remplace le clavier par les applis spécifiques pour l'appli Messages (voir en marge). Pour en ajouter une, tapez sur le bouton « + », ce qui aura pour effet de faire glisser vers le haut l'App Store spécialement conçu pour les modules à ajouter à l'appli Messages. Notez que certaines des applis que vous installerez depuis l'App Store traditionnel ajouteront en même temps un module pour l'appli Messages. C'est le cas de Dropbox par exemple, qui ajoute ainsi un accès simplifié au partage de fichiers via Messages.

INSTALLER UNE APPLI POUR MESSAGES La présentation de cet App Store spécifique est proche de l'App Store pour l'iPhone. Les deux premiers onglets en haut permettent d'afficher la sélection du moment et les catégories. Le troisième est dédié à la gestion des applis installées (voir plus loin). Vous en trouvez une qui vous intéresse ? Tapez sur le bouton Obtenir, si elle est gratuite, ou sinon sur son prix. Tapez ensuite sur Installer, puis sur OK. L'icône de l'appli est là.

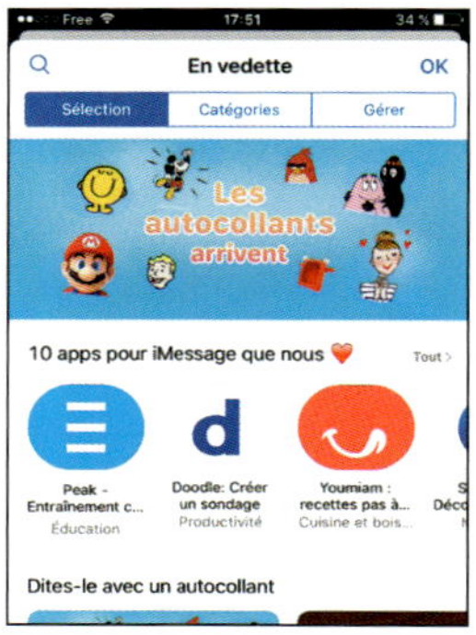

UTILISER UNE APPLI MESSAGES Tapez sur cette dernière pour la lancer, toujours sans quitter Messages donc. Ici, nous avons installé l'appli Doodle qui permet de créer de rapides sondages, par exemple pour trouver une date commune à plusieurs personnes pour organiser un événement. Choisissez les dates à proposer et envoyez. Tous les participants à la conversation de groupe reçoivent le message. Si un des correspondants n'est pas encore équipé de l'appli, il sera automatiquement emmené vers l'App Store pour l'installer et, ici, répondre au sondage.

AJOUTER DES AUTOCOLLANTS Les modules pour l'appli Messages sont nombreux, notamment dans la catégorie des autocollants, ou Stickers. Choisissez un pack de stickers qui vous plaît et installez-le. Ensuite, affichez la collection via le bouton « A » et saisissez un des autocollants pour le faire glisser au dessus d'un des messages déjà reçus ou envoyés. La particularité des stickers c'est justement de pouvoir être placés quasiment n'importe où sur l'écran. Votre correspondant les reçoit à l'identique, même s'il ne dispose pas lui-même du pack. Il peut obtenir des informations sur ce dernier d'un simple appui long sur un des autocollants, et ainsi l'installer sur son iPhone s'il lui plaît.

GÉRER SES APPLICATIONS MESSAGES Sélectionnez l'onglet Gérer dans l'App Store spécifique à Messages. Dans la liste qui s'affiche, il vous suffit de désactiver celles dont vous ne voulez plus vous servir pour l'instant. Notez l'option « Ajout automatique des apps ». Si vous l'activez, toutes les applications que vous installez depuis l'App Store traditionnel et qui disposent d'un module spécifique à l'appli Messages installeront ce dernier en même temps.

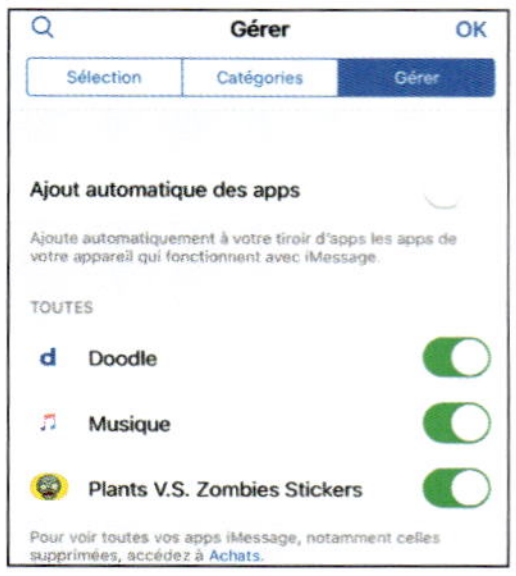

DIFFICULTÉ ★★★★★ 10 MN

LES AUTRES OPTIONS DE L'APPLI MESSAGES

1 GÉRER LES GROUPES ET CORRESPONDANTS

Tapez sur le bouton « i » en haut à droite, au-dessus d'une conversation. Vous verrez la liste du ou des correspondants s'il s'agit d'une conversation de groupe. Dans ce dernier cas, faites légèrement glisser l'écran vers le bas pour changer le nom du Groupe. Invitez un nouveau correspondant d'une tape sur « + Ajouter un contact ».

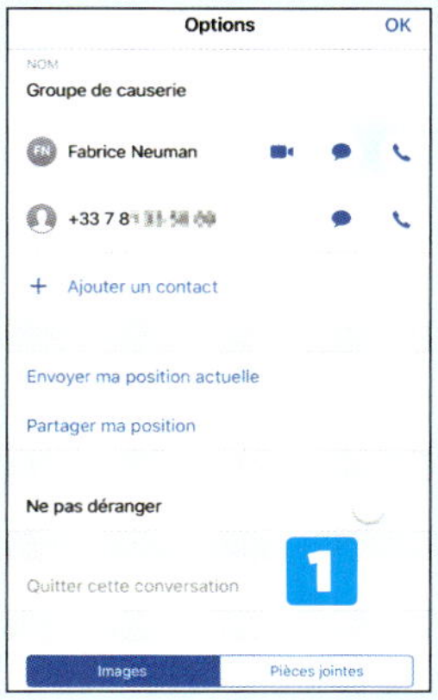

2 PARTAGER SA POSITION

Sous la liste des correspondants, deux options sont liées à votre position géographique. Si vous tapez sur « Envoyer ma position actuelle », un message sera automatiquement envoyé à tous les correspondants du groupe, sous la forme d'un mini-carte centrée sur votre position. Les correspondants peuvent l'effleurer pour afficher une carte en grand. Si vous choisissez « Partager ma position », un menu glissant depuis le bas de l'écran propose trois options pour activer ce partage pour une heure, jusqu'à la fin de la journée ou indéfiniment. Pendant toute la durée choisie, votre ou vos correspondants pourront savoir où vous êtes à tout moment en accédant aux options de la conversation. Pratique pour permettre à votre hôte d'estimer votre heure d'arrivée ! Notez que lorsque vous partagez votre position, votre ou vos correspondants se voient proposés de faire de même.

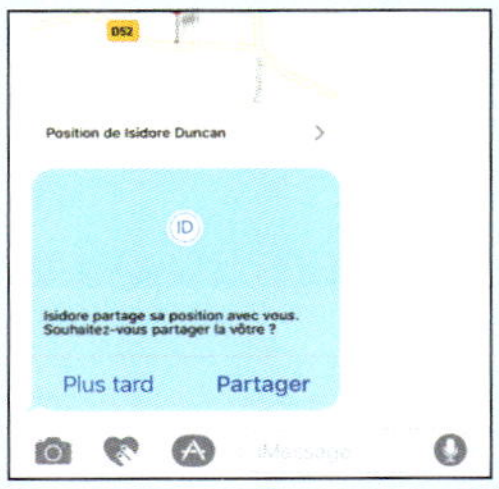

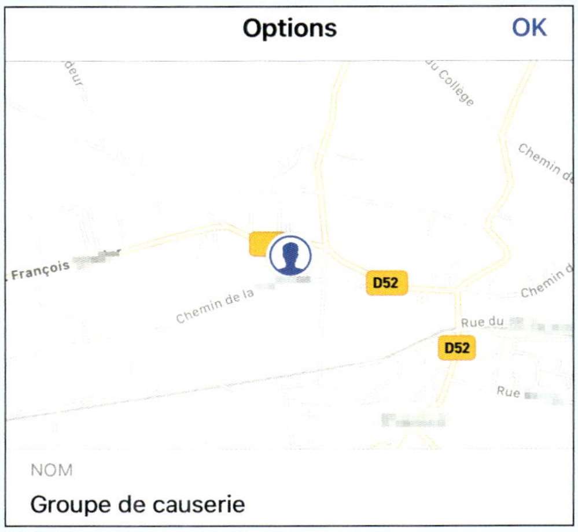

3 CHOISIR D'ENVOYER OU NON UN ACCUSÉ DE LECTURE

En dessous, vous pouvez désactiver les notifications d'arrivée de nouveaux messages, via l'option « Ne pas déranger ». Vous pouvez aussi désactiver l'envoi d'une confirmation de lecture pour cette conversation seulement, même si vous avez laissé cette option activée dans les paramètres globaux de Messages, via les Réglages de l'iPhone.

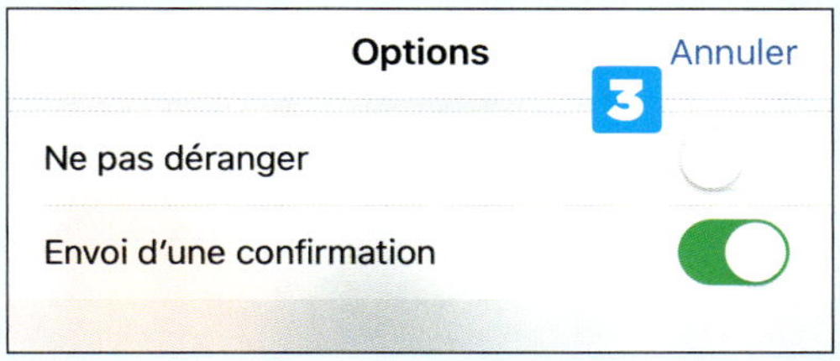

4 VOIR TOUTES LES IMAGES

Tout en bas de la page des options de la conversation s'affichent toutes les images et pièces jointes que le ou les correspondants de cette conversation ont partagé. Tapez sur l'une d'elles pour la voir en plein écran. Effectuez un appui long pour accéder à deux options : Enregistrer l'image dans votre photothèque ou la supprimer.

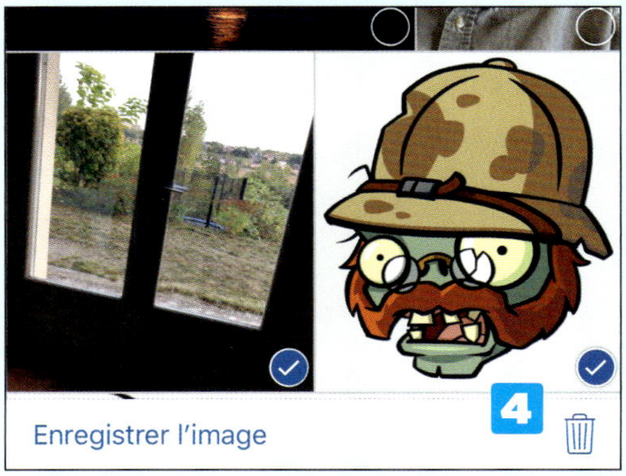

Autoriser l'utilisation du GPS

La première fois que vous partagez votre position via Messages, une alerte s'affiche au milieu de l'écran vous demandant de donner votre autorisation. Donnez-la, évidemment. Si vous changez d'avis plus tard, rendez-vous dans les Réglages de l'iPhone, puis Confidentialité, et « Services de localisation ». Vous pouvez à cet endroit changer les autorisations d'utilisation du GPS de toutes les applis installées sur votre iPhone.

Bouygues
11:04
91 %
PASS
Banque
MasterCard
CARTE DE CREDIT
Approcher du lecteur pour payer

À DÉCOUVRIR DANS CES PAGES

LA VIE QUOTIDIENNE EN MOBILITÉ

Votre iPhone ne vous quitte pas de la journée et il vous rend des services à tout moment, qu'il s'agisse de visiter le Web, de gérer vos multiples mots de passe, de partager vos découvertes, de prendre des notes, de vous guider dans vos déplacements, d'écouter de la musique et même de payer vos achats en mode sans contact et en toute sécurité.

VISITER TOUS LES SITES INTERNET AVEC SAFARI POUR IPHONE

Le navigateur Internet de l'iPhone regorge de fonctions utiles pour profiter de tous les sites Internet en tout confort.

Safari et la synchro iCloud

Safari est compatible avec la synchronisation d'iCloud (**voir p. 64**). Vous l'activerez dans les Réglages, section iCloud. Sur Windows, cette fonction permet de synchroniser les signets, équivalents des favoris du navigateur Edge. Vous retrouverez ainsi sur chaque appareil iOS ou sur l'ordi les onglets ouverts sur les autres. Sur iOS, vous retrouverez les onglets iCloud dans la liste des signets. Vous synchroniserez aussi la liste de lecture avec le navigateur Safari du Mac. Et si vous avez un iPad ou un Mac, vous pouvez aussi synchroniser vos mots de passe entre tous vos appareils (**voir p. 114**).

UNE INTERFACE TOUTE EN DISCRÉTION

Lancez Safari et tapez l'adresse d'un site Web dans la zone de saisie en haut de l'écran. Validez d'une tape sur la touche Accéder. Dès que vous commencez à faire défiler la page, l'interface déjà discrète du navigateur disparaît presque complètement en mode portrait pour laisser plus de place au contenu. La barre d'adresse se réduit pour ne plus afficher qu'une mince ligne en haut de l'écran, tandis que les boutons inférieurs glissent vers le bas. Et si vous basculez en mode paysage, l'interface disparaît totalement pour consacrer l'écran à la page Web.

LA BARRE D'ADRESSE ET DE RECHERCHE

Vous retrouverez votre barre d'adresse en remontant tout en haut de la page Web. Comme le navigateur de votre ordi, les champs d'adresse et de recherche sont unifiés dans Safari pour iPhone. Cela signifie que vous pouvez y saisir indistinctement l'adresse exacte du site auquel vous souhaitez accéder ou des mots-clés pour le retrouver. Safari se chargera, selon les cas, d'ouvrir le site ou de lancer une recherche avec votre moteur préféré. Cette nouvelle barre est aussi prédictive : lorsque vous saisissez des mots-clés, elle propose automatiquement les suggestions du moteur de recherche, ou les sites de votre historique de visites ou de vos signets pouvant correspondre à votre demande. Notez aussi que l'iPhone vous proposera de vous rendre directement sur l'App Store si votre recherche correspond à une appli.

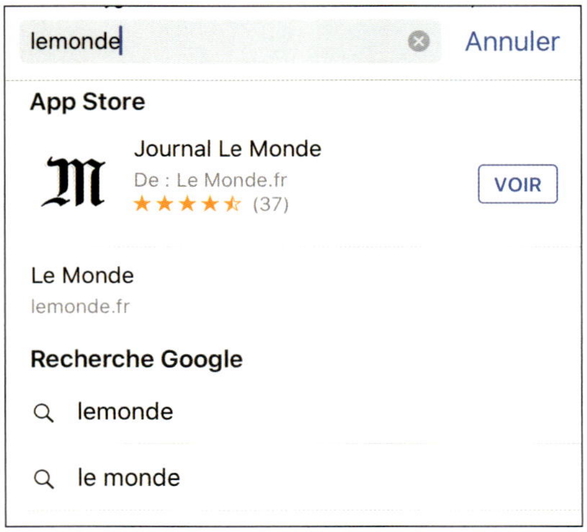

LES BOUTONS DE NAVIGATION

Relégués tout en bas de l'écran, ils se masquent aussi, iPhone à la verticale comme à l'horizontale. Vous les afficherez d'une petite tape sur la limite inférieure de votre écran. Vous y trouverez deux flèches pour accéder aux pages précédente ou suivante, le bouton de partage, l'accès à vos sites préférés ainsi qu'un dernier bouton pour naviguer entre les différentes pages ouvertes (voir plus loin).

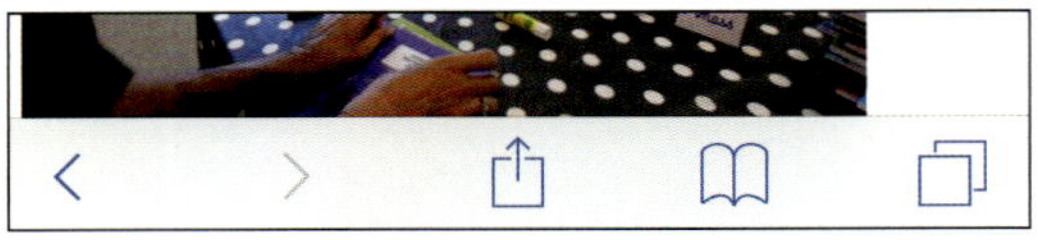

REVENIR À LA PAGE PRÉCÉDENTE

Le premier bouton à gauche de la barre d'outils inférieure vous permet de revenir à la page précédente. Vous pouvez également utiliser le geste tactile de balayage : glisser simplement le pouce depuis le bord gauche de l'écran vers la droite. La page entière suit le mouvement et vous voyez réapparaître en dessous la page précédente.

OUVRIR PLUSIEURS SITES DANS SAFARI Vous pouvez consulter plusieurs sites en même temps, puis passer de l'un à l'autre très rapidement. Après avoir ouvert une première page, touchez le dernier bouton de la barre d'outils en bas de votre page. Le bouton « + » ouvre une nouvelle page pour votre autre navigation. Vous passerez ensuite d'une page à l'autre en les feuilletant à la verticale. Glissez un onglet jusqu'au bord gauche de l'écran pour le fermer (voir ci-dessous).

NAVIGUER ANONYMEMENT Lorsque vous affichez tous les sites ouverts, tapez sur l'option Privée, en bas à gauche. Vous notez alors que l'interface de Safari devient sombre. Lorsque ce mode de fonctionnement est actif, les sites que vous visitez ne laissent aucune trace dans l'iPhone. Ils ne sont pas enregistrés dans l'historique et ne conservent pas de cookies. Ce mode vous permet de conserver une certaine confidentialité à l'usage du navigateur et d'empêcher les sites que vous visitez de vous suivre à des fins de surveillance ou de ciblage publicitaire.

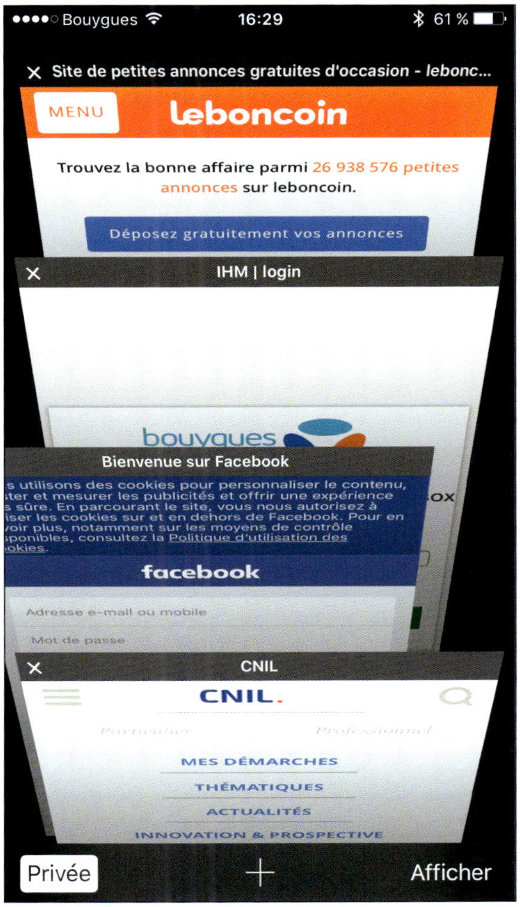

Pensez également à ce mode si vous empruntez l'iPhone d'un proche pour une recherche sur Internet : vous vous assurerez ainsi qu'une fois votre recherche terminée, le propriétaire de l'iPhone ne pourra pas déterminer les sites que vous avez visités. À condition bien sûr de ne pas oublier de fermer le site avant de rendre l'iPhone, comme indiqué précédemment. En effet, vous pouvez garder dans la mémoire de l'iPhone une collection d'onglets dans chacun des deux modes. Et vous passerez de l'une à l'autre à l'aide du bouton Privée.

SIGNETS DE SES SITES FAVORIS Lorsque vous visitez souvent un site, vous avez tout intérêt à l'ajouter à votre collection de signets favoris. Tapez pour cela sur le bouton de partage, au milieu de la barre

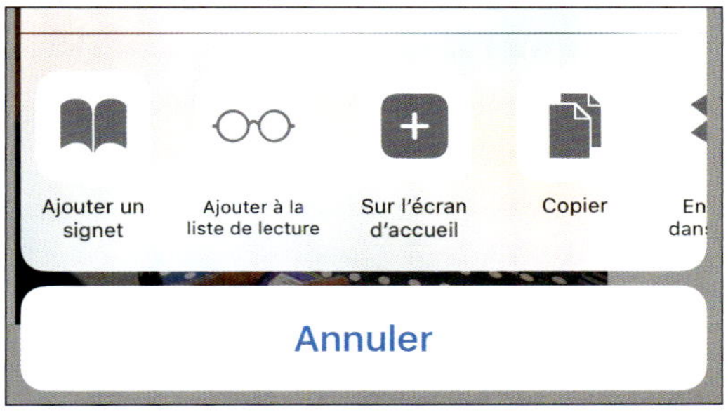

d'outils inférieure (**voir aussi p. 116**). Dans le menu qui apparaît, tapez sur « Ajouter un signet ». Donnez un nom au signet et validez d'une tape sur Enregistrer en haut à droite. Plus tard, pour revenir sur le site, effleurez l'icône livre ouvert dans la barre d'outils. Vous pourrez alors accéder à la liste de vos signets en tapant de nouveau sur le livre ouvert, en haut.

LISTE DE LECTURE POUR LIRE PLUS TARD Dans le même menu de partage, Vous pouvez aussi choisir « Ajouter à la liste de lecture ». Celle-ci fonctionne sur le principe de « je le lirai plus tard ». Lorsque vous commencez à lire un article un peu long et que vous n'avez pas le temps de le finir, placez-le dans la liste de lecture plutôt qu'en signet. Ce faisant, la page est enregistrée dans la mémoire de l'iPhone, ce qui vous permet de la lire plus tard même si vous n'êtes pas connecté à Internet, comme c'est encore souvent le cas dans les tunnels des transports en commun.

Quel moteur de recherche ?

Vous pouvez sélectionner le moteur de recherche que vous préférez. Pour cela, rendez-vous dans les Réglages, puis dans Safari. Vous pourrez opter pour Google, Yahoo!, Bing ou DuckDuckGo. Ce dernier est sélectionné par défaut lorsque vous surfez en mode anonyme (**voir ci-contre**). Ce moteur de recherche repose en effet lui aussi sur le principe de l'anonymat. Contrairement à tous les autres, il s'engage à ne pas chercher à vous identifier ni à enregistrer l'historique de vos recherches.

DÉCOUVRIR LES FONCTIONS AVANCÉES DE SAFARI

Faites le ménage

À moins de surfer en permanence en mode anonyme (**voir p. 110**), tous les sites Web qu'on visite laissent des traces et encombrent un peu la mémoire de l'iPhone. Tout en bas de la page des paramètres de Safari (**voir ci-contre**), tapez sur Avancé. Dans l'écran suivant, effleurez « Données de sites ». Vous pouvez alors consulter la longue liste de tous les sites ayant stocké quelques infos sur votre iPhone. Pour tout effacer, tapez sur le bouton Supprimer tout en bas de l'écran. Vous pouvez aussi choisir de n'effacer que les données de certains sites en faisant glisser le doigt de droite à gauche sur le nom du site concerné. Validez d'une tape sur le bouton Supprimer qui apparaît. N'oubliez pas tout de même que certaines des infos stockées sont utiles pour, par exemple, vous éviter de vous identifier chaque fois que vous allez sur un site sur lequel vous avez un compte.

AMÉLIORER LE CONFORT DE LECTURE Le « lecteur » s'active d'une tape sur le bouton à l'extrémité gauche de la barre d'adresse. Safari s'ingénie dès lors à extraire le texte d'un article en ligne par exemple pour vous le présenter sous une forme plus agréable, notamment dépourvue des publicités de la page Web, mais en conservant les images liées au texte. Et Safari se charge aussi de créer une seule page de lecture à partir d'articles répartis sur plusieurs pages Web. Tapez sur les deux A majuscules pour afficher un menu vous permettant de modifier la taille et même le style des caractères pour rendre la lecture encore plus confortable.

ACCÉDER À LA VERSION COMPLÈTE D'UN SITE De nombreux sites Web disposent de deux versions. La principale s'affiche lorsque vous la visitez depuis le navigateur de votre ordi. Tandis qu'une version mobile est envoyée à votre iPhone afin de vous proposer un contenu adapté à l'écran plus petit. Seulement, il arrive parfois que cette version mobile soit également bien moins complète. Vous n'avez alors pas accès à toutes les fonctions du site. Pour demander à l'iPhone d'afficher la version complète du site, ouvrez le menu de partager via l'icône au carré muni d'une flèche pointant vers le haut, dans la barre d'outils inférieure. Faites ensuite défiler la zone horizontale inférieure pour pouvoir choisir l'option « Version pour bureau du site ». La page est téléchargée à nouveau, cette fois dans sa version pour ordi. Évidemment, le contenu risque d'apparaître en tout petit, il ne vous restera plus qu'à jouer du zoom (voir ci-dessous).

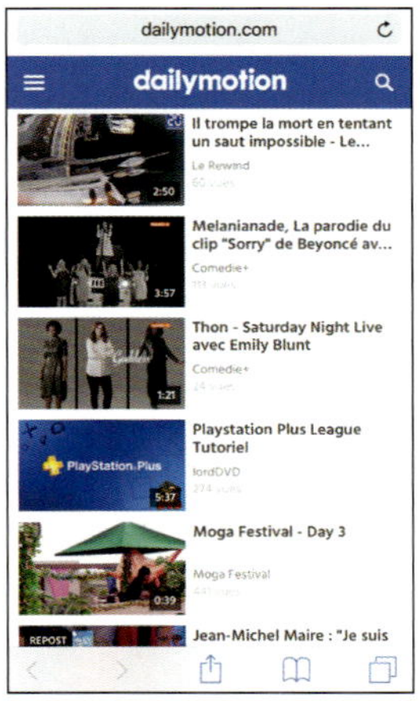

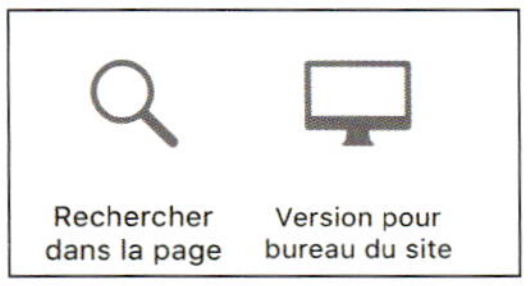

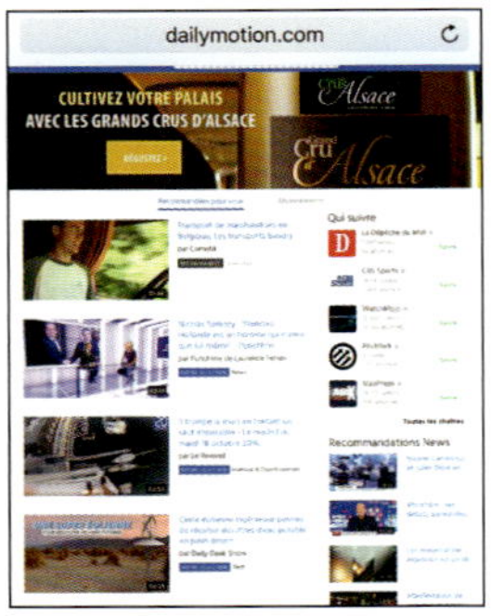

PROFITER DU ZOOM INTELLIGENT Lorsqu'un site ne dispose pas d'une version mobile, ou que vous avez forcé l'affichage du site complet (voir ci-dessus), le texte est parfois difficile à lire sur le petit écran de l'iPhone (à part peut-être sur un modèle Plus !). Dans ce cas, il vous suffit d'utiliser le classique geste de zoom à deux doigts. Vous pouvez aussi double-taper sur le paragraphe que vous voulez lire pour que Safari se charge d'adapter le zoom au maximum possible par rapport à la largeur de l'écran. Une deuxième double-tape vous fait revenir au niveau de zoom précédent.

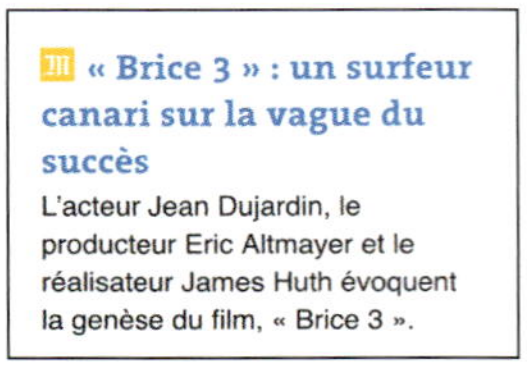

FERMER PLUSIEURS ONGLETS À LA FOIS Envie de faire le ménage rapidement ? Effectuez donc un appui long sur le bouton d'accès aux différentes pages ouvertes, le double carré, situé tout à droite de la barre d'outils de Safari. Le menu qui apparaît

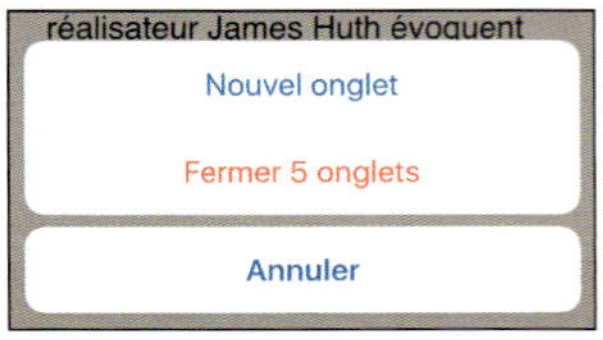

DIFFICULTÉ ★★★★★ 10 MN

propose tout à la fois d'ouvrir un nouvel onglet et de fermer tous les onglets ouverts.

ZUT, J'AI FERMÉ UN ONGLET QUE JE VOULAIS CONSERVER ! Ce faisant vous avez peut-être fermé par erreur un onglet que vous souhaitiez conservé. Pas de problème. Effectuez cette fois un appui court sur le double carré d'accès aux onglets, puis un appui long sur le bouton « + » qui vous permet normalement d'ouvrir un nouvel onglet. La liste « Onglets fermés récemment » s'affiche et il vous suffit de choisir celui que vous souhaitez rouvrir pour retrouver la page perdue.

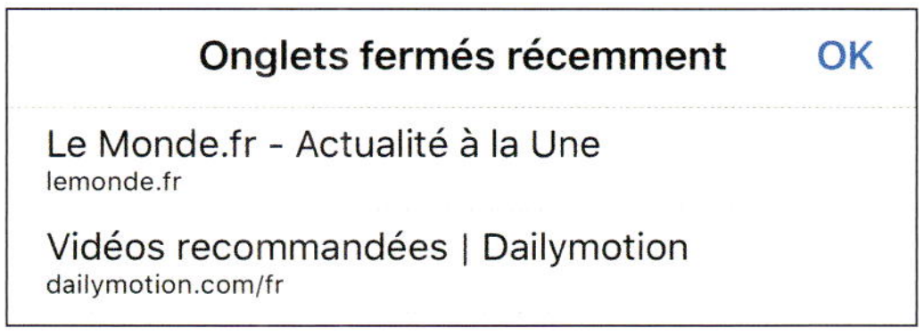

MODIFIER LES PARAMÈTRES Via les Réglages, accédez aux paramètres de Safari. Ils permettent par exemple de changer le moteur de recherche par défaut (**voir p. 105**). Vous pouvez aussi activer ou désactiver les fonctions de suggestions

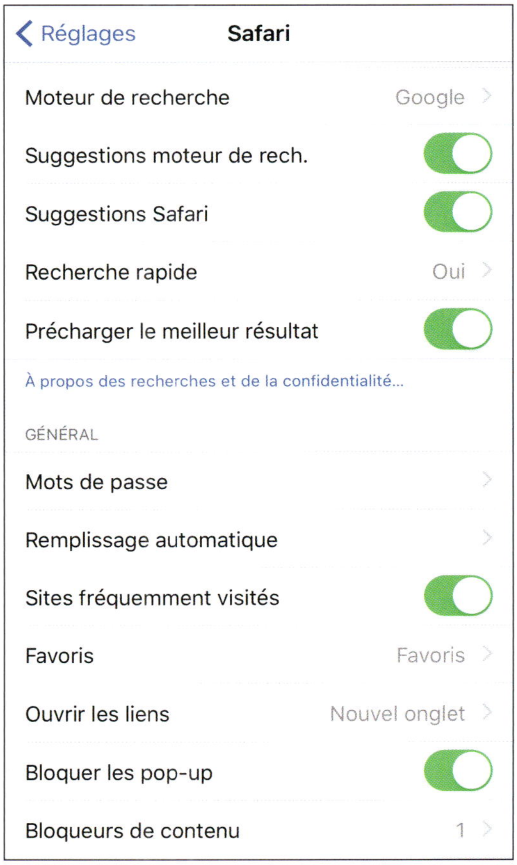

et de préchargement du meilleur résultat. Cette fonction laisse Safari télécharger une page Web avant même que vous ne la visitiez. L'appli fait alors une sorte de pari : si c'est la page que vous vouliez voir, elle s'affichera instantanément. Vous pouvez aussi demander à Safari d'enregistrer vos mots de passe. Une fonction pratique qui prend toute son ampleur si vous activez la synchronisation du trousseau pour partager vos mots de passe entre tous vos appareils iPhone, iPad et Mac (**voir p. 114**).

BLOQUER LES PUBS C'est aussi dans ces paramètres que vous trouverez la fonction « Bloqueurs de contenu ». À condition toutefois d'avoir au préalable installé une application offrant justement cette capacité. Ces applis installent un module supplémentaire à Safari pour filtrer l'affichage de certaines portions de pages Web, dont les pubs évidemment. Ici, nous avons installé Purify, une des applis reconnues pour son efficacité dans le genre. Dès que vous l'avez activé dans les paramètres de Safari, vous remarquerez à quel point de nombreuses pages Web s'affichent vraiment plus vite. Cela dit, n'oubliez pas que beaucoup de sites, notamment les sites d'information, ne peuvent vivre que grâce à ces publicités. C'est pourquoi un filtre comme Purify vous permet de placer les sites que vous ne voulez pas bloquer dans une liste blanche. Pour cela, rendez-vous sur le site en question, appuyez sur le bouton de partage de la barre d'outils inférieure et choisissez, dans notre exemple, « Purify Actions ». Activez alors l'interrupteur en face du nom du site pour l'ajouter à la *Whitelist*.

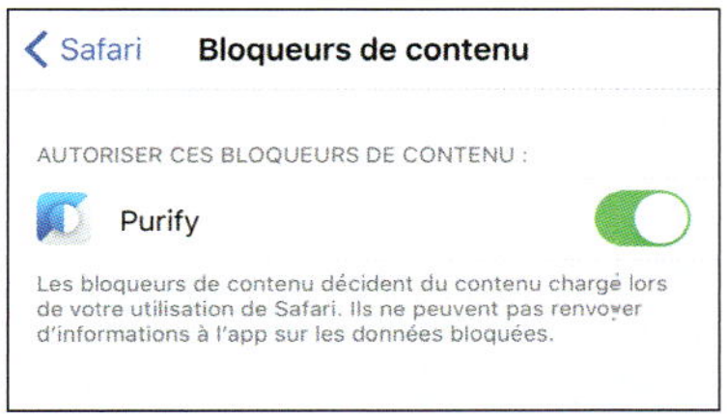

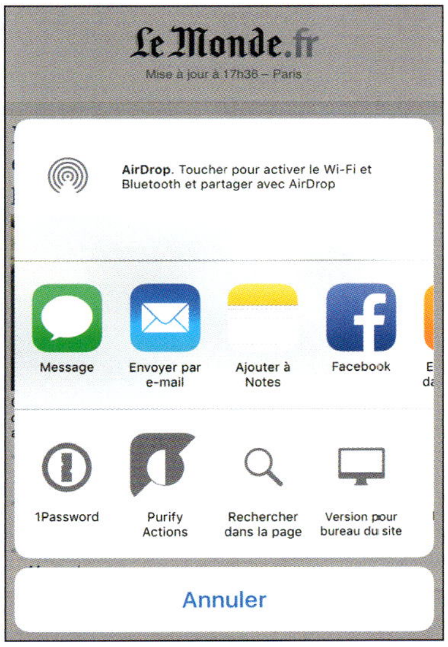

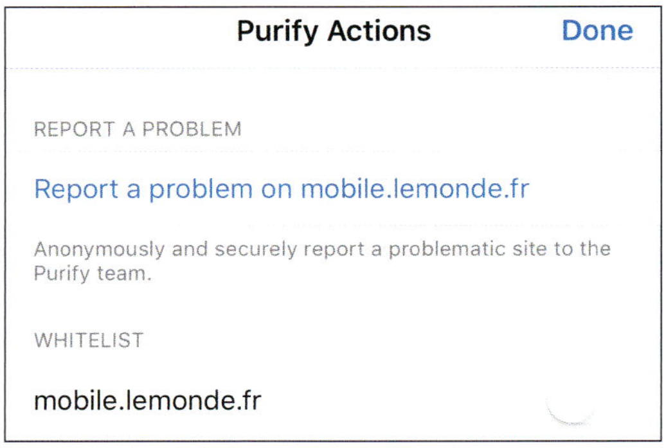

STOCKER ET SYNCHRONISER SES MOTS DE PASSE GRÂCE AU TROUSSEAU

Comme sur votre ordi, vous pouvez laisser le navigateur Safari de l'iPhone enregistrer vos mots de passe. Mieux, vos identifiants peuvent se synchroniser entre tous vos appareils via iCloud.

Bien protéger son compte iCloud

Le Trousseau rend encore plus utile son compte iCloud. Mais il le rend également encore plus précieux. Ne négligez donc pas de le protéger par un code vraiment complexe. Ou mieux, adopter l'identification à deux facteurs (**voir p. 66**). Une fois le Trousseau activé, le code complexe de votre compte iCloud sera le seul que vous aurez à retenir ! À moins que vous choisissiez également de créer un mot de passe spécifique au Trousseau (**voir p. suivante**), surtout si vous comptez y stocker également votre numéro de carte bancaire.

Sur Mac aussi

Le Trousseau iCloud est également pris en charge par les dernières versions de macOS (Mavericks, Yosemite, El Capitan et Sierra). En revanche, ne vous étonnez pas, cette fonction n'est pas disponible sur PC.

Vous aussi vous pestez contre la multitude des mots de passe à retenir ? Réjouissez-vous, vous pouvez maintenant demander à Safari de les retenir pour vous. Mieux, vous pouvez même faire en sorte que ces mots de passe se synchronisent automatiquement entre votre iPhone et votre iPad. Telles sont les promesses tenues par le Trousseau iCloud. Vous pouvez même y stocker votre numéro de carte bancaire pour simplifier vos prochains achats en ligne.

DIFFÉRENCIER SES MOTS DE PASSE

Avouez-le, vous notez vos mots de passe dans un cahier ou sur des feuilles volantes ou, pire encore, vous utilisez souvent le même mot de passe pour tous vos comptes en ligne. Grâce au Trousseau, vous élèverez grandement le niveau de sécurité de vos pérégrinations en ligne. Non seulement il peut retenir pour vous les mots de passe (différents donc) que vous choisirez, mais il peut aussi vous suggérer un mot de passe complexe au moment de la création d'un nouveau compte en ligne. Suggestion que vous avez donc tout intérêt à accepter puisque vous n'aurez plus à le retenir : le Trousseau s'en chargera pour vous.

QUAND SAFARI PRÉ-REMPLIT VOS IDENTIFIANT ET MOT DE PASSE Lorsque vous vous rendez sur un site dont vous avez enregistré les identifiants, Safari vous les propose automatiquement et vous le signale en colorant en jaune pâle chacune des zones de saisie. Il ne vous reste plus qu'à effleurer le bouton Connecter, OK ou encore Valider, proposé par le site.

QUELLE SÉCURITÉ ? On peut évidemment se demander si le stockage centralisé de ses mots de passe est bien raisonnable. Apple répond à ce souci légitime en mettant en place plusieurs niveaux de protection. La liste de vos mots de passe est bien entendu entièrement cryptée et Apple indique même ne pas être en mesure de la lire. De plus, au moment de l'activation du service (voir p. suivante), vous pouvez choisir de protéger le Trousseau par un mot de passe différent de celui de votre compte iCloud. Toutes les conditions semblent donc réunies pour profiter en toute sécurité d'un service vraiment pratique. Et vous pouvez aussi décider de ne commencer en n'enregistrant d'abord que quelques mots de passe, parmi les moins vitaux.

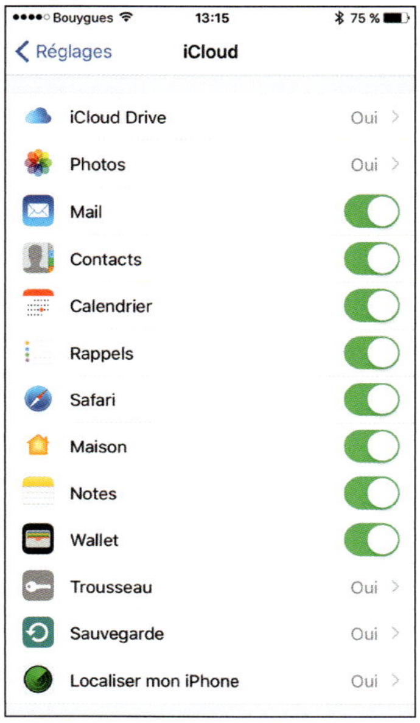

Une fois activé dans la section iCloud des Réglages, le Trousseau iCloud vous suggérera un mot de passe complexe à la création d'un nouveau compte et pré-remplira les zones de saisie des services en ligne connus.

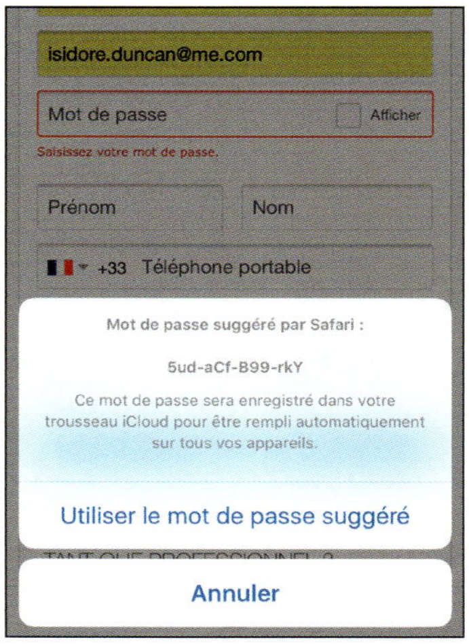

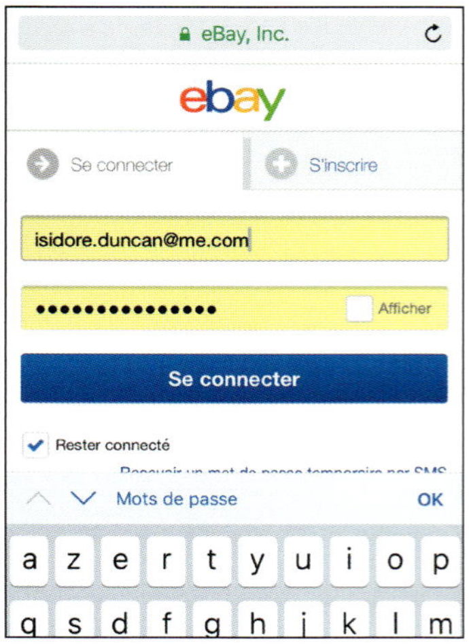

DIFFICULTÉ ★★★☆☆ 20 MN

PROFITER DU TROUSSEAU SUR TOUS SES APPAREILS

1 ACTIVER LE TROUSSEAU

Si vous n'avez pas accepté d'activer la fonction Trousseau lors du premier démarrage de votre iPhone (**voir p. 30**), rendez-vous dans les Réglages, puis dans la section iCloud. Tapez sur l'option Trousseau pour pouvoir ensuite placer l'interrupteur sur Marche (position verte). Immédiatement, l'iPhone vous demandent comment vous souhaitez protéger votre Trousseau.

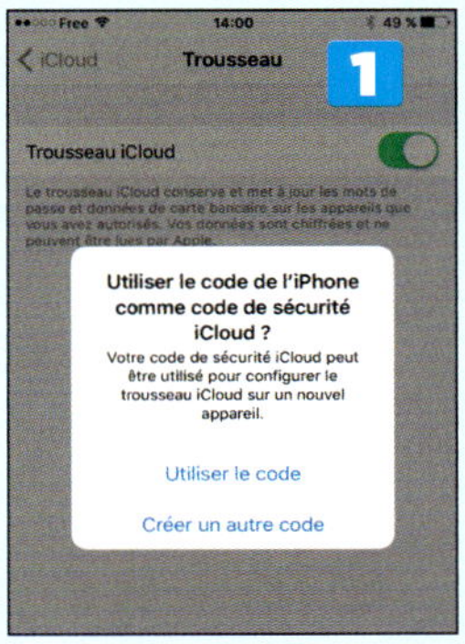

Vous pouvez choisir d'utiliser le même mot de passe (ou code) que celui de votre iPhone. Préférez créer un code spécifique : vos données méritent d'être protégées même dans le cas où votre compte iCloud serait compromis.

2 UN CODE COMPLEXE POUR PROTÉGER SON TROUSSEAU

L'écran suivant propose dès lors de choisir un code à 6 chiffres. Si vous estimez que ce n'est pas suffisant pour protéger une information aussi importante que vos mots de passe, tapez sur le lien « Options avancées », puis choisissez « Utiliser un code de sécurité complexe » dans l'écran suivant. Utilisez le clavier pour créer un mot de passe complexe qui vous servira à valider l'utilisation de votre trousseau par un autre appareil (voir plus loin) et aussi pour consulter la liste de vos mots de passe déjà enregistrés (voir ci-contre). Dernière étape : indiquez également un numéro de mobile qui servira d'authentification supplémentaire lorsque vous voudrez activer le trousseau sur un autre appareil.

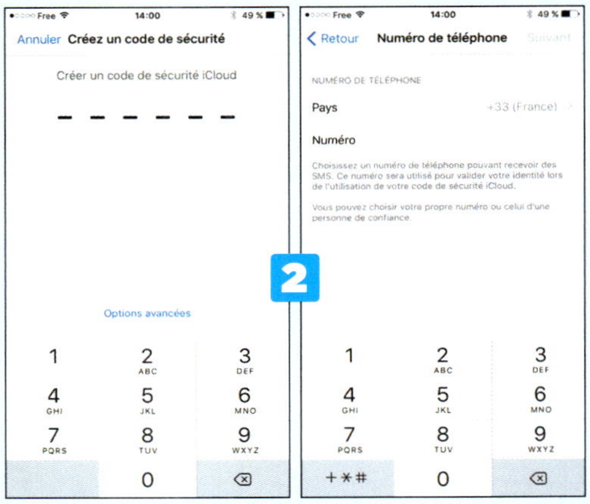

3 PROFITER DU TROUSSEAU SUR UN AUTRE APPAREIL

Le but du Trousseau iCloud n'est pas seulement de stocker vos mots de passe, mais aussi de les synchroniser entre tous vos appareils. Activez donc le Trousseau sur votre iPad ou sur votre Mac, si vous venez de le faire sur votre iPhone par exemple. Cette fois-ci, comme iCloud détecte que le Trousseau existe déjà, il vous propose de l'activer sur ce nouvel appareil. Vous pouvez le faire en tapant le code spécifique au Trousseau, puis en indiquant le code de vérification qui vous sera envoyé par SMS au numéro indiqué précédemment. Vous pouvez également choisir d'autoriser cet accès via un appareil de confiance, autrement celui sur lequel le Trousseau est déjà actif. Dans ce cas, vous recevrez une alerte sur ce dernier. Tapez alors le mot de passe de votre compte iCloud (pas celui du trousseau puisque l'iPhone est ici déjà validé) pour autoriser l'autre appareil à utiliser le Trousseau. Ce dernier pourra dès lors immédiatement profiter des mots de passe déjà enregistrés sur l'iPhone.

4 CONSULTER SES MOTS DE PASSE

Si vous avez besoin de vos mots de passe pour les taper à la main sur un autre appareil non connecté au Trousseau (un PC par exemple), rendez-vous dans la section Safari des Réglages de l'iPhone par exemple, puis effleurez la ligne « Mots de passe ». Pour voir la liste des mots de passe enregistrés, vous devrez d'abord indiquer le code de verrouillage de l'iPhone ou poser une de vos empreintes digitales sur le bouton Touch ID. Ensuite, il vous suffit de toucher l'intitulé d'un des mots de passe pour en voir les détails : l'identifiant, le mot de passe et le site Web concerné. Une option « Ajouter un mot de passe » est disponible tout en bas de la liste, pour en ajouter un à la main.

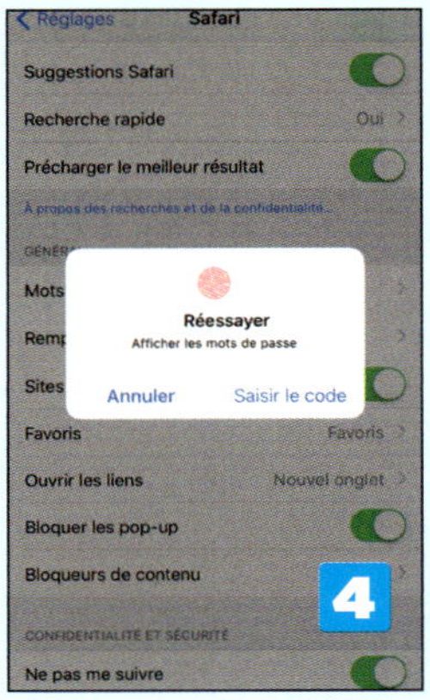

Attention au prêt d'iPhone

Rappelez-vous que si vous prêtez votre iPhone à quelqu'un, ce dernier pourra se rendre sur un des sites Web dont le mot de passe est enregistré. Surveillez-le donc ou, mieux, ne prêtez pas votre appareil.

Simplifier avec l'identification à deux facteurs

Si vous avez activé l'identification à deux facteurs pour protéger votre compte, ce que l'on ne saurait trop conseiller (**voir p. 66**), la mise en place du Trousseau en est grandement simplifiée. Vous n'aurez en effet pas besoin de créer un code de sécurité supplémentaire, car votre compte est déjà suffisamment protégé.

UN MENU DE PARTAGE UNIFIÉ POUR TOUT ENVOYER ET TRANSFÉRER

Sur iOS, il n'y a pas d'explorateur de fichiers. Le menu de partage, disponible un peu partout, permet de manipuler vos documents.

Le menu de partage d'iOS est reconnaissable à sa petite icône : un carré avec une flèche qui s'en échappe vers le haut. Accessible depuis une vaste collection d'applications, il joue deux rôles fondamentaux : partager une information et manipuler des fichiers. Ces deux actions ont un point commun : il s'agit de passer un contenu d'une application à l'autre. Si le fonctionnement est le même, ses options dépendront de l'application utilisée.

PARTAGER UNE INFORMATION

La plupart du temps, lorsque vous ferez appel au menu de partage, ce sera pour envoyer quelque chose à un destinataire. Par exemple, depuis Safari, il vous permet de partager le lien vers la page active. Vous pouvez alors l'envoyer à un contact, par courriel ou par message, ou le partager directement sur vos réseaux sociaux. Lorsque vous rédigez un courriel ou un message pour un réseau social, il est possible d'y ajouter une image issue de la photothèque (**voir p. 91**). Grâce au menu de partage, vous pouvez partir de la photothèque pour aller vers l'appli Mail ou le réseau social. C'est souvent plus pratique pour parcourir sa photothèque : ouvrez l'application, effleurez une photo, touchez le bouton de partage, sélectionnez d'autres clichés si nécessaire, puis touchez « Suivant » pour les envoyer ou les partager.

UN DOCUMENT D'UNE APPLI À L'AUTRE

Le bouton de partage permet aussi d'envoyer un document vers une autre appli. Par exemple, si vous recevez un fichier PDF volumineux par courriel et qu'il n'est pas pratique de le lire dans Mail, touchez le bouton de partage et envoyez-le dans Acrobat ou dans iBooks. Le fichier joint est alors dupliqué et vous profitez des avantages de l'autre application. Mieux, vous pouvez même créer un PDF à partir d'une page Web en sélectionnant « Enr. le PDF dans iBooks ».

QUELQUES FONCTIONS SPÉCIALES

Le bouton de partage permet aussi d'accéder à des fonctions supplémentaires selon les applis que vous utilisez. Dans Safari, il alimente la liste de lecture et les signets (**voir p. 110**), dans Dropbox il génère les liens de partage de fichiers, etc. C'est à vous d'en explorer les possibilités. Si vous souhaitez imprimer un document (voir ci-contre), la fonction d'impression est souvent associée au bouton de partage : c'est le cas pour Mail, Safari ou les photos.

AJOUTER DES FONCTIONS Les applis peuvent ajouter des fonctions à ce menu de partage, tel le bloqueur de contenu Purify (**voir p. 113**). Lisez la p. suivante pour savoir comment activer ces extensions.

Imprimer depuis iOS

iOS est tout à fait capable d'imprimer des documents. Vous vous habituerez vite au luxe d'imprimer un courriel depuis votre téléphone sans avoir besoin d'allumer l'ordinateur. Pour que cette fonction soit active, vous devez vous équiper d'une imprimante Wi-Fi compatible avec la norme « AirPrint ». Il suffira ensuite que l'imprimante et le smartphone soient connectés au même réseau Wi-Fi et cela fonctionnera sans qu'il soit nécessaire de faire un quelconque réglage dans iOS.

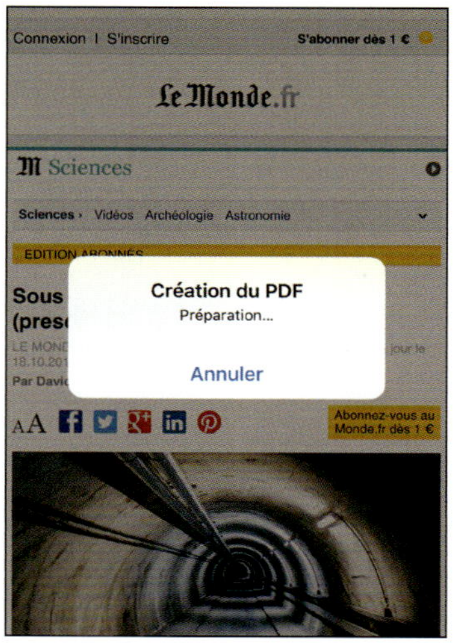

DIFFICULTÉ ★★★☆☆ 10 MN

AJOUTER DES FONCTIONS AU MENU DE PARTAGE GRÂCE AUX EXTENSIONS

1 **COMPRENDRE LE PRINCIPE** Les développeurs d'applications peuvent proposer des fonctions à ajouter au menu de partage universel (voir p. précédente). Les règles sont toutefois très strictes. D'un point de vue technique, le système reste le chef d'orchestre des interactions entre l'extension et les autres applications. Cela permet à Apple de s'assurer que l'extension ne met pas en péril la sécurité du système. De plus, pour que le processus reste simple, Apple impose l'installation d'une application : il n'est pas possible de proposer une extension seule. C'est le même principe que pour l'utilisation de claviers alternatifs (**voir p. 61**). La première étape pour profiter de ce système consiste donc à trouver et installer des applis proposant une extension.

2 **ACCÉDER AUX EXTENSIONS** Lorsque l'on a installé une appli ajoutant une extension au système, celle-ci n'est pas encore activée. Pour vous en servir la première fois, ouvrez le menu de partage et faites glisser vers la droite la ligne des icônes jusqu'à pouvoir atteindre le bouton « Autre » affichant des points de suspension. Notez que le menu partage est divisé en deux sections. La ligne supérieure concerne les extensions permettant d'envoyer le contenu en cours vers d'autres applications pour en faire quelque chose, comme l'envoyer par Messages ou le partager via Facebook. Tandis que la ligne inférieure regroupe plutôt des fonctions que l'on peut appliquer au contenu en cours, comme copier un lien ou imprimer une page. Il existe des extensions pour les deux cas de figure. Une fois que vous avez tapé sur le bouton Autre, l'écran suivant vous montre la liste des extensions disponibles. Utilisez le commutateur pour activer celle que vous venez d'installer. Notez que vous pouvez retirer du menu les extensions Facebook et Twitter si vous ne les utilisez pas.

3 **ORGANISER LES EXTENSIONS** En standard, les nouvelles extensions s'installent à la fin de la liste, ce qui implique que leur icône apparaît tout à droite dans le menu de partage, vous obligeant à les faire défiler latéralement pour y accéder. À l'aide des poignées de sélection à droite de chacune des extensions, vous pouvez les réorganiser comme bon vous semble. Notez que vous pouvez aussi réorganiser les icônes du menu de partage, simplement en maintenant le doigt appuyé sur l'une d'elles. Elle se soulève alors un peu et suivra le glissement de votre doigt. Les autres icônes se déplaceront pour laisser la place. La manipulation est donc similaire à celle permettant de déplacer les icônes de vos écrans d'accueil (**voir p. 38**).

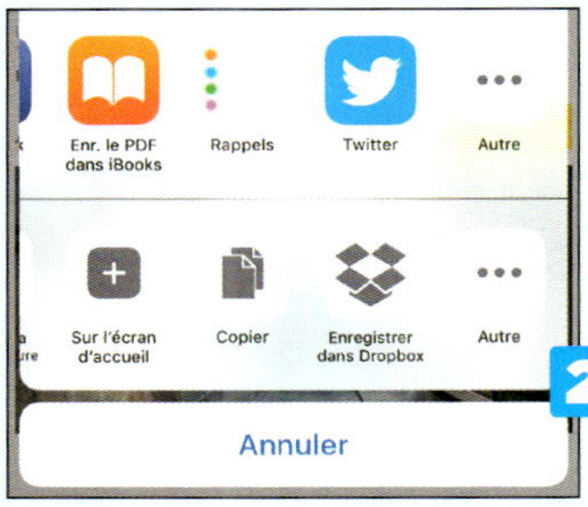

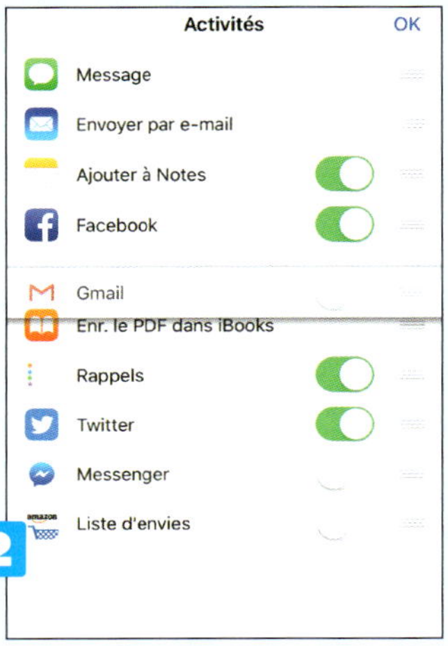

4 **UTILISER UNE EXTENSION** Si, par exemple, vous tombez sur une page Web dont vous voulez garder une trace, ouvrez le menu de partage et tapez sur l'icône « Ajouter à Notes ». Une fenêtre apparaît au milieu de l'écran avec l'adresse de la page et une représentation miniature. Tapez un commentaire si nécessaire. Choisissez en dessous une note que vous avez déjà créée ou créez-en une nouvelle. Validez d'une tape sur Enregistrer. La page est maintenant dans vos archives (**voir p. 118**).

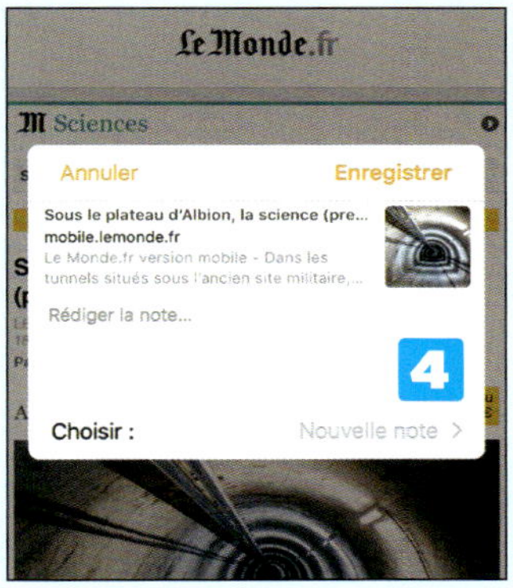

5 **DES EXTENSIONS POUR L'APPLI PHOTOS** L'application Photos profite également du principe d'extension. Ainsi, si vous installez l'excellente appli Pixelmator, vous pourrez profiter de ses outils de retouche très puissants sans sortir de votre Photothèque. Sélectionnez-y une photo, puis le bouton aux trois potentiomètres pour afficher les outils de retouche et tapez sur les trois points de suspension en bas à droite. Choisissez Pixelmator et modifiez votre photo.

ORGANISER ET PARTAGER SES IDÉES GRÂCE À L'APPLI NOTES

Plus qu'un simple carnet de brouillon, l'appli Notes est un véritable réceptacle à idées pouvant prendre toutes les formes : textes, photos, dessins à main levée, lien vers des pages Web, etc.

Synchroniser et sauvegarder ses notes

Un des avantages de prendre des notes sur son iPhone c'est qu'elles sont non seulement enregistrées dans la mémoire du smartphone mais aussi dans un espace personnel en ligne et, donc, synchronisées avec vos autres appareils connectés au même compte. Le tout est de savoir de quel compte il s'agit. Votre compte iCloud / Apple est le réceptacle naturel pour synchroniser vos notes avec votre iPad et votre Mac. Cela dit, un compte Gmail ou même un compte mail traditionnel en mode IMAP vous propose l'option de stocker et synchroniser vos notes. Vous le verrez dans les options disponibles lors du paramétrage d'un nouveau compte dans la section Mail des Réglages (**voir p. 80**). Si vous avez activé l'option Notes pour plusieurs comptes, l'appli vous le montre dans la barre latérale, en distinguant clairement les comptes.

CRÉER SES PREMIÈRES NOTES Lancez l'appli d'une tape sur son icône jaune et blanche, évoquant bien sûr un calepin. Une fois ouverte, elle affiche la liste de vos notes. Tapez sur l'une d'elles pour en afficher le contenu ou sur l'icône carrée munie d'un crayon, en bas à droite, pour en créer une nouvelle. Le titre de la note correspond tout simplement à la première ligne.

CRÉER UNE LISTE À COCHER Besoin de créer une liste de choses à ne pas oublier ? Effleurez le bouton « + » situé à droite, au dessus de la barre de suggestions du clavier (**voir p. 56**) pour faire apparaître les outils supplémentaires propres à Notes. Tapez ensuite à gauche sur le rond muni d'une coche, pour commencer la rédaction d'une liste. Vous verrez alors qu'à chaque fois que vous tapez sur la touche Retour du clavier, un rond précède le texte que vous tapez. Effleurez ce rond pour cocher l'élément de la liste, et indiquer une tâche terminée.

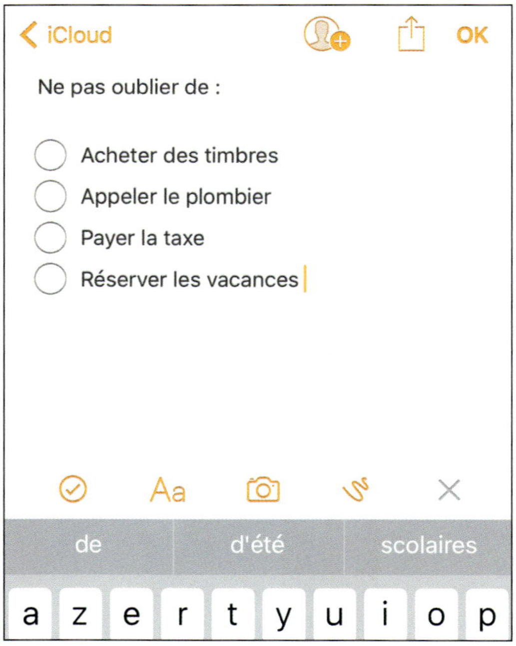

CHANGER LE STYLE DU TEXTE Tapez sur l'icône « Aa » pour faire glisser depuis le bas de l'écran une liste de styles. Le texte tapé ensuite s'affichera dans le style choisi. Vous pouvez également modifier le style a posteriori en sélectionnant du texte déjà tapé, puis en choisissant un nouveau style.

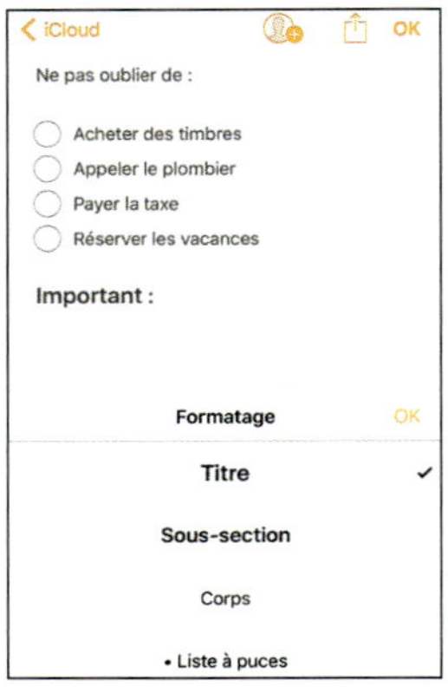

INSÉRER UNE PHOTO À droite de la zone des suggestions, effleurez l'appareil photo. Un menu vous propose d'accéder à votre photothèque ou bien de prendre une photo ou une vidéo. Choisissez l'option qui convient et vous verrez ensuite l'image s'insérer directement dans la note à l'endroit voulu. Pour déplacer ou supprimer l'image, effectuez un appui long dessus pour faire apparaître un menu d'options au-dessus.

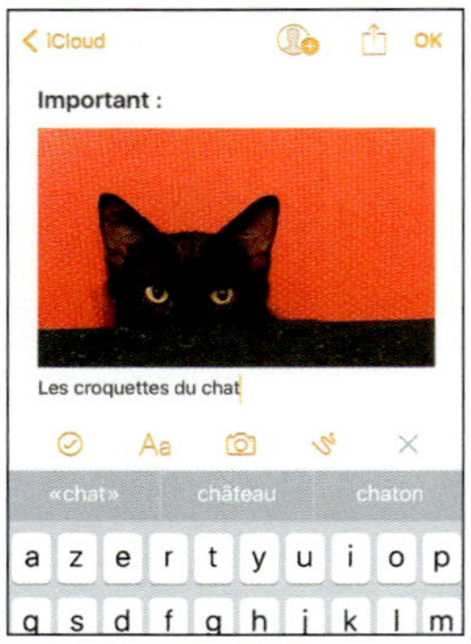

AJOUTER UN DESSIN À MAIN LEVÉE Plutôt qu'une photo, vous pouvez ajouter un croquis que vous dessinerez vous-même, du bout du doigt ou à l'aide d'un stylet. Il vous suffit d'effleurer la dernière icône à droite de la zone supérieure du clavier, figurant un tracé. Le clavier et le reste de la note disparaissent pour laisser place à un canevas vide. Les outils de dessin s'affichent en bas : feutre fin, marqueur, crayon, règle et gomme. Les pastilles à droite servent à choisir la couleur. La règle est certainement l'outil le plus surprenant. Sélectionnez-la en bas, puis posez deux doigts sur l'écran. Faites-les pivoter pour trouver l'orientation voulue et commencer à tracer une ligne avec le doigt ou le stylet. Si vous êtes suffisamment proche de la règle, le trait sera parfaitement rectiligne, même si vous butez sur les deux doigts tenant la règle. Pratique ! Dès que vous tapez sur OK, en haut à gauche, le croquis s'insère dans la note. Plus tard, il vous suffit d'effleurer le dessin pour le modifier, ou d'effectuer un appui long dessus pour faire apparaître d'autres options, comme pour les photos.

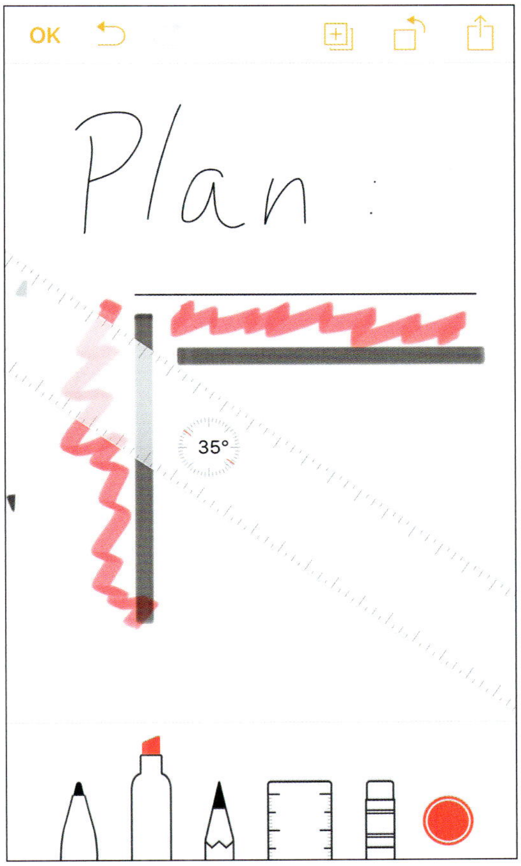

ORGANISER SES NOTES Si vous avez plusieurs comptes capables de stocker et synchroniser des notes (voir en marge p. précédente), tapez sur la flèche en haut à gauche pour en voir la liste et choisir, par exemple, de n'afficher que les notes liées à l'un d'eux. Apparaît alors en bas de la colonne l'option « Nouveau dossier ». Cela permettra de classer vos notes comme bon vous semble. Plus tard, pour déplacer vos notes vers un dossier précédemment créé, affichez la liste des notes, puis tapez sur Modifier en haut à droite. Sélectionnez une ou plusieurs notes via la case à cocher qui est apparue, puis choisissez « Déplacer vers » en bas de la barre latérale. Vous pourrez ainsi déplacer des notes stockées sur un autre compte vers votre compte iCloud, pour centraliser la gestion de toutes vos notes.

EFFACER DES NOTES OU DES DOSSIERS
Faites simplement glisser le doigt de droite à gauche sur le titre d'une note pour faire apparaître un bouton rouge Supprimer. Les notes passent d'abord par un dossier « Suppressions récentes » dans lequel elles restent pendant 30 jours. Si vous effectuez le geste de suppression sur un dossier, un menu vous demande si vous souhaitez uniquement effacer le dossier ou aussi les notes qu'il renferme.

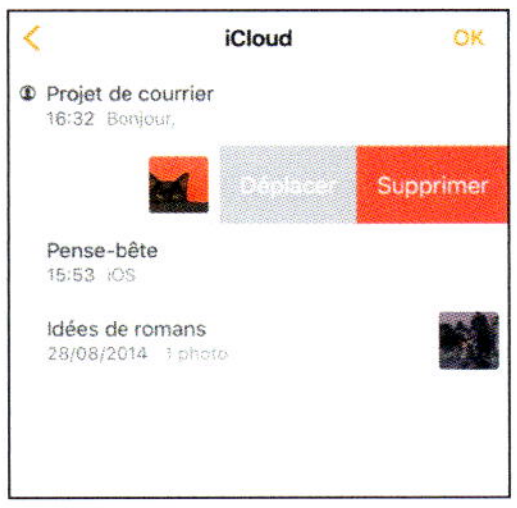

ÉCRIRE DES NOTES À PLUSIEURS Grâce à iOS 10, l'appli Notes devient un outil de travail collaboratif. Effleurez l'icône munie d'une silhouette et d'un signe « + », en haut à droite, pour inviter une ou plusieurs autres personnes, utilisatrices d'un iPhone, iPad ou Mac, à travailler sur la même note. Choisissez de lui envoyer un Message par exemple. Il suffira au correspondant de taper sur le lien proposé pour ajouter la note à sa propre collection et y travailler comme s'il l'avait créé lui-même, tout le monde pouvant travailler en même temps. Les modifications apparaissent en effet en temps réel sur tous les autres appareils.

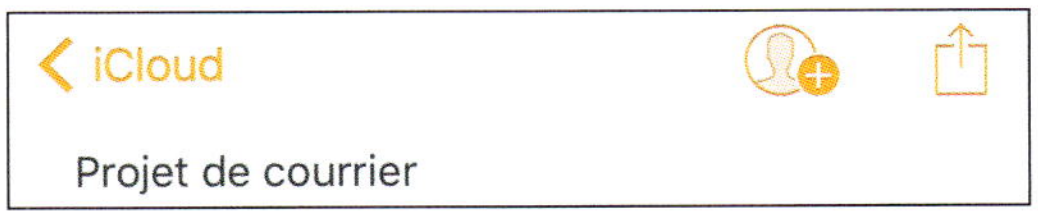

Notes dans la menu de partage

Lorsque vous faites des recherches sur un sujet, pour préparer une rédaction, une thèse, une présentation, vous trouvez sûrement un grand nombre de pages Web réunissant des informations intéressantes. Pour les conserver de manière organisée, prenez le réflexe d'ouvrir le menu de Partage (**voir p. 116**) depuis le navigateur pour ajouter la page directement dans l'appli Notes. Vous pourrez alors choisir une note déjà existante, ou en créer une autre pour commencer une nouvelle collection. Chaque lien est joliment représenté dans la note par une vue miniature, que vous pouvez aisément compléter de quelques mots pour vous souvenir plus tard de la raison qui vous l'a fait garder.

WALLET, LE PORTE-CARTES NUMÉRIQUE UNIVERSEL DE L'IPHONE

L'appli Wallet accueille les cartes de fidélités de vos magasins préférés, vos billets de train ou d'avion et même vos cartes bancaires pour payer directement avec l'iPhone, grâce à Apple Pay.

Le nom de l'appli Wallet n'a pas été traduit, peut-être parce que le mot français porte-feuille est trop long. Mais elle rend pourtant des services similaires à l'objet que vous avez sûrement dans votre poche ou dans votre sac. Vous y rassemblerez en effet un grand nombre de cartes aux fonctions diverses (réservations d'hôtels, billets d'avions, tickets de cinéma, carte de fidélité, etc.). Et grâce à Apple Pay, disponible en France depuis l'automne 2016 (voir ci-contre), vous pouvez même y stocker une ou plusieurs cartes bancaires pour payer directement avec votre iPhone.

AJOUTER DES ÉLÉMENTS À WALLET La plupart des compagnies aériennes sont maintenant compatibles avec le standard proposé par Wallet. Lorsque vous vous enregistrez sur un vol, vous pouvez souvent faire passer la carte d'embarquement électronique dans l'appli Wallet. Dans ce cas, deux méthodes sont possibles. Vous pouvez par exemple recevoir un courriel contenant un lien. Ouvrez alors le message sur votre iPhone pour pouvoir taper sur ce lien. L'application Wallet se lance et récupère la carte d'embarquement. Vous pouvez aussi installer l'application de la compagnie aérienne vous ayant délivré le billet. Et vous y trouverez une option vous permettant de faire passer le billet ou la carte d'embarquement vers Wallet.

WALLET À LA RESCOUSSE En plus de proposer un endroit de stockage centralisé de vos cartes, Wallet vous sert aussi d'assistant, notamment pour vos voyages. Si vous l'y autorisez, Wallet peut en effet utiliser la puce GPS de votre iPhone pour, le jour dit, afficher la carte d'embarquement sur l'écran de verrouillage lorsque vous arrivez à l'aéroport. Cette carte inclura le QR code que vous pourrez présenter au scanner au moment de l'embarquement. Plus simplement, les cartes stockées dans Wallet pouvant aussi afficher un code à barres, il vous suffit de présenter l'écran de votre iPhone lorsque vous êtes à la caisse, pour qu'il soit scanné par la douchette. Plus de papier, plus de plastique.

WALLET ET APPLE PAY Dès que vous avez ajouté votre carte bancaire à Wallet (voir encadré p. suivante), votre iPhone devient un moyen de paiement. Il faut bien sûr que le commerçant dispose d'un terminal de paiement compatible, ce qui est finalement la majorité des cas puisqu'Apple Pay repose sur les mêmes technologies NFC que les paiements sans contact que vous utilisez peut-être déjà pour les petits achats de moins de 20 euros. Avec une différence essentielle : Apple Pay vous permet de monter jusqu'à plusieurs centaines d'euros en toute sécurité (voir plus loin).

PAYER AVEC APPLE PAY Si vous voyez le logo de paiement sans contact sur le terminal de paiement du magasin, il y a de fortes chances que vous puissiez payer avec Apple Pay. Sortez l'iPhone de votre poche et

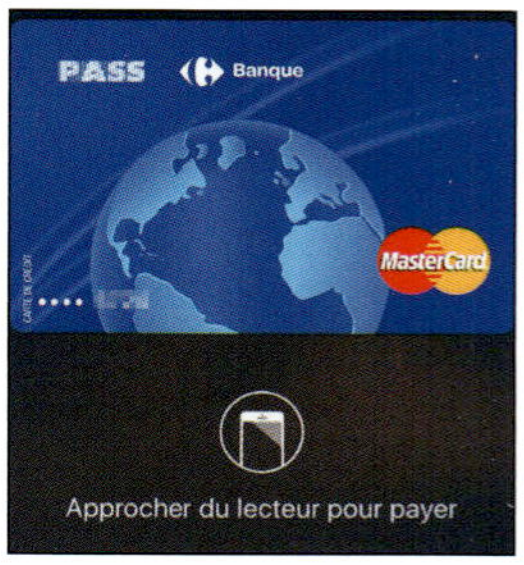

Votre banque est-elle compatible Apple Pay ?

Pour ajouter votre carte bancaire à Wallet et commencer à vous servir de votre iPhone comme d'un moyen de paiement, il faut impérativement que votre banque ait choisi de devenir compatible avec le service Apple Pay. Si ce n'est pas le cas, lorsque vous essaierez d'ajouter la carte (voir encadré p. suivante), un message vous indiquera que l'émetteur de la carte ne propose pas encore la prise en charge d'Apple Pay.

effectuez une double pression sur le bouton principal alors que l'iPhone est verrouillé. L'interface d'Apple Pay apparaît et vous demande d'approcher l'iPhone du terminal de paiement. Un petit bip plus tard, le paiement est fait.

PAYER AVEC SA MONTRE Si vous avez ajouté la carte bancaire à votre Apple Watch (voir ci-dessous), il vous suffit de presser deux fois le bouton latéral pour déclencher Apple Pay. Approchez ensuite la montre du terminal de paiement et, bip, c'est payé.

APPLE PAY EST-IL SÉCURISÉ ? Oh oui, bien plus que votre carte bancaire elle-même ! Lorsque vous lancez Apple Pay, le système s'assure que c'est vous, via votre empreinte digitale. Du coup, vous n'avez plus à composer votre code à 4 chiffres, souvent devant les yeux des autres chalands. De plus, les numéros de votre carte sont enregistrés dans une zone spéciale de l'iPhone et ne sont jamais partagés avec une autre application. Ils ne sont d'ailleurs pas partagés non plus avec le commerçant : un numéro à usage unique est généré à chaque transaction. C'est la même chose avec la montre. Et comme celle-ci ne dispose pas de lecteur d'empreinte digitale, le mode Apple Pay se désactive automatiquement si la montre quitte votre poignet. Autrement, le voleur de votre Apple Watch ne pourra pas s'en servir de moyen de paiement.

Ajouter des cartes de fidélité

Si votre magasin préféré ne vous propose pas de version électronique de sa carte de fidélité, rendez-vous, depuis votre iPhone, sur le site www.selfpass.net. En indiquant simplement le numéro qui figure sur la carte, vous en obtiendrez une version à ajouter à Wallet.

Ajouter sa carte bancaire à Wallet pour Apple Pay

Voici les quelques étapes à suivre pour commencer en quelques minutes à payer avec votre iPhone. Lancez l'appli Wallet et notez qu'elle vous propose en haut de l'écran d'ajouter une carte bancaire pour Apple Pay **(1)**. Effleurez donc la mention « Ajouter une carte bancaire » ou le petit bouton « + » au dessus à droite. L'écran suivant vous rappelle le principe d'Apple Pay **(2)**. Tapez sur Suivant. L'appareil photo se déclenche et l'appli vous demande de cadrer votre carte bancaire. Pas besoin d'entrer les numéros de la carte à la main, l'iPhone s'en charge, et il lit aussi le nom du porteur de la carte **(3)**. Vous devrez ensuite valider en entrant tout de même au clavier les trois chiffres situés au dos de la carte **(4)**. Une validation auprès de la banque est ensuite nécessaire et l'appli vous indique le numéro à appeler **(5)** et vous fournit même un bouton pour lancer l'appel **(6)**. Vous devrez répondre à quelques questions pour prouver votre identité et quelques minutes plus tard, le système est prêt. Si vous disposez d'une Apple Watch, vous devrez refaire la procédure de validation. Rendez-vous dans l'appli Watch sur l'iPhone, puis dans la section « Wallet et Apple Pay ». La carte que vous venez d'ajouter sur l'iPhone apparaît, il ne vous reste plus qu'à la valider en appelant de nouveau la banque **(7)**. Autrement dit, si vous comptez utiliser l'iPhone et la montre comme moyens de paiement, pensez à le dire à l'interlocuteur de la banque dès le premier appel pour valider les deux à la fois. Lorsque la carte est validée pour la montre également, une notification apparaît sur l'écran de celle-ci **(8)**.

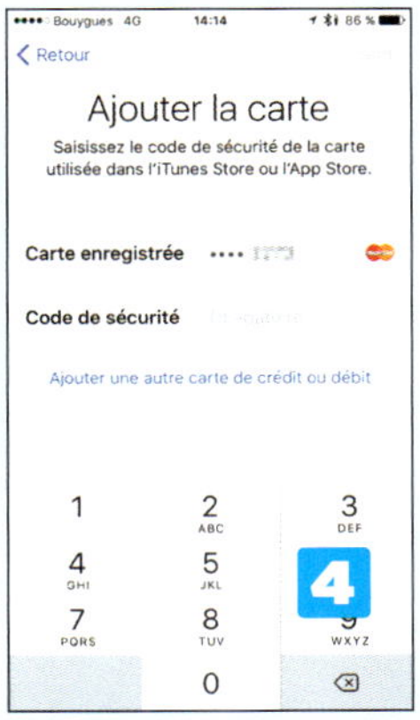

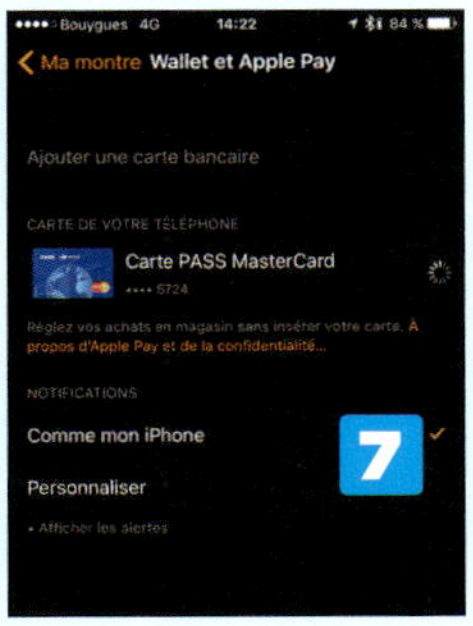

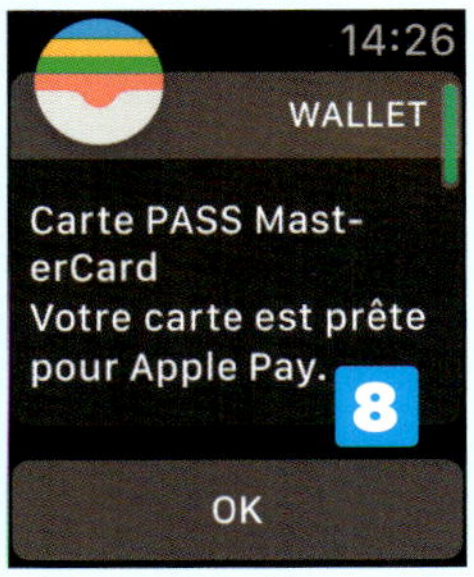

APPLE PLANS, LE GPS ROUTIER ET PIÉTON TOUJOURS À PORTÉE DE MAIN

Apple propose sa propre application de cartographie parfaitement intégrée au système. Elle vous dira où vous êtes et vous guidera dans vos itinéraires.

Paramètres

En vous rendant dans Réglages, puis Plans, vous pourrez tout d'abord choisir votre mode de transport préféré : en voiture, à pieds ou en transports en commun. Dans la section « Conduite et navigation », choisissez si vous souhaitez éviter les péages et / ou les autoroutes. En dessous, vous pouvez choisir d'afficher la boussole à l'écran pendant la navigation, ainsi que le volume de la voix de guidage. La section Transports propose la liste des transports en commun que vous pouvez activer ou non : Bus, Métro, Train de banlieue et Ferry. Après ces deux sections, indiquez si vous voulez que les distances soient indiquées en kilomètres ou en miles, pratique lorsque l'on voyage à l'étranger. Le dernier paramètre vous permet de choisir de garder les noms toujours en français sur la carte.

OÙ SUIS-JE ? Dès que vous lancez l'appli Plans, la carte se centre sur votre position actuelle, repérée par un point bleu. Il peut arriver qu'une zone bleu clair entoure le point si la position n'est pas très précise. Cela ne dure en général que quelques secondes. Baladez-vous dans la carte d'un glissement du doigt et faites rapidement varier le niveau de zoom d'un pincement à deux doigts. Pour recentrer la carte sur votre position à tout moment, effleurez le bouton boussole en haut à droite. Notez que vous pouvez également faire pivoter la carte à deux doigts. Une petite boussole noire apparaît alors en haut à droite pour vous rappeler la position du nord.

AFFICHER LA VUE SATELLITE Tapez sur le bouton « i » en haut à droite pour faire apparaître un menu d'options depuis le bas de l'écran, muni de trois onglets. Tapez sur Satellite pour changer la carte et faire apparaître deux options supplémentaires : Circulation et Étiquettes. Cette dernière permet de continuer à voir le nom des rues en même temps que les images satellites. Vous pouvez vous déplacer dans la vue satellite de la même manière que dans la vue carte. Fermez le menu d'une tape sur la croix située dans son coin supérieur droite.

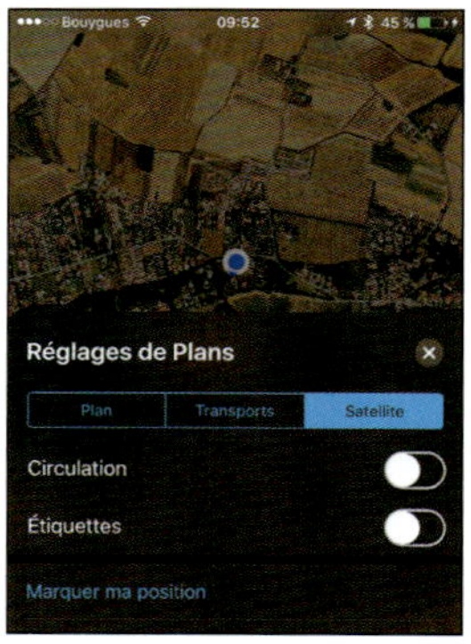

CHERCHER UN ENDROIT Depuis iOS 10, la zone de recherche est placée tout en bas. Effleurez-la pour faire glisser tout le panneau vers le haut et apparaître le clavier. Vous remarquerez les icônes en dessous de la zone de saisie présentant des catégories de recherche : Restaurants et bars, Loisirs, Voyager, etc. Cette dernière vous sera utile pour trouver une station-service à proximité. En dessous s'affiche la liste des derniers endroits que vous avez recherchés et des itinéraires calculés. Dès que vous tapez une lettre au clavier, cette liste est remplacée par une des résultats possibles, pouvant tout à la fois inclure des noms de villes, d'endroits remarquables comme des sites, des magasins ou encore des personnes de votre carnet d'adresses.

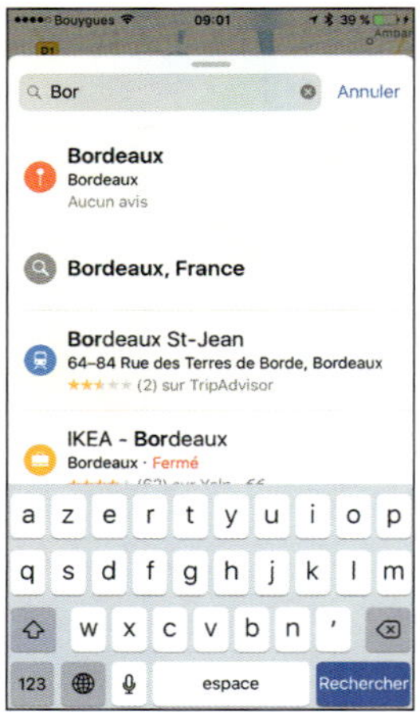

CONSULTER LES DÉTAILS Dès que vous choisissez un des résultats, le panneau inférieur redescend en partie, pour laisser de la place à la carte. Tapez sur le bouton bleu pour obtenir un itinéraire. Dans certains cas, un bouton « Tour Flyover » vous est aussi proposé : il vous permet de visiter la destination, ici Bordeaux, comme lors d'un vol en hélicoptère. L'idée étant de vous familiariser avec un endroit que vous ne connaissez pas avant d'arriver.

CHOISIR LES DÉTAILS DE L'ITINÉRAIRE AUTOMOBILE L'itinéraire en voiture est le choix par défaut, que vous vous pouvez changer (voir en marge p. précédente). Il propose trois routes différentes. Il suffit d'effleurer l'une des étiquettes pour sélectionner l'itinéraire qui correspond. Faites glisser le panneau vers le haut pour obtenir plus de détails. Tapez sur le bouton OK, pour lancer le guidage. Pendant celui-ci, vous pouvez de nouveau faire glisser vers le haut le panneau inférieur. Trois icônes vous proposent de rechercher des endroits à proximité comme une station-service ou un restaurant. Notez que les propositions changent en fonction de l'heure de la journée, pour vous proposer un endroit pour prendre un petit-déjeuner le matin et un restaurant pour le midi. Trois icônes en dessous vous permettent d'afficher une vue globale de l'itinéraire, les détails des routes empruntées et de modifier le volume de la voix du guidage.

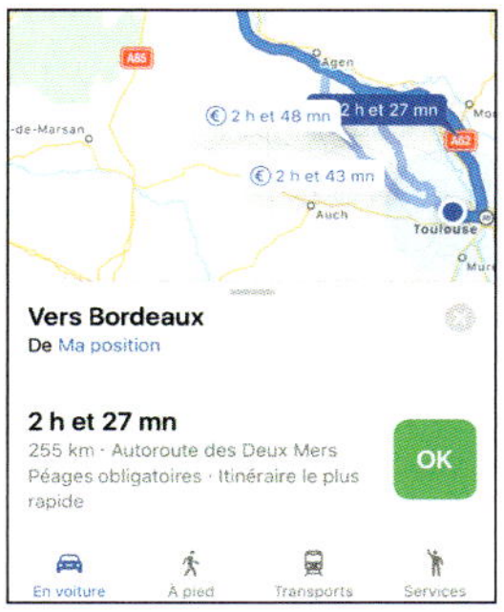

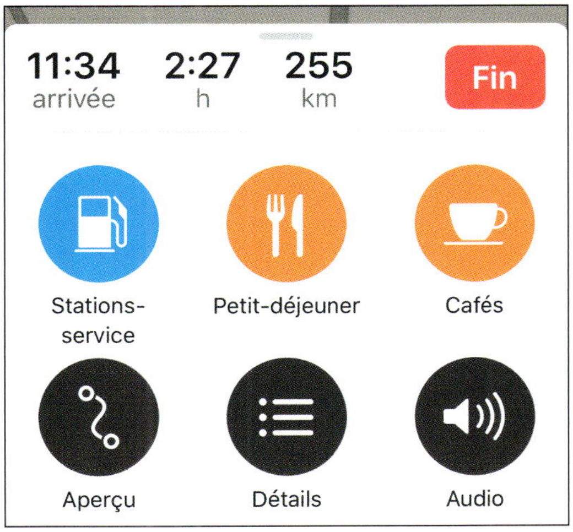

AFFICHAGE SUR L'ÉCRAN VERROUILLÉ Le guidage commence. L'iPhone vous guide à la voix en même temps qu'il vous montre la route à suivre. Plans étant parfaitement intégré au système, vous pouvez éteindre l'écran pour économiser votre batterie. L'écran se rallume automatiquement lorsque vous vous approchez d'un embranchement.

CHOISIR UN ITINÉRAIRE EN VOITURE OU À PIED Plutôt que d'y aller en voiture, vous pouvez demander à Plans de vous présenter un itinéraire à pied ou en transports en commun. Il vous suffit pour cela de sélectionner votre manière de voyager en bas du panneau présentant le calcul d'itinéraire (voir plus haut). L'appli d'Apple ne dispose pas des plans des transports en commun de toutes les villes. Dans ce cas, elle vous propose de consulter d'autres applis qui viendront compléter les fonctions de Plans.

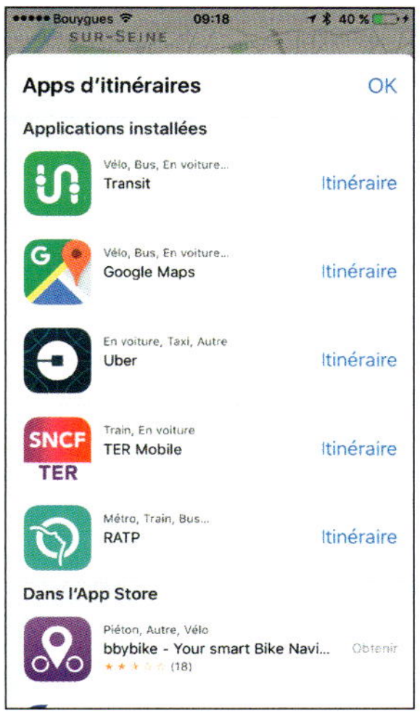

COMPLÉTER LES FONCTIONS DE PLANS L'appli est d'ailleurs prévue pour accueillir les fonctions apportées par d'autres. En plus des boutons « À pied » et « Transports », vous avez peut-être remarqué celui appelé « Services ». Il vous permet de faire appel à l'appli Uber par exemple pour vous faire emmener par une voiture avec chauffeur. De même, lorsque vous consultez la fiche d'un restaurant ou d'un hôtel, Plans affiche bien sûr l'adresse et le numéro de téléphone, mais aussi les avis d'autres clients tirés d'autres services comme Booking.com, TripAdvisor ou encore Pages Jaunes. Et propose aussi un lien direct vers l'appli concernée, en vous proposant de l'installer si vous ne l'avez pas encore.

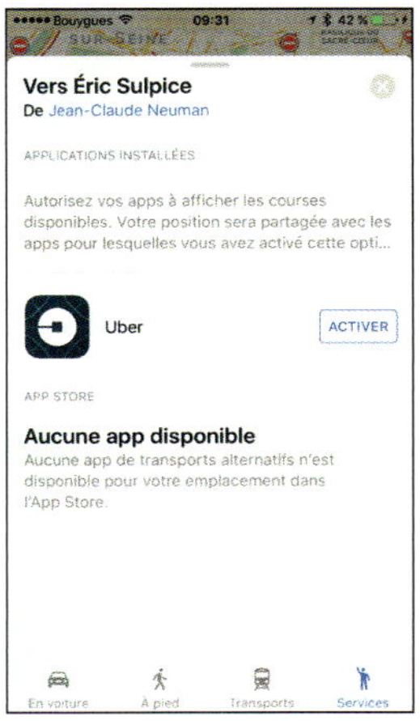

A-t-on encore besoin de Waze ou de Google Maps ?

Malgré tous les efforts consentis par Apple, l'appli de Google est encore largement plus efficace pour trouver un restaurant, un hôtel, un musée, bref, un endroit remarquable par son nom. En revanche, en ce qui concerne le guidage, vous préférerez sûrement l'aspect visuel de Plans et aussi sa parfaite intégration avec le système de l'iPhone qui lui donne notamment l'avantage de consommer bien moins d'énergie. De plus, Plans est aussi capable de vous indiquer la densité du trafic routier et de vous proposer un itinéraire modifié si la route devient trop encombrée. Tout comme Waze donc (qui est aussi la propriété de Google rappelons-le). Au final, il y a de fortes chances que vous oubliiez Google, une fois que vous aurez exploré toutes les fonctions de Plans.

ÉCOUTER DE LA MUSIQUE EN CHEMIN : ITUNES ET APPLE MUSIC

Vous utilisez votre iPhone comme un baladeur ? Vous pouvez bien sûr le brancher à l'ordi pour synchroniser votre musique via iTunes. Mais aussi prendre un abonnement au service Apple Music.

Apple donne tellement d'importance à la musique que l'appli du même nom est en standard placée dans le Dock de l'écran d'accueil. Elle vous permet tout à la fois d'écouter la musique que vous aurez transférée depuis votre ordi, via iTunes, que celle que vous aurez choisie via le service en ligne Apple Music.

TROIS MOIS POUR ESSAYER La première fois que l'on lance l'appli, c'est d'ailleurs ce service qui est mis en avant. Un panneau coulisse depuis le bas de l'écran et vous propose de tenter l'expérience de la musique en streaming légale pendant trois mois gratuitement. Essayez donc, vous ne risquez rien, à condition de vous assurer de désactiver le renouvellement automatique tout de suite, si vous n'êtes pas sûr de vous (voir ci-contre). Vous avez le choix entre deux types d'abonnement : Individuel ou Familial. Ce dernier s'appuie sur la fonction de partage familial permettant à tous les membres de profiter des mêmes applications par exemple (**voir p. 76**).

INDIQUER SES GOÛTS MUSICAUX Grâce à l'abonnement, vous pourrez écouter la quasi totalité du catalogue musical d'iTunes, plus de 30 millions de morceaux, sans limite. Vous pourrez bien sûr choisir ce que vous voulez, mais le service vous aidera aussi à vous y retrouver en vous proposant de la musique qui pourrait vous plaire, en se basant sur ce que vous écoutez et ce que vous indiquez aimer (voir plus loin). Pour amorcer la pompe, les premiers écrans vous demandent de choisir d'abord les genres que vous préférez, puis quelques artistes : il vous suffit d'effleurer les bulles rouges. Touchez-les une fois pour dire que vous aimez un peu et deux fois si vous aimez beaucoup. Ou maintenez la pression pendant 3 secondes pour faire disparaître la bulle d'un artiste ou d'un genre que vous n'aimez pas du tout.

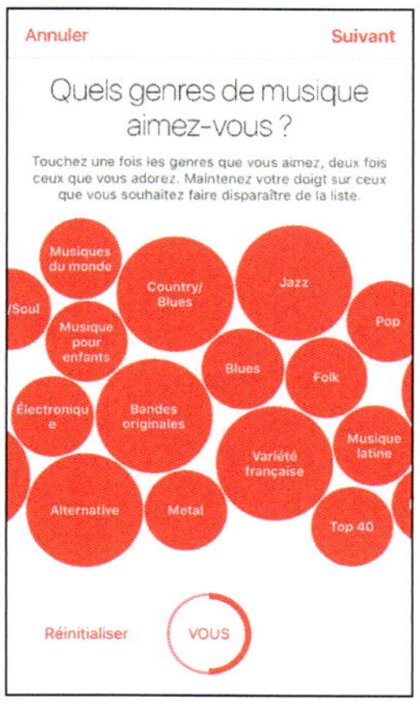

EXPLORER LA BIBLIOTHÈQUE MUSICALE Vous voici aux commandes de l'appli Musique. Tapez donc sur Explorer tout en bas. De grands pavés, en haut, vous proposent des listes de lecture toutes prêtes, et qui changent régulièrement. En dessous, vous pouvez vous balader dans le catalogue par thèmes : Nouveautés, Classements, Genre, etc. Notez qu'il existe également une section Vidéos car Apple Music propose aussi un grand nombre de clips musicaux. Touchez le titre d'un morceau pour en lancer la lecture. Un mini panneau de commandes apparaît en bas (voir plus loin).

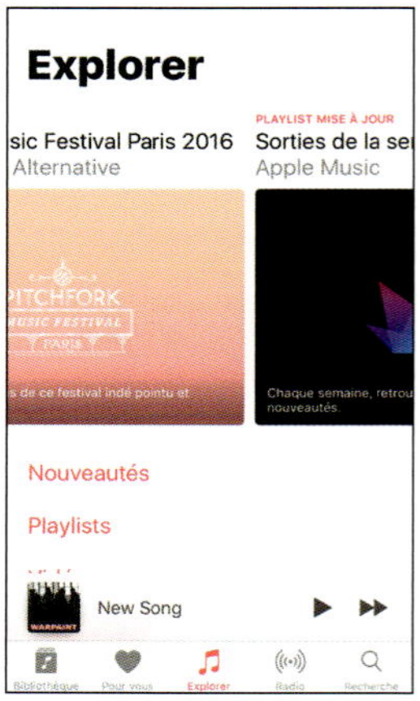

CHERCHER UN MORCEAU OU UN ARTISTE Effleurez le bouton Recherche en bas à droite, et commencer à taper dans la zone de saisie. Notez les deux boutons juste en dessous vous permettant de choisir de chercher dans votre bibliothèque ou dans Apple Music. La liste de vos dernières recherches s'affiche en dessous.

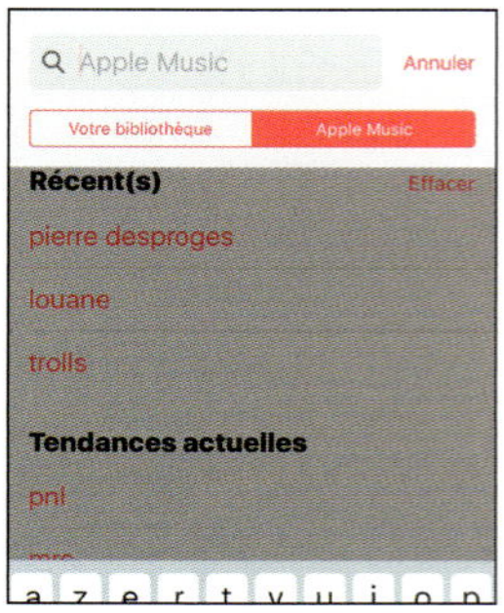

Ne pas renouveler automatiquement

Le service Apple Music étant lié à votre compte Apple/iCloud, il se sert donc de la même carte bancaire (**voir p. 64**). Et il est programmé pour débiter le prix de l'abonnement choisi dès la fin du 3e mois d'essai. Heureusement, vous pouvez désactiver le renouvellement automatique dès le début de votre période d'essai, sans en perdre le bénéfice. Pour cela, rendez-vous dans l'application iTunes sur l'iPhone. Faites défiler l'écran jusqu'en bas pour pouvoir taper sur votre identifiant. Tapez ensuite le mot de passe de votre compte Apple pour afficher toutes les infos dudit compte. Effleurez la catégorie Abonnements. Vous y verrez celui pour Apple Music. Tapez sur « Annuler l'abonnement » et validez. Vous reviendrez sur la même page si vous souhaitez finalement conserver votre abonnement.

SE LAISSER GUIDER C'est l'un des points forts d'Apple Music. Effleurez le bouton « Pour Vous » en bas, pour faire apparaître une sélection d'artistes et de morceaux basée sur vos préférences.

CONTRÔLER L'ÉCOUTE Dès que vous lancez la lecture d'un morceau, un bandeau s'affiche en bas et vous permet de mettre en pause et de passer au morceau suivant. Tapez sur le bandeau pour faire apparaître le panneau en entier. La partie supérieure est occupée par une grande illustration. Le titre défile en dessous et de gros boutons vous permettent de contrôler la musique. On retrouve ces mêmes boutons dans le panneau musique du Centre de contrôle (**voir p. 22**). Cela dit, le panneau d'Apple Music dispose de fonctions supplémentaires, en dessous. Le bouton « + » permet d'ajouter le morceau à votre bibliothèque, la flèche aux ronds concentriques permet de changer la sortie audio : un casque Bluetooth, une Apple TV, les haut-parleurs de l'iPhone, etc. Quant aux points de suspension, ils ouvrent un autre menu permettant d'ajouter un morceau à une liste de lecture, de créer une station de radio basée sur l'artiste et de partager le morceau avec un autre utilisateur d'Apple Music. Notez également les deux cœurs en bas du menu. Tapez sur celui de gauche pour indiquer que vous aimez le morceaux et sur celui de droite, il est barré, pour dire que vous n'aimez pas. Ce faisant, Apple Music connaîtra un peu mieux vos goûts et sera plus à même de vous proposer quelque chose de pertinent dans la section « Pour vous ».

SE CONSTITUER SA MUSICOTHÈQUE En appuyant sur le bouton « + » à côté d'un morceau ou d'un album, vous ajoutez l'un ou l'autre à votre collection personnelle, ce qui vous permet d'y retourner facilement pour l'écouter régulièrement. Notez que cela ne signifie pas pour autant que la musique ainsi ajoutée soit stockée dans la mémoire de l'appareil : vous devrez donc toujours être connecté à Internet pour pouvoir l'écouter. C'est le principe du streaming.

EMPORTER DE A MUSIQUE AVEC SOI Vous pouvez cela dit faire en sorte de télécharger la musique pour pouvoir ensuite l'écouter hors connexion. Une fois qu'un morceau ou un album a été ajouté à la bibliothèque, vous verrez qu'il arbore un nuage muni d'une flèche pointant vers le bas. Tapez dessus pour le stocker sur l'appareil. Les morceaux stockés n'arborent aucune icône. Attention, l'application aura tout de même besoin de se connecter à Internet au moins une fois par mois pour vérifier que vous disposez bien d'un abonnement en cours de validité. Sinon, la musique en provenance d'Apple Music sera effacée. Les morceaux que vous aurez transférés depuis l'ordi ne seront bien sûr pas concernés.

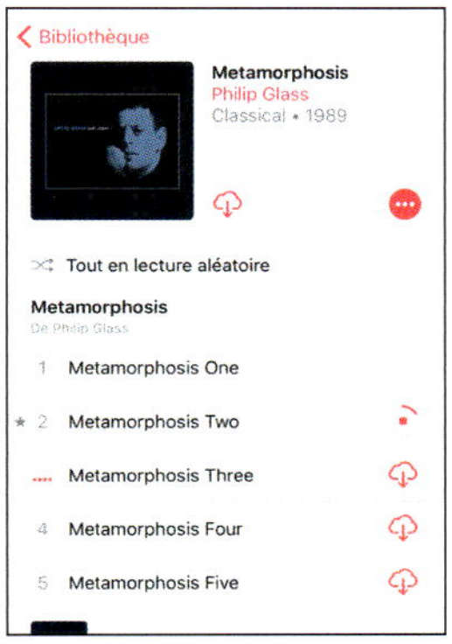

SYNCHRONISER SA MUSIQUE ENTRE PLUSIEURS APPAREILS La première fois que vous ajoutez un morceau à votre bibliothèque, l'appli vous demande d'activer la Bibliothèque musicale iCloud. Comme pour les photos (**voir p. 140**), cette fonction d'iCloud permet de synchroniser toute votre musique entre tous les appareils connectés au même compte : iPhone, iPad, iPod Touch, Mac et même PC via iTunes. L'application pour ordinateur est en effet compatible avec la bibliothèque iCloud. Et cela fonctionne même avec les morceaux qui ne sont pas au catalogue du magasin musical d'iTunes en ligne. Ici par exemple, le recueil des chroniques radiophoniques de Pierre Desproges est accessible depuis l'iPhone, via les CD numérisés sur l'ordi et rendus disponible via la Bibliothèque iCloud.

Régler la musique

Rendez-vous dans la section Musique des Réglages de l'iPhone pour y faire quelques choix. Vous pouvez y activer / désactiver la Bibliothèque musicale iCloud (voir ci-contre) et autoriser ou non l'utilisation de votre connexion 3G / 4G pour l'écoute et le téléchargement musical. La sous-section Téléchargements vous indique la place occupée en mémoire par la musique stockée localement et vous permet d'activer la fonction d'optimisation du stockage. Comme pour les photos, elle s'occupe de vider la mémoire en effaçant les morceaux que vous écoutez le moins, en cas de besoin uniquement.

Brancher son iPhone à iTunes ?

Si vous n'êtes pas abonné à Apple Music, vous devrez donc transférer la musique de votre ordi, stockée dans iTunes, vers l'iPhone via le câble USB. Vous retrouverez alors tous vos morceaux dans la bibliothèque de l'appli Musique, que vous pourrez utiliser comme montré ici.

TOUT TROUVER SUR SON IPHONE AVEC SPOTLIGHT

Spotlight, c'est le nom du moteur de recherche interne de l'iPhone qui vous permettra de trouver vos contacts, vos applications, vos courriels, vos chansons, etc.

Grâce à Spotlight, mot anglais qui signifie Projecteur, il vous suffit de taper quelques lettres pour tout trouver sur votre iPhone, mais aussi dans les différents magasins en ligne d'Apple. Démonstration avec quelques exemples.

ACCÉDER À SPOTLIGHT Spotlight est accessible depuis n'importe lequel de vos écrans d'accueil. Il vous suffit de placer le doigt n'importe où sur l'écran, oui même sur une icône, puis de le faire glisser vers le bas pour faire à la fois apparaître une zone de saisie en haut de l'écran et le clavier virtuel en bas. Attention, ne confondez pas avec le geste de balayage vers le bas servant à dérouler le centre de notifications (**voir p. 94**). Celui-là se commence depuis le sommet de l'écran.

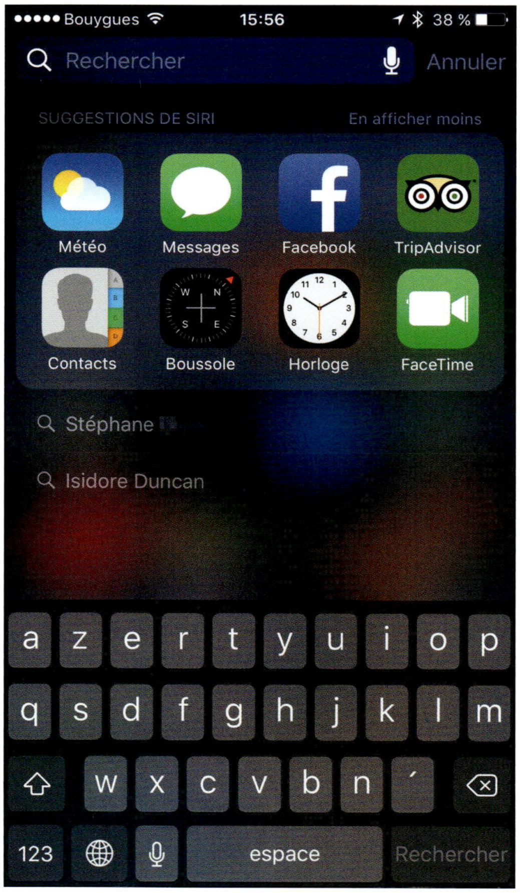

PROFITER DES SUGGESTIONS DE SIRI Juste en dessous de la zone de saisie, s'affichent les icônes des applications que l'iPhone identifie comme celles dont vous pourriez avoir besoin à ce moment-là. Ces suggestions évoluent donc en fonction du moment de la journée, mais aussi de vos habitudes d'utilisation de votre iPhone au quotidien. Vous pouvez choisir d'afficher 4 ou 8 icônes de suggestion, via la commande « En afficher plus » ou « En afficher moins » écrit en petit dans le coin en haut à droite du module des suggestions.

AFFINER LA RECHERCHE AU FUR ET À MESURE L'appli que vous cherchez n'est pas là ? Ou ce n'est tout simplement pas le type d'info que vous cherchez ? Commencez alors à taper dans la zone de saisie. À chaque lettre, la liste des éléments trouvés s'affine pour répondre à la requête. Notez que ces éléments sont classés selon leur provenance, sachant que Spotlight cherche partout, aussi bien sur l'iPhone (courriels, SMS, musique, applications installées) qu'en ligne (page Wikipédia, recherche Internet, App Store ou même iTunes Store

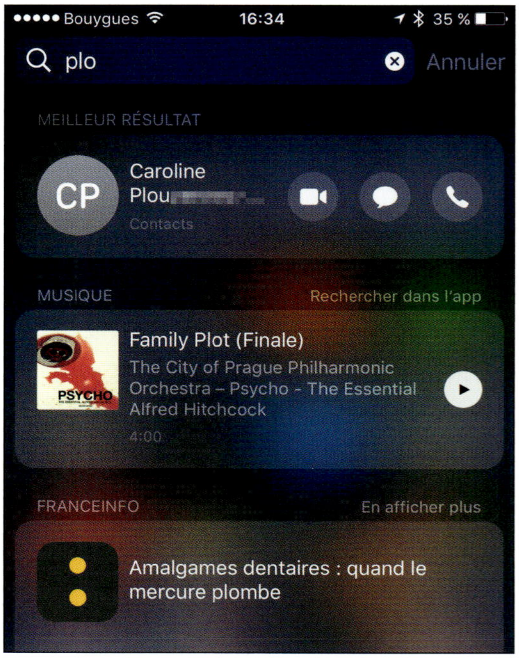

Le principe des widgets

Vous trouvez que les résultats de Spotlight ont un air familier ? Normal, ils reprennent le look des modules que vous pouvez ajouter à la page de widgets (**voir p. 22**). Vous pouvez d'ailleurs y ajouter le widget des suggestions de Siri.

s'il s'agit d'un artiste musical ou d'un film par exemple). Notez que les recherches Web sont automatiquement confiées au moteurs de recherche Bing de Microsoft, même si ce n'est pas celui que vous avez choisi comme moteur par défaut pour Safari. Comme le montrent les différents widgets de réponses illustrés ici, Spotlight cherche aussi à l'intérieur des applications.

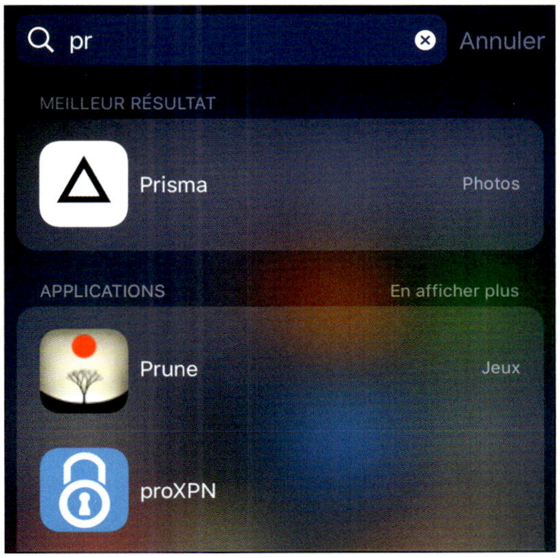

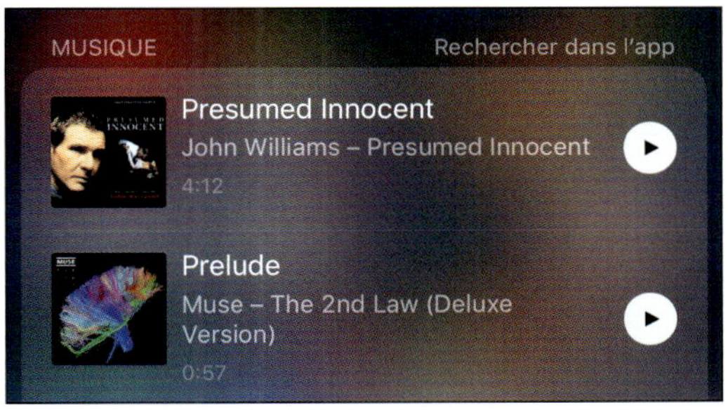

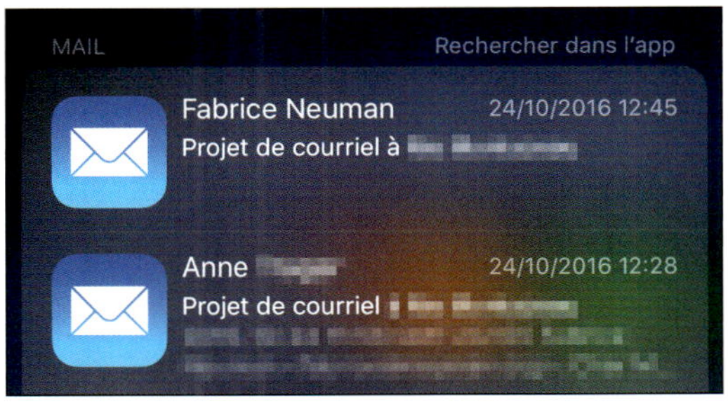

ACCÉDER À L'ÉLÉMENT TROUVÉ Lorsque vous avez trouvé ce que vous cherchiez, il vous suffit d'effleurer le résultat concerné pour lancer l'application correspondante, qu'il s'agisse de Musique pour écouter une chanson, de Podcasts pour écouter une émission, de Contacts pour consulter la fiche d'un contact, ou de Safari s'il s'agit d'une page Web. Les résultats trouvés sur Wikipédia bénéficient d'un traitement un peu particulier : pour lire le début de l'article de l'encyclopédie participative, on reste dans l'interface de Spotlight. Pour en lire plus, il suffit de taper sur « Afficher tout l'article » pour l'afficher dans le navigateur Safari.

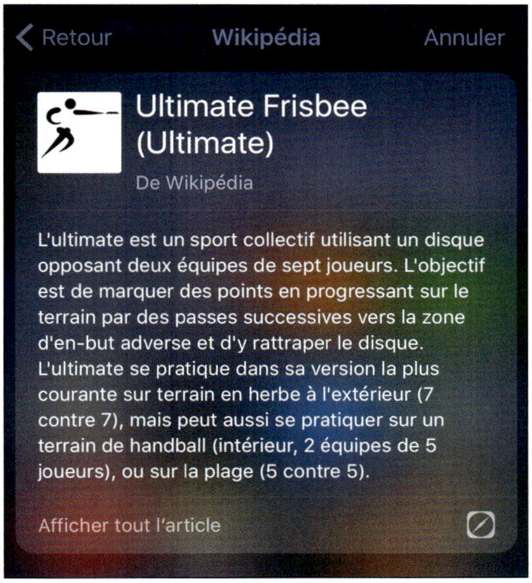

PARAMÉTRER FINEMENT SPOTLIGHT
Pour restreindre le champ d'action de Spotlight, rendez-vous dans les Réglages, puis dans Général et enfin « Recherche Spotlight ». Vous pouvez d'abord désactiver les suggestions de Siri si vous estimez qu'elles ne vous rendent pas service.
En dessous, décochez les catégories et applications que vous souhaitez exclure des résultats de recherche.

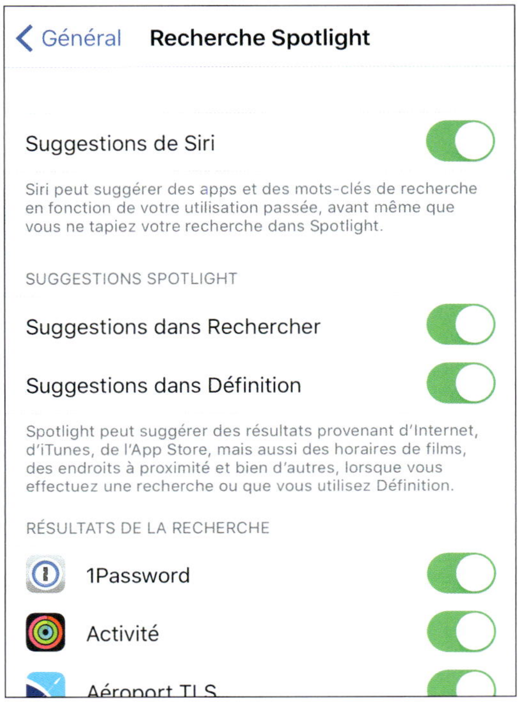

Lancer une recherche depuis la page des widgets

Lorsque vous affichez la page des widgets d'un glissement de l'écran verrouillé, ou depuis le premier écran d'accueil, notez la zone de saisie tout en haut. Il vous suffit de taper quelques lettres pour lancer Sportlight. Un petit micro vous rappelle que vous pouvez aussi lancer la recherche à la voix.

PILOTER SON IPHONE ET LANCER DES RECHERCHES À LA VOIX AVEC SIRI

Siri, l'assistant vocal de l'iPhone, a de la personnalité et peut vous aider dans vos tâches au quotidien. En voici quelques exemples.

Relations familiales

Siri comprend plutôt bien les noms propres et notamment ceux de votre carnet d'adresses. Mais pour les membres de votre famille, vous pouvez être moins formel en demandant à Siri d'appeler votre frère ou d'envoyer un message à votre sœur. La première fois, Siri vous demandera de lui dire de qui il s'agit dans votre carnet d'adresses. Et il s'en souviendra par la suite.

Vous avez pris l'habitude de dicter certains de vos messages grâce à la reconnaissance vocale (**voir p. 60**)? Rappelez-vous que vous pouvez également mener de véritables conversations directement avec votre iPhone, grâce à Siri. Découvrez ici quelques-uns de ses multiples talents.

LANCER UN COMPTE À REBOURS Activez Siri d'un appui long sur le bouton principal, ou énoncez simplement «Dis Siri» si vous avez activé l'écoute permanente dans les Réglages. Puis, dites par exemple «Lance un minuteur pour 3 minutes 30». Siri vous confirme à haute voix que le compte à rebours est lancé et une sonnerie retentira une fois le temps écoulé. Vous pouvez savoir où vous en êtes en demandant à Siri «Où en est le minuteur?». Le temps restant s'affiche aussi sur l'écran verrouillé.

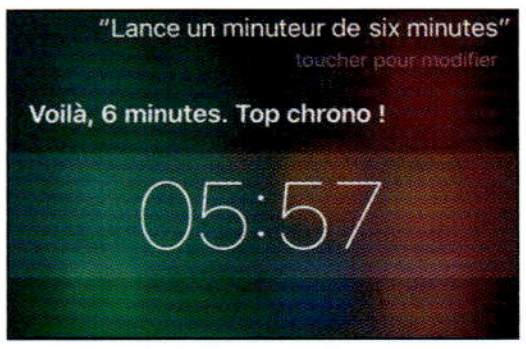

RÉDIGER UN TEXTO Énoncez par exemple «Envoie un message à ma femme». Siri sait aussi gérer les relations familiales (voir ci-contre). Siri vous demande ensuite de dicter le message. Attention, contrairement à ce qui se passe lorsque l'on déclenche la dictée depuis le clavier (**voir p. 60**), Siri arrête l'écoute tout seul dès qu'il détecte que vous avez arrêté de parler. Pensez à former votre phrase dans la tête avant de commencer à la dicter. Une fois la dictée terminée, Siri vous demande de confirmer l'envoi. Si vous pouvez jeter un œil à l'écran, confirmez visuellement que le texte a été fidèlement retranscrit. Sinon, dites simplement: «relis-moi le texte». Siri énonce alors à haute voix ce qu'il vient de transcrire. Confirmez l'envoi en disant tout simplement «Oui» lorsque Siri vous demande «Est-ce que je l'envoie?».

SE FAIRE LIRE SES MESSAGES Si vous recevez vous-même un texto pendant que vous êtes en train de conduire ou de faire votre jogging, vous pouvez demander à Siri «Lis-moi mes messages». Vous entendez alors Siri vous lire votre message à haute voix. Une fois la lecture terminée, il vous demande si vous souhaitez répondre. Si vous dites oui, il ne vous reste plus qu'à dicter comme indiqué plus haut. Attention, vous ne pouvez malheureusement pas demander à Siri de vous relire un message: il ne sait lire que les messages non encore consultés. Siri ne vous lira pas non plus vos courriels. Mais vous pouvez en revanche lui demander d'en rédiger un en disant: «Envoie un mail à».

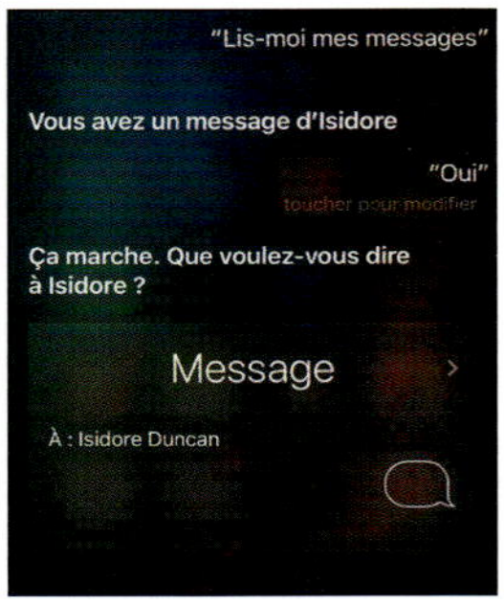

APPELER AU TÉLÉPHONE OU VIA FACETIME Pour joindre quelqu'un au téléphone, dites tout simplement «Appelle Jean-Louis» ou «appelle ma femme». Si le contact a plusieurs numéros, Siri en énonce la liste et vous n'avez plus qu'à dire «mobile» ou «domicile» par exemple. Vous pouvez aussi tout préciser d'un coup en disant «appelle ma sœur sur son portable». Et si votre correspondant dispose aussi d'un iPhone ou d'un iPad, vous pouvez également lancer un appel vidéo ou audio en disant «Facetime audio avec ma sœur» (**voir p. 86**).

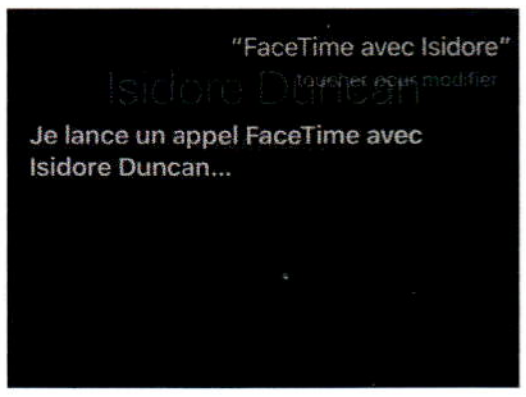

ACTIVER FONCTIONS ET APPLIS Vous pouvez aussi utiliser la voix pour activer ou désactiver les connexions Wi-Fi ou Bluetooth, bien pratique lorsque l'on est au volant et que l'on a oublié de connecter l'appareil au système sans fil de la voiture. Plus fort encore, dites tout simplement « conduis-moi à la maison » pour lancer le guidage GPS de l'application Plans (**voir p. 122**).

UN RAPPEL À UN MOMENT OU UN ENDROIT PRÉCIS Besoin d'un pense-bête ? Lancez Siri et dites « rappelle-moi d'appeler maman ce soir à 19h » pour ajouter un élément dans l'appli Rappels. Et si vous ne savez pas à quelle heure vous arriverez, dites simplement « rappelle-moi d'appeler maman lorsque j'arrive à la maison ». Vous activez alors un événement géolocalisé : votre iPhone utilisera sa puce GPS pour déterminer régulièrement où vous êtes et ne vous prévenir que lorsque vous êtes arrivé. Attention, cette fonction a un impact non négligeable sur la batterie. Ne créez pas un tel rappel le matin pour le soir, vous risquez de ne pas tenir la journée !

RECHERCHER UN FILM OU UNE SALLE DE CINÉ Si vous demandez à Siri des infos sur l'actualité cinématographique d'une ville, il se charge de vous indiquer les salles de cinémas les plus proches de vous. Vous pouvez même simplement dire « J'ai envie d'aller au ciné ». Vous pouvez aussi lui demander « Quels sont les films à l'affiche en ce moment ? ». Ou encore lui poser des questions de quiz cinématographique comme « Quels acteurs jouent dans Les Trolls ? ». Siri commence par vous répondre à la voix avec quelques éléments, comme ici les trois acteurs principaux. Et vous obtenez une fiche que vous pouvez souvent faire défiler pour lire la totalité des informations.

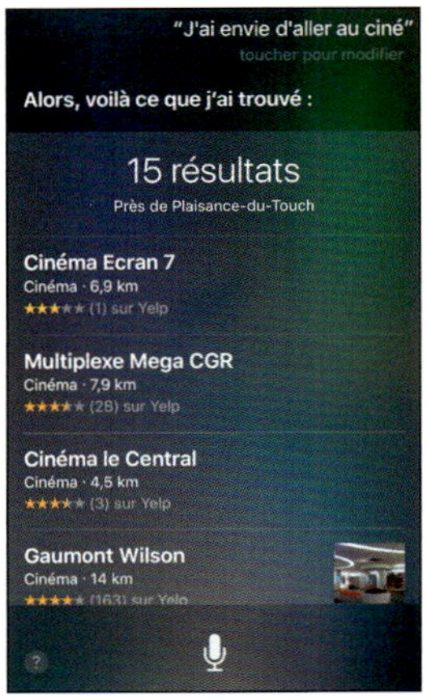

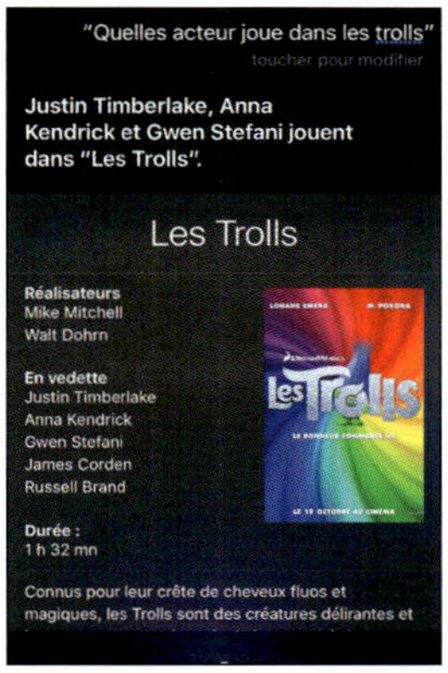

RECONNAÎTRE UN MORCEAU DE MUSIQUE Vous n'arrivez pas à retrouver le nom du chanteur ou le titre de la chanson qui est en train de passer à la radio ? Demandez donc à Siri « Quelle est cette chanson ? » et après une poignée de secondes d'écoute, il vous le dit ! Apple s'est tout simplement adjoint les services du célèbre Shazam dont vous n'avez plus besoin d'installer l'application.

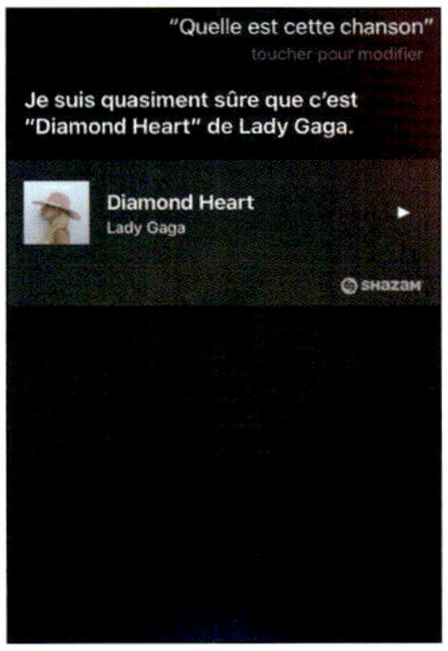

PUBLIER SUR FACEBOOK ET TWITTER Si vous avez ajouté vos comptes de réseaux sociaux dans les Réglages de l'iPhone (**voir p. 80**), vous pouvez utiliser Siri pour publier ce qui vous plaît. Lancez Siri et dites simplement « Publie sur Facebook ». Siri vous demande ce que vous voulez dire, exactement comme pour un message texte (voir plus haut). Si le message Facebook s'adresse à un ami en particulier, il vous suffit d'énoncer son nom aussi clairement que possible pour qu'une mention lui soit attachée sur votre Mur. Siri ne publiera rien sans vous demander de confirmation. Donc, si le message n'est pas correctement retranscrit ou si tout simplement vous avez changé d'avis, dites simplement « annuler ».

Suivre les résultats sportifs

Demandez donc à Siri de vous donner les scores des derniers matchs ! Et il vous demandera d'abord de préciser le sport qui vous intéresse.

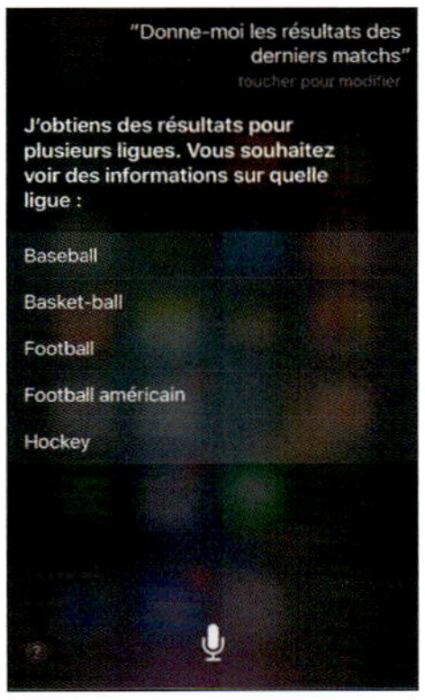

Prendre en notes

Une idée vous passe par la tête ? Dites-la donc à Siri, qui se chargera de la conserver soigneusement dans l'appli Notes. Il vous suffit de dire, par exemple, « Note que les dimensions du cadre sont de 15 cm sur 25 cm ».

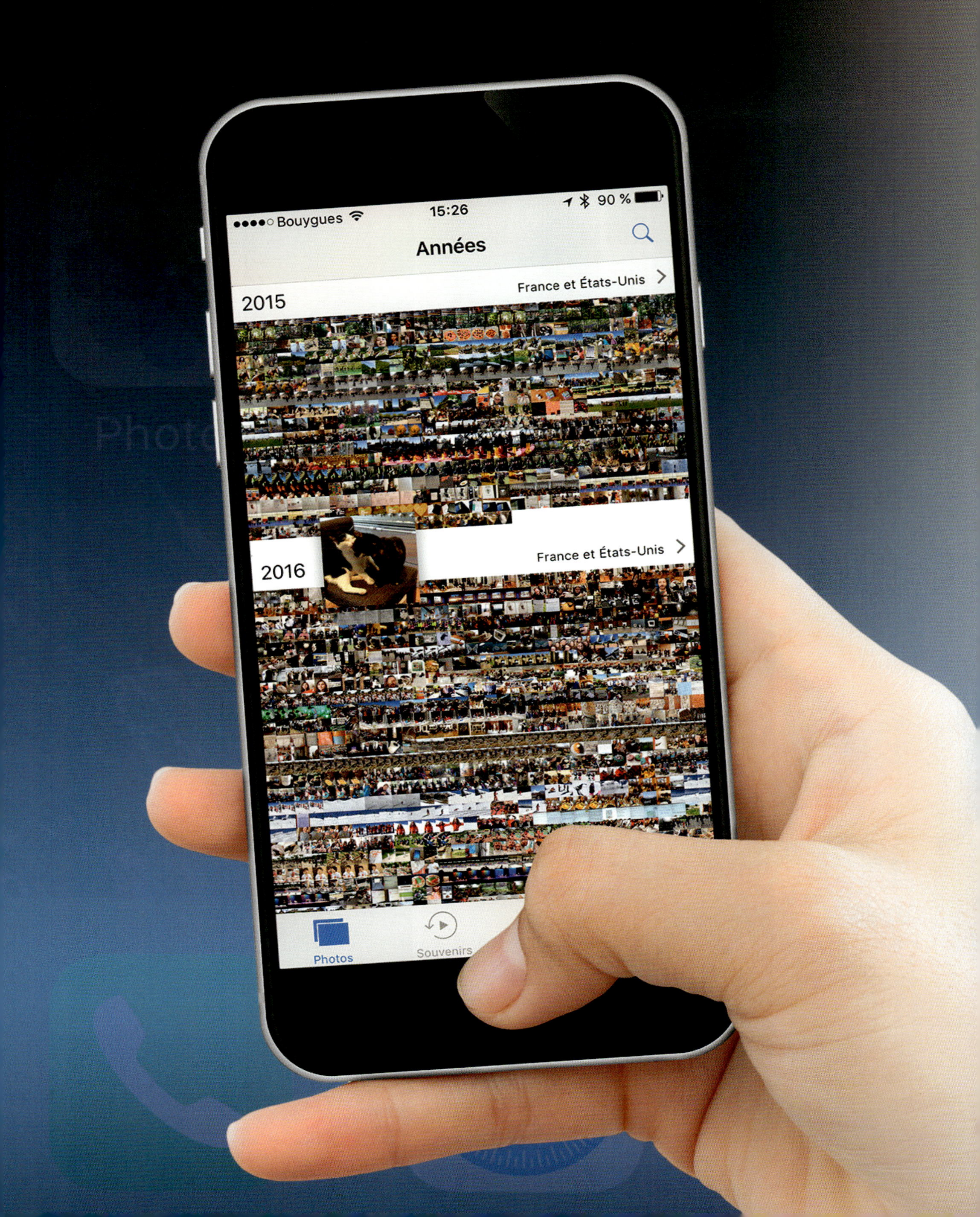

Bouygues
15:26
90 %
Années
France et États-Unis
2015
2016
France et États-Unis
Photos
Souvenirs

À DÉCOUVRIR DANS CES PAGES

TOUTES SES PHOTOS ET VIDÉOS

Chaque nouveau modèle d'iPhone apporte son lot d'améliorations, dont certaines restent réservées au haut de gamme comme le deuxième objectif de l'iPhone 7 Plus. Mais, au fur et à mesure, les fonctions essentielles à la création de belles images deviennent disponibles sur tous les modèles. Les iPhone 6 Plus, 6S Plus, 7 et 7 Plus bénéficient tous de la stabilisation optique de l'image, si essentielle à la netteté des photos en basse lumière. Dans ce chapitre, vous apprendrez à manier toutes les manières de prendre des photos et des vidéos, à les organiser, à les retoucher, à les sauvegarder et aussi à les partager.

TOUTES LES FAÇONS DE FILMER ET DE PRENDRE EN PHOTO

L'appli Appareil photo de l'iPhone continue de s'améliorer tout en restant très simple à utiliser. En voici un tour d'horizon.

PASSER D'UNE FONCTION À L'AUTRE Une fois que vous avez lancé l'appli, la liste des fonctions disponibles s'affiche en bas de l'écran, au dessus du bouton déclencheur que l'on ne peut pas rater : il est blanc pour les photos et devient rouge en mode vidéo. Dans l'ordre : Accéléré, Ralenti, Vidéo, Photo, Portrait (sur l'iPhone 7 Plus uniquement, **voir p. 134**), Carré et Pano. Pour passer de l'une à l'autre, faites simplement glisser le doigt latéralement sur n'importe quelle zone de l'écran, ou tapez simplement sur le nom de la fonction. Il reste tout de même quelques boutons de sélection. Notez celui à droite du déclencheur qui vous permet de passer d'une caméra à l'autre : avant pour les selfie (voir en marge, p. suivante) et arrière pour le reste.

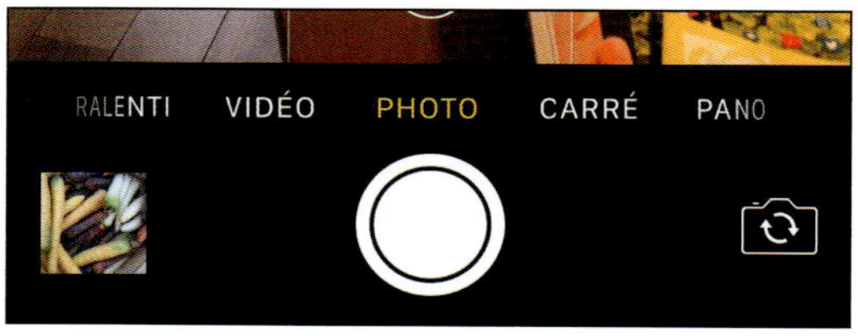

CHOISIR LES MODES DE PRISES DE VUE ET LA CAMÉRA En haut de l'écran à gauche, vous pouvez sélectionner l'action du flash : Auto, Oui ou Non. Juste à droite, choisissez d'activer le mode HDR ou non. Rappelons que ce dernier est très utile dans les situations de contre-jour ou de clichés rendus difficiles du fait de très forts contrastes lumineux entre plusieurs zones de l'image. Dans ce cas, le mode HDR se charge de prendre 3 photos en même temps – une surexposée, une sous-exposée et une dernière moyennement exposée – pour les recomposer ensuite en un seul cliché, en ne gardant que les zones correctement éclairées. Le résultat est souvent étonnamment réussi. Le bouton suivant active/désactive le mode Live Photo qui permet de prendre des photos qui bougent (**voir p. 134**). Le bouton en forme de chronomètre active le retardateur : choisissez de déclencher après 3 ou 10 secondes. Le dernier bouton en haut à droite vous permet de sélectionner des filtres qui s'appliquent en temps réel à vos images (voir plus loin).

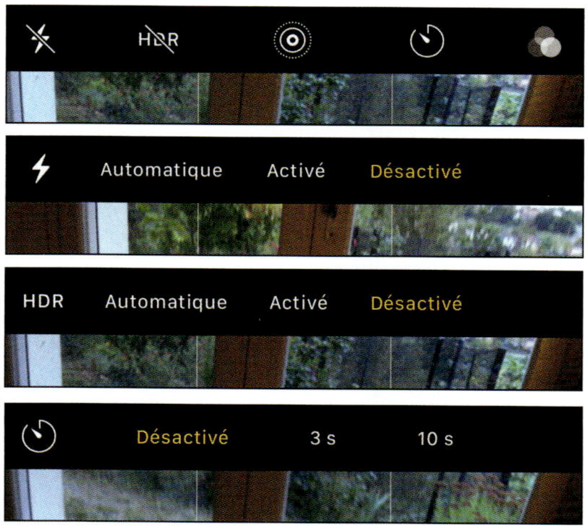

FORMAT CARRÉ ET FILTRES Comme Instagram, l'appareil photo propose un format de photo carré, vous permettant donc de cadrer vos clichés exactement comme ils seront publiés sur le réseau social de partage de photos (carrés donc…), si vous l'utilisez. Instagram a également popularisé l'usage des filtres permettant de modifier l'aspect d'une photo en un clin d'œil pour la convertir en noir et blanc ou lui donner une atmosphère très seventies. Vous pouvez faire de même au sein même de l'Appareil photo de l'iPhone, en tapant sur le bouton aux trois cercles en haut à droite. Une grille de neuf vignettes permet de choisir l'effet désiré, pour prendre la photo avec le filtre appliqué.

Toutes les façons de lancer l'appareil photo

L'appli Appareil photo dispose naturellement de son icône sur l'un de vos écrans d'accueil. Mais ce n'est pas très rapide si votre iPhone est protégé par un code ou par votre empreinte digitale. Pour la lancer plus vite, notez que vous y avez accès dès l'écran de verrouillage : faites simplement glissser le doigt de droite à gauche pour allumer la caméra. De même, le Centre de contrôle propose un raccourci vers l'appareil photo dans le coin en bas à droite.

ACTIONS AU RALENTI Avec le mode Ralenti, l'iPhone ne filme plus en 30 images par seconde comme dans le mode vidéo classique (l'iPhone permettant aussi de filmer en 60 i/s, voir plus loin), mais monte à 120 ou 240 images par seconde, selon l'option choisie dans les Réglages. L'iPhone ne pourra filmer au ralenti à 120 i/s qu'en qualité Full HD (1080p). À 240 i/s, on obtient une animation encore plus douce, mais uniquement en HD Ready (720p). Dans tous les cas, on obtient une séquence ralentie qui permet par exemple de détailler les moindres gestes d'un sujet en mouvement. Vous pourrez ensuite choisir la portion de la vidéo à laisser au ralenti via les options de retouche (**voir p. 138**).

EFFET D'ACCÉLÉRÉ En sélectionnant le mode Accéléré, vous faites l'inverse. Lorsque vous le déclenchez, l'iPhone saisit une photo environ toutes les 10 secondes et en fait ensuite un film à l'effet saisissant. Essayez par exemple de poser l'iPhone sur une table en face d'un beau coucher de soleil et laissez-le faire pendant quelques minutes.

PHOTOS PANORAMIQUES
Grâce à la fonction Panoramique, vous pouvez saisir de grands paysages en déplaçant latéralement l'iPhone après le déclenchement. Laissez l'appareil orienté en mode portrait, et pivotez doucement en maintenant la flèche sur la ligne.

PHOTOS EN RAFALE Lorsque vous êtes en mode photo, il vous suffit de laisser le doigt appuyé sur le déclencheur pour prendre plusieurs images par seconde. Vous serez ainsi sûr de ne pas rater le bon cliché pendant une compétition sportive par exemple. Lorsque vous vous rendez ensuite dans la galerie photos (**voir p. 136**), les photos en rafales sont regroupées par piles et l'iPhone les analyse pour proposer celles qu'il considère comme les meilleures.

PRENDRE DES PHOTOS PENDANT QU'ON FILME Le mode Vidéo traditionnel vous permet de filmer en HD (1080p) ou même en 4K (une résolution 4 fois plus élevée que le 1080p !) et vous laisse modifier le niveau de zoom pendant que vous filmez. Le bouton blanc qui s'affiche en dessous du déclencheur vous permet de prendre des photos sans arrêter de filmer. Dans la section « Photos et appareils » des Réglages de l'iPhone, vous pouvez choisir la résolution de capture vidéo. En 4K, vous ne pourrez pas dépasser les 30 images/s. En 1080p, vous pouvez choisir 60 ou 30 i/s. Attention, choisir 60 i/s ne signifie pas que vous obtiendrez un ralenti (voir plus haut) : ces séquences seront affichées en vitesse normale, Et vous pouvez aussi choisir de filmer en 720p. À chaque fois que vous choisissez un mode inférieur vous perdez un peu en qualité d'image mais les vidéos prendront un peu moins de place de stockage. Le mode 1080p à 60 i/s est un excellent compromis, notamment parce qu'il assure des « travelling » sans à-coups.

720p HD à 30 ips	
1080p HD à 30 ips	
1080p HD à 60 ips	✓
4K à 30 ips	

UN FLASH ÉQUILIBRÉ Pour éviter l'effet « fromage blanc » des photos prises au flash, l'iPhone utilise un système d'éclairage à deux couleurs différentes. Un des flashs est blanc tandis que l'autre diffuse une lumière plus « chaude ». L'iPhone analyse ensuite les couleurs au moment de la prise de vue pour les reproduire de manière plus fidèle. Les résultats sont en général très visibles sur la couleur des visages notamment.

MODIFIER L'EXPOSITION D'UN SIMPLEMENT GLISSEMENT Si l'image vous apparaît un peu sombre à l'écran, vous pouvez forcer un peu l'exposition. En tapant du bout du doigt sur une zone de l'image, vous demandez à l'iPhone de faire la mise au point et d'équilibrer l'exposition à cet endroit. Vous pouvez ensuite faire glisser le doigt verticalement pour modifier l'ouverture. Notez le petit soleil qui se déplace à côté du carré de mise au point. Le plus souvent, cela vous évitera d'avoir à déclencher le flash.

Stabilisateur optique

Les deux modèles d'iPhone 7, ansi que les modèles Plus d'iPhone 6 et 6S disposent d'une fonction dont sont dépourvus les autres modèles : la stabilisation optique de l'image. Cela signifie que, en se basant sur les détecteurs de mouvements intégrés, l'iPhone est capable de compenser les éventuels tremblements au moment de la prise de vue en faisant physiquement bouger l'objectif. Cela lui permet notamment d'améliorer les photos en basse lumière et aussi de produire des vidéos très stables même lorsque vous êtes vous-même en mouvement pendant que vous filmez.

Flash pour selfie

L'iPhone ne dispose pas d'un flash en façace, parce qu'il n'en a pas besoin. Si vous souhaitez prendre un selfie dans une endroit un peu sombre, vous pouvez tout de même activer la fonction flash. Dans ce cas, c'est tout l'écran su smartphone qui passe au blanc, avec la luminosité poussée au maximum pour éclairer votre visage.

PROFITER DE TOUS LES MODES AVANCÉS DE PRISE DE VUE

Les heureux possesseurs d'un iPhone 7 Plus disposent d'un zoom optique et d'un mode portrait étonnant. Mais d'autres modes sont aussi accessibles à d'autres iPhone.

PRENDRE DES PHOTOS QUI BOUGENT COMME DANS HARRY POTTER C'est le mode Live Photo, disponible sur les iPhone SE, 6S et 7. On le repère à l'icône en forme de cible, dans l'appli Appareil photo, qui passe au jaune lorsque vous l'activez. Dès lors, toutes les photos que vous prenez deviennent animées : l'iPhone ajoute une seconde et demie de vidéo avant et après la photo. Oui, vous l'avez compris, cela signifie que l'iPhone filme en permanence dès que vous lancez l'application Photos, mais ne conserve qu'une fenêtre d'une seconde et demie de vidéo. Et dès que vous appuyez sur le déclencheur, il ajoute une seconde et demie après. Autrement dit, pensez à rester stable en visant votre sujet une fois la photo prise, sinon, la fin de la photo ne capture que le mouvement flou de l'appareil qui s'éloigne.

VOIR ET ENTENDRE LES LIVE PHOTOS Dans l'appli Photos, les Live Photos se signalent par un très léger mouvement lorsque vous les faites défiler. Il suffit alors de poser le doigt sur l'écran pour voir l'animation dans sa totalité. Vous vous apercevrez alors qu'elles sont aussi sonores !

RÉGLAGES MANUELS Dans l'appli standard Appareil photo, vous pouvez indiquer à l'iPhone à quel endroit faire la mise au point en tapant du doigt sur l'écran. Il utilisera ce même point de référence pour calculer le bon compromis en vitesse d'obturation et sensibilité. Pour mieux contrôler votre prise vue, vous pouvez aussi passer en mode manuel. Dans ce cas, vous devrez installer une autre application, comme ici la bien nommée Manual. Cela peut-être très utile pour garder une basse sensibilité, et donc éviter un trop fort effet de grain, lorsque le sujet est peu éclairé. Il suffit ensuite de compenser en allongeant le temps de pose. Attention, à partir d'1/50s, mieux vaut utiliser un pied pour éviter le flou de bougé.

COMPRENDRE LE ZOOM OPTIQUE DE L'IPHONE 7 PLUS Le deuxième objectif photo est la caractéristique extérieure que l'on remarque tout de suite sur l'iPhone 7 Plus. Apple l'a baptisé téléobjectif, mais les puristes font la grimace, car sa focale ne correspond qu'à un équivalent de 56 mm, si on le ramène aux objectifs d'un appareil photo traditionnel. Bref, une focale dite normale. Oui mais voilà l'objectif classique des iPhone équivaut lui à un 28 mm et est donc très grand angle. Ce qui signifie que le deuxième objectif de l'iPhone 7 Plus donne l'impression d'être deux fois plus proche du sujet. Autrement dit, le deuxième objectif est un zoom 2X par rapport au grand angle. Il y a fort à parier que vous avez déjà utilisé le mode zoom d'un geste d'écartement à deux doigts sur votre iPhone pour, justement, vous rapprocher d'un sujet un peu trop éloigné. Seulement, ce zoom numérique a un inconvénient majeur : la qualité de la photo se dégrade au fur et à mesure du zoom. Car il ne s'agit ni plus ni moins que d'un grossissement des pixels qui composent l'image. On perd donc en détail ce que l'on gagne en cadrage.

UTILISER LE ZOOM DE L'IPHONE 7 PLUS Le deuxième objectif de l'iPhone 7 Plus répond en partie à ce problème. Si vous effleurez le bouton « 1x », que l'on ne trouve donc que sur l'iPhone 7 Plus, c'est le deuxième objectif qui s'enclenche. Il n'y a donc aucune perte de qualité, puisqu'il s'agit d'un grossissement optique (avec quelques limitations tout de même, voir en marge p. suivante). En maintenant le doigt sur ce bouton, on fait apparaître un arc de cercle permettant de faire varier le niveau de zoom. Attention, pour tous les autres niveaux de grossissement, on repasse en mode zoom numérique.

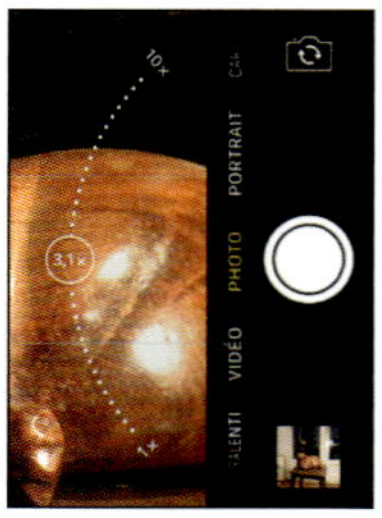

PROFITER DU MODE PORTRAIT C'est aussi le deuxième objectif de l'iPhone 7 Plus qui lui offre une fonction dont il est le seul

Live Photos, attention à la luminosité

L'iPhone ayant besoin de plus de lumière pour filmer que pour prendre des photos, mieux vaut désactiver la fonction Live Photos dans les environnements sombres.

Partager des Live Photos

Les Live Photos sont une création d'Apple, vous pouvez donc les partager via un album iCloud (**voir p. 142**). Si vous les publiez sur Facebook, seuls les utilisateurs de l'appli Facebook sur un iPhone pourront voir l'animation. Les autres verront la photo fixe.

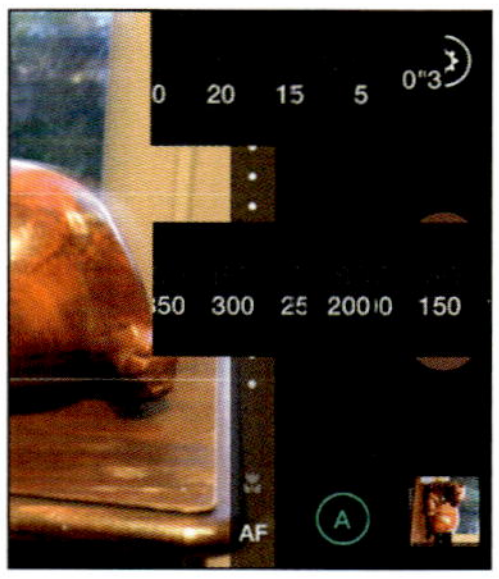

à pouvoir profiter : le mode portrait. Son but est de simuler numériquement l'effet de flou d'arrière-plan produit de manière optique par les appareils Reflex. Pour cela, il vous suffit d'activer le mode Portrait (**voir p. 132**). L'iPhone vous indique alors si vous êtes trop près ou trop loin, et si la lumière est insuffisante. Quand les conditions sont réunies, la prévisualisation vous montre le résultat en direct et indique « Effet de profondeur » en bas. L'effet est saisissant : le sujet est bien net et le fond devient flou. Cette nouvelle fonction n'est pas parfaite et Apple vous en prévient la première fois que vous l'activez. Dans certains cas vous remarquerez par exemple un peu de flou sur les contours ou au niveau des cheveux de votre sujet. Certains testeurs ont également pris au piège le mode Portrait avec des photos de sujets en pied, un bras replié avec la main sur la taille : tout l'arrière-plan était bien flou… sauf la zone triangulaire à l'intérieur du bras replié ! C'est probablement pour cette raison que les deux versions de la photos sont conservées dans la photothèque lorsque vous utilisez ce mode. Vous pourrez ainsi comparer et ne conserver que le cliché qui vous convient.

SHOOTER EN RAW COMME LES PROS

Autre raffinement d'iOS 10, ouvert aussi bien aux iPhone 7 qu'aux iPhone 6S : prendre des photos non-traitées. C'est une des traductions possibles du mot *Raw*, dans le contexte de la photo. En voici le principe. Lorsque l'on prend des photos avec l'appli Appareil photo standard, le résultat que l'on obtient n'est pas, en réalité, ce que « voit » le capteur photo. Il s'agit d'une version automatiquement retravaillée par l'iPhone pour faire ressortir les couleurs, équilibrer les éclairages, bref de tout un ensemble d'opérations pour rendre l'image plus agréable. Ce sont ces opérations, d'ailleurs, qui expliquent les différences entre les marques de smartphones : Samsung, par exemple, a tendance à pousser la saturation des couleurs. Une fois les opérations de « retouche » terminées, l'iPhone compresse ensuite l'image en mode Jpeg, afin d'en réduire la taille. Le principal problème de la compression Jpeg c'est qu'elle entraîne une diminution de la qualité de l'image. Voilà pourquoi, les pros préfèrent récupérer les images non traitées, pour profiter de la meilleure qualité possible produite par le capteur. Et iOS 10 permet donc de le faire. Là encore, vous devrez installer une autre appli, car l'appli standard Appareil photo ne propose pas ce mode. Nous utilisons ici Lightroom d'Adobe, un spécialiste du genre, dont la version pour iPhone est gratuite. Elle permet de prendre des photos en mode DNG, le standard de fichier Raw le plus répandu. DNG signifie d'ailleurs *Digital Negative*, c'est-à-dire négatif numérique. Outre les outils de retouche très avancés proposés par ce mode, on voit sur notre photo d'exemple tout l'intérêt du mode Raw. Les couleurs des lignes de la feuille à grands carreaux située au premier-plan sont respectées par le Raw, alors qu'elles sont devenues grises sur la version Jpeg. Et on remarque aussi la perte de qualité au niveau des câbles par exemple.

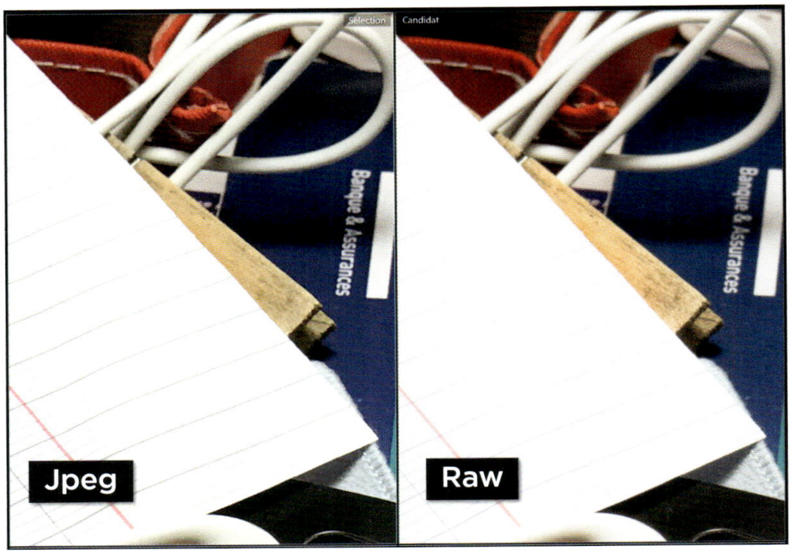

Pas de stabilisation optique sur le zoom

Les iPhone 6S Plus, 7 et 7 Plus bénéficient de la stabilisation optique de l'image, qui évite les effets de flou lorsque l'on prend des photos en basse lumière. Mais, attention, ce n'est pas le cas du « téléobjectif » de l'iPhone 7 Plus. Pensez-y lorsque vous l'utilisez.

NAVIGUER DANS TOUTES SES PHOTOS ET LES ORGANISER SUR SON IPHONE

Grâce à l'appli Photos, vous pouvez gérer et organiser en albums toute votre photothèque depuis votre iPhone.

Géolocaliser ses photos

La première fois que vous lancez l'Appareil photo sur un nouvel iPhone, il vous demande si vous l'autorisez à utiliser le GPS intégré pour géolocaliser les photos. Acceptez sans hésiter : cette information sera alors attachée à la photo, et vous permettra de retrouver un cliché en particulier par son emplacement géographique et pas seulement par la date à laquelle il a été pris. Si jamais vous avez par mégarde répondu non, rendez-vous dans Réglages, Confidentialité, Services de localisation. Et activez l'interrupteur à droite de Appareil photo.

Avouez-le : vous prenez beaucoup de photos avec votre smartphone, mais vous ne les rangez jamais. Du coup, votre iPhone se transforme en l'équivalent numérique de la boîte à chaussures à la contenance presque infinie. Heureusement, l'appli Photos s'appuie sur la date et les coordonnées GPS liées à chaque photo pour les classer automatiquement.

TOUTES LES PHOTOS PAR ANNÉES

Lancez l'appli Photos et tapez sur l'icône Photos en bas à gauche. Puis tapez en haut à gauche sur le bouton « Années ». L'iPhone vous présente une mosaïque de toutes vos photos, rassemblées par années. Chaque photo est présentée sous forme d'une minuscule vignette et pourtant on discerne assez facilement chacune d'entre elles. Si vous cherchez une image, placez votre doigt sur l'une d'elles pour en voir une prévisualisation plus grande. En laissant le doigt appuyé sur l'écran, faites-le glisser pour passer d'une photo à l'autre. Vous pouvez ainsi visiter toutes vos images à toute vitesse. Ensuite, le comportement diffère selon que vous disposez d'un iPhone compatible avec la fonction 3D Touch (**voir p. 48**) ou pas. Si ce n'est pas le cas, la photo choisie s'affiche en plein écran dans un « Moment » (voir plus loin), dès que vous lâchez le doigt. En revanche, avec un iPhone 6S ou 7, la photo légèrement agrandie reprend sa place miniature si vous lâchez le doigt. Mais vous pouvez en afficher une version un peu plus grande encore en appuyant un peu plus fort. Une seconde pression appuyée affiche l'image en plein écran.

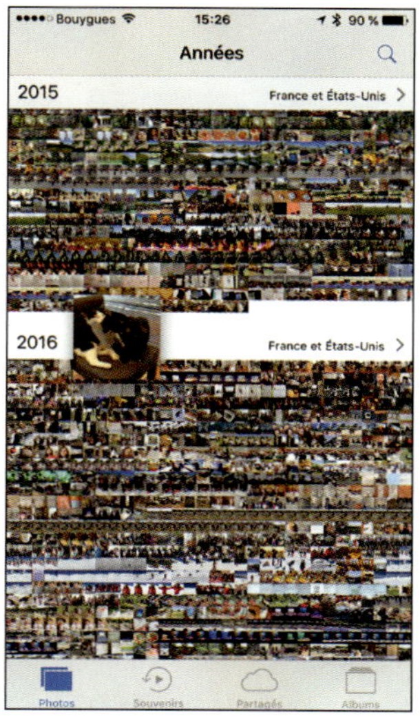

DES COLLECTIONS PAR DATES ET LIEUX

Toutes les photos de l'iPhone sont datées et géolocalisées (voir en marge). Du coup, iOS est capable de rassembler vos photos de manière logique selon ces deux critères. Tapez brièvement sur une des années pour afficher les Collections. Vous verrez alors vos photos se classer automatiquement. Elles seront réunies par lieux et dates, comme indiqué au dessus de chaque collection de vignettes. Remarquez que les intervalles de temps ne sont pas tous identiques et qu'ils peuvent varier d'une seule journée à plusieurs jours. C'est justement parce que l'iPhone se base également sur la position géographique pour regrouper les photos. Du coup, si vous avez par exemple passé plusieurs jours à visiter la même ville, toutes les photos prises pendant cette période seront affichées ensemble. Là encore, vous pouvez faire glisser le doigt sur chacune des vignettes pour les voir en plus grand et directement afficher une prévisualisation de plus grande taille.

VISUALISER DES MOMENTS PRÉCIS

Continuez votre voyage dans le temps et l'espace en tapant brièvement sur l'une des collections. Une animation vous fait plonger un peu plus dans vos images. L'iPhone affiche maintenant des vignettes un peu plus grandes, réunies en moments souvent liés à un jour en particulier. Ces moments réuniront des photos sur plusieurs jours pour les périodes pendant lesquelles vous avez pris peu d'images. Tapez sur l'une d'elles pour l'afficher en grand.

REVENIR EN ARRIÈRE À chaque fois que vous vous enfoncez un peu plus avant dans vos images, vous pouvez revenir en arrière grâce au bouton situé en haut à gauche de l'écran et qui prendra successivement l'appellation Moments, Collections et Années.

TROUVER SES PHOTOS SUR UNE CARTE
Au dessus de chaque groupe de vignettes, vous pouvez cliquer sur le nom du ou des lieux indiqués. L'iPhone affiche alors une carte globale sur laquelle vous pouvez zoomer pour dénicher un lieu précis. À tout moment, vous pouvez taper sur l'un des groupes de la carte pour en consulter les vignettes. Ce mode est fascinant et vous permet de revivre sur l'iPhone vos déplacements et vos voyages.

CONSULTER ET CRÉER DES ALBUMS
L'iPhone ne s'arrête pas là pour vous aider à vous y retrouver dans vos photos. Effleurez le bouton Albums en bas et à droite de l'écran. L'iPhone regroupe également automatiquement les Panoramas, les vidéos, les accélérés et ralentis (**voir p. 132**). Pour créer un nouvel album, tapez sur le bouton «+» en haut à gauche et donnez-lui un nom. L'iPhone vous propose ensuite d'ajouter des images en les sélectionnant parmi les photos présentes sur l'appareil. Tapez sur celles que vous voulez, puis terminez d'une tape sur le bouton OK en haut à droite. Notez que vous pouvez placer une même photo dans plusieurs albums à la fois, sans avoir à la dupliquer.

QUAND L'IPHONE CRÉE VOS ALBUMS SOUVENIRS C'est l'une des nouveautés d'iOS 10. L'appli Photos crée toute seule des albums de souvenirs et vous les propose dans la section du même nom, via l'icône en bas de l'écran. Tapez dessus pour visualiser les photos sélectionnées selon le lieu et la date. Le tout est aussi présenté dans une petite vidéo, avec musique et animation. En appuyant sur la vidéo pendant que vous la visionnez, vous pouvez changer le rythme de défilement des photos et la musique qui les accompagne. Tapez aussi sur l'icône aux trois potentiomètres pour accéder à d'autres options de réglages. L'effet est saisissant et on redécouvre ainsi ses photos, grâce à des nouveaux albums Souvenirs régulièrement créés par l'iPhone.

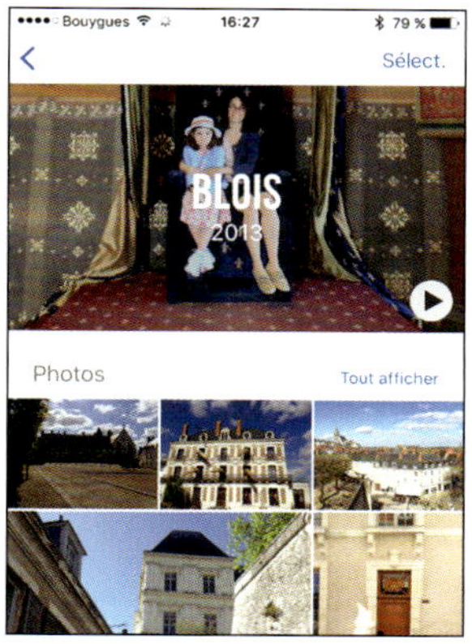

QUAND L'IPHONE RECONNAÎT TOUT SEUL LE CONTENU DE VOS PHOTOS L'analyse de vos photos qui mène à la création des albums Souvenirs évoqués plus haut, permet aussi à l'iPhone de vous aider à retrouver vos images en lançant une recherche par mots-clés, alors même que vous n'en avez jamais ajouté vous-même. Essayez, c'est bluffant. L'iPhone reconnaît tout seul les éléments présents dans vos images (voir ci-contre). Vous pouvez ainsi trouver toutes les photos d'arbres, de table, de chiens, de chats, de montagne, etc.

QUAND L'IPHONE RECONNAÎT LES VISAGES...
Enfin presque. Dans la section Albums, vous avez sûrement remarqué que l'un d'eux s'appelle Personnes. Pendant son analyse de vos photos (voir ci-contre), l'iPhone tente aussi de reconnaître les visages. Malheureusement, dans la pratique, cet album est bien peu utile. Notamment parce qu'il demande énormément de travail a posteriori. Tout d'abord parce qu'il vous faudra donner un nom à chaque visage reconnu pour pouvoir ensuite les rechercher de cette manière, mais aussi parce le visage d'une même personne est trop souvent classé dans plusieurs albums. Il vous faut donc les regrouper «à la main».

Analyse locale des photos

La première fois que vous lancez iOS 10, notamment après une mise à jour (**voir p. 34**), l'iPhone se lance dans l'analyse de toutes vos photos. Si vous en avez beaucoup, celle-ci peut demander plusieurs jours et ne s'effectuera que si votre iPhone est branché à son chargeur. Vous remarquerez aussi qu'il aura alors tendance à chauffer, c'est normal. C'est seulement après cette analyse que vous pourrez utiliser les options de recherche décrites ci-contre. Notez que l'analyse est réalisée sur l'appareil. Ce qui implique que votre iPad devra refaire la même, le cas échéant, Apple ne souhaitant pas partager ces données entre vos appareils. C'est tout l'inverse du service Google Photos qui profite de la puissance du Web pour son analyse, avec des résultats très supérieurs.

TOUS LES OUTILS DE RETOUCHE ACCESSIBLES DEPUIS L'APPLI PHOTOS

L'appli Photos ne sert pas uniquement à visionner vo photos : elle vous permet aussi de les modifier pour les rendre plus belles ou tout simplement pour vous amuser.

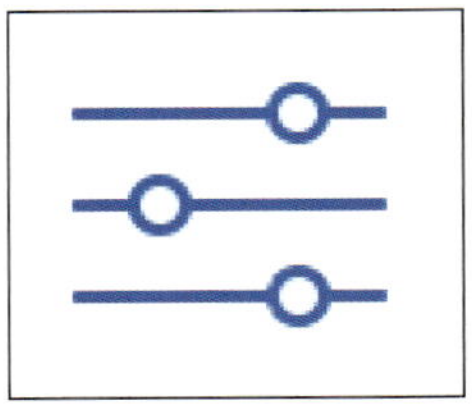

CHOISIR LA PHOTO À MODIFIER Il s'agit bien sûr de la première étape. Lancez donc l'appli Photos et naviguez dans vos photos pour en trouver une qui mérite une intervention. Tapez ensuite sur le bouton Modifier, c'est-à-dire celui ayant la forme de trois potentiomètres de réglages, dans la barre d'outils inférieure. Vous faites apparaître les outils de travail.

PIVOTER ET REDRESSER Le premier bouton tout à gauche permet de recadrer et faire pivoter la photo. Normalement, l'iPhone se débrouille pour détecter l'orientation de l'appareil lorsque vous prenez la photo et vous la présenter « à l'endroit ». Mais il arrive parfois que l'on « trompe » l'iPhone au moment de la prise de vue. Dans cas, tapez sur le bouton de rotation pour faire tourner l'image à 90° vers la gauche. Vous pouvez le faire plusieurs fois jusqu'à obtenir l'orientation voulue. Notez que vous pouvez corriger la ligne d'horizon de manière précise en saisissant la règle graduée arrondie en dessous de la vue miniature.

RECADRER UNE PHOTO Lorsqu'une image a été saisie d'un peu loin, on a souvent envie de n'en conserver qu'une zone. Dans le même écran qui vous permet de faire pivoter la photo (voir plus haut), il vous suffit de saisir les coins blancs autour de l'image. Du bout du doigt faites les glisser pour n'encadrer que la zone voulue. Validez d'une tape sur OK.

DEMANDER À L'IPHONE DE TRAVAILLER TOUT SEUL Le bouton en forme de baguette magique, en haut à droite, lance l'outil d'amélioration automatique. L'iPhone tente alors de mieux équilibrer la luminosité et le contraste. Les résultats diffèrent selon la photo. Mais c'est toujours une option à essayer. Et vous pouvez toujours revenir en arrière via le bouton Annuler, comme pour tous les autres outils d'ailleurs.

APPLIQUER UN FILTRE Les filtres que vous pouvez appliquer au moment de la prise de vue (**voir p. 132**) sont aussi disponibles via les outils de retouche pour obtenir des effets a posteriori. Effleurez simplement le bouton à trois cercles dans la barre d'outils de modification en bas de l'écran pour afficher tous les filtres disponibles. Remarquez qu'ils vous sont présentés avec une vue miniature de la photo que vous souhaitez modifier : vous pouvez ainsi vous faire immédiatement une idée du résultat final. Faites défiler latéralement la liste des filtres et tapez sur celui qui vous plaît. Tapez ensuite sur OK en bas à droite ou sur Annuler.

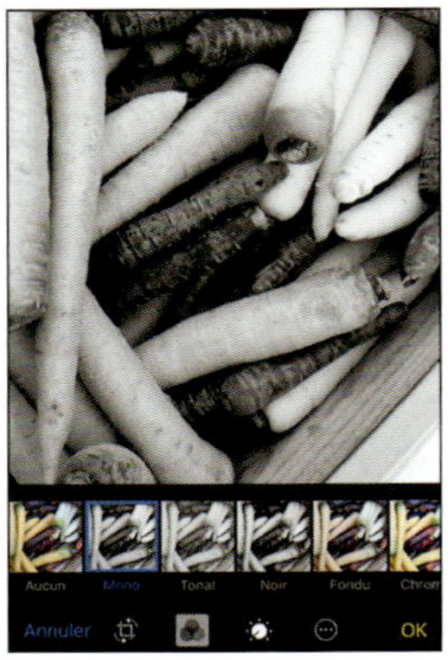

ACCÉDER AUX OUTILS AVANCÉS Tapez sur le bouton en forme de potentiomètre pour afficher une liste très complète de fonctions de retouche globale. Elles vous permettront de changer l'exposition, les tons clairs ou les ombres, la saturation des couleurs, et même les options pour gérer le passage au noir et blanc.

Les images originales toujours conservées

Toutes les modifications opérées sur une photo sont réversibles. Lorsque vous affichez de nouveau les outils de retouche, un bouton rouge Revenir apparaît en bas à droite. Vous reviendrez alors à l'origina .

CHOISIR UNE PHOTO « RAFALE » Lorsque l'on prend des photos en rafale, elles apparaissent sous forme d'une pile de photos. Une tape sur le groupe permet de les voir toutes et de sélectionner celle ou celles qui vous semblent les plus réussies dans la série. Lorsque vous validez votre choix, les photos choisies apparaissent dans vos collections et vous pouvez vous débarrasser du groupe si vous le voulez.

RACCOURCIR UNE VIDÉO Pour ne garder que le meilleur moment d'une séquence vidéo, l'iPhone vous permet de la raccourcir. Affichez la vidéo et saisissez le début ou la fin de la séquence dans la zone de défilement inférieure, et faites glisser le cadre jaune. Tapez ensuite sur le bouton Raccourcir en haut à droite. L'iPhone crée une copie, pour ne pas modifier la séquence originale et vous laisser le soin de l'effacer si vous le souhaitez.

Profiter des outils de retouche d'autres applis grâce aux extensions

Certaines applications de retouche photo, comme Camera+ ou Pixelmator, ajoutent une extension directement au sein de l'appli Photos standard. Elles vous permettent ainsi de profiter de certains de leurs outils sans que vous n'ayez à les ouvrir séparément. Lorsque vous touchez l'option Modifier dans Photos, remarquez un bouton rond affichant des points de suspension, en bas à droite. Effleurez-le pour faire apparaître un menu de choix des extensions disponibles. Tapez sur celle dont vous voulez vous servir. La photo s'ouvre alors en vous donnant directement accès aux outils de l'application concernée, plutôt qu'à ceux de l'appli standard.

BIEN GÉRER TOUTES SES PHOTOS ET VIDÉOS ENTRE TOUS SES APPAREILS

Avec la photothèque iCloud, Apple a résolu le problème de la sauvegarde et du partage de vos photos, en s'appuyant sur ses services en ligne. Voici comment faire.

Mettre le Flux de photos au rencart

Avant la Photothèque iCloud (**voir ci-contre**), iOS proposait de sauvegarder vos photos en ligne via la fonction baptisée Flux de photos. Ses limitations rendaient malheureusement son utlisation peu intéressante. Elle ne s'occupait que de 1000 photos au maximum et ne les gardait en ligne que pendant un maximum de 30 jours. De plus, les vidéos n'étaient pas concernées. Autant dire que la Photothèque iCloud est bien plus efficace et utile. Si jamais vous voyez encore apparaître cette fonction dans les Réglages iCloud de votre iPhone, décochez-la et passez sans hésiter à la Photothèque.

Grâce à la Photothèque iCloud, vous allez pouvoir gérer vos collections de photos en toute simplicité depuis votre iPhone. Mieux, vous pourrez aussi les consulter facilement depuis n'importe quel appareil qu'il s'agisse de votre iPad, de votre Mac ou même de votre PC, via son navigateur Internet. Car, effectivement, c'est bien grâce au stockage en ligne sur les serveurs d'iCloud, que la Photothèque iCloud va vous libérer l'esprit de ce fardeau.

COMPRENDRE LE PRINCIPE Une fois que vous avez activé la fonction via la section iCloud des Réglages de l'iPhone, tout est automatique. Chaque photo ou vidéo que vous prenez avec votre iPhone est automatiquement transférée en ligne vers votre espace personnel iCloud. Cet espace est lié à votre compte et donc protégé de la même façon que pour vos contacts ou votre carnet de rendez-vous. N'oubliez pas d'activer l'authentification à deux facteurs pour augmenter encore la sécurité de votre compte iCloud (**voir p. 66**). Cela signifie que la version « master » de votre photothèque est en réalité celle stockée en ligne, et pas celle de votre iPhone.

GESTION AUTOMATIQUE DU STOCKAGE SUR L'IPHONE Ce stockage déporté à deux avantages. Tout d'abord c'est ce qui permet à tous vos autres appareils d'y accéder sans que vous n'ayez rien à faire : plus besoin de brancher l'iPhone à l'ordi. De plus, cela vous permet de vous assurer que votre iPhone ne sera jamais à court de mémoire. En effet, si vous prenez beaucoup de photos, iOS se charge de faire lui-même le ménage et de ne garder dans la mémoire locale de l'iPhone que les photos que vous regardez le plus souvent ou celles que vous avez récemment affichées. Les autres seront effacées de l'iPhone, mais en sécurité tout de même dans les nuages. Plus fort encore, vous gardez toutefois l'accès à la totalité de vos photos depuis l'iPhone. Même si la photo n'est plus sur l'iPhone, sa vue miniature reste affichée dans l'appli Photos (**voir p. 132**). Et si vous tapez dessus pour la visualiser, l'iPhone la télécharge immédiatement. Il faut tout de même noter que sur les iPhone munis de 16 Go de mémoire seulement, il arrive parfois que le message de « mémoire pleine » s'affiche quand même. Rendez-vous **p. 152** pour savoir comment réagir.

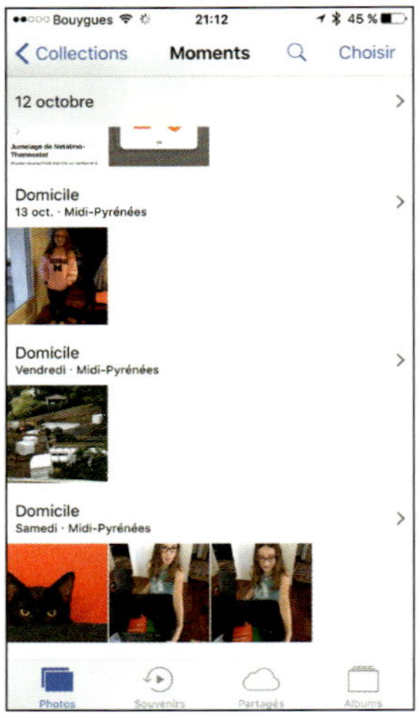

ALLÉGER LES PHOTOS STOCKÉES SUR L'IPHONE Pour vous permettre de conserver un plus grand nombre de photos stockées localement, les Réglages iCloud vous proposent de n'en garder qu'une version optimisée sur le smartphone, adaptée à son écran plus petit. Soyez sans crainte, l'original de la photo est, lui, conservé en ligne. Vous pourrez donc toujours y revenir.

UNE PHOTOTHÈQUE IDENTIQUE PARTOUT La fonction Photothèque iCloud ne se contente pas de sauvegarder vos photos pour que tous vos appareils puissent y accéder, comme un iPhone et un iPad. Elle s'occupe également de synchroniser les retouches et les albums que vous créez sur n'importe lequel d'entre eux. Ainsi, si vous commencez à organiser vos photos de vacances sur votre iPhone en créant des dossiers par lieux visités, vous retrouverez ces dossiers à l'identique sur votre iPad ou sur votre ordi. De même, si vous modifiez ou retouchez une photo sur l'iPhone grâce aux nombreux outils proposés par l'appli Photos (**voir p. 138**), la version retouchée apparaîtra sur tous vos appareils. Et vous pourrez aussi revenir à la version originale du cliché depuis chacun d'eux.

DROIT À L'ERREUR Naturellement, si vous effacez une photo depuis l'iPhone, elle disparaîtra également sur les autres appareils. Mais si vous vous êtes trompé, pas de panique, la Photothèque iCloud vous protège. Toutes les photos ou vidéos que vous supprimez sont d'abord transférées vers un dossier baptisé « Supprimés récemment ». Les éléments qu'il contient y restent pendant 30 jours, ce qui vous donne largement le temps de récupérer une photo effacée par erreur. Chaque photo vous indique d'ailleurs le nombre de jours restant. En revanche, au bout de ce délai, la photo ou la vidéo disparaît définitivement !

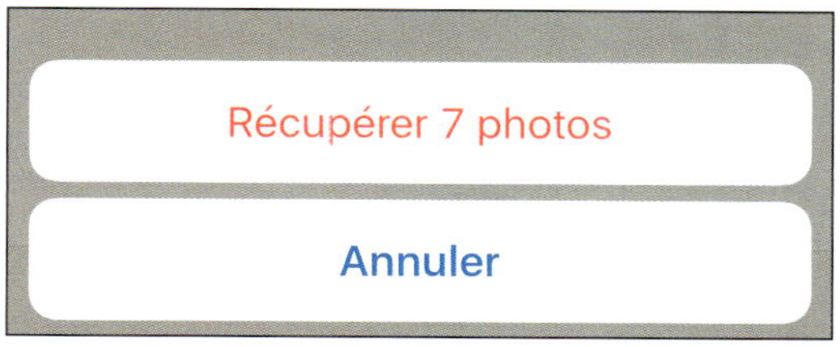

UNE VERSION MAC POUR L'APPLI PHOTOS Outre les appareils iOS (iPhone, iPad et iPod Touch), les Mac font aussi partie de l'univers de la Photothèque iCloud. Tous les Mac sont donc livrés avec une appli Photos, qui a remplacé l'ancien iPhoto. Dans cette nouvelle appli, vous pouvez par exemple décider de conserver les versions originales de vos photos, pour garder une copie locale de tous vos clichés et vidéos et de décharger la mémoire de votre iPhone sans angoisse (voir plus haut).

GESTION DU QUOTA DE STOCKAGE EN LIGNE Chaque compte iCloud fournit un espace de stockage de 5 Go. Cet espace est commun à tous les services : E-mails, Contacts, Calendriers, Sauvegardes, etc. Il est donc possible que vous atteindrez la limite rapidement si, notamment, vous y stockez beaucoup de vidéos. Vous pouvez consulter l'état de votre stockage iCloud via les Réglages. Lorsque vous arrivez près de la limite, vous pouvez passer à un compte payant en choisissant l'option « Acheter du stockage supplémentaire ». Les différents abonnements disponibles s'affichent. En payant environ 1 euro par mois, par exemple, vous bénéficierez d'un espace de 50 Go. Et vous pouvez monter jusqu'à 2 To si besoin.

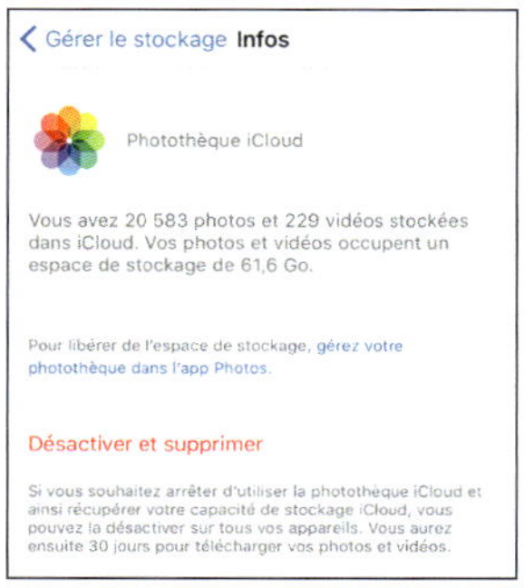

Ajouter des photos depuis d'autres sources

On ne prend pas forcément toutes ses photos avec l'iPhone. Heureusement, vous pouvez ajouter à votre Photothèque iCloud des photos provenant d'autres sources, que vous les receviez par e-mail ou que vous les ayez prises avec votre reflex numérique. Une fois le transfert réalisé, ces photos apparaîtront sur tous vos appareils, comme les autres.

PARTAGER DES PHOTOS ET DES ALBUMS DEPUIS SON IPHONE

Sélectionnez quelques-unes de vos photos favorites pour les partager avec vos proches, qu'ils utilisent un iPhone ou non.

Supprimer un partage

Rendez-vous dans la section Partagés de l'appli Photos. Tapez sur le bouton Modifier, en haut à droite. Effleurez ensuite le bouton « sens interdit » qui apparaît dans le coin supérieur gauche de chaque album partagé à supprimer et validez d'un appui sur Supprimer dans le menu qui s'affiche en bas de l'écran. L'album n'est plus partagé, mais les photos ne sont évidemment pas effacées de votre collection.

Il existe de multiples façons de publier et partager ses photos en ligne, que ce soit via Facebook, Twitter, ou encore Instagram. Le service en ligne d'Apple en ajoute une qui a l'avantage d'être parfaitement intégrée à iOS et qui vous permet, de plus, de maîtriser avec qui vous allez partager vos images.

ACTIVER LE PARTAGE DE PHOTOS Si vous avez activé un compte iCloud sur votre iPhone, les services photo sont activés, dont le service de Partage de photos qui nous intéresse ici. Pour vous en assurer, rendez-vous dans les Réglages, puis iCloud et enfin Photos. Activez la fonction « Partage de photos iCloud » tout en bas.

CHOISIR LES PHOTOS À PARTAGER Alors que vous regardez vos images dans l'appli Photos sur l'iPhone, vous en remarquez quelques-unes que vous aimeriez partager. Une fois que vous les avez sélectionnées (voir ci-dessous), tapez sur le bouton de partage pour choisir « Partage iCloud ».

PRÉPARER L'ALBUM C'est le moment de personnaliser l'album. Dans la première petite fenêtre qui s'affiche, tapez quelques mots de commentaires pour décrire les images que vous allez partager. Tapez ensuite sur « Album partagé » pour choisir d'ajouter les photos sélectionnées à un album déjà partagé ou bien pour en créer un nouveau. Notez que cette liste présente aussi l'album Famille si vous avez activé la fonction de Partage familial (**voir p. 76**). Si vous choisissez d'en créer un nouveau, tapez son nom, puis sur Suivant pour ajouter le nom des personnes avec lesquelles vous voulez partager ces photos. Comme il s'agit a priori de proches, leur nom est sûrement dans vos contacts. Sélectionnez-le dans la liste de suggestions qui s'affiche en dessous. Sinon, si vous connaissez leur identifiant iCloud, utilisez-le. Ou si vous avez

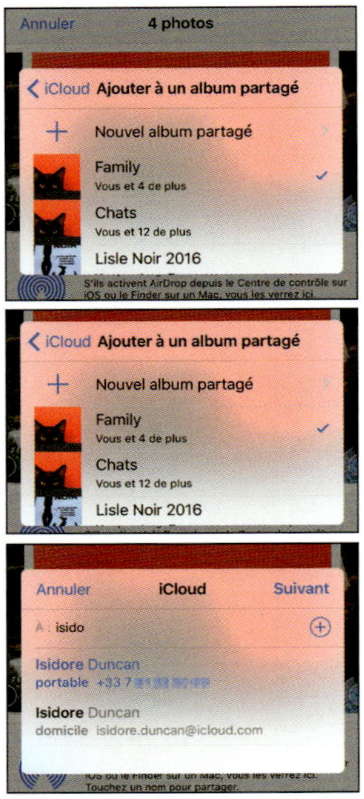

Toutes les manières de sélectionner des photos

Lorsque vous vous effleurez le bouton Choisir situé en haut à droite de l'écran, le mot Sélectionner apparaît au niveau de chaque Moment. Il suffit de le toucher pour sélectionner d'un seul coup toutes les images de ce Moment. Elle arborent alors un rond bleu muni d'une coche blanche. Pour n'en sélectionner que quelques-unes ou, d'ailleurs, plusieurs images provenant de Moments différents, il vous suffit de les effleurer une à une. Vous pouvez également sélectionner plusieurs photos contiguës à la fois en posant le doigt sur la première puis en le faisant glisser : la sélection suit le mouvement de votre doigt. Plusieurs options vous sont ensuite proposées en bas de l'écran. La corbeille en bas à droite vous permet d'effacer les photos sélectionnées. Tapez sur « Ajouter à » pour réunir les photos sélectionnées dans un album (**voir p. 137**). Et vous pouvez aussi afficher le menu de partage (**voir p. 116**) pour par exemple envoyer les photos via un flux de partage iCloud (voir ci-contre), par e-mail, vers Facebook, etc.

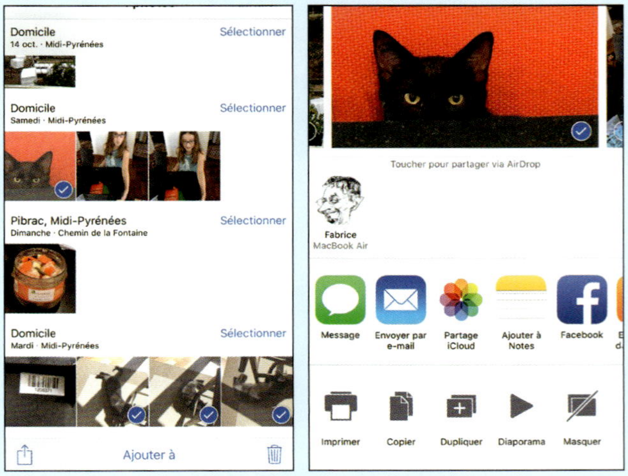

l'habitude d'échanger des iMessages avec eux (**voir chapitre 7**), indiquez le numéro de téléphone. Toutes les personnes qui disposent d'un iPhone, d'un iPad ou d'un Mac verront leur nom s'inscrire en bleu. Elles auront accès à toutes les fonctions liées au Partage iCloud. Les autres pourront tout de même voir vos images (voir plus loin). Validez d'une tape sur Publier. Votre album est partagé.

TIENS, UNE NOUVELLE SECTION DANS PHOTOS Toutes les personnes utilisatrices d'un appareil Apple avec qui vous partagez les photos reçoivent alors une notification. Une pastille vient également s'ajouter sur l'icône de l'appli Photos, qu'il leur suffit de lancer pour consulter l'album et regarder les images. Avant de pouvoir regarder les photos, il faut accepter l'invitation au flux partagé. Pour cela, effleurez le bouton Partagé en bas au milieu, puis tapez sur le mot Accepter. L'initiateur du partage reçoit une notification lorsque ses invités accèdent à l'album pour la première fois.

REGARDER ET COMMENTER LES IMAGES
Vous voici devant les photos partagées avec vous. Tapez sur l'une d'elles pour l'afficher en grand. Notez alors en bas de l'écran la zone d'échange. Tapez une fois sur l'image pour faire disparaître cette zone et apprécier l'image dans toute sa splendeur. Une nouvelle tape la fait réapparaître. Vous pouvez commencer par taper sur le mot « Aimer » pour indiquer au créateur de l'album que vous appréciez particulièrement une image. Et si vous en avez envie, effleurez le mot Commentaire pour taper un message. Tous les participants à l'album le recevront.

NOTIFICATIONS À CHAQUE COMMENTAIRE
Dès que quelqu'un commente une de vos images, vous recevez une alerte dans le centre de notif cation. Il vous suffit de taper dessus pour vous rendre directement sur la photo et éventuellement répondre. Vous pouvez ainsi engager de véritables conversations autour des photos.

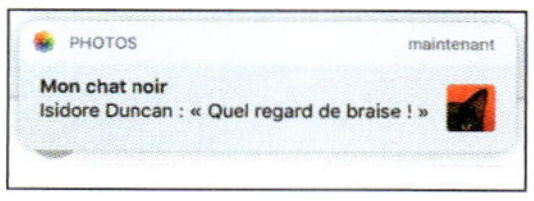

AJOUTER DES PHOTOS À UN FLUX
Rendez-vous dans la section Partagés de l'appli photo, le bouton au nuage bleu situé au milieu en bas, pour consulter la liste des partages. Affichez-en un, puis tapez sur le bouton « + » pour ajouter une photo, que vous n'aurez plus qu'à choisir parmi les vôtres. Tous les participants au partage en seront informés et pourront donc consulter la photo et la commenter. Notez que vous pouvez aussi bien ajouter une photo à un flux que vous avez créé, qu'à un autre auquel vous avez été invité.

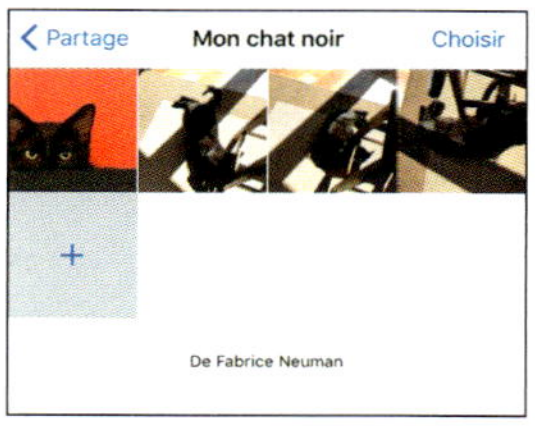

GÉRER LES INVITÉS En bas de cette même page, tapez sur le bouton Personnes. Vous pourrez ainsi consulter la liste des participants au flux que vous avez partagé, et décider d'en inviter d'autres ou bien de retirer l'accès à l'album à certains d'entre eux. Vous pouvez également désactiver les notifications pour cet album en particulier si vous trouvez les participants trop bavards !

EN FAIRE PROFITER CEUX QUI N'ONT PAS D'IPHONE Heureusement, vous pouvez partager vos photos avec ceux de vos amis qui n'ont pas d'iPhone. Pour cela, dans l'écran « Personnes », activez l'option « Site web public ». L'iPhone publie alors l'album en ligne et indique l'adresse Web à laquelle il sera consultable. Tapez sur le nouveau bouton « Partager le lien » pour créer un e-mail à envoyer aux nouveaux invités. Ces derniers pourront visiter votre album dans leur navigateur Internet habituel et voir les commentaires ajoutés à chaque image. Ils pourront télécharger les images, mais ne pourront pas prendre part à la conversation : la possibilité de laisser des commentaires ne leur est pas offerte.

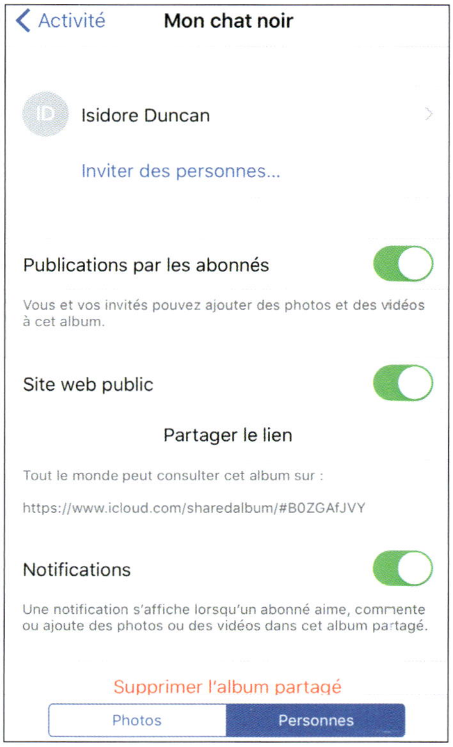

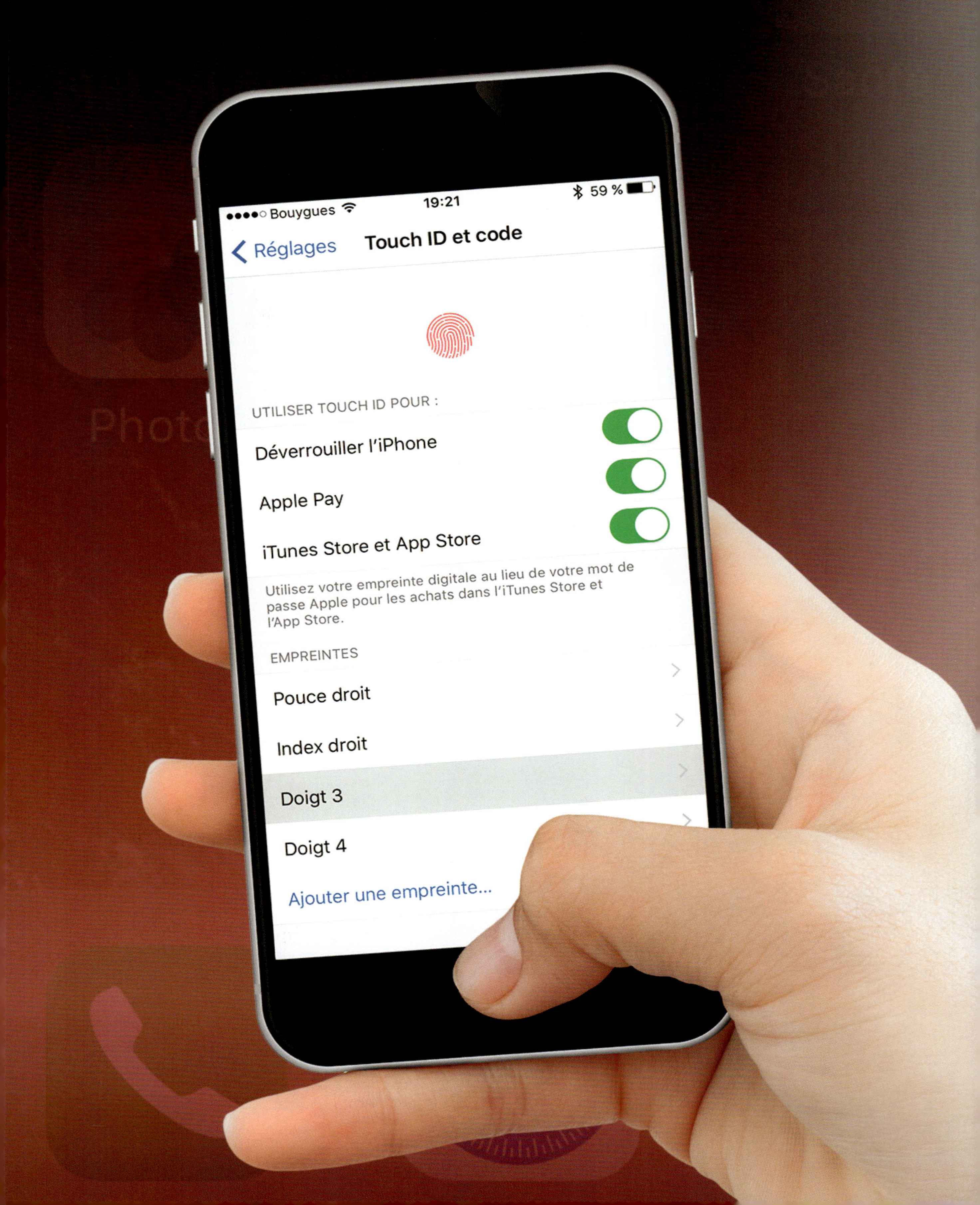

Bouygues
19:21
59 %
Réglages
Touch ID et code
UTILISER TOUCH ID POUR :
Déverrouiller l'iPhone
Apple Pay
iTunes Store et App Store
Utilisez votre empreinte digitale au lieu de votre mot de passe Apple pour les achats dans l'iTunes Store et l'App Store.
EMPREINTES
Pouce droit
Index droit
Doigt 3
Doigt 4
Ajouter une empreinte...

À DÉCOUVRIR DANS CES PAGES

ALLER PLUS LOIN AVEC SON IPHONE

Dans ce chapitre, vous verrez comment étendre encore les capacités de votre iPhone en choisissant parmi les centaines de milliers d'applications de l'App Store. Vous pourrez notamment le transformer en télécommande globale de votre maison intelligente grâce à HomeKit. Nous vous proposons également quelques accessoires très utiles à lui offrir et vous montrons comment le protéger convenablement avec un code complexe et vos empreintes digitales. Et vous saurez aussi comment réagir en cas de problème.

DIFFICULTÉ ★★★★★ 5 MN

INSTALLER DES APPLIS ET GÉRER SA COLLECTION DEPUIS L'IPHONE

Grâce à l'App Store, vous pouvez compléter à loisir les fonctions de l'iPhone, pour travailler, vous instruire, jouer, etc.

Suivre l'actualité, partager sur les réseaux sociaux, consulter ses comptes bancaires, regarder des films ou des séries télé, jouer, etc. Vous trouverez tout ça sur l'App Store

DÉCOUVRIR LE MAGASIN L'icône de l'App Store, on dit bien App et pas Apple puisqu'ici il s'agit d'applications, se reconnaît à son A majuscule formé d'un crayon, d'un pinceau et d'une règle. Dès que vous tapez dessus vous êtes accueilli par la page Sélection qui vous montre un extrait de l'immense catalogue d'applis disponibles. Faites-la défiler pour vous balader dans les différentes sections: «À la une cette semaine», «Nos nouvelles apps préférées», etc. Les catégories évoluent selon les périodes de l'année.

TROUVER ET CHERCHER UNE APPLI Vous pouvez aussi explorer l'App Store par catégorie en effleurant le bouton du même nom en bas. Et si vous connaissez le nom de l'appli, tapez sur Rechercher en bas, puis tapez les premières lettres dans la zone de saisie en haut.

INSTALLER UNE APPLI Dès que vous tapez sur le bouton Rechercher du clavier, ou que vous effleurez un des résultats de la liste, l'iPhone affiche plusieurs applications pouvant répondre à votre requête. Effleurez celle qui vous intéresse pour afficher sa fiche complète. Faites défiler vers le bas pour lire plus d'information, et les captures latéralement pour toutes les voir. Si c'est la bonne, il ne vous reste plus qu'à taper sur son prix, puis sur Acheter pour installer une appli payante, ou sur le bouton Obtenir, puis Installer dans le cas d'une appli gratuite. Dans les deux cas, vous devrez valider l'installation en tapant le mot de passe de votre compte Apple/iCloud ou via votre empreinte digitale. Le téléchargement et l'installation commencent sans tarder.

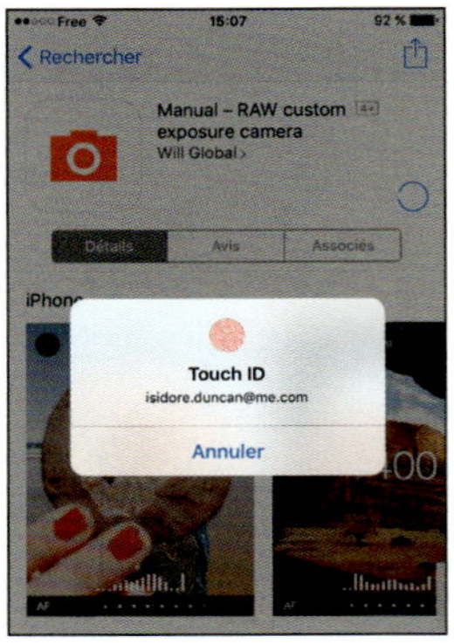

TENIR SES APPLIS À JOUR Les applis sont régulièrement mises à jour par leurs créateurs pour corriger des erreurs ou des failles de sécurité et aussi pour ajouter des fonctions. Leurs disponibilité sera signalée par une pastille sur l'icône de l'App Store et sur le bouton «Mises à jour» en bas à droite. Tapez simplement sur «Mettre à jour» en face de chacune d'elles, ou sur «Tout mettre à jour» en haut.

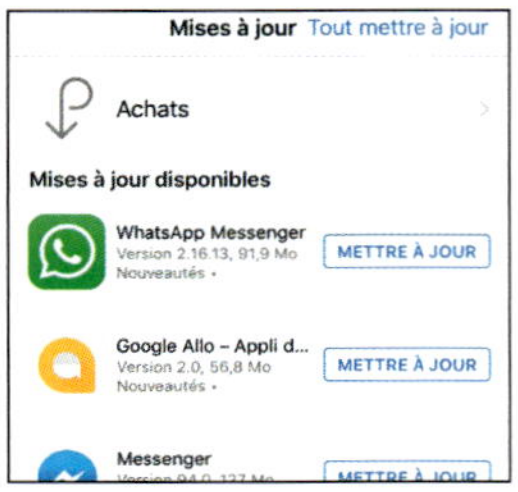

RÉINSTALLER SES APPLIS Vous pouvez à loisir réinstaller les applis que vous avez déjà téléchargées depuis l'App Store, même il y a longtemps. Cela va de soi avec les applis gratuites, mais c'est aussi vrai pour les applis payantes. Notez la catégorie «Achats» tout en haut de la page des Mises à jour. Vous y trouverez la liste de toutes vos applications, et aussi celles des autres membres de la famille (voir en marge).

N'achetez des applis qu'une seule fois

Grâce au Partage familial (voir p. 76), toutes les applis que vous achetez peuvent être installées par tous les autres membres du groupe: c'est bien ça, vous ne payez une application qu'une seule fois tout en pouvant l'installer sur tous les iPhone de la famille. Et c'est vrai également pour les films, les séries télé, la musique, etc.

DIFFICULTÉ ★★★★★ 10 MN

GÉRER LES OPTIONS DES APPLIS ET DES EXTENSIONS

Selon les cas, les paramètres des applications sont à trouver dans les Réglages de l'iPhone, au sein de l'application elle-même… ou aux deux endroits à la fois. Voici où chercher pour que vos applis fonctionnent comme vous le souhaitez.

1 CONSULTER LES PARAMÈTRES DES APPLIS STANDARD…

Rendez-vous dans les Réglages de l'iPhone et faites défiler l'écran jusqu'à voir la liste des applis standard : Musique, Vidéos, Photos, iBooks, etc.

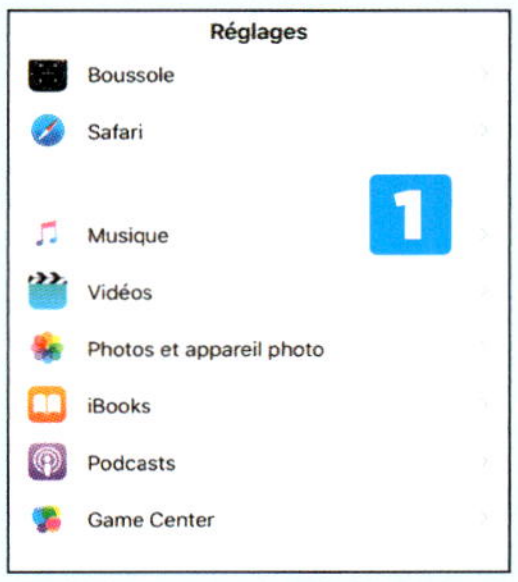

2 … ET DES AUTRES

Si vous continuez à faire défiler l'écran, vous verrez alors s'afficher la liste de toutes les applis que vous avez vous-même installées depuis l'App Store (voir p. précédente), classées par ordre alphabétique, ici de 1Password à YouTube. La liste peut être longue !

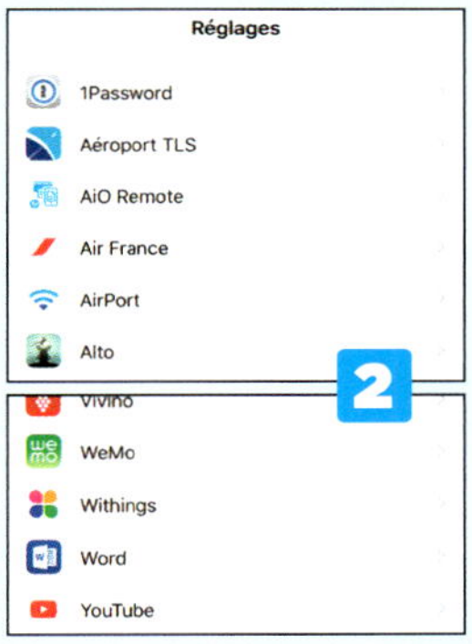

3 JOUER AVEC LES RÉGLAGES

Tapez sur le nom d'une application pour accéder à ses différents paramètres. Ils sont différents pour chacune d'elles, nous ne pouvons donc pas les détailler ici, mais il y a tout de même quelques points communs. Beaucoup d'applications, par exemple, vous demanderont lors de leur premier lancement d'avoir accès à certaines des fonctions intégrées à l'iPhone comme le micro, les données cellulaires, le GPS, etc. Que vous ayez accepté ou refusé à ce moment-là, vous pouvez changer d'avis en vous rendant, donc, dans les réglages de l'application concernée.

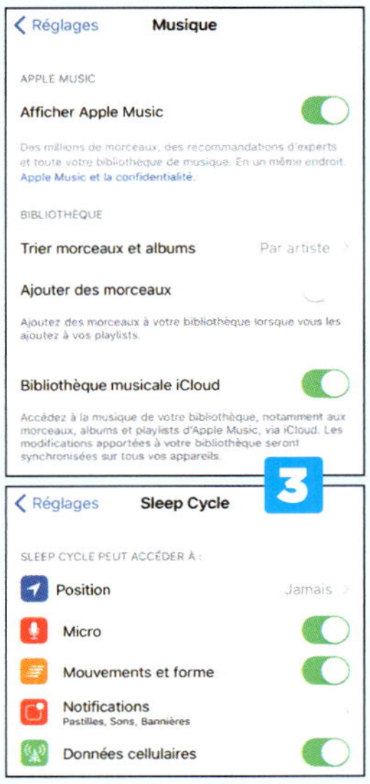

4 ACCÉDER AUX RÉGLAGES COMPLÉMENTAIRES

Certaines applications, comme ici Facebook, proposent d'autres types de réglages. Ouvrez l'application, affichez le menu d'options (souvent via un bouton aux trois lignes horizontales), puis effleurez Paramètres. Les options présentées peuvent parfois être très nombreuses, c'est le cas pour Facebook. À vous de vous y plonger et c'est vraiment nécessaire avec le réseau social si vous souhaitez maîtriser un tant soit peu les informations que vous partagez.

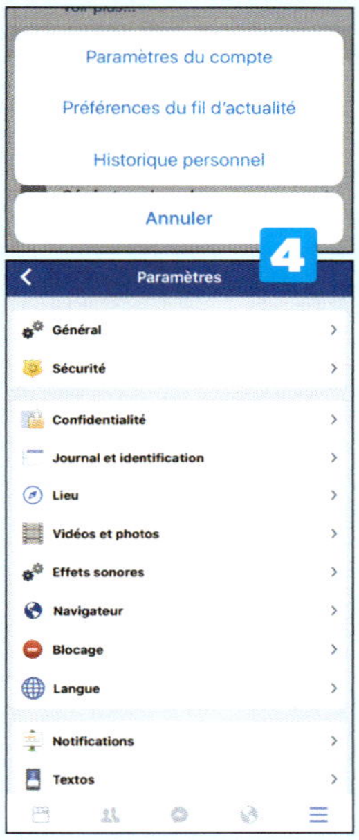

5 JETER UN ŒIL AUX OPTIONS DE CONFIDENTIALITÉ

Faites défiler la page des Réglages de l'iPhone jusqu'à pouvoir taper sur Confidentialité. Vous y trouverez la liste des ressources mises à disposition par le système : Contacts, Calendriers, Photos, Micro, etc. Tapez sur chacune d'elles pour voir quelles applications les utilisent, et leur retirer le droit d'accès le cas échéant. Ici, par exemple, on voit les accessoires ayant accès à HomeKit pour automatiser votre maison (voir p. 148).

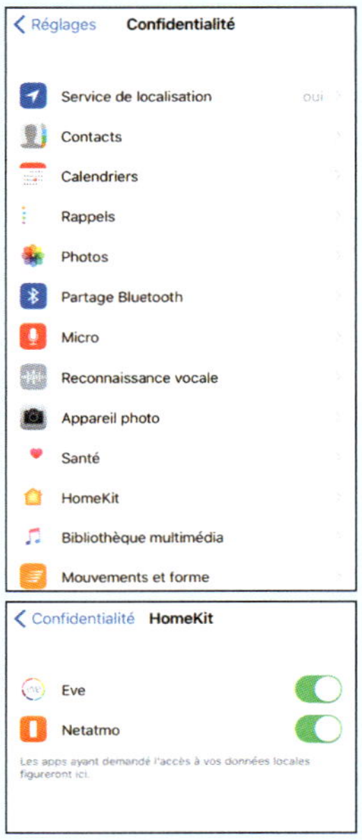

Maîtriser les notifications

La quasi totalité des applications que vous installerez vous demandera d'accepter de recevoir des notifications de leur part. On a tendance à dire oui au début, pour rapidement se retrouver submerger par les alertes, votre iPhone sonnant et vibrant à tout bout de champ. Heureusement, vous pouvez revenir sur vos décisions, via la section Notifications des Réglages (**voir p. 96**).

HOMEKIT : L'IPHONE AUX COMMANDES DE LA MAISON

La nouvelle application Maison d'iOS 10 transforme votre iPhone en maître de vos objets connectés et de votre maison intelligente.

La sécurité d'abord

En octobre 2016, une partie non négligeable de l'Internet américain a été perturbée par une attaque informatique de grande envergure. Plusieurs services en ligne très connus, comme Netflix ou Spotify, ont été rendus inaccessibles pendant plusieurs heures. L'origine de l'attaque : des objets connectés ! Des dizaines de milliers d'entre eux ont été piratés pour servir de relais de connexion aux malveillants, et attaquer un des serveurs centraux de l'infrastructure nord-américaine. C'est pour éviter ce genre de piratage de vos objets connectés qu'Apple est intransigeant sur le niveau de sécurité des objets compatibles HomeKit. Pour obtenir le label, ces objets doivent intégrer une puce spécifique au chiffrement des données qui transitent par eux. Cela explique en partie leur prix souvent un peu plus élevé. Mais il vaut mieux, non ?

Maison connectée, maison intelligente, domotique. Tous ces termes recouvrent une même thématique : vous faciliter la vie en automatisant une partie de vos tâches quotidiennes à l'aide d'objets connectés. Apple s'y intéresse depuis plusieurs années. Mais plutôt que de concevoir ses propres objets connectés, Apple préfère proposer un standard de communication, appelé HomeKit, dont le but est d'assurer la compatibilité des objets entre eux. Le but est louable car, malheureusement, il est bien difficile de s'y retrouver dans la multitude des objets que l'on peut trouver sur le marché. En choisissant des objets siglés HomeKit, vous vous assurez ainsi qu'ils fonctionneront tous ensemble avec, évidemment, l'iPhone et les autres produits de la marque comme point de rencontre universel. Et iOS 10 concrétise cette vision en intégrant dorénavant l'application Maison qui vous permet justement de piloter tous vos objets HomeKit. Après en avoir compris le principe, nous verrons comment l'utiliser.

TOUS LES OBJETS CONNECTÉS SONT-ILS COMPATIBLES AVEC HOMEKIT ? Non, malheureusement. Comme c'est souvent le cas des standards dont le but est d'unifier une situation disparate, il s'ajoute finalement à tous les autres. Cela dit, vous repérerez facilement les objets compatibles HomeKit dans le commerce au logo sur l'emballage.

Fonctionne avec
Apple HomeKit

LES OBJETS COMPATIBLES NE FONCTIONNENT-ILS QU'AVEC HOMEKIT ? Apple ne réclame pas d'exclusivité. Les lampes Hue de Philips sont tout aussi pilotables depuis un iPhone que depuis un smartphone Android. La situation n'est toutefois pas toujours aussi ouverte. Le fabricant Elgato a ainsi fait le choix exclusif de HomeKit. Autrement dit, si toute votre maisonnée est équipée de produits Apple, pas de problème. Mais si un membre de la famille utilise Android, il n'aura pas accès à ces objets.

VAIS-JE TROUVER TOUS LES OBJETS DONT J'AI BESOIN ? À l'heure de la rédaction de ce guide, le magasin français d'Apple en ligne proposait les catégories suivantes d'objets connectés compatibles HomeKit : Chauffage et ventilation, Alarmes et capteurs, et Éclairages et interrupteurs. Le magasin américain est un peu plus fourni, mais avec des produits que l'on ne trouve pas encore dans l'Hexagone. Autant dire qu'il sera difficile de tout gérer depuis HomeKit pendant quelques temps encore. Il n'y a pas de caméra ou de système de sécurité par exemple.

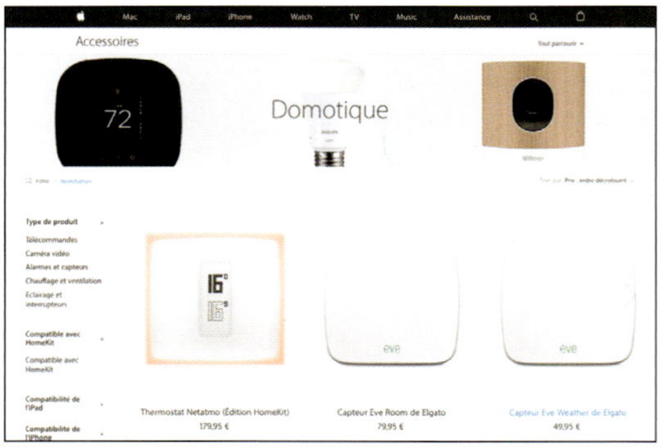

AI-JE BESOIN DE GARDER LES APPLIS DE CHAQUE OBJET ? Même après avoir ajouté tous les accessoires compatibles HomeKit de la maison à l'appli d'iOS 10 (voir p. suivante), mieux vaut conserver les applications des fabricants installées. Elles proposent souvent des options supplémentaires et assurent aussi la mise à jour du logiciel interne des objets, une fonction absolument indispensable.

PUIS-JE COMMANDER MES OBJETS MÊME SI JE NE SUIS PAS CHEZ MOI ? Oui, mais uniquement en utilisant un appareil Apple comme passerelle. Il peut s'agir d'un boîtier Apple TV (**voir p. 158**) ou d'un iPad que vous laissez à la maison. Il suffit ensuite que cette passerelle soit reliée à votre réseau Wi-Fi et connecté au même compte iCloud que celui servant à l'administration des objets. C'est en effet via son service en ligne iCloud qu'Apple va assurer le lien entre votre smartphone et vos objets à la maison.

DIFFICULTÉ ★★★★★ 5 MN

AJOUTER UN OBJET COMPATIBLE À SA PANOPLIE HOMEKIT

Découvrez comment scanner le numéro HomeKit de votre appareil compatible pour enrichir automatiquement votre collection. Vous pouvez ensuite indiquer dans quelle pièce il se trouve et c'est tout : vous pouvez maintenant le commander depuis l'appli Maison.

1 CONFIGURER L'OBJET DEPUIS SON APPLI DÉDIÉE

Commencez toujours par installer sur l'iPhone ou l'iPad l'application liée à l'objet concernée. Même si ce n'est pas toujours nécessaire, effectuez d'abord la procédure complète d'installation de l'objet, ne serait-ce que pour vous assurer qu'il fonctionne correctement.

2 SCANNER LE CODE HOMEKIT DEPUIS L'APPLI DE L'OBJET

Pour certains objets comme le pont de commande des lumières Philips Hue, une option des réglages de l'appli Hue sera consacrée à HomeKit. Sélectionnez-la pour activer la caméra. Il ne vous reste plus qu'à viser le code HomeKit que vous trouverez sur l'emballage de l'objet et aussi, souvent, sur l'objet. Un bip et le tour est joué.

2

3 AJOUTER UN ACCESSOIRE VIA L'APPLI MAISON DE L'IPHONE

Lancez l'application Maison et tapez sur le bouton « + » en haut à droite. Dans le menu qui apparaît en bas, choisissez « Ajouter un accessoire ». Si votre objet est branché et configuré correctement, il apparaîtra dans la liste des accessoires disponibles. Tapez sur son nom pour lancer la caméra et pouvoir scanner le code. Après le bip, l'accessoire est reconnu.

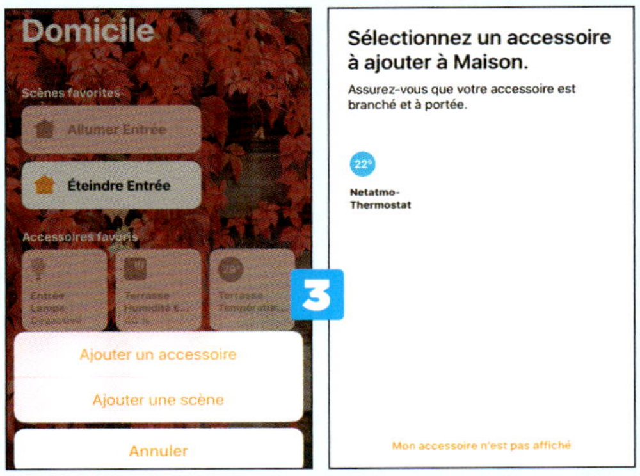

3

4 ET SI LE SCAN NE FONCTIONNE PAS ?

Si jamais la reconnaissance automatique des numéros ne marche pas, vous pouvez entrer le code à la main.

5 QUAND LE CODE N'EST PAS SUR LA BOÎTE

... c'est qu'il est sur l'écran ! C'est le cas du thermostat Netatmo qui profite de son écran pour afficher le code HomeKit (voir plus haut), plutôt que sur l'emballage. C'est pratique et on est sûr de ne jamais le perdre (voir ci-contre).

5

6 PILOTER SES OBJETS HOMEKIT

L'écran d'accueil de l'appli Maison affiche un résumé de l'état de vos objets et les icônes de vos objets favoris en bas. Vous pouvez bien sûr choisir les informations à afficher d'une tape sur le bouton Modifier, en haut à droite. Certains boutons déclenchent une action simple comme ici celui de la lampe de l'entrée. Une simple tape en change l'état : allumé ou éteint. D'autre, comme celui du thermostat, demandent un appui long pour afficher quelques options. Ici pour régler la température cible. N'oubliez pas non plus que le Centre de contrôle (**voir p. 22**) vous donne un accès rapide à vos objets HomeKit.

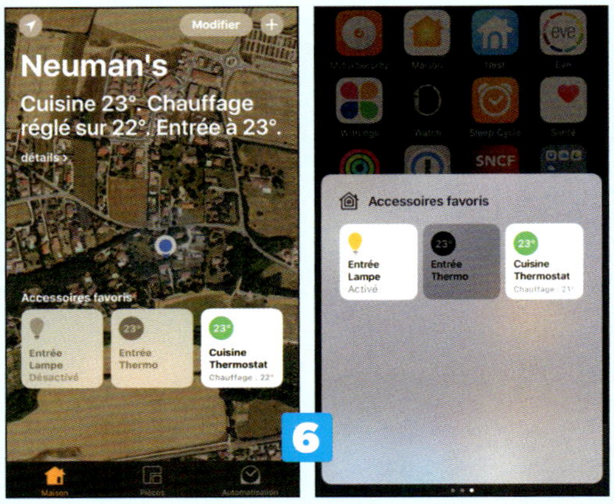

6

Ne pas perdre le code HomeKit

À chaque nouvelle installation d'un objet HomeKit, vous aurez besoin de son code (voir ci-contre). Autrement dit, assurez-vous de garder tous les numéros HomeKit dans un endroit sûr. Le plus simple consiste à conserver les boîtes. Mais c'est aussi le plus encombrant. Vous pouvez aussi découper chaque emballage pour ne conserver que le numéro, en prenant soin de noter à quel objet il est destiné. Et vous pouvez aussi tout simplement prendre chaque boîte en photo. Il vous suffira ensuite d'afficher le code sur un autre écran que celui de votre iPhone pour pouvoir le scanner avec ce dernier.

QUAND A-T-ON BESOIN DE BRANCHER L'IPHONE À SON ORDI ?

L'iPhone est un outil très autonome que l'on peut pafaitement utiliser sans ordinateur. Mais ce dernier reste parfois utile.

NAVIGUER DANS SES MÉDIAS Lorsque vous lancez iTunes sur votre ordi, ici présenté dans sa version 12, il vous montre par défaut le contenu de votre bibliothèque musicale. Notez en haut à gauche les petites icônes vous permettant de passer d'un type de média à l'autre : musique, séries télé, films, podcasts, applis.

TRANSFÉRER DE LA MUSIQUE VERS SON IPHONE Pour transférer de la musique stockée sur votre ordinateur vers votre iPhone, commencez par le brancher à l'ordi via son câble USB. Son icône apparaît à gauche, à côté des icônes de catégories de médias (voir plus haut). Cliquez dessus pour afficher toutes les options liées à la gestion de l'iPhone dans la colonne de gauche d'iTunes. En haut, la section Réglages rassemble toutes les options de synchronisation. Sélectionnez Musique. Dans la zone centrale, cochez la case « Synchroniser la musique ». Par défaut, l'option « Toute la bibliothèque musicale » est cochée. Si vous possédez beaucoup de musiques, la mémoire de votre iPhone n'y suffira peut-être pas, comme vous l'indiquera la jauge en bas de la fenêtre d'iTunes. Dans ce cas, cochez la case « Listes de lecture, albums et genres ». Vous pouvez ensuite choisir la musique à synchroniser avec précision en cochant les cases qui vous conviennent par artiste, par genre ou par album. Rien ne vous empêche de mélanger vos choix, en choisissant quelques artistes, quelques albums, et aussi quelques genres. Une fois votre choix effectué, cliquez sur le bouton « Appliquer » en bas à droite de la fenêtre. Le transfert des fichiers vers l'iPhone commence. Vous pouvez modifier vos choix pendant le transfert, ce dernier reprendra après un clic sur le bouton « Appliquer ». La méthode est similaire pour les films et les séries télé.

TRANSFÉRER DES PHOTOS DE SON IPHONE VERS SON PC WINDOWS Lorsque vous branchez votre iPhone pour la première fois à votre PC, il vous demande l'autorisation d'y accéder. L'iPhone, de son côté vous demande s'il peut se fier à cet ordinateur. Acceptez sur les deux écrans. Ensuite, une fenêtre apparaît en haut à droite du Bureau Windows pour vous demander ce que vous souhaitez faire avec l'iPhone. Vous pouvez par exemple importer vos images dans l'appli Photos de Windows 8 ou 10, ou encore ouvrir une fenêtre de l'Explorateur de fichiers pour vous balader dans la zone de stockage de photos de l'iPhone et y choisir les photos à transférer. Pour changer ce

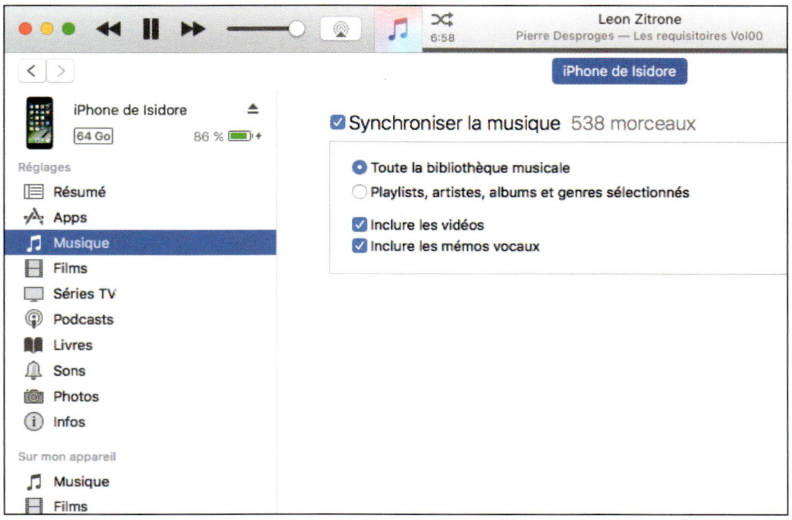

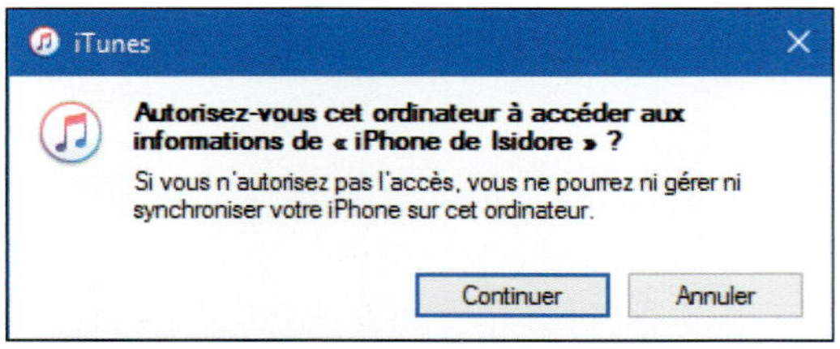

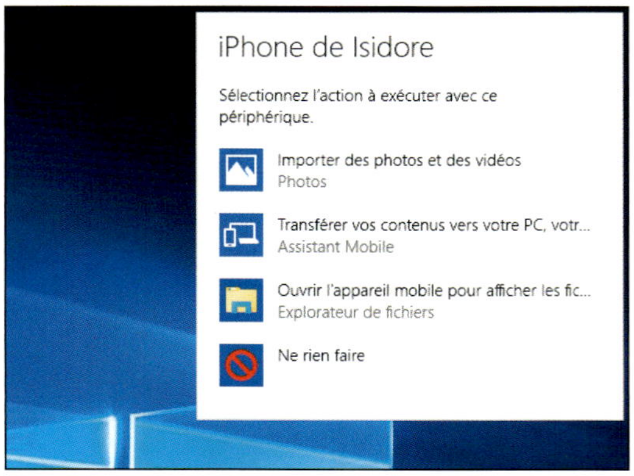

choix la fois suivante, pensez à maintenir la touche Majuscule du clavier du PC enfoncée au moment de brancher l'iPhone: cela fera réapparaître le menu.

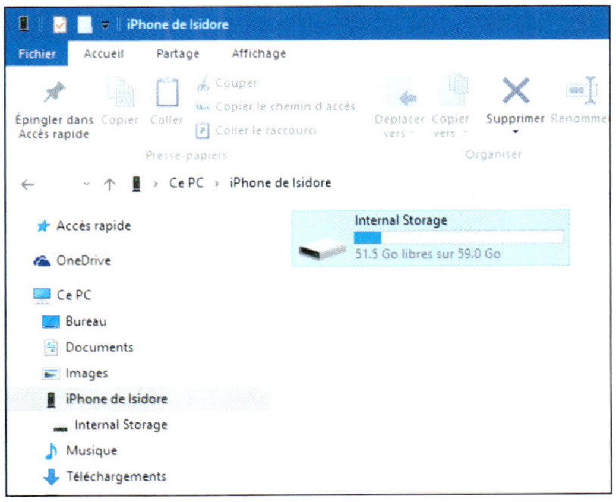

VIDER SES PHOTOS VERS SON MAC Si vous utilisez un Mac, branchez-y l'iPhone et lancez l'application Photos. Cliquez ensuite sur le nom de votre iPhone dans la colonne de gauche. Toutes les photos qu'il contient s'affichent dans la zone centrale. Sélectionnez-en quelques-unes et cliquez sur « Importer les xxx éléments » dans la barre supérieure ou sur « Importer tous les nouveaux éléments ». Une fois l'importation terminée, vous pouvez effacer les photos de votre iPhone puisqu'elles sont bien à l'abri sur votre Mac.

RÉORGANISER SES ÉCRANS D'ACCUEIL

Depuis iTunes pour Mac/PC, il est très facile de réorganiser les écrans d'accueil de l'iPhone. Cliquez sur une icône d'appli pour la supprimer d'un clic sur la petite croix. Ou attrapez-la et glissez-la dans un dossier ou sur un autre écran d'accueil. Créez des dossiers en glissant une icône sur une autre. Vous pouvez aussi inverser deux écrans d'accueil, par exemple le 2 et le 3, en les attrapant à la souris. Pressez le bouton Appliquer, en bas à droite.

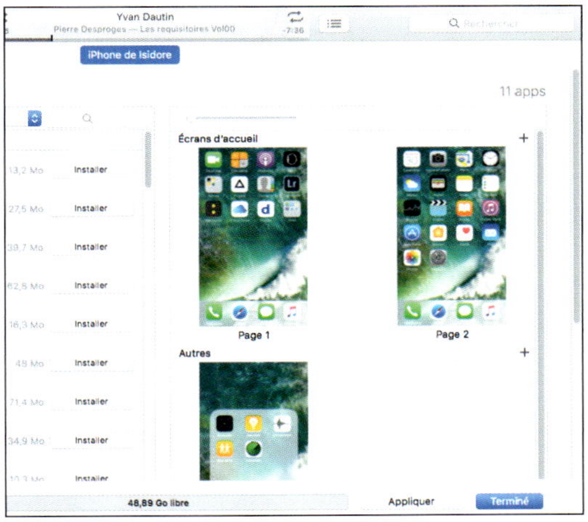

EFFECTUER UNE MISE À JOUR DU SYSTÈME

Lors d'une mise à jour majeure, il peut être intéressant et plus rapide de réaliser l'opération via son ordi. Branchez l'iPhone à l'ordi via son câble USB. Ensuite, même si vous avez déjà l'habitude de sauvegarder votre iPhone via iCloud (**voir p. 68**), réalisez aussi une sauvegarde de l'iPhone sur l'ordi (**voir p. 33**). Si une mise à jour du système est disponible, iTunes vous l'aura signalé au branchement de l'iPhone à l'ordi. Il vous propose de la télécharger et de l'installer. Il effectue dans ce cas lui-même la mise à jour, et vous ne perdez aucune donnée.

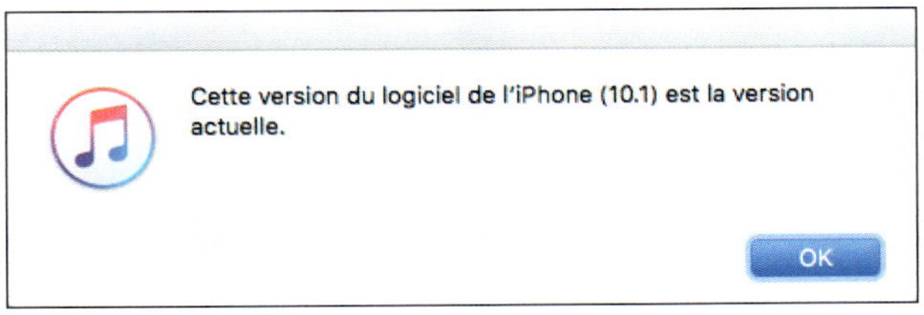

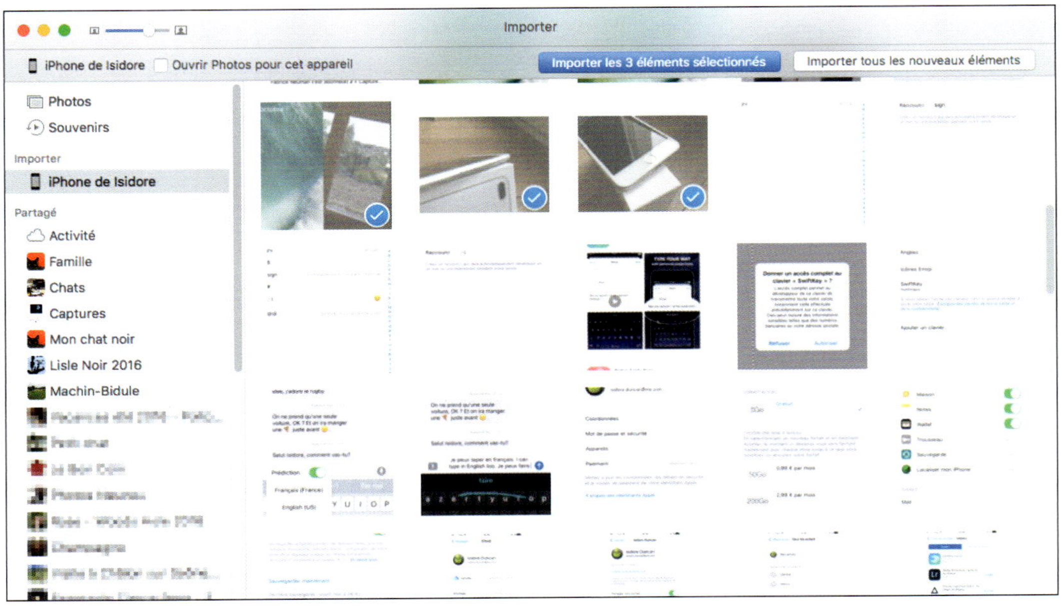

AU SECOURS, MON IPHONE EST PLEIN À CRAQUER !

La mémoire de votre iPhone est saturée ? Voici quelques idées pour faire de la place et éviter que cela ne se reproduise.

Si vous n'utilisez pas la Photothèque iCloud

Comme ce sont souvent les photos et les vidéos qui remplissent rapidement la mémoire de stockage de son iPhone, la fonction d'optimisation du stockage de l'iPhone de la Photothèque iCloud est très appropriée. Cela dit, cela implique aussi, le plus souvent, de passer à un abonnement iCloud payant, car les 5 Go gratuits de stockage en ligne que l'on obtient en ouvrant un compte Apple/iCloud sont rarement suffisants. Si vous n'avez pas envie de prendre cet abonnement, il ne vous reste plus qu'une seule solution : brancher l'iPhone à l'ordi pour y transférer les photos et ensuite les effacer de l'iPhone (**voir p. 150**).

Argh! Vous vous apprêtez à prendre le portrait du siècle et patatras, une alerte vous indique que votre iPhone ne peut plus prendre de photos car la mémoire est pleine. Voici ce que vous pouvez faire.

PAS DE PANIQUE ! Si un tel message s'affiche, prenez d'abord le temps de respirer. Rien n'est cassé, il faut juste, comme à vous, donner à l'iPhone un peu d'air. Parce qu'effectivement, lorsqu'il est en manque de mémoire, votre appareil se retrouve coincé aux entournures. Il ne peut plus prendre de photos ni, a fortiori, de vidéo. Il va globalement ralentir puisqu'il manque d'espace pour réaliser des tâches aussi simples que de passer d'une appli à l'autre. Et si vous avez activé la Photothèque iCloud (**voir p. 140**), la synchro de vos photos avec votre espace en ligne risque de s'arrêter.

CONSTATER L'ÉTENDUE DES DÉGÂTS Le premier réflexe consiste à vous rendre dans les Réglages, puis Général et enfin « Stockage local et iCloud ». Dans l'écran suivant, la première section donne un aperçu de l'occupation de la mémoire interne de l'iPhone. Et la seconde vous indique celle de votre espace en ligne, lié à votre compte iCloud (voir encadré p. suivante). Tapez sur le lien « Gérer le stockage » de la première section. Au bout de quelques secondes d'analyse, l'iPhone affiche la liste des éléments occupant de la mémoire, classés en ordre décroissant, les plus voraces en haut donc. Ici, on voit que la mémoire de cet iPhone est en grande partie mangée par des films, transférés depuis iTunes (**voir p. 150**).

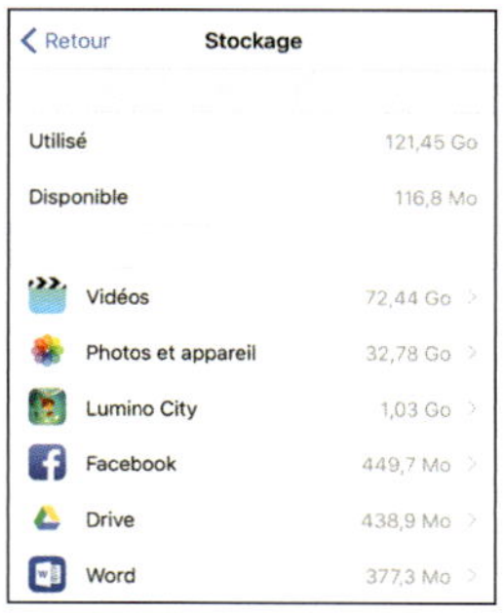

EFFACER CERTAINS ÉLÉMENTS NON INDISPENSABLES On effleure donc la ligne Vidéos pour voir la liste de tous les films en mémoire. Pour en effacer certains, que l'on ne va pas regarder tout de suite, tapez sur Modifier en haut à droite, puis sur le panneau sens interdit à gauche de l'un des titres. Validez d'une tape sur le bouton Supprimer qui apparaît. Notez que vous pouvez faire apparaître le même bouton d'un glissement du doigt de droite à gauche directement sur le titre en question. Ah ça va déjà mieux !

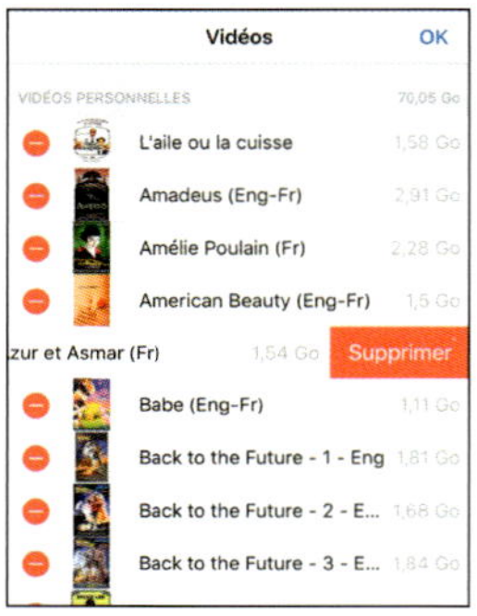

SUPPRIMER CERTAINES APPLIS Jetez donc aussi un coup d'œil en dessous à la liste des applications. Certaines d'entre elles, souvent des jeux, peuvent occuper plus d'un Go à elles toutes seules. Si vous n'y jouez plus, effacez-en un ou deux. Tapez sur son nom puis, dans l'écran suivant, tapez sur « Supprimer l'app ». Confirmez d'une seconde tape sur « Supprimer l'app » dans le menu qui glisse depuis le bas de l'écran. N'oubliez pas que vous pouvez également effacer une appli directement depuis l'écran d'accueil (**voir p. 38**).

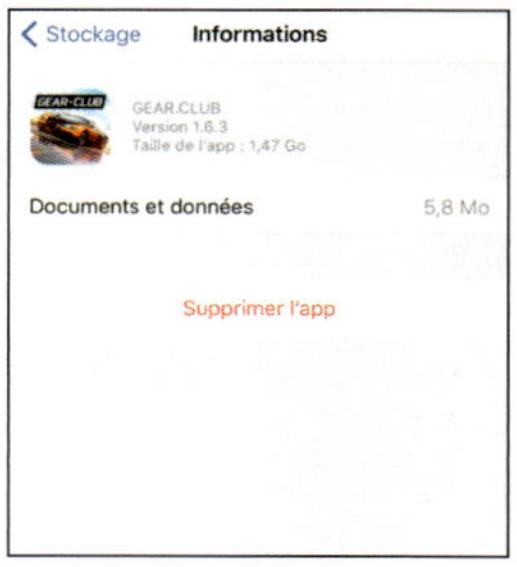

DIFFICULTÉ ★★★★★ 5 MN

EFFACER LES PHOTOS SUPPRIMÉES

Non, ce n'est pas une blague. Lorsque vous effacez des images dans l'application Photos, elles sont d'abord placées dans l'album « Supprimés récemment ». Lancez donc l'appli Photos, puis rendez-vous dans les albums. Ouvrez celui des photos récemment effacées, tapez sur Choisir en haut à droite, puis sur « Tout supprimer » en bas à gauche.

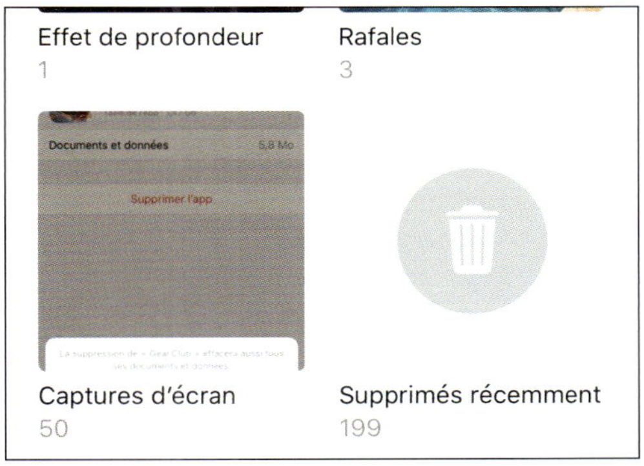

MODIFIER LE FONCTIONNEMENT DE L'APPLICATION PHOTOS

Si vous n'avez pas trouvé de collection de films ou d'applications à effacer, allez donc jeter un œil du côté de la Photothèque iCloud. Rendez-vous pour cela dans les Réglages, puis dans « Photos et appareil ». Sous la ligne Photothèque iCloud, dont l'interrupteur est activé (sinon, voir en marge), vous avez le choix entre deux options : « Optimiser le stockage de l'iPhone » et « Télécharger et garder les originaux ». La différence entre les deux est essentielle. Si la seconde est cochée, cela signifie que l'iPhone stocke dans sa mémoire les versions originales des photos que vous prenez avec lui, mais aussi des images provenant de vos autres appareils connectés au même compte iCloud, votre iPad par exemple. Mais si vous cochez la première, l'iPhone s'assure de transférer vers l'espace en ligne les versions originales, mais les efface de l'iPhone s'il a besoin de place. Vous gardez pourtant l'accès à toute votre photothèque, puisque les originales effacées sont remplacées par des vues miniatures en basse définition, prenant donc beaucoup moins de place. Et si vous souhaitez la voir, l'iPhone la télécharge immédiatement. À condition que vous soyez connecté à Internet, évidemment, c'est la rançon de l'optimisation de la mémoire.

GÉRER SES PHOTOS VIA L'ORDI

Sur les iPhone ne disposant que de 16 Go de stockage, il arrive parfois que l'optimisation de la photothèque ne soit pas suffisante. Notamment parce que les vues miniatures des photos occupent tout de même un peu d'espace, même s'il est bien moindre que celui des photos originales. Du coup, si le nombre de vos images est élevé, la mémoire peut tout de même se retrouver saturée. Dans ce cas, malheureusement, la Photothèque iCloud n'est pas la solution, et il vaut mieux retourner à la gestion de ses photos via l'ordi (**voir p. 150**).

REPARTIR DE ZÉRO

Avant de s'y résoudre cela dit, il faut aussi tenter la remise à zéro complète de son iPhone, après sauvegarde, pour ensuite effectuer une restauration (**voir p. 32**). Cela permet de « nettoyer » le système de certains fichiers devenus obsolètes et qui ne font qu'encombrer.

La sauvegarde en ligne n'est pas adaptée à tout le monde

La Photothèque iCloud pour les images ou iCloud Drive pour n'importe quel type de fichiers (**voir p. 72**), sont des services bien pratiques pour assurer une sauvegarde de ses données en ligne. Mais ils ne sont pas forcément adaptés pour les très gros volumes. Tout d'abord, il ne faut pas oublier que l'envoi de fichiers de votre ordi vers Internet est plutôt lent, à moins que vous ne disposiez d'un accès en fibre optique. Le transfert de quelques centaines de Go peut alors demander plusieurs semaines ! De plus, les espaces en ligne sont en général limités à 1 ou 2 Go maximum. Autrement dit, les photographes pro ou même seulement amateurs éclairés devront continuer leurs sauvegardes sur un disque dur externe.

Ne pas confondre la mémoire de l'iPhone et le stockage en ligne

La deuxième section de la page « Stockage local et iCloud » des Réglages (voir p. précédente), vous donne une indication de l'espace de stockage disponible en ligne. Les deux ne sont pas entièrement corrélés. Si vous utilisez la version gratuite de votre compte iCloud, elle ne vous donne que 5 Go de stockage en ligne. Cet espace est partagé entre tous les services que vous avez choisi d'utiliser : la sauvegarde (**voir p. 68**), le synchronisation de vos données personnelles (**voir p. 69**), le stockage des photos si vous avez activé la Photothèque iCloud, etc. Cet espace en ligne peut donc se retrouver rapidement saturé, ce dont l'iPhone vous informera d'une alerte comme montrée ici. Si cela vous arrive, c'est peut-être le signe qu'il vous faut passer à l'abonnement payant pour continuer à utiliser la totalité de ces services en ligne si pratiques.

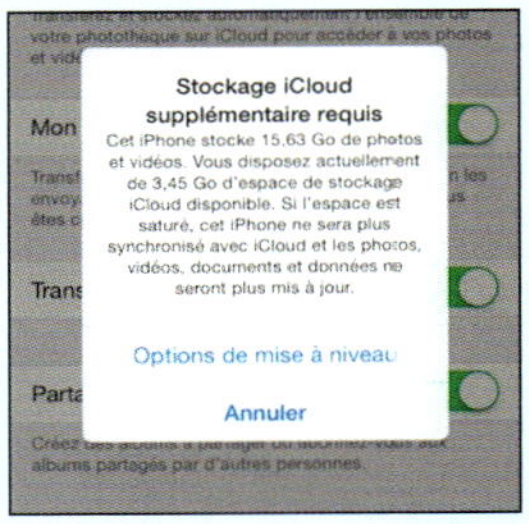

SÉCURISER L'ACCÈS À SON IPHONE AVEC UN MOT DE PASSE ET SES EMPREINTES

On ne le répétera jamais assez : il faut absolument protéger l'accès à son iPhone. On oublie trop souvent que l'on y stocke quasiment « sa vie entière » : sa liste de contacts, ses photos, ses mots de passe, parfois même un accès à son compte bancaire, son historique de navigation sur Internet, l'accès à son ou ses adresses de courriel, etc. Ne prenez pas le risque de voir toutes ces données éminemment personnelles tomber entre de mauvaises mains.

1 CODE ET TOUCH ID AU PREMIER DÉMARRAGE Apple l'a d'ailleurs bien compris puisqu'une des étapes du premier démarrage d'un nouvel iPhone (**voir p. 30**) consiste justement à choisir un code de verrouillage et aussi à enregistrer une première empreinte digitale (pour les iPhone 5S, SE, 6, 6S et 7). Choisissez donc un premier code, vous pourrez le modifier à loisir (voir ci-dessous).

2 MODIFIER LE CODE Si le code en cours ne vous convient plus, peut-être parce que quelqu'un vous a vu le taper, rendez-vous dans la section « Touch ID et code » des Réglages (la mention Touch ID n'apparaît pas sur les iPhone 5 et 5C). Tapez votre code actuel pour accéder aux options de modification. Faites défiler la page pour pouvoir taper sur « Changer le code ». Tapez de nouveau l'ancien code, puis deux fois de suite le nouveau. C'est fait.

3 UTILISER UN CODE LONG Depuis iOS 9, et donc maintenant avec iOS 10, l'iPhone vous propose en standard d'utiliser un code à 6 chiffres. Qui assure tout de même un niveau de sécurité bien meilleur que le code à 4 chiffres qui était demandé jusque là. Autrement dit, même si les options de code des Réglages incluent la possibilité de retourner à un code à 4 chiffres, retenez-vous. En revanche, pour augmenter encore le niveau de protection de votre iPhone, vous pouvez choisir un « code alphanumérique personnalisé » ou un « code numérique personnalisé ». Avec ce dernier, vous pourrez augmenter le nombre de chiffres pour passer de 6 à 8 par exemple. Quant au premier, il affiche le clavier complet pour protéger votre iPhone d'un mot ou d'une phrase.

4 NE PAS VERROUILLER TOUT LE TEMPS C'est vrai, taper son mot de passe à chaque fois que l'on allume l'écran, c'est barbant. Heureusement, vous pouvez assouplir un peu le système. Toujours dans la même page d'options, tapez cette fois sur la section « Exiger le code ». Vous pouvez alors choisir un délai avant l'extinction duquel l'iPhone ne vous demandera pas de code lorsque vous rallumerez l'écran. N'oubliez pas que plus ce délai est long et plus vous rendez votre iPhone vulnérable. En choisissant un délai raisonnable, 1 ou 5 minutes, vous vous assurez un plus grand confort, sans pour autant trop risquer de permettre à quelqu'un qui s'emparerait de votre iPhone d'y accéder sans code.

Astuce numérique pour les codes longs

Lorsque vous créez un code long pour mieux protéger votre iPhone (**voir ci-contre**), rien ne vous empêche de n'utiliser que des chiffres. Du coup, lors du déverrouillage de votre iPhone, celui-ci ne vous présentera que le pavé numérique, qui est tout de même bien plus pratique que le clavier complet pour entrer rapidement un mot de passe. Notez que vous devrez aussi valider le code d'une tape sur le bouton OK, alors qu'un code à 4 ou 6 chiffres est validé dès que vous avez tapé le dernier. C'est un peu moins praticue, mais tellement plus sûr.

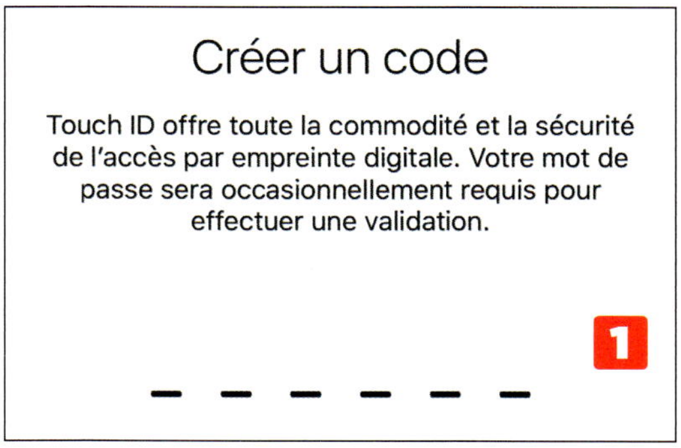

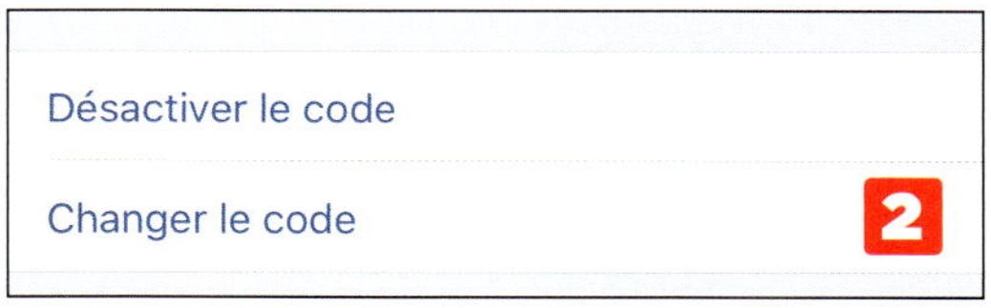

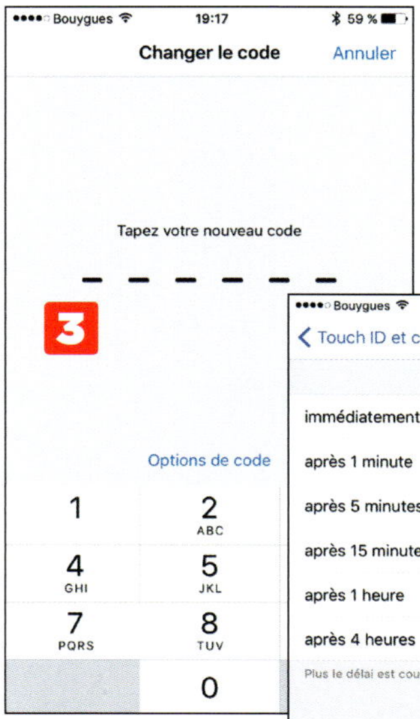

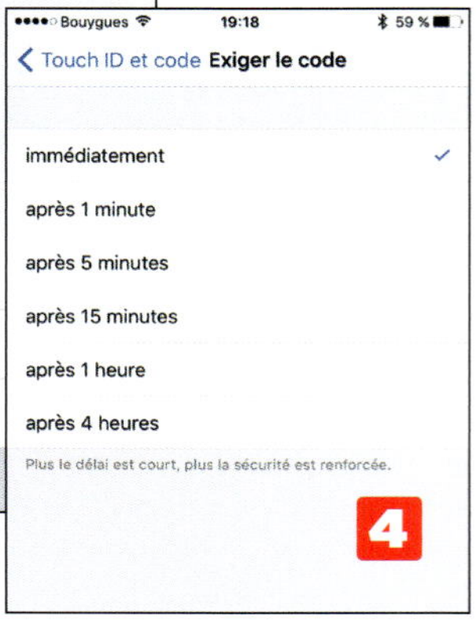

5 UTILISER SES EMPREINTES DIGITALES COMME SÉSAME

Cela dit, à l'exception des modèles 5 et 5C, tous les iPhone disposent maintenant d'un lecteur d'empreinte digitale dans le bouton principal, baptisé Touch ID. Retournez dans les mêmes Réglages et sélectionnez « Ajouter une empreinte ». L'iPhone vous demande alors de poser un de vos doigts sur le lecteur, plusieurs fois de suite afin qu'il puisse en apprendre l'empreinte. L'iPhone vibre à chaque pose. Une fois la procédure terminée, vous pouvez déverrouiller l'iPhone avec votre doigt. Notez que vous pouvez ajouter ainsi jusqu'à 5 doigts, par exemple les deux pouces et les deux index, ce qui vous permettra de déverrouiller facilement l'iPhone quelle que soit la façon dont vous le tenez en main, ou encore lorsqu'il est posé sur la table. Réservez pourquoi pas le cinquième à une personne de confiance, qui pourra ainsi utiliser votre téléphone s'il vous arrive quelque chose.

6 REPÉRER ET RENOMMER SES DOIGTS

Si vous posez le doigt sur le lecteur Touch ID lorsque vous êtes dans la page des Réglages ad hoc, la ligne correspondant au doigt concerné prend une teinte grise. Tapez sur cette ligne pour changer le nom du doigt.

7 UTILISER TOUCH ID AU QUOTIDIEN

Désormais, vous n'avez plus besoin d'entrer votre code pour déverrouiller l'iPhone. Enfoncez le bouton principal sous l'écran pour le rallumer, puis laissez le bouton revenir en place tout en laissant le doigt juste posé dessus. Ne maintenez pas le bouton enfoncé, sinon vous déclencheriez Siri. Votre empreinte est reconnue, l'iPhone est déverrouillé. Vous verrez, ce mouvement deviendra vite naturel. Notez que le code de verrouillage vous sera tout de même demandé après un redémarrage complet de l'iPhone, ou si la lecture de l'empreinte ne fonctionne pas après plusieurs essais (ce qui est vraiment très rare). De même, vous pouvez valider vos achats sur l'App Store via votre empreinte, mais vous devrez tout de même taper le code de votre compte Apple lors du premier achat ou après un redémarrage de l'iPhone. N'oubliez pas que le bouton des iPhone 7 a été remplacé par une surface tactile (**voir p. 52**), dont le maniement est très légèrement différent.

8 SÉCURISER SES APPLIS AVEC TOUCH ID

Les développeurs peuvent aussi utiliser Touch ID pour sécuriser leurs propres applications. C'est le cas par exemple des applis de gestion de mots de passe comme LastPass et 1Password. Comme elles utilisent aussi le système des extensions, vous pouvez vous en servir pour accéder à votre compte en ligne sans avoir à vous souvenir de vos mots de passe, via le menu de partage (**voir p. 116**). Notez qu'iOS propose aussi son propre gestionnaire de mots de passe avec le Trousseau iCloud (**voir p. 114**).

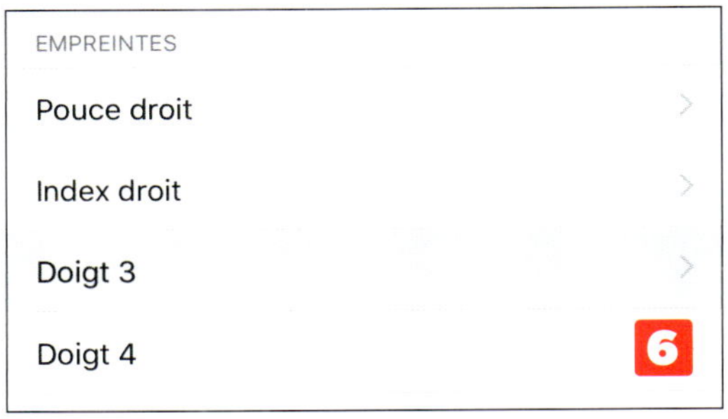

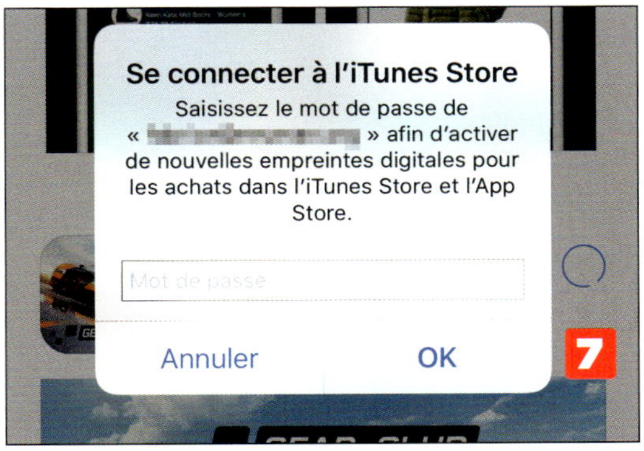

Profiter du Touch ID pour créer un code long

Grâce au lecteur d'empreinte digitale Touch ID qui équipe maintenant la quasi totalité des iPhone capables d'accueillir iOS 10, vous n'aurez que très rarement besoin de taper votre code de déverrouillage. Profitez-en donc pour créer un code long et complexe (**voir étape 3**), votre iPhone n'en sera que plus sécurisé. Notez aussi que lorsque vous activez Touch ID, vous n'avez plus le choix de choisir un délai avant que l'iPhone ne se verrouille (**voir étape 4**). L'appareil se verrouille dès que vous effectuez une brève pression sur le bouton Marche / Arrêt pour éteindre l'écran. C'est normal : le déverrouillage via Touch ID est tellement pratique et rapide qu'il n'est pas nécessaire d'essayer de le contourner.

BIEN CHOISIR SES RÉGLAGES POUR FAIRE DURER SA BATTERIE AU MAXIMUM

Difficile de tenir la journée avec votre iPhone ? Utilisez donc l'un des paramètres décrits ici, ou bien tous à la fois, pour prolonger son autonomie.

S'équiper d'une batterie externe

Pour être sûr de tenir la journée quand vous êtes en déplacement, emportez donc avec vous une petite batterie externe pour recharger votre iPhone à l'aide du câble USB habituel. Certains modèles ne coûtent pas plus de 20 €. Ou bien, insérez votre iPhone dans une coque dotée d'une batterie supplémentaire, comme celles de Mophie. Apple en propose une pour les iPhone 6, 6S et 7, baptisée Smart Battery Case. Apple oblige, elle dispose d'une fonction unique permettant au système de la piloter intelligemment : c'est la batterie externe qui sera utilisée en priorité. Du coup, en milieu d'après-midi par exemple, après une journée d'utilisation intensive de votre iPhone, vous pourrez retirer la Smart Battery Case et profiter de la batterie pleine de votre iPhone jusqu'à la fin de la soirée. Elle n'est destinée qu'aux « petits » modèles car les modèles Plus n'ont pas de problème pour tenir la journée.

Disons-le tout net, augmenter l'autonomie de votre iPhone vous demandera forcément de vous passer de certaines fonctions ou de rendre certaines manipulations un peu moins pratiques. Tout est question de compromis. Avez-vous vraiment besoin d'être alerté à chaque fois que vous recevez un courriel ? Est-il si important de laisser votre iPhone télécharger vos podcasts ou de mettre à jour votre calendrier tout seul en tâche de fond ? Il n'y a qu'une seule façon de le savoir, c'est d'essayer. En appliquant tout ou partie des conseils de cette page, vous gagnerez énormément en autonomie sans pour autant dénaturer votre iPhone, promis !

ADAPTER LA LUMINOSITÉ Vous serez étonné des économies réalisées simplement en réglant la luminosité de l'écran à 75%, plutôt qu'en la laissant à fond. Profitez également du curseur de réglage de la luminosité inclus dans le Centre de contrôle (**voir p. 22**) pour adapter les réglages à tout moment. Une autre solution consiste à laisser à l'iPhone le soin de régler la luminosité en fonction de la clarté extérieure. Pour cela, rendez-vous dans les Réglages, puis dans « Luminosité et affichage », pour y activer l'option « Réglage automatique ». Notez que cette dernière ne vous empêche pas de régler la luminosité à la main, en cas de besoin.

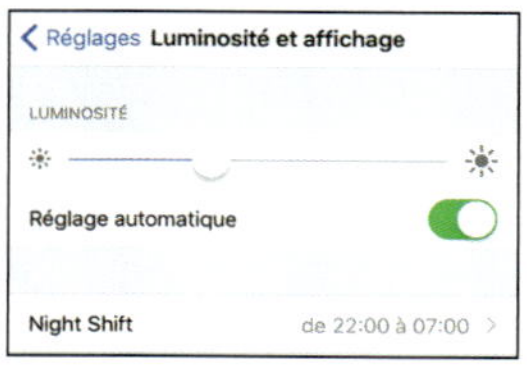

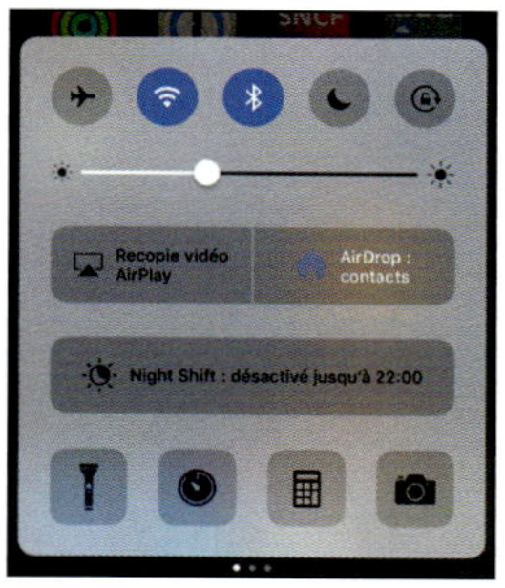

RÉDUIRE LE NOMBRE DES NOTIFICATIONS De nombreuses applis vous demandent d'accepter leurs notifications au moment de l'installation. Mais toutes ne vous sont peut-être pas utiles. Rendez-vous dans la section Notifications des Réglages. Faites défiler l'écran et tapez sur l'une de vos applis pour en modifier les paramètres d'alerte. Désactivez les notifications des applications les moins importantes.

LIMITER LA SYNCHRO AUTOMATIQUE DES DONNÉES EN « PUSH » Rendez-vous dans la section Mail des Réglages. Effleurez ensuite Comptes pour afficher la liste de tous les comptes de courriel que vous avez ajoutés à votre iPhone (**voir p. 80**). Tapez sur l'option « Nouvelles données ». Pour chacun des comptes, choisissez le mode de mise à jour des données. Le mode Push signifie une mise à jour en permanence, même écran éteint. Le mode Récupération suit le réglage choisi dans l'écran précédent (15 minutes, 30 minutes, 1 heure ou manuellement). En mode manuel, les données ne se mettront à jour que lorsque vous lancerez l'appli. Ne vous inquiétez pas, cette mise à jour est très rapide. Il vous suffira d'attendre une seconde ou deux pour voir arriver sur votre iPhone les derniers rendez-vous que vous avez ajoutés depuis votre iPad ou votre Mac, ou encore ceux ajoutés au calendrier familial par les autres membres de la famille.

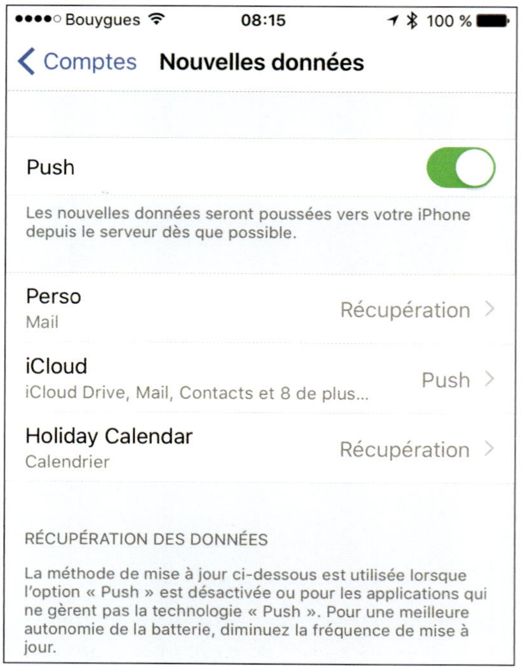

LIMITER OU DÉSACTIVER LES ACTUALISATIONS EN ARRIÈRE-PLAN Toutes les applis peuvent fonctionner en arrière-plan pour vous permettre de toujours avoir à disposition les dernières données lorsque vous les lancez. Il peut s'agir de votre appli de podcasts qui télécharge les derniers épisodes pour que vous puissiez les écouter sans attendre, ou de votre appli d'actu préférée qui va chercher les derniers articles. Facebook peut aussi s'actualiser en arrière-plan pour que votre Mur soit toujours à jour. Même si iOS se charge de discipliner toutes ces applis pour limiter leur impact sur la batterie, il ne peut pas le réduire à zéro. Heureusement, vous pouvez interdire à certaines applications de tourner en tâche de fond. Rendez-vous pour cela dans les Réglages, Général puis « Actualisation en arrière-plan ». Désactivez celles qui n'ont pas besoin de tourner en arrière-plan. Comme pour la fonction de Push, essayez donc aussi, tout simplement, de désactiver complètement la fonction d'actualisation en arrière-plan. Vos applis se mettront à jour au moment de leur lancement.

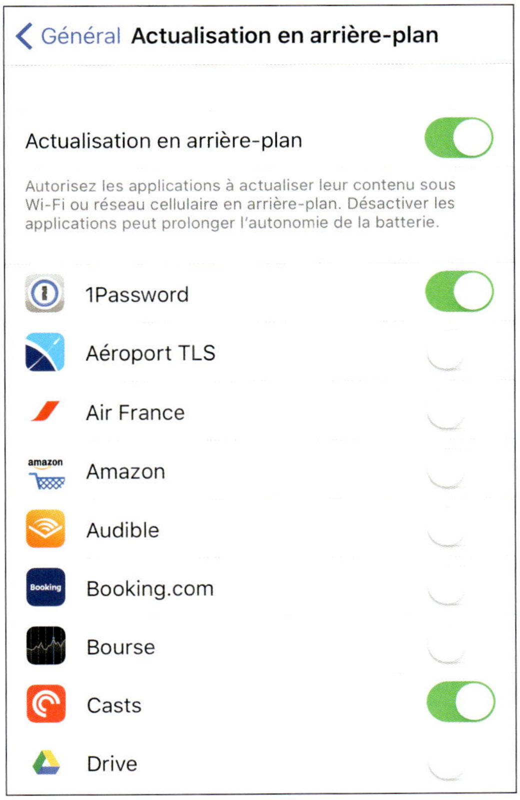

UTILISER LE GPS AVEC PARCIMONIE Le GPS intégré à l'iPhone est bien pratique pour vous localiser et vous proposer des services en fonction de votre emplacement géographique. Mais il est aussi très gourmand en batterie. Heureusement, l'iPhone vous permet de choisir avec précision les applis et services pour lesquels le GPS est autorisé, via Réglages, Confidentialité et « Services de localisation ».

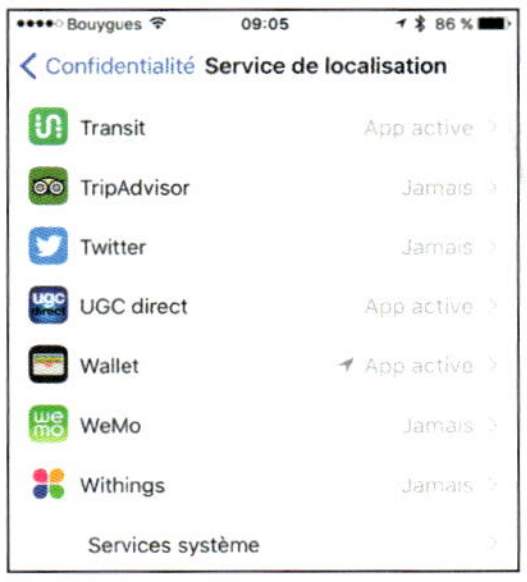

GARDER UN ŒIL SUR LES APPLIS LES PLUS ÉNERGIVORES Si, malgré tous ces conseils, vous trouvez que votre iPhone s'essouffle encore un peu vite, c'est peut-être qu'une ou plusieurs de vos applis consomment trop. Et vous pouvez facilement déterminer de laquelle, ou desquelles, il s'agit. Rendez-vous tout simplement dans la section Batterie des Réglages. Vous pouvez ainsi voir la consommation des applis pendant les dernières 24 heures ou sur les 7 derniers jours. Tiens, votre nouveau jeu de conduite ne vous prendrait-il pas un peu trop de temps ? Et Facebook, vous pourriez peut-être y aller moins souvent non ?

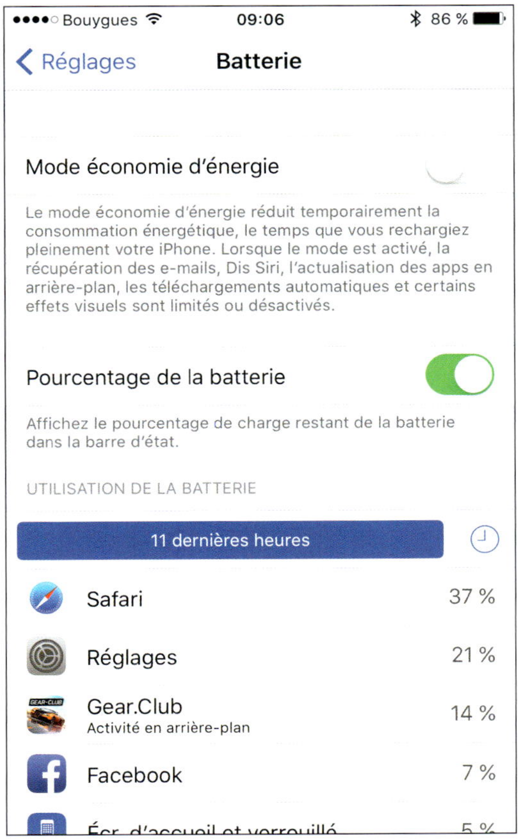

Mode économie d'énergie

Lorsque votre batterie atteint 20 %, une alerte vous propose de passer en « Mode économie d'énergie ». Si vous acceptez, l'iPhone se charge alors de faire tout seul… ce qui est décrit ci-contre. Notamment de désactiver le mode Push et les actualisations en arrière-plan. Il s'occupe aussi de baisser un peu la vitesse de fonctionnement du processeur de l'iPhone, qui sera donc légèrement moins réactif. Cela dit, vous ne vous en rendrez sûrement pas compte. Ce mode d'économie est automatiquement désactivé lorsque le niveau de la batterie revient à 80 %, une fois que l'iPhone est branché à son chargeur. Vous pouvez aussi l'activer ou le désactiver à la main via l'interrupteur situé tout en haut de la section Batterie. Et, tant qu'à faire, activez donc aussi l'option « Pourcentage de la batterie » pour le voir s'afficher en permanence en haut à droite de l'écran.

QUELQUES ACCESSOIRES UTILES POUR SON IPHONE

Qu'il s'agisse d'élargir les capacités de votre iPhone ou de prendre de nouvelles habitudes suite aux changements introduits par l'iPhone 7, voici quelques idées d'accessoires à ne pas manquer.

Pas d'adaptateur Lightning vers Jack audio ?

On l'a vu ci-contre, les iPhone 7 sont livrés avec un adaptateur permettant de brancher un casque audio muni de la traditionnelle prise Jack sur leur unique prise Lightning. Mais vous aurez beau chercher, vous ne trouverez pas d'adaptateur faisant l'inverse, c'est-à-dire permettant de brancher des écouteurs à prise Lightning, comme les EarPods d'Apple livrés avec les iPhone 7, sur une prise Jack. Pourquoi ? Tout simplement parce que c'est impossible. Les écouteurs Lightning étant numériques, ils ont besoin d'énergie pour fonctionner, notamment pour transformer le signal numérique, en provenance du téléphone ou du baladeur, en signal analogique à destination de vos oreilles. Or, la prise casque traditionnelle n'en fournit pas.

ÉCOUTEURS APPLE EARPODS - 30 € ENV.

Si vous êtes du genre à souvent égarer les écouteurs livrés dans la boîte de l'iPhone, autant en acheter tout de suite une autre paire, ou même plusieurs. Leur prix est abordable et leur qualité étonnante pour cette gamme de prix. Maintenant que les iPhone 7, et donc probablement les modèles suivants, ont abandonné la prise casque traditionnelle, dite Jack 3.5 mm, optez donc pour les EarPods à prise Lightning. Ils fonctionneront aussi avec les modèles d'iPhone précédents, à condition que vous ayez effectué la mise à jour vers iOS 10. Si vous préférez malgré tout, les EarPods à connecteur Jack sont toujours disponibles, au même prix.

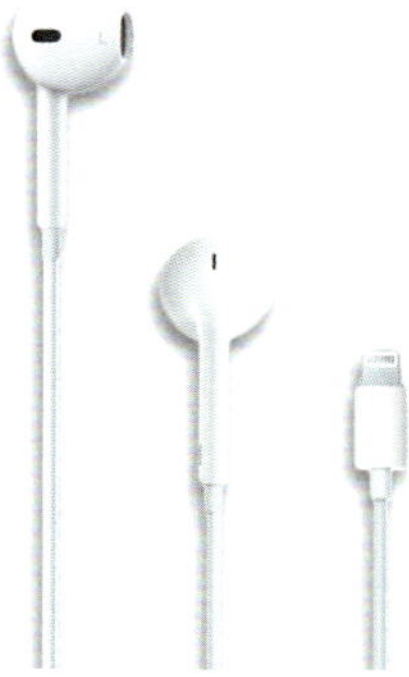

ADAPTATEUR JACK VERS LIGHTNING - 9 €

Cet adaptateur est inclus dans toutes les boîtes des iPhone 7. Il vous permet de continuer à utiliser vos casques audio munis de la seule prise Jack, dont les iPhone 7 ont fait le deuil. Là encore, prenez les devant et achetez-en plusieurs pour ne jamais être pris au dépourvu. Vous pourrez ainsi les laisser attachés à tous vos casques audio si vous en avez plusieurs et aussi remplacer rapidement celui que vous avez perdu. Car il faut bien dire que la petite taille de cet adaptateur le rend très susceptible de se perdre au fond du sac.

ADAPTATEUR LIGHTNING ROCKSTAR AUDIO + RECHARGE DE BELKIN - 40 € ENV.

La disparition de la prise audio Jack des iPhone 7 ne permet plus d'écouter de la musique au casque tout en chargeant le téléphone, puisque casque et chargeur utilisent maintenant la même prise. Cet adaptateur est une des solutions possibles puisqu'il s'agit tout simplement d'un doubleur de prise Lightning. Du coup, il vos permet de brancher en même temps le casque et le chargeur. Il en existe aussi une version munie d'une prise Jack à la place d'une des deux prises Lightning, permettant donc d'utiliser un casque audio traditionnel, tout en chargeant l'iPhone.

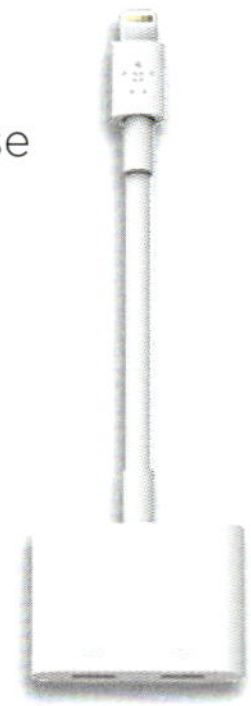

ÉCOUTEURS SANS FIL AIRPODS D'APPLE - 180 € ENV.

L'autre solution permettant de recharger son iPhone tout en écoutant de la musique au casque consiste à utiliser des écouteurs sans fil à la norme Bluetooth. Il en existe des centaines de modèles différents à partir de 20 €, mais Apple a décidé d'apporter sa pierre à l'édifice avec ses AirPods, aux fonctions uniques en leur genre. Plutôt qu'un casque, les AirPods sont deux oreillettes séparées que l'on peut utiliser indépendamment si on le souhaite. Dans ce cas, l'iPhone diffuse la musique en mode mono. Si vous portez les deux, vous l'entendez en stéréo. Vous n'avez rien à sélectionner : chaque AirPod est muni d'un détecteur le rendant capable de déterminer si vous le portez à l'oreille ou non. Plus fort encore, il vous suffit d'en retirer un pour que la musique se mette en pause. Replacez-le dans l'oreille et la musique redémarre. Chaque écouteur est également muni d'un micro, en bout de tige, pour vous permettre de répondre au téléphone. Ou aussi de vous adresser à Siri, dont vous déclencherez

l'écoute d'une double tape du bout du doigt sur l'un des écouteurs. Attention, les AirPods ne sont munis d'aucun bouton de réglage de volume. Vous pouvez le changer en demandant à Siri, ou tout simplement via les boutons de volume de l'iPhone. Pour recharger les AirPods, dont l'autonomie annoncée est de 5 heures chacun, il vous suffit de les placer dans leur boîte de transport. Celle-ci est elle-même munie d'une batterie permettant de recharger les AirPods jusqu'à 5 fois. Et pour charger la boîte ? Utilisez le câble USB / Lightning de l'iPhone pour la brancher à un chargeur. Dernier point fort des AirPods : le jumelage simplifié. Il vous suffit d'approcher la boîte de transport de l'iPhone et de l'ouvrir, pour que les AirPods soient détectés et automatiquement jumelés. Plus fort encore, ce faisant, les écouteurs seront aussi jumelés avec tous vos autres appareils connectés au même compte iCloud (iPhone, iPad, Mac, Apple Watch). Du coup, vous pouvez commencer à écouter de la musique sur votre iPad et continuer sur votre iPhone sans rien faire d'autre que d'appuyer sur le bouton Pause du premier et Lecture du second : vos AirPods capteront la musique d'où qu'elle vienne.

SANDISK IXPAND - DE 70 À 120 € ENV.
Votre iPhone est à cours de mémoire ? Essayez donc toutes les astuces que nous décrivons en **p. 152**. Et si ce n'est pas suffisant, ou tout simplement parce que vous préférez ne pas vous compliquer la vie, regardez donc du côté de cette clé USB un peu spéciale. D'un côté elle se branche à une prise USB classique, mais de l'autre elle se branche directement à votre iPhone via sa prise Lightning. Une appli dédiée vous permettra de transférer, par exemple, vos photos et vidéos de la mémoire de l'iPhone vers la clé USB, pour faire de la place.

APPLE WATCH - DE 300 À 1500 € ENV. Il faudrait un guide entier pour décrire toutes les fonctions de l'Apple Watch. Tous les modèles fonctionnent avec la même version de Watch OS, qui intègre toutes les applis et assure la communication avec l'iPhone. Les sportifs apprécieront ses fonctions intégrées de cardio-fréquencemètre et de suivi des efforts. Le modèle Series 2 est même étanche et peut donc vous accompagner à la piscine. Tous les modèles vous permettent aussi de recevoir vos notifications pour ne manquer aucun message important, de répondre au téléphone sans avoir à sortir l'iPhone de la poche (même si ce dernier reste indispensable pour servir de relais, puisque la montre n'est pas équipée de sa propre carte SIM), de contrôler l'écoute de la musique et même de stocker de la musique que vous écouterez via les AirPods par exemple (voir plus haut), d'afficher vos prochains rendez-vous et même de payer dans les magasins via Apple Pay (**voir p. 120**). Même si l'Apple Watch n'est pas indispensable, elle intègre facilement votre vie quotidienne.

BOÎTIER APPLE TV 4 - 180 € OU 230 € ENV. Le modèle le plus récent d'Apple TV, le quatrième du genre donc, marque une rupture nette avec les modèles précédents. C'est le premier à être basé sur une déclinaison du même système iOS qui fait tourner les iPad et iPhone. Autrement dit, en plus des fonctions offertes par le modèle précédent, l'Apple TV 4 dispose de son propre App Store. De quoi transformer l'Apple TV en console de jeux ! Sa télécommande est d'ailleurs beaucoup plus soohistiquée et inclut notamment un détecteur de mouvement et une surface tactile pour piloter le boîtier comme un iPad. Les deux prix s'expliquent par deux capacités mémoire différentes : 32 et 64 Go. L'Apple TV vous sera également très utile si vous avez installé des objets connectés au standard HomeKit (**voir p. 148**). Elle vous servira en effet de relais pour améliorer la couverture de votre réseau d'objets à la maison, tout en vous permettant de les piloter à distance, lorsque vous n'êtes pas à la maison. Par exemple pour augmenter la température du chauffage, via votre thermostat connecté, une heure ou deux avant de rentrer chez vous.

NOTES